Beck-Wirtschaftsberater

Erfolgsfaktor Persönlichkeit

dtv

Beck-Wirtschaftsberater

Erfolgsfaktor Persönlichkeit

Managementerfolg durch
Leistungsfähigkeit und Motivation

Herausgegeben von
Prof. Dr. Laila M. Hofmann,
Prof. Dr. Klaus Linneweh und
Prof. Dr. Richard K. Streich

Deutscher Taschenbuch Verlag

Im Internet:

dtv.de

beck.de

Originalausgabe
Deutscher Taschenbuch Verlag GmbH & Co. KG,
Friedrichstraße 1a, 80801 München
© 2006. Redaktionelle Verantwortung: Verlag C. H. Beck oHG
Druck und Bindung: Druckerei C. H. Beck, Nördlingen
(Adresse der Druckerei: Wilhelmstraße 9, 80801 München)
Satz: Fotosatz Otto Gutfreund GmbH, Darmstadt
Bearbeitung der Abbildungen: Hoffmanns Text Office, München
Umschlaggestaltung: Agentur 42 (Fuhr & Partner), Mainz

ISBN (10): 3-423-50904-X (dtv)
ISBN (10): 3-406-54618-8 (C. H. Beck)
ISBN (13): 978-3-423-50904-6 (dtv)
ISBN (13): 978-3-406-54618-1 (C. H. Beck)

Inhaltsübersicht

Erster Teil: Bedeutung von „Persönlichkeit" für das Individuum und die Unternehmen 1

I. Eine Einführung in das Buch
(Laila M. Hofmann) 1
II. Die Herausforderung: Führung als personale Autorität
(Klaus Linneweh) 7
III. Führungskräfte als Change-Manager – Lust und Frust in Veränderungsprozessen *(Richard K. Streich)* 34

Zweiter Teil: Betrachtungsebenen des Persönlichkeitsmanagements 51

IV. Leistung und Gesundheit
(Klaus Linneweh und Monika Flasnoecker) 51
V. Stresskompetenz *(Klaus Linneweh)* 62
VI. Fitnesslust – Fitnessfrust? Bausteine zum persönlichen Wohlbefinden und zum beruflichen Erfolg
(Johannes Laws-Hofmann) 77
VII. Ernährung als persönliche Führungsaufgabe
(Monika Flasnoecker) 95
VIII. Risikofaktoren im Lebens- und Arbeitsstil
(Klaus Linneweh) 112

Dritter Teil: Work-Life-Balance – Elemente im Persönlichkeitsmanagement 129

IX. Work-Life-Balance *(Richard K. Streich)* 129
X. Frauen im Unternehmen: Chancengleichheit – eine Utopie? *(Erika Regnet)* 142
XI. Doppelkarrierepaare/Dual Career Couples (DCC) – wenn beide Karriere machen
(Ariane Ostermann und Michel E. Domsch) 159
XII. Auslandsentsendungen – Karriereturbo oder -bremse?
(Laila M. Hofmann) 178

XIII. Karriereplateau im mittleren Lebensalter – Chance
oder Sackgasse *(Erika Regnet)* 200
XIV. Life-Leadership *(Klaus Linneweh)* 224

**Vierter Teil: Ansätze und Instrumente eines
Persönlichkeitsmanagements** 243
XV. Gemeinsam wachsen – Erfolgsfaktor
Komplementär-Management *(Richard K. Streich)* . . . 243
XVI. Coaching als Element der Persönlichkeitsentwicklung
(Richard K. Streich und Werner Büning) 257
XVII. Entwicklung und Stärkung der persönlichen
Handlungskompetenz im Rahmen von
Führungskräftetrainings – das Beispiel
Schmitz Cargobull *(Wolfgang Thiem)* 277
XVIII. Zeitmanagement *(Hermann Rühle)* 290
XIX. Entspannung: Muße, Maß und Meditation
(Klaus Linneweh) 312
XX. Kraftstrom Kreativität *(Jörg Reckhenrich)* 335
XXI. Selbstbestimmte und aktive Lebensplanung
(Klaus Linneweh) 357

Autorenverzeichnis 375

Inhaltsverzeichnis

Erster Teil: Bedeutung von „Persönlichkeit" für das Individuum und die Unternehmen

I. **Eine Einführung in das Buch**
   (Laila M. Hofmann) 1
II. **Die Herausforderung: Führung als personale Autorität**
   (Klaus Linneweh) 7
   1. Die neue Berufsrealität 7
   2. Vom Manager zum Leader 9
   3. Die Führungskultur 12
   4. Mut zur Kreativität 15
   5. Neue Anforderungen nach Fusionen (Merger) 17
   6. Anforderungen für die Zukunft: Ethik und Verantwortung 19
   7. Stärkung und Erweiterung von Kompetenzen 22
   8. Das Anforderungsprofil 25
   9. Selbstkompetenz in der Führungsrolle: Vorbildfunktion 28
   10. Zehn Empfehlungen 31
III. **Führungskräfte als Change-Manager – Lust und Frust in Veränderungsprozessen** *(Richard K. Streich)* 34
   1. Veränderungsfokus 34
   2. Veränderungserkenntnisse 36
   3. Veränderungsebenen 40
   4. Veränderungskompetenzen 43
   5. Veränderungsphasen 44
   6. Veränderungssteuerung 47

Zweiter Teil: Betrachtungsebenen des Persönlichkeitsmanagements

IV. **Leistung und Gesundheit**
   (Klaus Linneweh und Monika Flasnoecker) 51
   1. Persönlichkeitsmanagement: Ein ganzheitliches Konzept 51

2.	Wer Leistung fordert, muss Gesundheit fördern!	54
3.	Die körperliche Balance	56
4.	Gesundheit als „Basisinnovation"	58
V.	**Stresskompetenz** *(Klaus Linneweh)*	62
1.	Eu- und Disstress	62
2.	Körperliche Stressreaktionen	64
3.	Das subjektive Stresserleben	67
4.	Empfehlungen für ein eigenverantwortliches Stressmanagement	72
VI.	**Fitnesslust – Fitnessfrust? Bausteine zum persönlichen Wohlbefinden und zum beruflichen Erfolg** *(Johannes Laws-Hofmann)*	77
1.	Vier Säulen der Gesundheit	77
2.	Gute Gründe für ein Fitnesstraining	84
3.	Fit mit Spaß – Grundregeln zum Sporttreiben	86
4.	„Fitness & Co." in Kürze	92
5.	Fazit	93
VII.	**Ernährung als persönliche Führungsaufgabe** *(Monika Flasnoecker)*	95
1.	Der Mensch ist, was er isst	95
2.	„Schlank sein" als Erfolgsfaktor	97
3.	Mittel zum Leben – das Grundlagenwissen	100
4.	Der „individuelle" Ernährungsstil	103
5.	Das „Was" und das „Wie" – Ernährungspraxis für Führungskräfte	104
6.	Empfehlungen – Essen mit Genuss und Freude	108
VIII.	**Risikofaktoren im Lebens- und Arbeitsstil** *(Klaus Linneweh)*	112
1.	Stressfolgen	112
2.	Burn-out-Syndrom	114
3.	Typ-A-Verhalten – Typ-B-Verhalten	118
4.	Ärgermentalität	121
5.	Arbeitssucht	123
6.	Die „richtige Einstellung": 10 Empfehlungen	125

Dritter Teil: Work-Life-Balance – Elemente im Persönlichkeitsmanagement

IX. Work-Life-Balance *(Richard K. Streich)* 129
1. Vorbemerkungen 129
2. Work-Life-Bezugspunkte 130
3. Work-Life-Einschätzungen 131
4. Work-Life-Fakten 134
5. Work-Life-Konflikte 138
6. Work-Life-Konflikthandhabung 139
7. Fazit 140

X. Frauen im Unternehmen: Chancengleichheit – eine Utopie? *(Erika Regnet)* 142
1. Die Situation in der bundesdeutschen Wirtschaft . . . 142
2. Frauen und Führung 148
3. Handlungsmöglichkeiten in Unternehmen 149

XI. Doppelkarrierepaare/Dual Career Couples (DCC) – wenn beide Karriere machen *(Ariane Ostermann und Michel E. Domsch)* 159
1. Einleitung 159
2. Perspektiven und Begriffsabgrenzungen 160
3. Die Begriffe Karriere und Karriereorientierung . . . 161
4. Einblick in die vergangene und derzeitige DCC-Forschung 163
5. Gemeinsame Themen und (Integrations)konflikte . . . 165
6. Vorteile und Nachteile 168
7. Lösungsstrategien 171
8. Ausblick 174

XII. Auslandsentsendungen – Karriereturbo oder -bremse? *(Laila M. Hofmann)* 178
1. Begriffliche Einordnung 178
2. Implikationen einer Auslandsentsendung für die unterschiedlichen Lebensfelder des Persönlichkeitsmanagements 180
3. Rückkehr – Endlich wieder daheim? 188
4. Empfehlungen 190
5. Checkliste zur Selbstreflexion 194

XIII.	**Karriereplateau im mittleren Lebensalter –**	
	Chance oder Sackgasse *(Erika Regnet)*	200
1.	Fach- und Führungskräfte im Karriereplateau	200
2.	Alter als Risikofaktor am Arbeitsmarkt	204
3.	Berufs- und Lebenszufriedenheit	208
4.	Widerstände – warum sinken die Beschäftigungschancen im mittleren Lebensalter?	211
5.	Erfolgreiches Midcareer Development	213
6.	Neue Personalentwicklungsstrategien	221
XIV.	**Life-Leadership** *(Klaus Linneweh)*	224
1.	Work-Life-Balance als Wettbewerbsfaktor	224
2.	Die Vereinbarkeit von Arbeit, Familie und Freizeit	227
3.	Die Situation deutscher Führungskräfte im internationalen Vergleich	230
4.	Beruf und Lebensprioritäten	233
5.	Inventur des bisherigen Lebens	237

Vierter Teil: Ansätze und Instrumente eines Persönlichkeitsmanagements

XV.	**Gemeinsam wachsen – Erfolgsfaktor Komplementär-Management** *(Richard K. Streich)*	243
1.	Komplementär-Perspektive	243
2.	Komplementär-Ebenen	248
3.	Komplementär-Grenzen	255
XVI.	**Coaching als Element der Persönlichkeitsentwicklung** *(Richard K. Streich und Werner Büning)*	257
1.	Einleitung	257
2.	Coaching-Ausgangslagen	259
3.	Coaching-Bezugsebenen	261
4.	Coaching-Praxisbeispiel	268
5.	Fazit	275
XVII.	**Förderung der persönlichen Handlungskompetenz im Rahmen von Führungskräftetrainings – das Beispiel „Schmitz Cargobull"** *(Wolfgang Thiem)*	277
1.	Die Handlungsebenen der Führungskräfteentwicklung	277
2.	Die Anforderungen an die Handlungskompetenzen von Führungskräften	278

3.	Die Schmitz Cargobull Managemententwicklung	280
4.	Die Förderung der persönlichen Handlunskompetenz am Beispiel des SCB-Führungskräfteentwicklungsprogramms (FEP)	284
5.	Der Lerntransfer der erworbenen Handlungskompetenzen in der Praxis	288

XVIII. Zeitmanagement *(Hermann Rühle)* 290
1. Die Spitze des Eisbergs 290
2. Wer will meine Zeit? 291
3. Was habe ich drauf? 296
4. Wie bin ich drauf? 303
5. Wer bin ich? 305
6. Was will ich? 309

XIX. Entspannung: Muße, Maß und Meditation
(Klaus Linneweh) 312
1. Spannung und Entspannung 312
2. Entspannungsmethoden 315
3. Stresstest 322
4. Erholsamer Schlaf 325
5. Urlaub 328
6. Kreatives Nichtstun 331

XX. Kraftstrom Kreativität *(Jörg Reckhenrich)* 335
1. Einleitung 335
2. Zwölf Thesen zur Kreativität 337
3. Haltungen 338
4. Die Architektur des kreativen Prozesses 348
5. Übungen: Persönliche Meisterschaft – von Innen nach Außen 351

XXI. Selbstbestimmte und aktive Lebensplanung
(Klaus Linneweh) 357
1. Die positiv-realistische Einstellung zu sich selbst ... 360
2. Lebensfreude ist die wirkungsvollste psychische Stressprophylaxe 361
3. Die Überwindung irrationaler Glaubenssätze 362
4. Leitfaden zur Lebensplanung 364

Autorenverzeichnis 375

Erster Teil: Bedeutung von „Persönlichkeit" für das Individuum und die Unternehmen

I. Eine Einführung in das Buch

Laila M. Hofmann

„Persönlichkeit" als Erfolgsfaktor rückt in jüngerer Zeit wieder mehr und mehr in die Diskussion der betrieblichen Personalentwicklung. Häufig ist zu hören, dass es in Unternehmen an Führungs-Persönlichkeiten fehle, und dies wohl einen wichtigen Grund für den niedrigen Motivationsgrad des Personals darstelle. So ermittelte bspw. das *Gallup Institut* bei seiner jährlichen Erhebung des sog. Engagement Index Deutschland, dass

- nur 13 % der deutschen Mitarbeiter sich an ihr Unternehmen emotional gebunden fühlen,
- 69 % Dienst nach Vorschrift machen
- und gar 18 % bereits innerlich gekündigt haben (*Gallup*, 2005).[1]

Die Führungskräfte andererseits klagen über immer weiter steigende Anforderungen durch die andauernden Veränderungsprozesse, die sie in den Unternehmen umzusetzen haben. So stellt das Management von Veränderungen für die meisten Führungskräfte und deren eigene Veränderungsfähigkeit und -bereitschaft inzwischen schon eine permanente Herausforderung dar, die bei vielen auch zu gesundheitlichen Problemen führt.

Um in diesem dynamischen Umfeld der Verantwortung den Mitarbeitern und den Unternehmen gegenüber gerecht werden zu können, bedarf es einer Führungspersönlichkeit mit hoher Selbstreflexionskompetenz und einer klaren Werthaltung. Diese kann wohl nur erreicht werden, wenn die Führungskraft die eigene Lebensge-

---

[1] Vgl. *Gallup* (20. 4. 2005). Initiative für einen starken Mittelstand in Deutschland, unter URL:http: //www.gallup.de/mittelstand/Documents am 4. 8. 05

staltung bewusst so einrichtet, dass sowohl aus der Arbeits- wie aus der Privatsphäre langfristig positiv gestaltende Kraft erwächst und zu Lebenszufriedenheit führt.
- Was können Manager[2] selbst aktiv tun, um den Anforderungen aus Unternehmen und Umfeld gerecht zu werden, ohne sich persönlich daran völlig aufzureiben?
- Wie kann sich der Führungsnachwuchs auf diese Aufgaben möglichst gut vorbereiten?
- Was sollte man beachten, was kann man tun, um seine persönliche Ausgeglichenheit zurückzugewinnen bzw. zu erhalten?

Das vorliegende Buch gibt dazu eine Vielzahl an Anregungen: Zum einen analysieren die Autorinnen und Autoren die Anforderungen an Führungskräfte im beruflichen wie im privaten Umfeld und diskutieren Ansatzpunkte für den positiven Umgang damit; zum anderen bietet der Band eine Reihe an Instrumenten zur Selbstreflexion, um dem Leser Möglichkeiten zur Bewältigung von als stresshaft erlebten Situationen aufzuzeigen.

Darüber hinaus werden bewährte Ansätze dafür beschrieben, was von den Unternehmen getan werden kann, um Führungskräfte bei einem ganzheitlichen Persönlichkeitsmanagement zu unterstützen. Angesichts der demographischen Entwicklungen muss es für Firmen heutzutage verstärkt darum gehen, Leistungsfähigkeit und -motivation – gerade ihrer Führungskräfte – auch bis ins hohe Alter zu erhalten.

Der vorliegende Band kann als Arbeitsmaterial in Seminaren genutzt werden. Vor allem ist er jedoch konzipiert zum Selbststudium und zur Selbstreflexion für Nachwuchskräfte, die sich auf ihre Führungsverantwortung vorbereiten wollen und für erfahrene Führungskräfte, die nach einer Reihe von Jahren im Beruf Orientierung für ihre weitere Lebensplanung – beruflich wie privat – suchen.

Den verantwortlichen Mitarbeitern in den Personalabteilungen, Trainern und Coachs kann es Anregungen für die eigene Arbeit geben.

---

2 Wegen der besseren Lesbarkeit wird in diesem Buch in weiten Teilen nur die männliche Form der jeweiligen Rollenbezeichnung verwendet. Gemeint sind jeweils Frauen und Männer, die diese Rollen einnehmen. Auf evtl. Ausnahmen wird ggf. in den einzelnen Beiträgen verwiesen.

I. Eine Einführung in das Buch

Das Buch ist in vier Teile gegliedert. Im **Ersten Teil** beleuchten *Linneweh* und *Streich* aktuelle Anforderungen an Führungskräfte.

Linneweh fasst die Überlegungen hierzu in einem Anforderungsprofil zusammen, wobei er auf die besondere Bedeutung der Kreativität für die Führungsaufgabe eingeht. Weiterhin diskutiert er die zunehmende Notwendigkeit der Integration von ökonomischer und ethischer Vernunft in die Führungsaufgabe.

Streich fokussiert anschließend auf ausgewählte Aspekte der Führungsverantwortung in Veränderungsprozessen. Er geht dabei detailliert auf die unverzichtbaren Kompetenzen zur Steuerung von Veränderungsprozessen ein.

Der **Zweite Teil** wird von *Linneweh* und *Flasnoecker* mit einem Überblick über die verschiedenen Betrachtungsebenen des Persönlichkeitsmanagements eingeleitet, wobei die Autoren insbesondere den Zusammenhang zwischen Leistung und Gesundheit herausarbeiten.

Die unterschiedlichen Facetten der physischen und psychischen Gesundheit werden in den anschließenden Beiträgen von *Linneweh*, *Laws-Hofmann* und *Flasnoecker* beleuchtet. Dabei beschreibt *Linneweh* das Phänomen „Stress" mit seinen positiven und negativen Facetten und gibt abschließend Empfehlungen für ein eigenverantwortliches Stressmanagement.

Laws-Hofmann beschreibt die persönliche Fitness als wichtigen Baustein zum persönlichen Wohlbefinden und zum beruflichen Erfolg. Er zeigt dabei konkrete Möglichkeiten auf, wie man beim Fitnesstraining Frust vermeiden und den Spaßfaktor erhöhen kann.

Der daran anschließende Beitrag von *Flasnoecker* schildert die Ernährung als persönliche Führungsaufgabe.

Im **Dritten Teil** geht es um das Thema „Work-Life-Balance", dem Gleichgewicht zwischen beruflichen und privaten Lebensbereichen. *Streich* leitet diesen Abschnitt mit der Beschreibung der verschiedenen Elemente von Work-Life-Balance ein.

Regnet schildert anschließend die besonderen Herausforderungen für Frauen bei dem „Jonglieren" dieser beiden Lebensbereiche und stellt Ansätze für einen erfolgreichen Umgang damit dar – sowohl für die Betroffenen selbst als auch für Unternehmen.

Fortgesetzt werden die Ausführungen von *Ostermann* und *Domsch*, indem sie den Aspekt der Paarkarriere (Dual Career Couples) einführen. Basierend auf einer Fülle empirischen Materials stellen sie die schwierigsten Konflikte, die in dieser Paarbeziehung auftreten können, dar und zeigen mögliche Lösungswege auf.

Die Chancen und Risiken, die sich durch eine Entsendung ins Ausland für die persönliche Entwicklung und die individuelle Work-Life-Balance ergeben, beschreibt *Hofmann*. Am Ende ihres Beitrags findet der Leser eine Checkliste als Basis für die Analyse der ganz persönlichen Situation, die optimalerweise gemeinsam mit dem Lebenspartner bearbeitet werden sollte.

Eine Entsendung ins Ausland würde – gemäß den Untersuchungen von *Regnet* – eine interessante berufliche Herausforderung auch gerade für Mitarbeiter im mittleren Lebensalter darstellen. In ihrem Beitrag widmet sich *Regnet* den zentralen Themen des midcareer-development mit der Zielsetzung, die Berufs- und Lebenszufriedenheit, den Life Success, von Mitarbeitern der Altersgruppe 45+ zu fördern.

Im abschließenden Beitrag geht *Linneweh* zusammenfassend auf das Konzept „Work-Life-Balance" ein, wobei er auf den Aspekt „Führung der eigenen Person" – das „Life-Leadership" – fokussiert. Der Autor referiert zunächst Daten über die Lebensprioritäten – insbesondere deutscher – Manager. Abschließend präsentiert er einen Leitfaden zur Selbstreflexion für die Suche nach einer tragfähigen Work-Life-Balance.

Ausgewählte Ansätze und Instrumente eines Persönlichkeitsmanagements werden im abschließenden **Vierten Teil** vorgestellt. Den Anfang macht *Streich* mit der Darstellung des sog. Komplementär-Managements. Hierbei wird versucht, die Vorteile von Unterschiedlichkeit (diversity) auf individualer, dualer, gruppaler und organisationaler Ebene für Unternehmen nutzbar zu machen und einen nachhaltigen Erfolgsfaktor hieraus zu generieren. Ausgangspunkt bildet jeweils eine Defizitanalyse. Beginnend mit der Selbstreflexion der Führungskraft.

Anschließend schildern *Streich* und *Büning* Coaching als Instrument der Persönlichkeitsentwicklung – insbesondere für Nachwuchsführungskräfte. Sie schildern dabei ein Praxisprojekt, für das

I. Eine Einführung in das Buch

das Coaching mit „herkömmlichen" Weiterbildungsmethoden kombiniert wird.

Ein weiteres Beispiel für ein Weiterbildungsprogramm, das Persönlichkeitsentwicklung als expliziten Bestandteil aufweist, beschreibt *Thiem*. Das Führungskräftetraining von *Schmitz Cargobull* nutzt den „MBTI (Myers-Briggs Typenindikator)" zur Erfassung eines einfachen Persönlichkeitsprofils als eine Art Einstieg, um typische Verhaltensmuster und Neigungen, die den privaten und beruflichen Bereich beeinflussen, diskutierbar zu machen und so eine Atmosphäre des Vertrauens und der Offenheit für den Lernprozess zu fördern.

Im Anschluss an die Darstellung von Ansätzen des Persönlichkeitsentwicklung aus Unternehmenssicht folgen konkrete Anregungen und Instrumente für das Individuum.

Den Anfang macht *Rühle*. Er stellt sehr übersichtlich und strukturiert eine Vielzahl an in der Praxis bewährten Empfehlungen zum Zeitmanagement zusammen. Hierfür verwendet er ein anschauliches sog. „Schichtenmodell". Die Lösungsansätze auf den oberen Ebenen dieses Modells umfassen die klassischen Zeitmanagement-Erkenntnisse. Bei den tieferen Ebenen geht es um Verhaltensänderung und Persönlichkeitsentwicklung, wofür der Autor konkrete Ansätze präsentiert.

Falls es (trotz optimierten Zeitmanagements) zu stresshaften Situationen kommt, könnten die Entspannungsmethoden helfen, die *Linneweh* in seinem Beitrag „Entspannung: Muße, Maß und Meditation" schildert. Sie finden hier u. a. einen Stresstest, der Hinweise dafür gibt, welche Entspannungsmethoden für Sie die geeignetste ist. Neben konkreten Übungsanleitungen zur Progressiven Muskelentspannung, zum Autogenen Training, zur Atemmeditation und zum Yoga finden Sie hier auch Tipps für erholsamen Schlaf, den Urlaub und für das Kreative Nichtstun.

Wie man – insbesondere für eine Führungsaufgabe – seine Kreativität wieder entdecken bzw. wie man sie erhalten kann, dafür stellt *Reckhenrich* in seinem Beitrag über den „Kraftstrom Kreativität" Übungen vor. Ausgehend von einer Erläuterung des Begriffs der Kreativität beschreibt der Autor außerdem Voraussetzungen und Werkzeuge der Kreativität.

Den Abschluss bildet der Beitrag „Selbstbestimmte und aktive Lebensplanung" von *Linneweh*. Sie finden hier einen Leitfaden zur Lebensplanung mit den entsprechenden „Formularen", so dass Sie direkt loslegen können, um Ihre Persönlichkeit als Erfolgsfaktor für sich – und für Ihre Umwelt selbstbestimmt und aktiv zu entwickeln.

Wir wünschen Ihnen dabei vor allem viel Spaß!

II. Die Herausforderung: Führung als personale Autorität

Klaus Linneweh

1. Die neue Berufsrealität

Das globale Umfeld, in dem Unternehmen heute bestehen müssen, ist komplex und wenig überschaubar. Wo früher die eine oder die andere Alternative zum Ziel führte, muss heute abgewogen und die Marschroute immer wieder neu festgelegt werden. Die einfache Standardlösung, nach der sich viele sehnen, – sie existiert nicht. Führungskräfte müssen lernen, mit dem **„Sowohl-als-auch"** umzugehen. Sie müssen den „Spagat" und die Ambivalenz akzeptieren. Es geht nicht um Schnelligkeit oder Mitarbeiterorientierung. Es geht um beides. Die Alternative heißt nicht Kontrolle oder Vertrauen. Wer führen will, muss Kontrolle mit Vertrauen verbinden können. Auch Taktik und Ehrlichkeit schließen sich nicht aus. Der Umgang mit Widersprüchen ist vielen Führungskräften immer noch suspekt und erfordert innere Unabhängigkeit und Mut zu eigenverantwortlichem Handeln.

Der berufliche Alltag vieler Führungskräfte ist zunehmend belastet durch **widersprüchliche Erwartungen** und Zielkonflikte, von denen sie nicht wissen, wie oder ob sie sich überhaupt lösen lassen (*Capital*, 2003): „Führungskräfte sollen verständnisvolle Vorgesetzte ihrer Mitarbeiter, loyale Kollegen und zugleich knallharte Kostenkiller sein. Sie sollen schnell und effizient sein, aber auch Zeit für ihre Mitarbeiter haben. Sie sollen ihren Mitarbeitern Coaches sein, diese aber gleichzeitig auch kontrollieren und für optimale Resultate sorgen. Sie sollen reibungslose Abläufe garantieren und gleichzeitig als Unternehmer im Unternehmen Neues wagen. Man erwartet von ihnen Teamgeist und ein hohes Maß an Kooperationsfähigkeit, gleichzeitig müssen sie erleben, dass ihre Karrierechancen sinken, wenn es an den nötigen Ellenbogen fehlt".

Viele Führungskräfte, auch seit Jahren erfolgreiche, sind verunsichert, wenn sie mit diesen fundamental veränderten Rollenerwartungen konfrontiert werden. Haben sie ein gutes Verhältnis zu ihren Mitarbeitern und verhalten sich authentisch, unterstellt man ihnen unter Garantie bei nächster Gelegenheit mangelnde Autorität. Dokumentieren Sie aber deutlich ihren Leistungsanspruch, wirft man ihnen schnell soziale Kälte vor und vermisst Empathie und Kontaktfähigkeit. Wem es nicht gelingt, diese Widersprüche auszuhalten oder eine tragfähige Balance zwischen ihnen zu finden, wem es nicht gelingt, selbstbewusst eigene Prioritäten zu setzen, der wird irgendwann zerrieben oder zum Zyniker, quält sich mit Selbstzweifeln, verliert seine Motivation und taucht ab in die innere Kündigung. Führungskräfte erfahren zunehmend:

- **Umorientierungen** durch organisatorische Veränderungen, die oft mit einschneidenden Veränderungen in der Unternehmenskultur und im Betriebsklima einhergehen, häufig sich ändernde, neu zugeschnittene Arbeits- und Zuständigkeitsbereiche, die heute bereits bei 40-Jährigen durchaus realistische Sorge um die Sicherheit des Arbeitsplatzes sind häufige psychische Belastungsfaktoren im beruflichen Alltag einer Führungskraft.
- **Anforderungen** an die **Mobilität**, wie sie vor allem in größeren Unternehmen heute an Führungskräfte gestellt werden, führen häufig zu Belastungen und Konflikten im Privatleben.[1] Oft lässt es der zeitliche Stress kaum noch zu, soziale Rollen im Privatleben – als Partner, als Elternteil, als Freund usw. – angemessen wahrzunehmen. Die Gefahr, in eine soziale Isolation zu geraten, ist groß. Das sich häufig daraus entwickelnde „schlechte Gewissen" ist eine weitere psychische Belastung.
- **Angst**, in entscheidenden Situationen zu versagen, Fehler zu machen, der Verantwortung nicht gewachsen zu sein, Schwächen oder Kompetenzmängel offenbar werden zu lassen, die Angst, vielleicht sogar die berufliche Existenz zu verlieren, lassen immer mehr Führungskräfte ihre berufliche Position als Schleudersitz erleben.

Jeder Veränderungsprozess bedeutet immer auch Angst, Unsicherheit und Stress. **93 %** aller Führungskräfte sagen, sie **„leiden"** in

---

1 Siehe hierzu auch den Beitrag XII. „Auslandsentsendungen".

Veränderungsprozessen unter Stress. **70 %** der Führungskräfte haben Angst vor Arbeitsplatzverlust und **60 %** haben Angst, Fehler einzugestehen. Wir erleben folgende Symptome:
- Verunsicherung,
- Identitätsverlust,
- innere Kündigung,
- Rückgang der Produktivität bis zum Burn-out.

Nur wenige sehen den Rollenwechsel spontan als positive Herausforderung oder Chance zur persönlichen Neuorientierung. Dies ist nicht überraschend, sind doch die meisten Führungskräfte von ihrer Ausbildung, ihrer Sozialisation und ihrem Rollenverständnis her kaum auf diesen Rollenwechsel vorbereitet.

Darum ist Selbstmanagement in Veränderungsprozessen eine der größten Herausforderungen. Ziel der hierbei notwendigen Aktivitäten ist es, die eigene Person **selbstbestimmt** so zu führen, dass man den unvermeidbaren Belastungen des beruflichen und des privaten Alltags wieder mit größerer Gelassenheit und Zufriedenheit begegnen kann. Nur dann wird ein Veränderungsprozess erfolgreich, wenn wir mit der neuen Verantwortung Sinn, Begeisterung und Freude verbinden. Die Aufgabe heißt: Fremdbestimmte Veränderungen zu **selbstbestimmten Herausforderungen** zu machen. Es geht nicht nur um Change-Management, es geht vor allem um „**Change the Management**", also um Veränderung des Managements selbst. **Denn nur wer sich selbst erfolgreich führen kann, kann auch andere verantwortungsbewusst führen.**

2. Vom Manager zum Leader

In sog. „Jungen Unternehmen" verstehen sich Führungskräfte nicht mehr primär als Manager und Verwalter des menschlichen und materiellen Potenzials ihres Unternehmens, sondern als Leader, die ihrer Mannschaft die Richtung vorgeben und mit ihr gemeinsam erfolgreich sind (*Ogger*, 1992): „Managers do the things right, leaders do the right things".

Der Erfolg eines Leaders gründet dabei weniger auf seiner rational-legal legitimierten Position, auf der Macht, die ihm qua Funktion zukommt. Selbst Fachkompetenzen und Expertenwissen sind für ihn nur von zweitrangiger Bedeutung (*Schaffer*, 1995; *Regnet*, 1994). Erfolgreiche Leader sind diejenigen, denen es auch in schwierigen Situationen gelingt, Mitarbeiter und Kollegen zu inspirieren und mitzureißen, bei den Geführten Achtung, Vertrauen und Zuneigung hervorzurufen.

Forderungen, beispielsweise nach der „charismatischen Führungspersönlichkeit", wie sie hauptsächlich in den Medien immer wieder gestellt werden, tragen eher zu einer Verstärkung der allgemeinen Verunsicherung bei als zum Abbau individueller Ängste und Widerstände. Vor allem wenn als Beispiel eines charismatischen Führers bevorzugt Ausnahmepersönlichkeiten wie *Lee Iacocca*, der den hoch verschuldeten *Chrysler-Konzern* binnen kurzem in die Gewinnzone führte, oder *Steven Jobs*, der bereits mit 21 Jahren die erfolgreiche Computerfirma *Apple* gründete, zitiert werden. Solche charismatischen Unternehmensführer sind Einzelerscheinungen, die es immer gegeben hat. Ein erfolgreicher Leader ist aber gerade nicht die „*Iacocca*-Kopie", sondern das „Original", eine authentische Persönlichkeit, die mit ihren Stärken und auch mit ihren Schwächen für ihre Mitarbeiter und Kollegen glaub- und vertrauenswürdig ist.

Der Wechsel vom einzelkämpferprobten Manager zum Leader, zum Mannschaftsführer und Coach, bedeutet im Grunde den Schritt in einen völlig neuen Beruf: An die Stelle des fachkompetenten „Machers" und „Obersteuerers" tritt die hoch qualifizierte Dienstleister-Persönlichkeit" (*Doppler/Lauterburg*, 1994). Eine der wesentlichsten Aufgaben eines Leaders besteht darin, im unmittelbaren Aufgaben- und Verantwortungsbereich ein Arbeitsklima der Offenheit und Aufgeschlossenheit zu schaffen, das Engagement, Einfallsreichtum, schöpferisches Problemlösen und Innovationsfreude potentiell zulässt, anregt und unterstützt.

Ein mit personaler Autorität führender Vorgesetzter vertraut seinen Mitarbeitern. Er versteckt sich nicht hinter einem starren Reglement oder tatsächlichen oder erfundenen Vorschriften. Er gesteht seinen Mitarbeitern das Recht auf Fehler zu und kaschiert nicht seine eigenen Mängel. Er äußert offen seine Meinung und lässt sich bei Kritik und Anerkennung von Fairness und Respekt vor der Person des anderen leiten. An Stelle des besten Fachmanns wird ein

II. Die Herausforderung: Führung als personale Autorität

Abb. 1: Mangement-Portfolio

Koordinator gesucht, der Vorgesetzte wird zum Coach seines Teams. **Leadership heißt, sich in die Mitte stellen und andere erfolgreich machen.** Das bedeutet:
- in die Mitte treten und andere um sich versammeln,
- Mitdenken fördern, eigenständiges Handeln ermöglichen,
- eine auf Eigendynamik angelegte Leistungsgemeinschaft schaffen und durch Anregungen, Koordination und Zielabsprachen wach halten,
- gesunde Beziehungen zulassen und stabilisieren,
- gerecht, menschlich und kalkulierbar sein,
- dirigieren, ohne dabei die erste Geige spielen zu wollen,
- vorleben, was für andere nachahmenswert sein soll,
- Selbstvertrauen, Mut und positive Gefühle als Wert der Gemeinschaft stützen,
- Realitäten akzeptieren und das Machbare anstreben,
- Spielraum geben, Konflikte lösen, Anreize schaffen.

Ob und wie Menschen mit den gegensätzlichen Erwartungen und Forderungen klar kommen, hängt auch von ihrer Bereitschaft ab, Neues auszuprobieren. Das beliebte Argument, „das hab' ich immer so gemacht" ist keines. Wer darauf besteht, blockiert sich selbst. Es existieren meistens dritte Wege zwischen zwei sich scheinbar ausschließenden Alternativen. So reagieren Segler ständig auf das sie umgebende Kräftefeld. Sie nutzen die wirkenden Kräfte zur Steuerung ihres Bootes in die gewünschte Richtung. In diesem Sinne wird Segeln zur Metapher für erfolgreiches Führen: Konzentriere dich auf die Abweichungen. Segeln ist ein kybernetisches Führungsprinzip. Fremde Kräfte nutzen, um das eigene Ziel zu erreichen. Nachgeben, um gestärkt voranzukommen. Führungskräfte müssen sich als positive Botschafter für neue Ideen und Problemlösungen verstehen.

3. Die Führungskultur

Im Mittelpunkt der Kritik an Unternehmern und Führungskräften steht der Mangel an **Mut zu Risiko** und **Kreativität**. Dieser Mangel vor allem wurde dafür verantwortlich gemacht, dass Deutschland auf dem Gebiet der Spitzentechnologie seine führende Stellung verlor und in der Entwicklung der Produktivität seiner Industrie im internationalen Vergleich zunehmend schlechter abschnitt. Zyniker bemerken: „Wir arbeiten in Unternehmensstrukturen von gestern an Problemen von morgen vorwiegend mit Menschen, die die Strukturen von gestern geschaffen und keine Vision von den Unternehmensstrukturen von morgen haben." **Kostensenkung** allein schafft noch keine Innovation für zukünftige Märkte. Sparen allein zeigt noch keinen Weg aus der Krise. Auch der Ansatz des Business Reengineering der 80er und 90er Jahre ist zu sehr dem rationalen, analytischen Denken sowie einem mechanistischen Unternehmensbild verhaftet. Vielleicht aber ist genau dies die entscheidende Ursache für die hohe Versagerquote bei den Innovationsvorhaben.

Wenn Produkte und Prozesse immer austauschbarer werden, reicht es nicht mehr aus, sich allein auf den technisch-wissenschaftlichen Sektor zu konzentrieren. Betriebliche Innovation wird in Zukunft vor allem auch **soziale** und **kulturelle** Innovation sein müssen, die auch Einstellungs- und Verhaltensänderungen bei Mit-

II. Die Herausforderung: Führung als personale Autorität

arbeitern und Führungskräften, gezielte Veränderungen der Organisationsstruktur und der Unternehmenskultur impliziert. Wir brauchen nicht nur ein anderes Niveau von Qualität und Quantität der Produkte, von Dienstleistungen, Marketing und Vertriebssystemen, sondern vor allem ein neues, auf Effizienz und Effektivität ausgerichtetes **ganzheitliches Management**, das auch die weichen Faktoren wie Unternehmenskultur und Ethik, Innovations- und Führungskultur mit einschließt.

Das Fehlen von Kontinuität und vertrauten Mustern rückt die weichen Faktoren, die sog. **„social facts"**, wieder stark in den Vordergrund. Unternehmensberater und Analysten beziffern die soziale und kommunikative Kompetenz eines Unternehmens – social facts – mit **40 bis 80 % des Unternehmenswertes**. In einer repräsentativen Studie der *Willson Learning Corporation* zur „Business Performance", die 14 Organisationen mit 25 000 Mitarbeitern umfasste, konnte nachgewiesen werden, dass sich 39 % der Gewinne direkt auf weiche Faktoren wie die Sozialkompetenz des Managements zurückführen lassen (*Wilms*, 2003). Vordringliches Ziel einer zukunftsorientierten Unternehmensführung sollte es demnach sein, **„weiche Faktoren zu harten** werden zu lassen" (*Jost*, 2003).

Unternehmenskultur ist nicht objektivierbar, sie ist die real gelebte, erlebte, praktizierte Werthaltung. Unternehmenskultur drückt sich nicht in harten Fakten und Zahlen aus, sondern vor allem durch **emotionale Qualitäten**. Eine Unternehmenskultur gibt es immer. Sie ist die Spielregel im täglichen Umgang. Normen und Werte sind Steuerungsgrößen, die das Verhalten emotionalisieren. Sie reduzieren Komplexität, indem sie Klarheit schaffen darüber, was als gut und schlecht gilt, was belohnt oder bestraft wird. Sie machen für jeden Beteiligten das berufliche Umfeld verstehbar, durchschaubar und berechenbar.

Eine bewusst gestaltete Unternehmens- und **Führungskultur** ist die am häufigsten vernachlässigte Basis unternehmerischen Erfolgs. Dies wird die größte Herausforderung für die Zukunft werden. Motivierte und kreative Mitarbeiter orientieren sich bei der Wahl ihres Arbeitsplatzes, wie zahlreiche Untersuchungen gezeigt haben, längst nicht mehr in erster Linie an finanziellen Kriterien. Zunehmende Priorität haben für sie der Ruf des Unternehmens, die sinnvolle Übereinstimmung mit den eigenen Werten und das Führungsklima. Jede Unternehmenskultur steht und fällt mit der Glaubwürdigkeit, Authentizität und sozialen Kompetenz ihrer Führungskräfte. Ob es einem Unternehmen gelingt, „**Geldkapital**" effektiv in „**Meinungskapital**" (*Birkigt/Stadler/Funck*, 1995; *Bolz*, 1999) zu verwandeln, hängt entscheidend davon ab, ob das Management über die notwendigen sozialen Kompetenzen verfügt und in der Lage ist, die Mitarbeiter auch in Krisensituationen auf der Basis gegenseitigen Respekts und Wertschätzung motivierend zu führen. „People leave managers, not companies" – so das Fazit einer Untersuchung des *Gallup-Instituts* in den USA (*Buckingham/Coffman*, 1999).

Die Bewertung des Führungs- und Verhaltensstils – die Steuerung oder **Governance** – ist zu einem zentralen Maßstab geworden. So werden jährlich Rankings durchgeführt, z. B. über die „100 Best Companies to Work For in America" (*Gazdar/Kirchhoff*, 2004). Für die Unternehmen ist ihr Ranking-Platz eine wichtige Aussage über ihre Chance, hochqualifizierte Mitarbeiter zu gewinnen oder an das Unternehmen binden zu können. Gleichzeitig bedeuten massive Herab- oder Hinaufstufungen messbare Umsatzeinbußen oder -steigerungen. Unternehmen, die nicht regulierend und steuernd eingreifen, riskieren negative Folgen im Bereich der weichen Faktoren und langfristig auch im Bereich des ökonomischen Erfolges. Es zahlt sich also in jedem Fall aus, den mühsamen Weg einer **bewussten Gestaltung** der eigenen Führungskultur zu beginnen. „Wenn wir wollen, dass alles so bleibt, wie es ist, müssen wir zulassen, dass sich alles verändert" (*Guiseppe Tomaso di Lampedusa*, 1896–1957, ital. Schriftsteller). Die entscheidende Herausforderung besteht darin, emotionales Engagement für eine neue gemeinsame Zukunft zu wecken. **Wer Leistung fordert, muss Sinn geben.**

Der zentrale Punkt des neuen Denkens: Jeder muss seinen individuellen Beitrag zum Gelingen des Ganzen leisten. Vom Anspruchsdenken zur Servicebereitschaft, vom „ich will haben" zum „ich will dienen". Die Kunst des Dienens liegt in der Gegenseitigkeit von Geben und Nehmen, einem alten Kaufmannsprinzip, in der Ausgewogenheit von Gemeinwohl und Eigennutz. Die Kunst des Dienens liegt im Dienen, um zu verdienen. Und wer am besten dient, verdient am besten.

Dienstleistung heißt, anderen Nutzen zu bringen. Es sind nicht diejenigen erfolgreich, die ihre Konkurrenten niederkämpfen, sondern jene, die die Anforderungen ihrer Kunden am besten erfüllen. Und sei es dadurch, dass sie für Synergien ihre früheren Konkurrenten empfehlen. Wer die Anforderungen des Kunden erfüllt, der wird gewinnen. Also, lieber kluge Allianzen als schlaue Gegnerschaft. Wie in einer Familie müssen wir lernen, unter einer gemeinsamen Zielsetzung zu handeln, den anderen aber in seiner Persönlichkeit zu respektieren. Es geht darum, unter einer gemeinsamen Zielsetzung **Zonen gegenseitigen Respekts** zu vereinbaren.

4. Mut zur Kreativität

Die Innovation ist zu einem der gefragtesten Wirtschaftsgüter geworden, dessen Bedeutung mittelfristig noch weiter steigen wird. Ein Faktum, das der überwiegenden Mehrheit der Unternehmer und Führungskräfte durchaus bekannt ist. Wenn es aber darum geht, aus dem theoretischen Wissen um die Erfordernisse künftiger Erfolge konkrete Folgerungen zur Realisierung entsprechender Maßnahmen im unternehmerischen Alltag zu ziehen, herrscht vielfach Hilflosigkeit. Wenn der Begriff der **„Krise"** gebraucht wird, dann meint dies eine Situation mit ganz besonderen Merkmalen: Die zunehmende Komplexität der Umwelt und der Arbeitsabläufe lässt viele Lösungen möglich erscheinen. Unternehmensentscheidungen werden immer weniger rechenbar. Jede Innovation bedeutet ein hohes Risiko. Es gibt keine vertrauten Lösungsmuster, Führungskräfte und Unternehmen fühlen sich dem steigenden ökonomischen und emotionalen Druck nicht mehr gewachsen. Niemand ist gegen Innovation an sich, aber die Veränderungen, die sie auslöst, werden oft als Gefährdung – verbunden mit Unsicherheit und Angst empfunden. Blockaden gegen Innovationen sind deshalb verständlich und normal. Die unternehmerische Haltung ist folglich gekennzeichnet durch

- kurzfristige Ertragsorientierung,
- Risiko vermeidende Entscheidungen,
- formalisierte Planungsverfahren,
- Intoleranz gegenüber Misserfolgen

- und nicht bewusst gesteuerte Qualität der zwischenmenschlichen Kommunikation.

Kreative Problemlösungen und erfolgreiche Innovationen können nicht allein dadurch erzielt werden, dass man einige „hochkreative Köpfe" einkauft und ansonsten alles beim Alten belässt. Der Einfallsreichtum dieser Hochkreativen würde in einem kreativitätsfeindlichen Umfeld sehr schnell versiegen. Innovative Leistungen lassen sich dann optimieren, wenn man Wissen, Problemlösefähigkeiten und Motivation aller „anonymen Kreativen" systematisch bündelt, fördert und unterstützt. So sind erfolgreiche Veränderungsteams eine gesunde Mischung aus Entrepreneuren, Innovatoren und Integratoren:
- **16 %** aller Führungskräfte in Deutschland sind **Visionäre** und Entdecker,
- **41 %** sind **Analysten**, die strategisch denken und handeln,
- **43 %** sind Realisierer und **Macher**, die gleichermaßen praktisch und pragmatisch umsetzen.

Alle drei sind wichtig. Der gesunde Mix macht erfolgreich. Die „jungen Wilden" für das eine Netzwerk können auch die konservativen Elemente eines anderen Netzwerks sein.

Innovation ist Realität gewordene Kreativität auf allen Ebenen. Jeder Wandel bringt Veränderungen mit sich, die sich nicht nur in neuen Produkten, sondern auch in neuen Arbeitsweisen, Lebenshaltungen und Denkmustern äußern. Innovationen sind das Ergebnis von Denk- und Handlungsprozessen, deren spezielle Abläufe nicht von vornherein bekannt und vorhersagbar sind. Immer aber setzen sie Kreativität voraus: Offenheit im Denken und Handeln, ein klarer Blick bei der Abschätzung der Realisierungschancen, Entschlossenheit und Durchsetzungsvermögen sind entscheidende Voraussetzungen für innovatives Handeln.

Für Innovationsprozesse brauchen wir ein offenes Klima, das nicht nur den erfolgreichen Umgang mit Veränderungen unterstützt, sondern auch ein aktives Mitgestalten des Wandels ermöglicht und fördert. Menschen handeln vorzugsweise auf der Basis von Kontinuität. Wandel löst zumindest gemischte Gefühle aus. Unternehmen sind aber nur auf Dauer erfolgreich, wenn sie sich dem Wandel stellen und nicht „verkrusten". Dies erfordert eine „offene" Organisation, die kontinuierlich „**lernt**", die Veränderungen in sich selbst und ihrer Umgebung erkennt, verarbeitet und als Innovation einführt. Eine positive Einstellung zum Wandel ist umso nötiger, je rascher sich der Wandel vollzieht. Nur innovative Unternehmen werden aus dem Wandel Nutzen ziehen.

Die Aufgabe einer **innovationsorientierten Unternehmenskultur** besteht darin, die Bedingungen und Freiräume für kreatives Denken und Handeln, für Mut und Vertrauen sicher zu stellen. Ein kreatives Unternehmensklima sollte:
- innovativen Aufgaben grundsätzlich einen höheren Stellenwert beimessen als Routinearbeiten,
- sich Neuerungen gegenüber aufgeschlossen zeigen,
- zu innovativen Vorschlägen ausdrücklich ermutigen,
- bereit sein zu einer offenen Diskussion neuer Ideen,
- gelegentliche Fehlschläge tolerieren und überwinden helfen bzw. diese als Chance zum gemeinsamen Lernen werten und
- Vertrauen in die Fähigkeiten der Mitarbeiter haben.

Nur in einem Klima des **Vertrauens** kann sich Kreativität entfalten. Vorgesetzte, die ihren Mitarbeitern vertrauen, ihnen etwas zutrauen und dies auch zeigen, die sich nicht hinter starren Regeln verstecken, die das Recht auf Fehler zugestehen, die für eine angstfreie Atmosphäre sorgen, fördern Eigenständigkeit, Aufgeschlossenheit, Mut und Neugierde ihrer Mitarbeiter. Innovation wird zur Führungsaufgabe, das schöpferische Potenzial der Menschen freizusetzen, ihr Ideengut mit Umsetzungswillen zu verbinden und durch Koordination auf gemeinsam akzeptierte Ziele auszurichten. Vergessen wir nicht: **Wir werden für unsere Ideen bezahlt – nicht für die Routine**.

5. Neue Anforderungen nach Fusionen (Merger)

Mitarbeiter in ²/₃ aller Unternehmen sind unzufrieden mit ihrer gegenwärtigen Unternehmenskultur und äußern den Wunsch nach gezielter Veränderung (*Jost,* 2003). Besonders hoch ist der Bedarf nach gezielter Einflussnahme immer dann, wenn wie bei Fusionen

I. Teil: Bedeutung von „Persönlichkeit" für das Individuum und die Unternehmen

mehrere unterschiedliche Kulturen aufeinander treffen und zu einer neuen Ganzheit zusammenfinden müssen.

Seit Mitte der 90er Jahre herrscht eine Art „Fusionsfieber". Rund um den Globus fusionieren immer mehr Unternehmen, um in Zeiten sich wandelnder Märkte und wachsender Globalisierung konkurrenzfähig zu bleiben. In Amerika waren bereits Anfang der 90er Jahre ca. 45 % der arbeitenden Bevölkerung persönlich von Fusionen betroffen; in Europa werden es in den nächsten Jahren ca. 50 % sein. Die Ergebnisse der bisherigen Fusionspraxis sind allerdings ernüchternd. Die optimistische Annahme, dass es sich bei Fusionen um **Win-Win-Situationen** handelt, kann in der Praxis nicht bestätigt werden. Win-Win-Situationen entstehen nur dann, wenn passend zur strategischen und operativen auch über die kulturelle Ausrichtung ein Konsens erreicht wird. Es sind nicht in erster Linie die harten, sondern vor allem die weichen Faktoren, die sog. „soft facts", die den Fusionsprozess stagnieren oder scheitern lassen. Fusionen scheiterten letztlich an der fehlenden Akzeptanz der Mitarbeiter. Erfolgreiche Zusammenschlüsse sind immer das Produkt von qualitativ richtigen Entscheidungen und Akzeptanz der betroffenen Mitarbeiter (Erfolg = Qualität × Akzeptanz).

Dieses Fusions- oder **„Merger-Syndrom"** ist auch der Grund, warum in Deutschland 70 % aller Veränderungsmaßnahmen scheitern, vor allem

- an dem Widerstand des mittleren Managements,
- an dem Gefühl der Mitarbeiter, nicht eingebunden zu sein,
- und an einem fehlenden oder falschen Informations- und Kommunikationsverhalten während der Veränderungsprozesse.

Unternehmen sind wie Gebäude (manchmal altehrwürdige) mit vielen Mauern, Wänden und Fußböden. Nur wenn man sich nicht scheut, konsequent das Alte zu entfernen und Neues hinzuzufügen, kann aus den bisherigen Gebäuden ein neuer Gebäudekomplex entstehen. Umwälzende Veränderungen verlangen kreative Zerstörung, sorgfältige Planung und Aufbau des neuen Unternehmens. Jede tiefer gehende Veränderung erzeugt Angst und Verunsicherung. Es ist nur natürlich, dass sie zunächst erst einmal auf Ablehnung stoßen wird. Widerstand und Konflikte sind unvermeidlich.

Nach empirischen Untersuchungen sehen Mitarbeiter von fusionierenden Unternehmen nach dem Start das Vorhaben
- zu 30 % positiv,
- zu 20 % negativ,
- 50 % sind indifferent.

Wenn es gelingt, diese 50 % durch überzeugende Kommunikationsformen und Sinnvermittlung für eine neue Vision und Kultur zu gewinnen, hätten wir 80 % positiv motiviert. Die wichtigste Aufgabe: Die Entwicklung von Bausteinen für eine Vision und eines Leitbildes auf der Grundlage einer gemeinsam erarbeiteten Unternehmenskultur.

Das Ziel muss sein: Gemeinsam ein neues Ganzes schaffen, das nicht nur mehr, sondern auch etwas anderes sein wird als die Summe seiner Teile. Auch nach dem Zusammenschluss behält jedes Unternehmen seine eigenständige Teilidentität. Eine sog. **„common ingroup"**, d. h. eine gemeinsame, geteilte Identität, steht weiteren individuellen Zugehörigkeiten der Fusionspartner nicht im Wege. Aber eine neue gemeinsame Kultur ist eine Orientierungshilfe und Herausforderung für alle. Sie enthält Zielsetzungen und Begründungen für unser Handeln. Es ist eine Straßenverkehrsordnung, aber keine „Gleichmacherei".

6. Anforderungen für die Zukunft: Ethik und Verantwortung

Viele Menschen verbinden mit dem Wort „Ethik" einen Normen-Katalog zur eigenen Orientierung in der Selbstverantwortung. Das Ziel ethisch verantworteten Handelns ist die Erhaltung und Entfaltung personalen Lebens.

Ethisch gut handelt ein Mensch genau dann, wenn er das Leben von anderen erhält und entfaltet: „Handle stets so, dass du dein und fremdes personales Leben eher mehrst denn minderst" (*Löhner,* 1997).

Der zentrale Punkt dieses Denkens: Jeder muss seinen individuellen Beitrag zum Gelingen des Ganzen leisten. Vom Anspruchsdenken zur Servicebereitschaft, vom „ich will haben" zum „ich will dienen". Die Kunst des Dienens liegt in der Gegenseitigkeit von Geben und Nehmen, einem alten Kaufmannsprinzip, in der Ausgewogenheit von Gemeinwohl und Eigennutz. Dienstleistung heißt, anderen Nutzen zu bringen. Es sind nicht diejenigen erfolgreich, die ihre Konkurrenten, Mitarbeiter und Kollegen niederkämpfen, sondern jene, die die Anforderungen ihrer externen und internen Kunden am besten erfüllen. Die Kunst des Dienens liegt im Dienen, um zu verdienen. Wer andere erfolgreich macht, wird selbst erfolgreich.

Zahlreiche Unternehmer sehen zwar durchaus die theoretische Notwendigkeit einer moralisch-ethischen Begründung wirtschaftlichen Handelns, sind aber äußerst skeptisch, sobald es um die Umsetzung in konkretes Handeln geht. Äußerungen wie „ethisches Gesäusel" oder „nichts sagende Leitbildpoesie", die man sich bestenfalls in Zeiten wirtschaftlicher Hochkonjunktur leisten könne, sind in diesem Zusammenhang häufig zu hören. Die in den letzten Jahren von vielen Unternehmen verabschiedeten wertorientierten Leitlinien zur Unternehmensphilosophie sind in den Augen dieser Skeptiker nicht viel mehr als eine Art „Feigenblatt". Sie dienten zwar der Beruhigung des eigenen Gewissens, seien aber ansonsten wenig hilfreich, um in der Realität bei ständig härter werdendem globalem Konkurrenzkampf ökonomisch erfolgreich bestehen zu können.

Dabei wird allerdings eines übersehen: Der Markt ist zu keiner Zeit das einzige Regulativ unternehmerischen Handelns gewesen. Unternehmen sind nicht nur rein wirtschaftliche, sondern auch gesellschaftliche Akteure. Ihr Handeln vollzieht sich in einem gesellschaftlichen Raum, in dessen Rechts-, Werte- und Normensystemen sie eingebunden sind. Das, was Unternehmen tun oder unterlassen, hat soziale Auswirkungen, unterliegt gesellschaftlicher Bewertung. Nicht nur Firmen, die in ökologisch, politisch, kulturell oder medizinisch sensiblen Bereichen tätig sind, sehen sich gegenwärtig einem wachsenden öffentlichen ethischen Legitimationsdruck ausgesetzt.

Die Menschen spüren, dass das freie Spiel der Kräfte an seine Grenzen zu stoßen scheint. Die „Sachlogik" des Marktes kann nicht länger das alleinige Kriterium unseres Handelns sein. Viele fragen sich, ob wir alles tun dürfen, was wir tun können. In zunehmendem

II. Die Herausforderung: Führung als personale Autorität

Maße setzt sich die Einsicht durch, dass nicht alles, was momentan legal und ökonomisch sinnvoll ist, auch langfristig sittlich und moralisch gut ist. Philosophen (*Jonas*, 1983) sprechen in diesem Zusammenhang von der Notwendigkeit einer Ethik der Verantwortung, die auch die Fernwirkung menschlichen Handelns mit einbeziehen müsse. Verantwortung ist dann **„vernünftige Selbstbindung"**.

Die Frage nach einer ethischen Begründung unternehmerischer Handlungen, beschäftigt allerdings nicht nur die Öffentlichkeit, sondern mindestens ebenso stark die Führungskräfte selbst. Mehr als 50 % der befragten Topmanager gaben an, häufig ethisch relevante Entscheidungen treffen zu müssen, aber nur knapp 10 % trauten sich selbst die hierfür notwendige Kompetenz zu. Für sie besteht eine große Differenz zwischen dem persönlichen moralischen Empfinden und den Möglichkeiten, diesem im beruflichen Alltag gerecht werden zu können. In ethischen Konfliktsituationen neigt die überwiegende Mehrheit dazu, die Verantwortung auf das Unternehmen als Ganzes abzuschieben oder sich durch den Verweis auf ökonomische Sachzwänge zu entlasten. Sie sind sich bewusst, dass sie – auch aus Karrieregründen – immer wieder Entscheidungen fällen, die sie im Grunde **moralisch missbilligen** (*Karmasin*, 1996).

Letztlich kann sich keine ernst gemeinte Unternehmensethik einer Beantwortung der Frage nach der Begründung des Gewinnprinzips, nach dem Zusammenhang zwischen der „Quantität des erzielbaren Gewinns und der Qualität der eingesetzten Mittel und Strategien" entziehen (*Ulrich*, 1997). Ziel ist es, eine Integration zu finden zwischen **ökonomischer und ethischer Vernunft**, zwischen dem, was für das betreffende Unternehmen gegenwärtig wirtschaftlich sinnvoll ist, und dem, was die ethisch dominanten Fragen des unternehmerischen Umfeldes ausmacht. Eine erste Orientierungshilfe kann die pragmatisch formulierte normative Zielforderung sein:

„Optimiere den Gewinn, solange dem keine ethischen Bedenken entgegen stehen, andernfalls gib den ethischen Bedenken soweit nach als noch ein angemessener und rechtfertigbarer Gewinn gesichert ist" (*Karmasin*, 1996).

Vor allem in der US-amerikanischen Wirtschaft beginnt sich diese Einsicht mehr und mehr durchzusetzen. Vorreiter waren einige

Rüstungsunternehmen, die sich nach einer Reihe von Skandalen bereits Mitte der 80er Jahre zu einer Initiative zusammenschlossen und sich verpflichteten, künftig bestimmte ethische Werte einzuhalten. Wachsender ökonomischer Erfolg und steigende öffentliche Akzeptanz bestätigen die Richtigkeit dieser Entscheidung. Heute gibt es bereits in mehr als 100 Unternehmen der USA **Ethikprogramme**. Jedes dieser Unternehmen hat ein sog. Ethikbüro, geleitet von einem hohen Manager, das Maßnahmen zur Umsetzung der Programme erarbeitet und Verstößen nachgeht.

Seit einigen Jahren wird regelmäßig eine Liste veröffentlicht, in der die 500 wichtigsten US-Firmen hinsichtlich der von ihnen glaubhaft übernommenen gesellschaftlichen Verantwortung beurteilt werden. „Als Entscheidungshilfe für Konsumenten, die diese Unternehmen via Markt wieder für ihre Haltung belohnen können" (*Karmasin*, 1996). Ethisches Verhalten kann sich also durchaus, vor allem wenn die Öffentlichkeit aufgeklärt wird, auch ökonomisch „rechnen". Auf jeden Fall sind unternehmensethische Maßnahmen langfristig rentable Investitionen in Image und Glaubwürdigkeit (*Springer*, 1998). Optimisten wagen sogar die Voraussage, dass „ethisches Geschäftsverhalten im Wettbewerb unschlagbar" sein wird. Unternehmensethik ist damit **verantwortungsbewusst** reflektierte und gestaltete Unternehmenskultur.

7. Stärkung und Erweiterung von Kompetenzen

Die komplexen Führungsaufgaben eines modernen, zukunftsorientierten Unternehmens lassen sich mit Spezialkenntnissen und Expertenwissen allein nicht bewältigen. Neben Fachwissen gewinnen soziale Kompetenz und Authentizität der Führungskraft eine zunehmende Bedeutung für erfolgreiches „Leadership". Führungskräfte der Zukunft sind deshalb nicht nur **„Generalisten"** mit den zentralen Aufgaben Planung, Entscheidung, Organisation und Kontrolle, sondern auch **„Human Quality Manager"** mit einer hohen Qualifikation auf dem Gebiet der Menschenführung – eine wichtige Voraussetzung, gerade unter den Bedingungen einer immer hektischeren und unübersehbareren Arbeitswelt. Sich diese fachlichen und sozialen Kompetenzen anzueignen, zu erhalten, zu stärken und weiter zu entwickeln ist eine zentrale Aufgabe während des gesamten Berufslebens.

Die Wahrscheinlichkeit, dass eine Führungskraft zu Beginn ihrer Laufbahn alle oben genannten Voraussetzungen erfüllt, ist recht gering, zumal sich die Universitätsausbildung fast ausschließlich auf die Vermittlung von Fachwissen beschränkt. Noch immer spielen die sog. „Soft Skills", soziale Kompetenzen im Führungsbereich, während der Ausbildung potentieller Führungskräfte praktisch keine Rolle. Eine Ausnahme bildet die *FH München*, die ab dem Wintersemester 2003 einen Lehrstuhl für sog. Schlüsselqualifikationen eingerichtet und damit die Soft Skills in die Ausbildung integriert hat (*Schmidt*, 2003).

Im Bereich der Weiterbildung innerhalb der Unternehmen zeichnen sich seit einigen Jahren interessante Neuerungen ab: Angesichts von Globalisierung und sich ständig erhöhender Veränderungsgeschwindigkeit im Umfeld der Unternehmen ist Wissen mehr und mehr zur wettbewerbsentscheidenden Ressource geworden. Dauerhaft erfolgreich werden nur diejenigen Unternehmen bleiben, die sich selbst als lernende Organisation begreifen und den Wissensfluss innerhalb des Unternehmens nicht länger dem Zufall überlassen. Weil sie dies erkannt haben, bemühen sich zunehmend mehr Unternehmen um die Implementierung einer lernorientierten Unternehmenskultur, die geeignet ist, eine wissensgenerierende Kommunikation innerhalb und zwischen den Hierarchieebenen und Abteilungen zu unterstützen.

In Management- und IT-Fachzeitschriften dominieren zzt. Artikel über Wissens- bzw. Knowledgemanagement. Nicht nur große, sondern mehr und mehr auch kleinere und mittelständische Unternehmen stellen Wissensbilanzen auf, legen Datenbanken an, implementieren Intranets, um den Informationsfluss zu effektivieren, den kollektiven Wissensbestand zu erhöhen und für alle Mitarbeiter problemlos nutzbar zu machen. Mehr und mehr Großunternehmen gründeten in den letzen Jahren eigene Firmenhochschulen, sog. Corporate Universities, die sich der Herausforderung des kontinuierlichen Lernens und des Wandels in dem jeweiligen Unternehmen gezielt annehmen sollen. Die Themenschwerpunkte zielen vor allem auf die Aktualisierung des Managementwissens im Bereich der fachlichen aber auch der sozialen Kompetenzen: Manager in Führungspositionen, deren Universitätsabschluss in aller Regel mehr als 10-15 Jahre zurückliegt, sollen mit den neuesten Management-, Marketing- und Führungskonzepten vertraut gemacht werden. Sie sollen Gelegenheit bekommen, ihr Wissen im Bereich strategischen Denkens und Handelns unter den Bedingungen globalen Wettbewerbs und globaler Verantwortung zu erweitern, interkulturelle Kompetenzen zu erwerben etc.

Wer Führungsaufgaben übernehmen will und übernimmt, – und nicht nur der – muss sich auf lebenslanges Lernen einlassen. Wer nicht weiß, welche Anforderungen auf ihn zukommen, wer nicht beurteilen kann, ob er die erforderlichen Voraussetzungen mitbringt, wer im Unternehmen nicht die Möglichkeit hat, fehlende Kompetenzen zu erwerben, persönliche Schwächen oder Defizite abzubauen, wird seine Arbeitssituation u. U. schon nach relativ kurzer Zeit als Überforderung und als eine ständige Quelle von psychischem Stress erleben. Wer sich wirksam vor negativem Stress und seinen Folgen, vor Überforderung und vor Misserfolgen schützen will, sollte deshalb das Prinzip des „lebenslangen Lernens" zum zentralen Leitmotiv seines gesamten Lebens machen: Lernen ist wie Schwimmen gegen den Strom. Wer damit aufhört, treibt zurück.

Einmal erworbene Kenntnisse und Kompetenzen sind in immer kürzeren Zeiträumen überholt. Die Bereitschaft zu lebenslangem Lernen ist deshalb langfristig der einzige wirksame Schutz vor Kompetenzverlust. Wer sich hinter der Ausrede „Dafür bin ich zu alt" verschanzt, vergibt die Chance, auf Veränderungen aktiv Einfluss zu nehmen, sie in positiver Weise zu beeinflussen. Auch Lernen ist eine Form der Persönlichkeitsentwicklung. Führungskräfte, die aktiv und selbstbestimmt mit ihrem Wissen und ihren Fachkenntnissen auf dem aktuellen Stand sein und bleiben wollen, sollten es sich zur Gewohnheit machen, alle ihnen verfügbaren Möglichkeiten zur „Weiterbildung" auch tatsächlich auszuschöpfen. Konkret heißt das:
- Auf andere Menschen zugehen; Fragen zu stellen; zuzugeben, dass man etwas nicht weiß; zuhören können; andere dazu ermuntern, ihr „Wissen" weiterzugeben, aber auch die eigene

Kenntnisse nicht als Instrument persönlichen Machterhalts einzusetzen.

- Bei Fachgesprächen mit Mitarbeitern und Kollegen nicht die eigene Kompetenz herausstellen, sondern diese Unterredungen als Chance nutzen, neue Kenntnisse auf zeitsparende Weise zu erwerben und Anregungen zu bekommen, die die eigene Arbeit erleichtern und Fehler vermeiden helfen.
- Sämtliche Möglichkeiten nutzen, die sich zu einer fach- und ressortübergreifenden Zusammenarbeit bieten; in Projektteams mitarbeiten und selbst die Initiative ergreifen, solchen Arbeitsformen im Unternehmen einen festen Platz zu schaffen.
- Keine Angst haben vor Mitarbeitern, die jünger sind als man selbst, die ein exzellentes Fachwissen mitbringen, die innovative Ideen haben und auf eine Weise kreativ sind, die einem selbst Probleme bereitet.
- Schluss machen mit einem Denken in Sparten und Zuständigkeiten, vorhandene Vernetzungen näher kennen lernen und prüfen, ob sich bereits von anderen entwickelte Ideen und Problemlösungen auf den eigenen Bereich übertragen lassen.

8. Das Anforderungsprofil

Von wenigen „Seiteneinsteigern" abgesehen, haben die meisten Führungskräfte ihre Karriere als hoch qualifizierte Akademiker mit profundem Wissen in ihren jeweiligen Spezialgebieten begonnen. Je weiter sie in der Hierarchie aufsteigen, desto deutlicher wird, dass die komplexen Führungsaufgaben eines modernen Unternehmens mit Spezialistentum und Expertenwissen allein nicht zu bewältigen sind. Wer als Führungskraft dauerhaft erfolgreich sein will, von dem werden zusätzliche Kompetenzen erwartet: Erfolgreiche Manager sind in erster Linie **„Generalisten"**, die in der Lage sind, ihr Unternehmen und die in ihm Beschäftigten auf der Grundlage personaler Autorität zu führen. Sie sind der Mannschaftsführer oder **Coach**,[2]

---

[2] Siehe hierzu bspw. den Beitrag XXI, „Coaching als Element der Persönlichkeitsentwicklung" in diesem Band.

der Visionen entwickelt, andere inspirieren und mitreißen kann, der die Fähigkeit besitzt, in seinem Unternehmen ein Klima der Offenheit und Aufgeschlossenheit zu schaffen, das Engagement, Einfallsreichtum, schöpferisches Problemlösen und Innovationsfreude zulässt, anregt und unterstützt.[3]

Dies setzt eine Persönlichkeit voraus, die sich ihrer **Vorbildfunktion** bewusst ist, die aufgrund ihrer persönlichen Integrität von anderen als Vorbild akzeptiert wird und sowohl ein hohes Maß an intellektuellen als auch an sozialen Kompetenzen mitbringt.[4]

Im Bereich der intellektuellen Kompetenz werden von einer Führungskraft neben beruflichen Kenntnissen vor allem Aufgeschlossenheit gegenüber Neuem, ein Gespür für Trends, Risiken und Chancen im Bereich der gesellschaftlichen, wirtschaftlichen und technologischen Veränderungen vorausgesetzt. Erwartet werden ferner eine über die beruflichen Belange hinausreichende Interessenbreite, die Bereitschaft zu lebenslangem Lernen, **Kreativität** im Bereich der Problemlösung,[5] der Entwicklung von Visionen und der Umsetzung von Innovationen, sowie eine weit über dem Durchschnitt liegende Fähigkeit zu einem vernetzten, zukunftsorientierten Denken, das der Komplexität der von ihnen zu verantwortenden Entscheidungen gerecht wird. Führungskräfte sollten **Visionäre** sein, Vordenker, die über die Fähigkeit zur Antizipation verfügen und sich vorstellen können, wie die Welt in Zukunft aussehen wird bzw. aussehen könnte. Sie sollten antizipieren können, welche Folgen Entscheidungen, die heute von ihnen getroffen werden, auf diese Zukunft haben werden.[6] Gleichzeitig sollten sie einen klaren Blick für die Realität besitzen, um Akzeptanzen, Chancen und Risiken ihrer Entscheidungen nüchtern abzuwägen. Die zunehmende Internationalisierung erfordert zudem die Fähigkeit zu einem Denken, **Planen und Handeln in globalen Zusammenhängen**, profundes Wissen über unterschiedliche kulturelle Mentalitäten und Selbst-

---

3 Vgl. den Abschnitt 2 dieses Beitrags „Vom Manager zum Leader".
4 Vgl. den Abschnitt 9 dieses Beitrags „Selbstkompetenz in der Führungsrolle: Vorbildfunktion".
5 Vgl. den Abschnitt 4 dieses Beitrags „Mut zur Kreativität".
6 Vgl. den Abschnitt 5 dieses Beitrags „Neue Anforderungen nach Fusionen".

II. Die Herausforderung: Führung als personale Autorität

Intellektuelle Kompetenz

Vernetztes, ganzheitliches Denken
- überblickt komplexe Zusammenhänge
- denkt generalistisch und funktionsübergreifend
- handelt prozessorientiert
- erkennt neue Beziehungen zwischen Aspekten
- orientiert sich an übergeordneten Gesichtspunkten

Strategische Orientierung
- denkt strategisch und zukunftsorientiert
- überprüft kritisch gewachsene Strukturen
- bewertet analytisch Alternativen
- definiert realistisch durchsetzbare Visionen
- erkennt globale Entwicklungen

Zielkompetenz

Ergebnisorientierung
- bewertet sein Handeln nach Ertragsgesichtspunkten
- führt ziel- und ergebnisorientiert, sorgt für die Erfüllung der Aufgaben
- geht strukturiert und systematisch vor
- behält ständig die Übersicht über die Entwicklung den Arbeitsfortschritt
- steht zu seiner persönlichen Ergebnisverantwortung

Durchsetzungsfähigkeit
- sorgt für Akzeptanz auch bei Widerständen
- erkennt sehr früh Interessengegensätze, hat Fingerspitzengefühl
- entzieht sich nicht Konkurrenzsituationen schiebt Entscheidungen nicht auf

Veränderungskompetenz

Veränderungsfähigkeit
- nimmt den Wandel als Herausforderung an
- hat in der Vergangenheit Veränderungen bewirkt
- strebt danach, die Ergebnisse eigener Arbeit zu verbessern
- hängt nicht an Vorhandenem
- ist bereit, sein Wissen intern und extern zu erweitern

Problemlösefähigkeit
- fühlt sich durch schwierige Probleme herausgefordert
- denkt kreativ und handelt zukunftsorientiert
- entwickelt aus Ideen Lösungen, denkt innovativ
- sucht bewusst nach Alternativen, denkt nicht eingeengt
- arbeitet gern in interdisziplinären Projekten

Sozialkompetenz

Begeisterungsfähigkeit
- setzt sich engagiert ein und überzeugt andere
- ist sich seiner Vorbildrolle bewusst
- reißt mit und motiviert
- zeigt Selbstvertrauen, ist selbstbestimmt und optimistisch
- andere akzeptieren seine Ideen und seine Führungsrolle

Teamfähigkeit
- sagt offen, was er denkt, kann zuhören und vertraut anderen
- nimmt Feed-back an und arbeitet an sich
- erkennt Konflikte und kann sie lösen, kommuniziert empfängerorientiert
- steuert das Team nach übergeordneten Zielen
- stellt sich in die Mitte und macht andere erfolgreich

Selbstkompetenz

Aufgeschlossenheit
- kann sich selbst in Frage stellen
- öffnet sich Fremden gegenüber
- hat keine Scheu, Neues auszuprobieren
- geht auf Ideen anderer ein
- ist vielseitig interessiert

Eigeninitiative
- entwickelt eigene Zielvorstellungen
- setzt Impulse und greift Konsequenzen auf
- ist lernfähig, sieht Fehler als Chancen für die Zukunft
- ist bereit, kalkulierbare Risiken einzugehen
- zeigt hohen Arbeitseinsatz und Wirkungsgrad

verständlichkeiten, kulturelle Aufgeschlossenheit und die Fähigkeit, sich vorbehaltlos auf andere Personengruppen, Kulturen und Werthaltungen einstellen zu können. Wichtige soziale Kernkompetenzen für Manager sind neben mehrsprachiger kommunikativer Kompetenz vor allem ein hohes Maß an Menschenkenntnis, Verantwortungsbewusstsein sowie Team- und Konfliktfähigkeit. Vor allem in Zeiten der Umorientierung, bei Fusionierungen etc. sind Personen mit **sozialer Sensibilität**, Einfühlungsvermögen und ausgeprägter **Chaos-Toleranz** gefragt.

Der permanent hohe Verantwortungsdruck, der den Alltag jeder Führungskraft kennzeichnet, kann auf Dauer nur von Persönlichkeiten ausgehalten werden, die in der Lage sind, sich selbst effektiv zu führen, und gelernt haben, schonend mit ihren psychophysischen Ressourcen umzugehen.

Insgesamt ergibt sich also ein sehr komplexes Anforderungsprofil, das durch traditionelle Weiterbildungsmaßnahmen kaum entwickelt werden kann. Dies liegt zum einen daran, dass sich die hier geforderten Kompetenzen – im Unterschied zu reinen Wissenskompetenzen – nur schwer operationalisieren und in konkrete Lerninhalte transformieren lassen. Zum anderen wäre es wenig effektiv, sie isoliert voneinander trainieren zu wollen. Weiterbildung für Führungskräfte kann nur dann erfolgreich sein, wenn sie bei jeder Einzelmaßnahme immer die Weiterentwicklung der gesamten Person, die Optimierung aller Potenziale der Führungspersönlichkeit im Blick hat.

Das **Kompetenzprofil** zeigt die Komplexität aber auch die Ganzheitlichkeit von Anforderungen, die in Auswahlverfahren, Bewerbungs- und Einstellungsgesprächen überprüft werden.

9. Selbstkompetenz in der Führungsrolle: Vorbildfunktion

Die Individualisierung unserer Gesellschaft weckt das Bedürfnis nach stärkerer Orientierung. Eine Expertenbefragung, die 2002 in den 350 größten Unternehmen sowie 210 öffentlichen Verwaltungen in der Schweiz durchgeführt wurde (*Jost*, 2003), nannte die wichtigsten „Motoren" der eigenen Unternehmenskultur:

- die „Vorbildwirkung der Vorgesetzten" (72 %);
- „viel Freiraum bzw. Möglichkeiten zur Selbstorganisation und Eigenverantwortung" (44 %);
- „interne Kommunikation" (43 %);
- „interessante und spannende Arbeit" (26 %)
- sowie die „sozialen Kompetenzen des Managements" (23 %).

Glaubwürdigkeit, Übereinstimmung von Denken, Reden und Handeln, Verlässlichkeit, aber auch Optimismus und Zuversicht sind Voraussetzungen für eine erfolgreiche Unternehmenskultur. Jede Führungskraft ist immer **Vorbild** für ihre Mitarbeiter, ob sie das möchte oder nicht. Die Vorbildfunktion ist eine der wichtigsten Säulen jeder Unternehmenskultur. Im Unterschied zu anderen Führungsinstrumenten ist sie ständig präsent. Jede Führungskraft sollte daher alles tun, um richtig verstanden zu werden. Wer als Vorgesetzter
- anderen die eigenen Prinzipien und Bewertungsmaßstäbe mitteilt,
- die ihm wichtigen Spielregeln bekannt gibt,
- seine Vorlieben und Abneigungen zu erkennen gibt,

der gibt seinen Mitarbeitern wichtige Interpretationshilfen für die Beweggründe seines Handelns an die Hand und schließt Missverständnisse weitgehend aus. Eine vorbildliche Führungspersönlichkeit zeichnet sich vor allem durch folgende Merkmale aus:
- Sie ist authentisch,
- sie mag Menschen,
- sie übernimmt Verantwortung für getroffene Entscheidungen,
- sie kommuniziert klar und eindeutig.

Gefragt ist weniger jemand, der „innerbetrieblichen Populismus" verbreitet als vielmehr eine Persönlichkeit, die ihre Mitarbeiter mittels emotionaler und rationaler Beteiligung für die Verwirklichung der unternehmerischen Ziele gewinnen kann. Ihr Hauptanliegen wird darin bestehen, eine auf Eigendynamik angelegte hochmotivierte Leistungsgemeinschaft zu schaffen und diese durch Anregungen, Koordination und Zielabsprachen wach zu halten. Damit ihr dies gelingt, muss sie selbst das, was für andere nachahmenswert sein soll, glaubwürdig vorleben und Selbstvertrauen, Mut und positive Gefühle als Werte der Arbeitsgemeinschaft etablieren.

Als Führungskraft kommt es darauf an, seine Wirkung auf andere Menschen zu kennen und anderen selbst Vorbild zu sein. Auf die Frage, „Was bedeutet es für mich persönlich, die Führungsrolle mit personaler Autorität und glaubwürdig mit Leben zu erfüllen?", eine ehrliche Antwort zu finden, gehört zu den schwierigsten Bereichen des Selbstmanagements. So kann es hilfreich sein, das eigene Denken und Handeln aus der Perspektive der Mitarbeiter zu reflektieren (*Neuberger*, 1994). Die Realität im Führungsverhalten ist nicht das objektive Verhalten einer Führungskraft sondern die von Mitarbeitern oder Kollegen **subjektiv erlebten Verhaltensweisen**.

Stellen Sie sich vor, Sie seien ihr eigener Mitarbeiter:

- Was hätten Sie von der Tätigkeit Ihres Vorgesetzten mitbekommen?
- Wie hätte sein Verhalten auf Sie gewirkt?
- Welche Konsequenzen würden Sie persönlich für ihr künftiges Engagement und Ihre Arbeitsplanung aus dem Verhalten Ihres Vorgesetzten ziehen?
- Wie würden Sie sich einem solchen Vorgesetzten gegenüber künftig verhalten?
- Was würden Sie mit ihm besprechen wollen und was nicht? Was würden Sie vor ihm geheim halten? In welchen Situationen würden Sie ihn um Rat fragen? usw.

Nehmen Sie Ihre **Vorbildfunktion** ernst. Versuchen Sie, ein aufgeschlossener, glaubwürdiger, verlässlicher, ehrlicher Vorgesetzter zu sein, bei dem Denken, Reden und Handeln übereinstimmen. Seien Sie ehrlich gegenüber sich selbst und gegenüber anderen. Zwingen Sie sich nicht, die Rolle des perfekten Vorgesetzten zu spielen, bleiben Sie **authentisch** – ein Mensch, der weiß, dass er nicht nur Stärken sondern auch Schwächen hat, der nicht immer perfekt ist, sondern dem auch einmal Fehler unterlaufen. „Vorbildliche" Führungskräfte sollten sich immer bewusst sein: Gerade weil ihr persönliches Vorbild Ecken und Kanten aufweist und unvollkommen ist, strahlen sie in jedem Fall mehr personale Autorität aus als durch jede noch so perfekt gespielte Kopie. „Wir müssen sagen, was wir denken, wir müssen tun, was wir sagen und wir müssen sein, was wir tun."

Sie erkennen: Selbstmanagement ist eine der größten Herausforderungen. **Nur wer sich selbst erfolgreich führen kann, kann auch verantwortungsbewusst andere führen.** Unternehmen brauchen Persönlichkeiten, Menschen mit Profil. In einem Unternehmen ohne Identität findet man Leute, die wie Quallen sind: Sie passen sich an, besonders dann, wenn es eng wird – sie zeichnen sich durch Anpassungsintelligenz aus. Wichtig für ein Unternehmen sind aber Schwertfische: Sie ecken an, schwimmen sich frei. Sie entwickeln Kreativität und gehen neue Wege. Konstruktiv „Nein" zu sagen, ist die Freiheit einer Vertrauenskultur – und der erste Schritt zu einem Profil. Statt Quallen brauchen wir kreative Schwertfische. Wir brauchen wieder die Begeisterung, die Emotionen, das Engagement, **Mut zur Veränderung**, wir brauchen Persönlichkeiten mit Ecken und Kanten, die überzeugt „ihre" Unternehmenskultur leben.

10. Zehn Empfehlungen

(1) Nehmen Sie Abschied vom „alten Managementmythos". Führung heißt, sich in die Mitte stellen und **andere erfolgreich machen**.

(2) Achten Sie darauf, dass Ihre **fachlichen Kompetenzen** stets auf hohem Niveau bleiben und nicht veralten. Bleiben Sie neugierig und interessiert. Nutzen Sie alle sich bietenden beruflichen und außerberuflichen Möglichkeiten, Ihren Kenntnis- und Wissensstand zu erweitern.

(3) Bemühen Sie sich, Ihre Mitarbeiter **sozial kompetent** in einer Atmosphäre gegenseitigen Vertrauens, Akzeptanz und Wertschätzung zu führen.

(4) Nehmen Sie Ihre **Vorbildfunktion** ernst. Versuchen Sie, ein aufgeschlossener, glaubwürdiger, verlässlicher, ehrlicher Vorgesetzter zu sein, bei dem Denken, Reden und Handeln übereinstimmen.

(5) Seien Sie ehrlich gegenüber sich selbst und gegenüber anderen. Zwingen Sie sich nicht, die Rolle des perfekten Vorgesetzten zu spielen, bleiben Sie **authentisch** – ein Mensch, der weiß, dass er nicht nur Stärken sondern auch Schwächen hat, der nicht immer perfekt ist, sondern dem auch einmal Fehler unterlaufen.

(6) Sehen Sie Ihre Führungsaufgabe als einen Prozess gegenseitigen Gebens und Nehmens. Scheuen Sie sich nicht, in schwie-

rigen Situationen Hilfe und **soziale Unterstützung** einzufordern und anzunehmen.

(7) Schärfen Sie Ihre Sensibilität für erste Anzeichen von **Arbeitssucht** oder Burn-Out[7] bei sich, Ihren Mitarbeitern oder/und Kollegen. Lassen Sie nicht zu, dass Ihre beruflichen Verpflichtungen zu Ihrem alleinigen, alles bestimmenden Lebensinhalt werden. Achten Sie darauf, dass auch Ihre Mitarbeiter vor dieser Gefahr geschützt sind.

(8) Sie werden für Ihre **Kreativität**[8] bezahlt – nicht für Ihre Routine. Achten Sie darauf, dass Ihnen deshalb genügend Raum für **Muße** und Entspannung bleibt.

(9) Planen Sie Ihr **Arbeitspensum realistisch**. Nehmen Sie sich nicht mehr vor als Sie unter den gegebenen Umständen erledigen können. Planen Sie Pausen und Zeitpuffer für Unvorhergesehenes ein. Lernen Sie, rechtzeitig „**Nein**" zu sagen. Machen Sie es sich zur Regel, nur die Dinge selbst zu erledigen, die niemand außer Ihnen erledigen kann. Delegieren Sie konsequent alles, was andere besser, kompetenter und schneller erledigen können.[9]

(10) Genießen Sie Ihre Erfolge – auch zusammen mit Ihren Mitarbeitern. Statt sich über Misserfolge zu ärgern, sollten Sie versuchen, Misserfolge als Chance für einen Neuanfang zu sehen. Lernen Sie, sich wieder zu **freuen**. Zeigen Sie anderen, dass Sie sich mit ihnen freuen und zusammen mit ihnen lachen können.

Literatur

Birkigt, K./Stadler, M.M./ Funck, H. J. (1995). Corporate Identity, Landsberg/Lech

Bolz, N.(1999). Die Wirtschaft des Unsichtbaren, München

Buckingham,M./Coffman, C. (1999). First, Break All the Rules. What the World's Greatest Managers Do Differently, New York

Capital (2003). Führungskräfte im Dilemma, Sonderbeilage

---

7 Siehe hierzu die Beiträge im Zweiten Teil des Buchs.
8 Siehe hierzu auch den Beitrag XX. „Kraftstrom Kreativität" in diesem Band.
9 Hierzu finden Sie Hinweise im Beitrag XVII. „Zeitmanagement" in diesem Band.

Doppler, K./Lauterburg, C. (1994). Change Management, Frankfurt/M.
Gazdar, K/Kirchhoff, K. R. (2004). Unternehmerische Wohltaten, Neuwied
Jonas, H. (1983). Das Prinzip Verantwortung, Frankfurt
Jost, R. H. (2003). Unternehmenskultur – Wie weiche Faktoren zu harten Faktoren werden, Zürich
Karmasin, M. (1996). Ethik als Gewinn, Wien
Löhner, M. (1997). Ethik und beruflicher Erfolg, in: *Hofmann L. M./Linneweh, K./Streich, R. K.* (Hrsg.): Erfolgsfaktor Persönlichkeit, München
Neuberger, O. (1994). Führen und geführt werden, 4. Aufl., Stuttgart
Ogger, G. (1992). Nieten in Nadelstreifen, München
Regnet, E. (1994). Macht und Mikropolitik, in: *Hofmann, L./Regnet, E.* (Hrsg.): Innovative Weiterbildungskonzepte, S. 127–137, Göttingen
Schaffer, B. (1995). Verantwortung als Aufgabe – Was einen charismatischen Topmanager auszeichnet, in: *Süddeutsche Zeitung*, 30. 12. 1995
Schmidt, M. (2003). Wie sollen Studenten soft skills lernen, in: *Süddeutsche Zeitung*, 22. 9. 2003, S. 48
Springer, M. (1998). Warum Geben seliger ist denn Nehmen, in: Spektrum der Wissenschaften, 9/1998
Ulrich, P. (1997). Integrative Wissenschaftsethik, Bern
Wilms, R. J. (2003). Harte Fakten zu „weichen Faktoren", in: *Jost, R.H.* (Hrsg.): Unternehmenskultur – Wie weiche Faktoren zu harten Faktoren werden, Zürich

III. Führungskräfte als Change-Manager – Lust und Frust in Veränderungsprozessen

Richard K. Streich

Dieses Kapitel über Changeprozesse im Unternehmen möchte – teilweise in karikierender Form – die allzu menschlichen Aspekte bei Veränderungen herausstellen. Darüber hinaus macht es mit den einer Veränderung zugrunde liegenden Veränderungsebenen und -kompetenzen sowie dem typischen Veränderungsverhalten und deren Steuerungsmöglichkeiten vertraut.
Ziel ist es, als Führungskraft kritische Veränderungsaktionen und besonders Veränderungsreaktionen besser zu erkennen, um Widerstände und Gefahrenquellen erfolgreicher bewältigen zu können.

1. Veränderungsfokus

Setzen wir uns mit Veränderungsprozessen, also mit Changesituationen in Unternehmen, auseinander, so ist es zunächst hilfreich, den zugrunde liegenden Sachverhalt näher zu bestimmen. Unter Veränderungsmanagement verstehen wir:
„Die permanente Initiierung, Planung, Steuerung, und Kontrolle von innovativen unternehmerischen Aufgaben unter Berücksichtigung persönlicher Sichtweisen von Beteiligten und Betroffenen".
Diese Definition erweitert die von *Peter Drucker* schon in den 50er Jahren getroffene Feststellung, dass Manager planen, steuern und kontrollieren durch die Aspekte der Initiierung von innovativen unternehmerischen Aufgaben. Schlagworte sind hierbei **permanente Initiierung und Innovation**.
Manche Unternehmen finden ihren Zugang zur Innovation schon in der Formulierung der strategischen Zielsetzungen, beispielsweise indem sie kontinuierlich 30 % neue Dienstleistungen bzw. neue Produkte verlangen, die nicht älter als ein Jahr sind. Innovationsgetriebene Branchen, z. B. die IT-Industrie und Software-Dienstleistun-

gen, bedingen u. U. eine 90 %ige Innovation im vordefinierten Sinne. Stark standardisierte Unternehmen, beispielsweise im Bereich der Metallverarbeitung, können ihren Markt u. U. behaupten oder sogar erweitern (z. B. durch Kosten- bzw. Preismanagement) ohne permanent überragende Innovationen. Weitergehende strukturelle Fragestellungen ergeben sich aus der Definition, z. B. inwieweit das Belohnungssystem der Führungskräfte und Mitarbeiter innovationsgetrieben ist und evtl. durch dementsprechende MbO[1]- und Entgeltsysteme unterstützt wird.

Der Fokus erfolgreichen Veränderungsmanagements liegt somit im Koordinatensystem zwischen innovativen unternehmerischen Aufgaben unter Berücksichtigung persönlicher Sichtweisen von Beteiligten und Betroffenen.

Jeder Manager, jede Managerin müsste sich die Frage stellen, inwieweit sie in ihrem Aktionsfeld innovative unternehmerische Aufgaben unter höchstmöglicher Berücksichtigung von Beteiligten und Betroffenen wahrnimmt, erarbeitet und vor allen Dingen umsetzt. Vorstandsmitglieder fokussieren sich beispielsweise zentral auf die beteiligten Interessengruppen, die für die Kapitalversorgung bedeutsam sind (z. B. Analysten, Kapitalgeber etc.). In verengter Sichtweise wird dies oftmals unter dem Begriff „Shareholder Value" zusammengefasst. Mitarbeiter ohne Führungserfahrung betrachten u. U. ausschließlich ihre Führungskraft als relevante Interessengruppe für ihr Aktionsfeld.

Der „Königsweg" erfolgreichen Veränderungsmanagements liegt unter Berücksichtigung des Vorgenannten in der Entwicklung und Stabilisierung von **neuen Verfahrensschritten** und **neuen Verhaltensweisen** zur erfolgreichen Bewältigung von innovativen unternehmerischen Aufgaben. Die aktuellen und die gewünschten Verhaltensweisen werden durch Beteiligte und Betroffene repräsentiert. Die innovativen und unternehmerischen Aufgaben (Veränderungsinhalte) sind das Ergebnis des Strategiefindungsprozesses und des daraus abgeleiteten Maßnahmenkatalogs. Erfolgreiche Manager verfügen demzufolge über ein hohes Potenzial an Veränderungsver-

---

1 MbO:= Management by Objectives.

fahren, die zu einem gewünschten Zielverhalten führen. Diese Verfahrenskompetenz stellt der Transmissionsriemen für erfolgreiche unternehmerische Veränderungen dar (vgl. Abb. 2).

Die nachfolgenden Ausführungen beschäftigen sich demzufolge mit Erkenntnissen über menschliche Verhaltensweisen – insbesondere bei Veränderungsprozessen – und den sich daraus ergebenen Verfahrensanforderungen.

2. Veränderungserkenntnisse

Schon *Konrad Adenauer* formulierte unter Bezugnahme menschlichen Verhaltens: „Wir leben alle unter dem gleichen Himmel, aber wir haben nicht alle den gleichen Horizont". Bewusst oder unbewusst spricht er hier das **„Tunnelblick-Phänomen"** im Management an, wo es einem buchstäblich bei zunehmender Länge des Tunnels „schwarz vor Augen" wird, wobei das Wichtige und Dringliche nicht

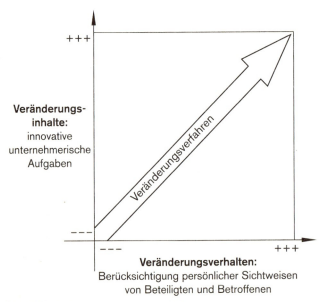

Abb. 2: Veränderungsmanagement-Fokus

mehr im Wahrnehmungsfokus liegt. Wird der Horizont im Rahmen des bisherigen Tätigkeitsspektrums gesehen oder darüber hinaus? Werden unternehmerische Entscheidungen und Entwicklungen unter dem Blickwinkel der Verlängerung des eigenen Arbeitsvertrages getroffen oder unter der Sichtweise einer innovativen Erweiterung der existierenden Dienstleistungen und Produkte im Unternehmensinteresse?

Mitarbeiter verhalten sich manchmal analog zum „Rheinischen Grundgesetz bei Veränderungen".

§ 1: Et is wie et is
§ 2: Et kütt wie et kütt
§ 3: Et hät noch emmer jot jejange
§ 4: Wat fott is is fott
§ 5: Kenne mer nit, bruche mer nit, fott domit
§ 6: Wat soll all dä Quatsch?

Der gegenwartsorientierte Typ wird repräsentiert in dem Paragraphen: „Et is, wie et is". Der Zukunftstyp lebt nach der Maxime: „Et kütt wie et kütt". Der vergangenheitsgetriebene beruft sich auf den Glaubenssatz: „Et hätt noch emmer jot jejange". Während diese Typen über einen Zeitbezug verfügen, gibt es allerdings auch den so genannten fatalistischen Typ, der im Rahmen von anstehenden, insbesondere individuellen Veränderungsprozessen im Rahmen des Unternehmensgeschehens nach dem Satz lebt: „Wat fott is is fott". Innovationsfeindliche Mitarbeiter verfahren vielfach nach der Maxime: „Kenne mer nit, bruche mer nit, fott damit". Besonders problematisch im Rahmen von anstehenden Veränderungsprozessen ist der Skeptiker, der immer wieder auch bei kleinsten Veränderungen für sich das Umfeld mit der Universalfrage quält: „Wat soll all dä Quatsch?"

Diese menschlichen „Grundgesetze" bei Veränderungen machen auch das Leben für innovationsgetriebene Manager schwer. Dementsprechend ist auch die Beachtung der Veränderungsmentalität der Führungskräfte von herausragender Bedeutung im Rahmen unternehmerischer Veränderungsprozesse. Untersuchungen zeigen, dass z. B. Führungskräfte im Rahmen von „Lean-Management-Aktivitäten"

- zu 89 % die dabei notwendige Teamarbeit in ihrem Aufgabenfeld für interessant und möglich halten,
- 82 % können sich sogar in der Verlagerung von Kompetenz in autonome Arbeitsgruppen vorstellen,
- aber paradoxerweise erwarten nur 0,8 % einen Verlust ihrer Entscheidungsbefugnisse durch Lean Production/Gruppenarbeit (Ergebnisse einer unveröffentlichten Befragung der Universität Mannheim von 1992)

Diese fatale Selbsteinschätzung führt dazu, dass die Veränderungsmentalität teilweise erschreckend ist. Veränderungsmanagement wird betrieben getreu nach dem Motto: „Kognitive Weltmeister, aktionale Kreismeister". Ein ehemaliger Vorstandsvorsitzender eines internationalen Automobilkonzerns formulierte demzufolge im Rahmen einer Management-Tagung: „Nicht das Erzählte reicht, sondern das Erreichte zählt". Hierdurch wurde in dieser Organisation das *Tun* forciert.

Dieses Führen durch veränderungsfördernde „Glaubenssätze" hat in Organisationen Aufforderungs-Charakter. Demzufolge ist es sinnvoll, als Top-Manager zu überlegen, welche Führungssätze sind bei mir im Kopf, welche verbalisiere ich kurz und prägnant zu meinen Mitarbeitern, meinem Umfeld und handele ich auch selber danach.

Reinhard Sprenger formulierte in diesem Zusammenhang: „Viele Führungskräfte sind Konsequenz-Invaliden" (*Sprenger*, 2000, S. 254).

Betrachten wir Veränderungsprozesse detaillierter, so müssen wir feststellen, dass die Lebenszyklen von Veränderungen immer kürzer werden, somit wird reines Erfahrungslernen nicht mehr möglich im Rahmen von Change-Prozessen. Als Folge ergibt sich hieraus ein
- vermehrter Umgang mit Unsicherheit
- Zwang zur Fehlerakzeptanz.

Hier stellt sich natürlich die Frage, wie der **organisationale Reifegrad** beim Umgang mit **Veränderungsprozessen** ist. Diese neue Verhaltensweisen verlangen zudem ein neues Rollenverständnis bei Mitarbeitern und Führungskräften. Diese individuellen Change-Anforderungen werden konterkariert durch Untersuchungsergebnisse,

III. Führungskräfte als Change-Manager – Lust und Frust

wonach rund 70 % der Führungskräfte Angst vor Arbeitsplatzverlust haben, im gleichen Prozentsatz Angst vor Unfall oder Krankheit und nahezu 60 % aller befragten Führungskräfte Angst haben, Fehler einzugestehen im Rahmen ihrer Funktionsausübung (*Volk*, 2000, S. 32).

Jack Welch sprach im Zuge dieses „Angstreflexes" davon, dass Organisationen – und damit Beschäftigte aller Ebenen – immer noch dazu neigen, ihr Gesicht der Unternehmensleitung und ihren Hintern den Kunden zuzuwenden. Dies träfe auch dann zu, wenn die unternehmerische Zielsetzung heißt: „One face to the Customer". Er plädiert für eine intensive Förderung des Selbstvertrauens der Mitarbeiter aller Ebenen als zentrale Führungsaufgabe. Selbstvertrauen gäbe Mut und vergrößere den individuellen Handlungsspielraum (*Welch*, 2001, S. 21).

Augenscheinlich scheinen Organisationen dazu zu neigen, „geklonte Manager" mit Hierarchieaufstieg zu belohnen. *Sören Kirkegaard* formulierte diesbezüglich „Wir werden geboren als Originale, aber wir Sterben als Kopie!" Diese Verhaltensweisen sind insbesondere im Rahmen der Personalauswahl bei Managern zu beobachten, wo die Entscheider oftmals diese nach Nähe und Sympathie statt nach Andersartigkeit und unter dem Prinzip der Komplementarität statt Identität ihre Auswahlentscheidung treffen mit der Folge, dass „Schmidt" „Schmidtchen" einstellt. Folgen sind Innovationsreduktion und Förderung von „Kaminkarrieren".

Kritisch zu beobachten ist, dass Manager mit dem entsprechenden Wissen und generalisiertem Handeln von gestern die hierarchische Macht von heute haben und die Entscheidungen für morgen treffen. Inwieweit in diesem Rahmen die eingangs geforderte hohe Innovationsrate und kurze Veränderungszyklen realisierbar sind, erscheint mehr als fraglich. Sprenger formulierte: „‚Ich habe seit 25 Jahren Führungserfahrung', sagte der Manager, dabei hatte er nur ein Jahr Führungserfahrung, und das war 24 Jahre her", (*Sprenger*, 2000, S. 200).

Die **Changemanagement-Kompetenz** stellt mittlerweile die **zentrale neue Anforderung an Manager** dar, gefolgt von IT-Kenntnissen und Projektmanagement-Erfahrungen.[2]

---

2 Vgl. WiWo, Nr. 6, 3. 2. 2000, S. 182 – N: 600 Manager.

Innovative Unternehmens- und Trainingsorganisationen, wie z. B. das *INPUT – Institut für Personal- und Unternehmensmanagement* aus Paderborn, bieten dieser Erkenntnis folgend erfolgreich unternehmensinterne Entwicklungsprogramme zum „Change-Manager" an (*INPUT*, 2004).

Neben dem **Reifegrad der Organisation** ist somit auch der **Reifegrad der Führungskräfte** und der **Reifegrad der Mitarbeiter** von entscheidender Bedeutung für das Gelingen von unternehmerischen Veränderungsprozessen. Teilweise sind die Manager auch in einem Aktionsdilemma gefangen: „‚Sei Unternehmer', rufen Manager Mitarbeitern zu, die seit 20 Jahren im Unternehmen haben verweilen können, eben weil sie keine Unternehmer sind" (*Sprenger*, 2000, S. 25).

Im Rahmen individueller Veränderungsprozesse ist zu überlegen, inwieweit der Einzelne Teil des Problems oder Teil der Lösung ist. Wenn er Teil des Problems ist, kann er nur durch **verändertes Verhalten** noch Teil der Lösung werden.[3] Als zentrale Botschaft wird dem gemäß vielfach in Organisationen mit hoher Veränderungsgeschwindigkeit formuliert: „Wer nicht mit der Veränderung geht, wird verändert!"

Neben der angesprochenen Verhaltensebene sind weitere Veränderungsebenen bedeutsam.

3. Veränderungsebenen

Betrachten wir die zentralen Fragestellungen im Rahmen von Veränderungsprozessen, so können wir diese zunächst differenzieren in drei unterschiedliche Bereiche, und zwar in die Ebenen

- der Veränderungsinhalte
- der Veränderungsverfahren
- des Veränderungsverhaltens.

Diesen drei Elementen zugeordnete Fragestellungen (vgl. Abb. 3) sind zielführend für den Umgang im Rahmen von Veränderungsprozessen. Entscheidend dabei sind die Fragen nach dem **Warum,**

---

3 Vgl. *Sprenger*, Aufstand des Individuums, Frankfurt 2000, S. 76.

dem **„Primat der Sinnhaftigkeit"** des **Tuns** und nach dem sich nach dem Veränderungsvorhaben **dauerhaft zu repräsentierende Zielverhalten** der von den Veränderungen Betroffenen (z. B. Mitarbeiter, Führungskräfte, Kunden, Analysten, etc.).

Die **zeitliche Dimension** der Veränderungsvorhaben und damit auch den zu erwartenden **Komplexitätsgrad** im Rahmen der Veränderungsbewältigung ist u. a. abhängig
- von der inhaltlichen Qualität und Quantität,
- der von der Veränderung betroffenen Personenzahl sowie
- von der Tiefe der angestrebten individuellen Veränderungen (vgl. Abb. 3).

Betrachten wir die individuellen Karrierewege bis hin zum Top-Management, so ist festzustellen, dass mit steigender Hierarchiestufe Führungskräfte Prozesse der emotionalen Vereinsamung empfinden, größtenteils aufgrund von **mangelhaftem Verhaltens-Feedback** aus ihrem Umfeld. Sie steuern somit im Rahmen der drei Veränderungsebenen fast ausschließlich die Inhaltsebene z. B. durch Strategiearbeit, übernehmen jedoch nicht die Verantwortung für die Veränderungsverfahren und insbesondere nicht für das Veränderungsverhalten. *Dietrich Dörner* formulierte unter Bezugnahme zu geringer Feedback-Prozesse im Top-Management: „**Aktionen** (aus den Veränderungsinhalten) **ohne Reflexion** (der Verfahrens- und Verhaltensweisen) erzeugt **Kompetenzillusionen!**"

Das mangelhafte Verhaltens-Feedback – was teilweise durch externe Coachs versucht wird auszugleichen – führt zu mangelnden Fremdbild-Prozessen, was wiederum dazu führt, dass das Selbstbild, u. U. sogar das Wunschbild, Oberhand gewinnt. Aber dann gilt der Satz: „Auch im Selbstgespräch ist die Qualität des Gesprächspartners entscheidend!"

Goeudevert formulierte in Zeiten seiner VW-Aktivitäten bei einem Interview treffend diese Situation mit der Bemerkung: „Auf oberster Ebene sind die Fenster aus Spiegeln". Man sieht nur noch sein Ebenbild.

Welche Kompetenzen zur Steuerung der Veränderungsebenen und damit des gesamten Veränderungsprozesses benötigt werden, wird nachfolgend erläutert.

I. Teil: Bedeutung von „Persönlichkeit" für das Individuum und die Unternehmen

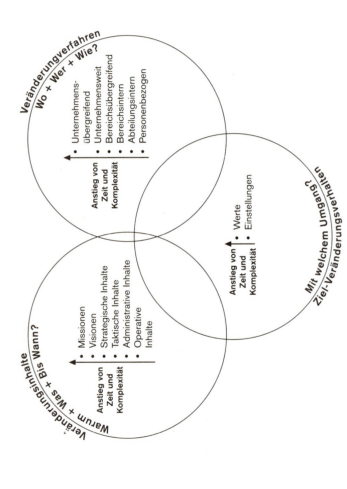

Abb. 3: Veränderungsebenen und -fragen

4. Veränderungskompetenzen

Betrachten wir zunächst einige Zahlen, Daten und Fakten aus der Arbeitnehmer-Arbeitswelt, so müssen wir feststellen, dass 60 % der deutschen Arbeitnehmer die Arbeit keinen Spaß macht (*Gemini Consulting*, o. J.). Hier stellt sich die Frage, inwieweit überhaupt die motivationale Grundlage für Veränderungsprozesse und deren Steuerung gegeben ist.

46 % der Arbeitnehmer, die Mitte der 90er Jahre gekündigt haben, gaben als Grund für die Kündigung an, sie hätten den Eindruck gehabt, dass man ihre Leistungen nicht zu schätzen wisse (*Cooper/ Sawaf*, 1997, S. 112). Augenscheinlich sind **Defizite im Rahmen der direkten Mitarbeiterwertschätzung** vorhanden, auch scheint unter diesen Zahlen die Erweiterung des Handlungsspielraums – die Dimension des „Dürfens" – von Managerseite gegenüber den Mitarbeitern nicht ausreichend ausgeprägt zu sein. Die Veränderungssteuerung wird demgemäß nicht adäquat delegiert, sondern zu intensiv auf die Führungsspitze zentriert.

Die *Bergische Universität Wuppertal* stellte in einer Untersuchung fest, dass 30 % der Angestellten innerlich gekündigt haben. Mit anderen Worten: Im Angestelltenbereich ist eine ausreichende Zahl von Veränderungsverweigerern vorhanden, die weder können noch wollen oder auch nicht dürfen. Vor Veränderungsstart stellen sich demgemäß die Veränderungsakteure in der Regel die Frage nach ihrer subjektiv wahrgenommenen Kompetenz zur Steuerung des innovativen Veränderungsauftrags.

Aus den vorgenannten Erkenntnissen lassen sich die individuellen Kompetenzfelder für Veränderungen definieren (vgl. Abb. 4). Neben der **Veränderungsfähigkeit** (dem Können) ist die **Veränderungsbereitschaft** (das Wollen) und die **Veränderungsmöglichkeit** (das Dürfen) von elementarer Bedeutung für verändertes Tun, sowohl auf Individual- als auch auf Gruppen- und Organisationsebene. Erhalten die Akteure weiterhin Kenntnisse über typische Veränderungsphasen, so sind sie in der Lage, situationsgerecht zu agieren.

I. Teil: Bedeutung von „Persönlichkeit" für das Individuum und die Unternehmen

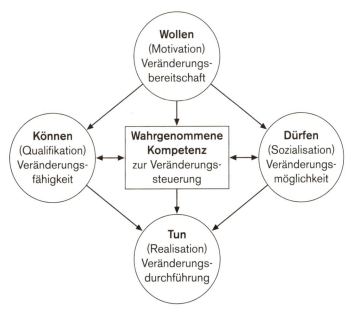

Abb. 4: Veränderungskompetenzen

5. Veränderungsphasen

Betrachten wir typische Veränderungsverläufe im Rahmen **sowohl individueller als auch teamgebundener und organisationaler Veränderungen**, so erleben wir auf Verfahrens- und Verhaltensebene verschiedene Reaktionen, die sich miteinander bedingen (vgl. Abb. 5). Beachten wir noch einmal die Anforderungen an den weiter oben definierten Veränderungsbegriff, so ist festzuhalten, dass herausfordernde und neuartige Veränderungen, die kein Routineverfahren und -verhalten folgern lassen, neben den sich daraus ergebenden **innovativen Aufgaben innovative Verfahrensweisen** verlangen, damit **innovatives Verhalten** als Reaktion erfolgt. Die Veränderungskompetenz definiert sich – wie ausgeführt – aus der Kompetenzdimension von **Können, Wollen** und **Dürfen** und führt schließlich zum **Tun**.

III. Führungskräfte als Change-Manager – Lust und Frust

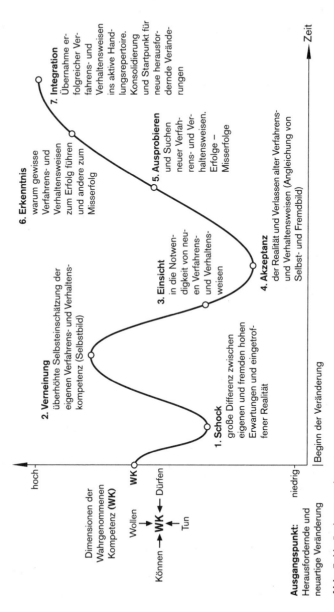

Abb. 5: Veränderungsphasen

Der neuartige Veränderungsauftrag durchläuft die Phasen Schock, Verneinung, Einsicht, Akzeptanz, Ausprobieren, Erkenntnis und Integration. Insbesondere die Ebene 2 (Verneinung) und die Ebene 5 (Ausprobieren) verlangen intensive Interventionsarbeit durch die Verantwortlichen im Veränderungsprozess. Je neuartiger die Veränderung ist, desto stärker ist der Widerstand (Verneinung) gegen veränderte Verfahrens- und Verhaltensweisen. Je stärker die Kultur einer Organisation z. B. Fehlertoleranz nicht zulässt, desto mehr wird die Phase des Ausprobierens torpediert.

In Kenntnis des in der Abb. 5 vorzufindenden Veränderungsverlaufs ist es zielführend, immer bei anstehenden Veränderungsprozessen Aktivitäten und Verfahren einzuplanen, die den Schock verringern (Phase 1), den Widerstand schnell überwinden (Phase 2) und zur Einsicht führen lassen (Phase 3), damit die betreffende Person/die Gruppe oder die Organisation akzeptiert, dass sie zzt. wenig Handlungsoptionen für die neuartige Situation besitzt (Phase 4).

Dieses „Tal der Tränen" führt dazu, sich neuen Verfahrensweisen zuzuwenden und auszuprobieren (Phase 5), die nach erfolgreicher Anwendung das Know-how der Person/Gruppe/Organisation erhöhen (Phase 6). Werden diese neuen Verfahrens- und Verhaltensweisen integriert und in einen **KVP-Prozess**[4] überführt (Phase 7), so kann sowohl die Person als auch die Gruppe und die Gesamtorganisation sich weiteren neuartigen Veränderungen stellen (*Streich*, 1997, S. 237 ff.).

Je öfter dieser Veränderungsverlauf durchlaufen wird, desto professioneller erfolgt die Bewältigung. Eine Lernkurve entsteht, Veränderungsmentalität baut sich auf.

Welche grundlegenden prozessualen und psychologischen Erkenntnisse für einen effektiven Durchlauf der Veränderungsphasen zielführend sind, beschreibt der nachfolgende Gliederungspunkt.

---

4 KVP:= **K**ontinuierlicher **V**erbesserungsprozess

6. Veränderungssteuerung

Zentrale Bedeutung im Rahmen der Handhabung der Veränderungsphasen ist die Erkenntnis, dass Ereignisse, die sich **weder erklären noch beeinflussen oder vorhersagen lassen**, „Widerstand" erzeugen. Die sich hieraus ergebende Folge ist, dass Betroffene, soweit es geht, einzubinden sind, denn eine solcherart **„prozessuale Gerechtigkeit"** erhöht die Akzeptanz für veränderte Verfahrens- und Verhaltensweisen. Demzufolge ist zunächst der Umgang mit Informationen im Rahmen von Veränderungsprozessen wichtig **(Stichwort „Vorhersagen")**. Darüber hinaus ist es von Bedeutung, inwieweit die betreffenden Personen an den anstehenden Ereignissen mitarbeiten dürfen **(Stichwort „Beeinflussung")**. Letztendlich von überragender Bedeutung ist, inwieweit sich die Ereignisse für eine Person als sinnhaft und sinnvoll darstellen **(Stichwort „Erklären")**.

Betrachten wir Veränderungsverhalten im Lichte dieser Veränderungsphasen, so können wir feststellen, dass **intern**, speziell bei elementaren Veränderungsvorhaben, kontinuierliche Entmündigungsprozesse durch die Art der Auftragsvergabe und der **Nicht-Partizipation** mit jenen Mitarbeitern stattfinden, die wiederum **extern** als mündige Unternehmensvertreter dem Kunden gegenüber treten sollen. Es ist nicht übertrieben, in diesem Rahmen von einer **„Verhaltensschizophrenie"** als Anforderung für die Mitarbeiter zu sprechen. Zentrale Fragestellungen im Rahmen der Veränderungsmöglichkeiten ergeben sich somit insbesondere, inwieweit verändertes „Dürfen" von den Veränderungspromotoren aktiv innerhalb des Unternehmens gesteuert wird.

Bedeutsam in diesem Zusammenhang ist auch, dass sich mit steigendem Veränderungsdruck die Gefahr der bewussten Informationsvorenthaltung und/oder Informationsverfälschung ergibt. Dies verstärkt sich besonders in Unternehmen, wo der Satz gilt: „Der Überbringer einer schlechten Nachricht wird geköpft". Mit solchen Kulturphänomenen wird Innovation sicherlich nicht vorangetrieben, da die mangelnde Offenheit und Fehlertoleranz notwendige experimentelle veränderte Verfahrens- und Verhaltensweisen ad absurdum führt.

Wichtig ist auch das **Selbstbild der Veränderungsakteure**. *Alfred Herrhausen* formulierte in diesem Zusammenhang: „Wir müssen sagen, was wir denken, wir müssen tun, was wir sagen und wir müssen sein, was wir tun!" Er forderte somit eine **Gleichheit von Worten und Taten** ein. Es ist nicht verwunderlich, dass in einer groß angelegten Untersuchung von rund 1400 Arbeitnehmern Mitarbeiter zu über 90 % als sehr wichtig die Glaubwürdigkeit an der Spitze der gewünschten Managereigenschaften definieren.[5]

Insbesondere bei neuartigen und unstrukturierten Veränderungsvorhaben wird die **Persönlichkeit der Akteure als Handlungsmotor im Rahmen von Organisationen** bedeutsam. Individuelle Charaktereigenschaften werden bei Mitarbeitern als Fixpunkt im Rahmen veränderter und unsicherer Unternehmensprozesse relevant. Dabei gilt er Grundsatz: „Mitarbeiter zu enttäuschen, ist manchmal unvermeidbar, Mitarbeiter zu täuschen ist dagegen unverzeihbar!" (*Neumann*, 1997, S. 6).

Darüber hinaus ist auch – in Anlehnung an Erkenntnisse des Projektmanagements als das zentrale Veränderungsverfahren – eine nach innen und außen kommunizierte Rollenklärung der Beteiligten sinnvoll. So sollte der Auftraggeber die Rolle des **Machtpromotors**, der Auftragnehmer, also der unmittelbare Change-Akteur als Steuerer der Veränderungsebenen und des Veränderungsverlaufs, die Rolle des **Prozesspromotors** und die innerhalb des Veränderungsprozesses hinzuzuziehenden Fachleute, die Rolle des **Fachpromotors** zugewiesen bekommen. Zwecks Interessenkollision sollte keiner der beschriebenen Rollenträger in mehr als einer Rolle aktiv werden. Rollenüberschneidungen führen zu Desorientierungen im sozialen Umfeld, Handlungsstringenz geht verloren.

Bedeutsam im Rahmen der Veränderungssteuerung sind auch die folgenden allgemeinen psychologischen Erkenntnisse. **Langfristige Bedrohungen werden bei Individuen im Vergleich zu aktuellen Gefahren als weniger Besorgnis erregend empfunden**. Folge ist, dass der Status quo bei Veränderungsprozessen bedrohlicher sein muss als die zu erwartende Zukunft. Dieses kann die Veränderungsbereit-

---

5 Vgl. *PA Consulting Group*, 1997.

schaft, ein Schlüsselfaktor im Veränderungsgeschehen, beeinflussen. **Zielsetzung ist es, schnell vom kognitiven Erkennen zum aktionalen Handeln zu gelangen.**

Eine weitere Erkenntnis ist: **Ein Übermaß an Informationen erzeugt Verhaltensstarrheit!** Demzufolge ist eine bewusste Informationsselektion, nämlich was wirklich wichtig ist, eine Führungsaufgabe im Rahmen von Veränderungsprozessen. Konterkariert wird dies jedoch durch die vielfach praktizierte „E-Mail-Sucht" mit opulentem Verteiler, was eine Top-Führungskraft mit dem Begriff des „Informations-Mobbing" kennzeichnete.

Weiterhin bedeutsam ist, dass im Rahmen der Veränderungssteuerung **eine Überbetonung von Komplexität die Neigung bei den Betroffenen zu einer verengten, vereinfachten Denkweise erzeugt.** Dieses Verhaltensphänomen ist zu beachten in Verbindung mit der vorgenannten Informationsselektion.

Paradoxerweise wird auch mit wachsender Zahl an Wahlmöglichkeiten der bestehende Zustand attraktiver, d. h. es tritt eine Verhaltensstabilität ein. Auch hier repräsentiert sich eine elementare Führungsanforderung im Rahmen von Veränderungsprozessen, nämlich **die Vorselektion von Beteiligungsgraden und Beteiligungsmöglichkeiten** im Rahmen der anstehenden Veränderung. Zielsetzung ist, das wenige Wichtige zu finden im Rahmen der anstehenden Veränderungsprozesse **(Handlungsorientierung)** und dies dann auch wirklich zu tun **(Handlungsrealisierung)**.

Die vorgenannten Ausführungen führen u. U. zu der **Selbstzuschreibung**, dass man zu unbedeutend sei, insbesondere im Rahmen von unternehmerischen Veränderungen etwas zu bewirken. *B. Reeves* formulierte diesbezüglich den Satz: **„Wer denkt, er sei zu unbedeutend, um etwas zu bewirken, hat noch nie mit einem Moskito die Nacht verbracht!"** Hieraus leiten sich die Fragen ab: Wann haben Sie das letzte Mal im Rahmen von innovativen Veränderungsprozessen „zugestochen"? Oder: „Wann sind Sie das letzte Mal gestochen worden?" und damit zu veränderten Verfahrens- und Verhaltensweisen angeregt worden?

Oftmals besteht der Wunsch, dass ein Veränderungsprozess in sich abgeschlossen sei und somit ein natürliches Ende habe. Die heutige Unternehmensrealität zeigt jedoch, dass der unternehmerische und persönliche Erfolg eine Reise ist und kein Urlaubsort. Demzufolge werden Veränderungsinitiative und die Qualifikation zur Veränderungssteuerung im Rahmen der persönlichen Ausübung einer jeden Funktion im wahrsten Sinne des Wortes karriere- und überlebenswichtig.

Literatur

Adams, J. D./Hayes, H./Hopson, B. (1976). Transition: Understanding and Managing Personal Change, London

Cooper, R. K./Sawaf, A. (1997). IQ – Emotionale Intelligenz für Manager, München

INPUT (2004). Systemisches Mangement-Entwicklungsprogramm (MEP) als Beitrag zur Unternehmensentwicklung, in: BDVT Journal, Ausgabe 5, Kongress-Special, 2004, S. 10–12

Jupp, J./Chapman, T./Sackmann, S./Streich, R. K. (1998). SPI-Programm, unveröffentlichtes Manuskript

Neumann, W. (1997). Veränderungsprozesse – initiieren, begleiten und erfolgreich abschließen, in: Gabal impulse, Ausgabe 3/1997, S. 6–7

Spencer, S. A./Adams, J. D. (1992). Life Changes, 2. Aufl., San Luis Obisco, California

Sprenger, R. (2000). Aufstand des Individuums, Frankfurt

Streich, R. K. (1997). Veränderungsprozessmanagement, in: *Reiß, M./von Rosenstiel, L./Lanz, A.* (Hrsg.): Change Management, Stuttgart, S. 237–254

Volk, H. (2000). Neue Arbeitsformen, neue Ängste in: Psychologie heute, Nov. 2000

Welch, J. (2001). Was zählt, München

Zweiter Teil: Betrachtungsebenen des Persönlichkeitsmanagements

IV. Leistung und Gesundheit

Klaus Linneweh und Monika Flasnoecker

1. Persönlichkeitsmanagement: Ein ganzheitliches Konzept

Die Führung der eigenen Person ist die häufig vernachlässigte Basis allen Führungsverhaltens. **Nur wer sich selbst erfolgreich führen kann, kann auch andere verantwortungsbewusst führen.** Selbstmanagement ist nicht nur ein physiologisches und psychisches, sondern auch ein geistiges Anliegen. Führungskräfte müssen daher lernen, selbst die **Verantwortung** für ihr eigenes **körperliches, geistiges** und **seelisches Wohlbefinden** zu übernehmen. Das Konzept einer aktiven selbstbestimmten Lebensführung sollte daher **ganzheitlich** angelegt sein.

Die menschliche Persönlichkeit ist immer ein Ganzes aus Körper, Geist und Seele. Alles Denken, Handeln und Empfinden ist ein Zusammenwirken geistiger, psychischer und körperlicher Gegebenheiten. Veränderungen in einem Bereich bewirken immer auch Veränderungen in den beiden anderen Bereichen. Ändern sich beispielsweise Arbeitsbedingungen, hat dies eine unmittelbare Rückwirkungen auf unser Verhalten, unser Denken und unsere emotionale Befindlichkeit. Umgekehrt beeinflussen körperliches Befinden oder emotionale Stimmung die Wahrnehmung unseres beruflichen oder privaten Umfelds. Die ganzheitliche Betrachtung berücksichtigt diese Wechselbeziehungen – es geht um die **Balance** zwischen Körper, Psyche und Geist.

Zweiter Teil: Betrachtungsebenen des Persönlichkeitsmanagements

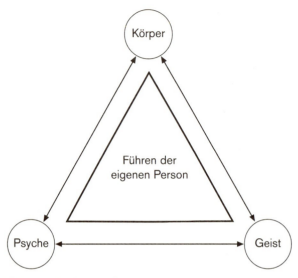

Abb. 6: Führung der eigenen Person

Im **körperlichen** Bereich stehen das Erkennen physischer Stressreaktionen, das bewusste Umgehen mit dem eigenen Körper und ein ökonomischer Einsatz der zur Verfügung stehenden Kräfte im Vordergrund.

Die häufig verloren gegangene Sensibilität für die unterschiedlichen Reaktionen des Körpers auf Belastung oder Überforderung aber auch für Ruhe und Entspannung[1] muss zurückgewonnen werden. Es gilt, körperliche Signale bewusst wahrzunehmen und zu verstehen, in angemessener Weise auf diese Signale zu achten und die zur Verfügung stehenden Ressourcen so ökonomisch wie möglich einzusetzen. Über eine gesunde Lebensweise lassen sich die schädigenden Einflüsse von Stress und Hektik begrenzen. Man kann beispielsweise nach realistischen Möglichkeiten suchen, einen

---

1 Siehe hierzu bspw. den Beitrag XIX. „Entspannung: Muße, Maß und Meditation" in diesem Band.

mit Terminen überladenen Tagesablauf[2] so einzuteilen, dass genügend Zeit für regelmäßige aktive körperliche Betätigung, ausreichenden Schlaf, Erholung und Entspannung bleibt.

Im **psychischen** Bereich geht es um das subjektive Stresserleben, die „richtige" Einstellung, um Stresstoleranz und Gelassenheit.

Stress ist vor allem eine subjektiv erlebte Reaktion. Wie suche und finde ich die „richtige" Einstellung

- zu mir selbst,
- zu anderen,
- zu dem, „was passiert"?

Die Überprüfung eigener Ziele und Einstellungen lässt uns entdecken, dass es außerhalb unseres fremdbestimmten Umfelds auch selbstbestimmte Zielsetzungen und Wünsche gibt, die Freude, Erfolg und eine höhere Lebenszufriedenheit ermöglichen.

Im **geistigen** Bereich geht es darum, Stressursachen zu erkennen und Möglichkeiten zu finden, Selbstbestimmung und Identität auch unter fremdbestimmten Rahmenbedingungen zu leben.

Persönlichkeitsmanagement im geistigen Bereich verlangt die Fähigkeit, Stresssituationen bewusst und aktiv zu handhaben. Wer Stress geistig bewältigen möchte, muss das eigene Anspruchsdenken, die Orientierungsmuster, Normen und Wertvorstellungen, die eigenen Gefühle, Wünsche, Hoffnungen, Träume, Befürchtungen und Ängste sowie die eigenen Bedürfnisse den von außen kommenden Erwartungen und Anforderungen gegenüberstellen.[3] Das erfordert eine aktive Auseinandersetzung mit dem Spannungsfeld zwischen Ich und Umwelt, zwischen eigenen und fremden Ansprüchen in Bezug auf die unterschiedlichen Lebensbereiche.

Ziel aller Maßnahmen ist es, die eigene Person selbstbestimmt zu führen, um den unvermeidlichen Belastungen des beruflichen und privaten Lebens mit größerer Gelassenheit zu begegnen. Die eigene **Lebenskraft** soll mit **Zufriedenheit** und **Freude** sinnvoll für Herausforderungen eingesetzt werden. Das Management der eigenen Per-

---

2 Hinweise hierfür finden Sie im Beitrag XVII. „Zeitmanagement" in diesem Band.
3 Siehe hierzu die Beiträge im Dritten Teil „Work-Life-Balance" in diesem Band.

son beinhaltet damit zum einen die Bereitschaft, die bisherige Lebensweise in Frage zu stellen, sich dabei auch einmal selbst kritisch im Licht der anderen zu betrachten, und zum anderen die Suche nach Wegen, sich von unnötigen Fremdbestimmtheiten zu befreien. Persönlichkeitsmanagement ist also eine auf das eigene Ich angewendete Form des Veränderungsmanagements: **Standortbestimmung** und **Veränderungsstrategie**.

Auf dieser Grundlage lassen sich mittel- und langfristige Lebensstrategien entwickeln, die zu einer höheren Lebenszufriedenheit führen. Sie helfen uns,

- unsere persönliche Identität zu entwickeln und zu leben, d. h. uns selbst als eigenständige Persönlichkeit zu erkennen und zu akzeptieren,
- die Selbstkontrolle über das eigene Leben zurückzugewinnen und selbstbestimmt Verhaltensmuster zu entwickeln, die nicht unbedingt mit den tatsächlichen oder vermuteten Rollenerwartungen der Gesellschaft übereinstimmen müssen,
- unsere individuellen Handlungspotenziale in den unterschiedlichen Lebensbereichen voll auszuschöpfen,
- Wege zu finden, wie sich unsere individuellen Ressourcen ausbauen und im Umgang mit Stress, Belastungen und Herausforderungen sinnvoll nutzen lassen,
- ein stabiles Gleichgewicht in der Balance zwischen Beruf, Freizeit und Privatleben aufzubauen.

2. Wer Leistung fordert, muss Gesundheit fördern!

In den großen Umfragen, die sich mit Ängsten und **Wertewandel** befassen, klettert die Gesundheit als Thema seit etwa Mitte der 90er Jahre des vergangenen Jahrhunderts rapide nach oben. Gesundheit löst derzeit die Themen Arbeit, Umwelt und Krieg ab. Erstaunlicherweise findet sich dieser Effekt nicht nur bei denen, von denen wir es erwarten können – nämlich bei den älteren Menschen. Bereits Jugendliche geben in ihrem Angstspektrum – aber auch in ihren Wunschlisten – immer häufiger den Begriff **Gesundheit** an.

Als **ökonomischer Faktor** bekommt Gesundheit eine immer größer werdende Bedeutung. In den Industrienationen beträgt der Anteil des Gesundheitssektors am Sozialprodukt heute schon zwischen einem Fünftel und einem Sechstel – Tendenz steigend! Insgesamt werden in Deutschland pro Jahr mindestens 240 Milliarden Euro für die Instandhaltung von Körper, Geist und Psyche ausgegeben. Zusammengenommen sind die Gesundheitsbranchen inzwischen der größte Wirtschaftszweig in unserem Land.

Gleichzeitig steigt die Bedeutung der **gesellschaftlichen Kosten** von Gesundheitsstörungen an. Falsche Ernährung verursacht Kosten von geschätzten 70 Milliarden Euro pro Jahr. Das Gesundheitswesen schlittert in eine ausweglose Systemkrise zwischen Hightech-Medizin für alle und der dafür notwendigen Kostenkontrolle. Ob Bürgerversicherung oder Kopfpauschale, allen ist klar, dass sich etwas ändern muss.

Allen sagenumwobenen Fortschritten der medizinischen Technik zum Trotz: An unserer „inneren Front" steckt der **technische Fortschritt** fest. Krebs und Aids, die großen Geißeln der Menschheit, bleiben nach wie vor unbesiegt. Das operierte Elend der ewigen Jugend sticht uns aus jeder Illustrierten ins Auge und markiert eine neue Angst, die bereits mit 20 Jahren beginnen kann und zu bizarren Syndromen führt. Schön und jung sein zu müssen ist eine Qual, die sich in bulemischen und anorexischen Formen bis hin zum Suizid äußert. Wir leben in einem Zeitalter scheinbar schneller technologischer Umbrüche und Innovationen, aber viele dieser Innovationen machen uns unsere eigentliche Verletzlichkeit bewusster.

Gesundheit ist nicht alles, aber ohne Gesundheit ist alles nichts. Wie sich Mitarbeiter **fühlen**, wie sie **kooperieren** können, welche Kompetenzen sie in ihrem beruflichen Umfeld haben, wie sehr sie sich **identisch** mit ihrer Aufgabe fühlen – das ist künftig entscheidend für die Produktivität eines Unternehmens. Unternehmensberater und Analysten beziffern die soziale und kommunikative Kompetenz eines Unternehmens (social facts) mit über 40 % des Unternehmenswerts. Zum ersten Mal in der Geschichte werden damit nicht „Technik" und „Rohstoff" im Mittelpunkt der Ökonomie stehen, sondern die so genannten **„weichen Faktoren"**: Emotion, Geist und soziale Kompetenz. Vordringliches Ziel einer zukunftsorientierten Unternehmensführung ist es, **weiche Faktoren zu harten werden zu lassen**. Firmenkulturen richten sich deshalb immer mehr auf das Bild eines **„ganzheitlich gesunden"** Mitarbeiters aus und investieren viel Geld in die **Mitarbeiterförderung**. Gesundheitliche Aspekte und Dienstleistungen im Gesundheitsbereich werden damit ein Teil der Arbeitskultur.

3. Die körperliche Balance

Über viele Jahrzehnte hinweg wurde in der Mehrheit der Bevölkerung der medizinische Sektor als **Reparaturbetrieb** wahrgenommen. Medizin war eine technische Dienstleistung, die den Menschen über Medikamente und Operationen wiederherstellte. Die Idealisierung des „Halbgottes in Weiß" definiert den Arzt als das, was er in der Neuzeit tatsächlich wurde: ein Erlöser von vielen Gebrechen, die noch vor 100 oder 200 Jahren zum Tode führten.

Diese Bilder von Krankheit und Gesundheit, von Heilung und Medizin wandeln sich heute rapide. War es in den 70er Jahren nur eine kleine Minderheit, die alternative Heilmethoden riskierte, hat sich die Kritik am „schulmedizinischen" Weg heute bis ins Zentrum der Gesellschaft ausgebreitet: Der Manager kocht Kräutertee, die Hausfrau bestellt Nahrungsergänzungsmittel im Internet, und der Krebspatient, der noch vor Jahr und Tag geduldig auf seine „Ausbehandlung" gewartet hätte, verlässt auf eigene Faust die Klinik, um einen asiatischen Magier aufzusuchen.

Die Mythologie der chemischen und mechanischen Machbarkeit bricht derzeit in sich zusammen – immer mehr Menschen entwickeln ein **neues Verständnis** für ihren Körper. **Heilung**, so beginnen wir zu begreifen, ist ein **aktiver Prozess**, der durch Zufuhr von Chemikalien höchstens unterstützt werden kann. Die komplexen Systeme unseres Körpers, allen voran das Immunsystem, nicht der Doktor oder die Pille, sind für unseren Gesundungsprozess verantwortlich.

Die Psychosomatik in all ihren Facetten hat in den letzten Jahren zunehmend institutionellen Rückenwind bekommen. Formen der Medizin wie Akupunktur, Traditionelle chinesische Medizin oder Ayurveda, die vor Jahren noch für empörte Anfragen in Landtagen sorgten, sind heute selbstverständliche Begriffe, nicht nur unter Prominenten. Im Herzen des medizinischen Sektors kündigt sich eine neue Synthese an, die sinnvolle Verbindung alternativer und schulmedizinischer Methoden zu einer **ganzheitlichen Medizin**, die sich – und das ist das Neue – an Gesundheit statt an Krankheit orientiert.

Wenn Sie die folgenden Fragen:
- Haben Sie gut geschlafen?
- Sind Sie gut drauf?
- Freuen Sie sich auf Ihren Job?
- Haben Sie keine Kopfschmerzen?
- Keinen Haarausfall?
- Ist Ihre Verdauung gut?
- Keinen Stress in der Partnerschaft?
- Heute schon mit Freunden telefoniert?

mit „Ja" beantworten, dann dürften Sie gesund sein. Denn laut Definition der Weltgesundheitsorganisation ist **Gesundheit** nicht die Abwesenheit von Krankheit, sondern ein **„Zustand vollkommenen körperlichen, geistigen und sozialen Wohlbefindens"**.

In der technisierten Medizin und auch im Denken der meisten Menschen spielten Fragen,
- was erhält den Menschen eigentlich gesund?
- woher kommt es, dass bestimmte Menschen auch in Situationen mit einem hohem Erkrankungsrisiko nicht krank werden?
- wie lässt sich Gesundheit fördern bzw. das Erkrankungsrisiko minimieren?

lange Zeit kaum eine Rolle. So hat bereits *Kant* darauf hingewiesen, dass wir Gesundheit häufig deshalb missachten, weil wir Gesundheit als etwas so Selbstverständliches ansehen, das wir erst dann wahrnehmen, wenn es uns abhanden gekommen ist.

Die Menschen des 21. Jahrhunderts werden empfindlicher gegenüber körperlichen Gebrechen, Schmerzen und Alterungsprozessen. Wir entwickeln **neue Krankheiten** in den **Zwischenräumen von Körper, Geist und Psyche**. Waren es früher so klar erkennbare Symptome wie Fieber oder Schmerzen, fühlen wir uns heute krank, wenn bestimmte Lebensqualitäten nicht stimmen. Der Krankheitsbegriff wird ausgeweitet auf **Gefühle des Unwohlseins** oder auf **Defizite** im Bereich der Fitness, der Potenz, des Glücksgefühls. Umweltängste werden ersetzt durch eine Vielzahl von **„Störungswahrnehmungen"**, die einen starken Aspekt der Selbstwahrnehmung aufweisen wie das

Chronic Fatigue Syndrom, das chronische Schlafsyndrom, oder das **Sick-Building-Syndrom**, ein allergisches Krankheitsbild, dem Heuschnupfen ähnlich, ausgelöst durch Baustoffe, die in Gebäuden verwendet werden, oder das **Burn-Out-Syndrom**, das Ausgebranntsein. Im Gegenzug begeben wir uns auf die Suche nach einem neuen Verhältnis zu unserer körperlichen Integrität, auf die Suche nach **Balance**, dem Gleichgewicht von Körper, Geist und Psyche.

Hier beginnt die eigentliche **zukunftsorientierte Aufgabe**: Die Abkehr von einer symptomorientierten zu einer vorsorgenden Medizin. Immer wieder machen Mediziner die Erfahrung, dass **falsche** und **gesundheitsschädigende** Verhaltensweisen (schlechte Ernährung, zu viel Fett, wenig Bewegung) **tief**, abgrundtief, im Menschen verankert sind und sich nur **schwer** ausmerzen lassen. Nicht nur wer arm ist stirbt früher, sondern er lebt auch schlechter im Sinne von Lebensqualität. Und umgekehrt gilt: Nicht der Mangel an Geld macht krank, sondern eine Vielzahl von **unausgelebten und verdrängten Konflikten**, die wir im Lauf des Lebens **kompensieren** und die zu körperlichen Störungen und damit zu Krankheiten führen.

4. Gesundheit als „Basisinnovation"

Eine unserer wichtigsten Quellen ist die **körperliche Widerstandskraft**. Menschen mit starken Gesundheitsressourcen verfügen über Fähigkeiten, auch und gerade in Zeiten starker Beanspruchung ihre Lebensweise und ihren Lebensrhythmus bewusst zu gestalten. Selbstmanagement im körperlichen Bereich heißt,

- **Risikofaktoren auszuschalten**, gesundheitsschädliches Verhalten wie beispielsweise mangelnde Bewegung, falsche Ess- und Schlafgewohnheiten, zu hoher Alkohol- oder Nikotinkonsum, Abhängigkeit von Medikamenten oder Drogen zu vermeiden,
- durch **bewusste Ernährung** und regelmäßiges **körperliches Training** gesundheitlichen Schäden bzw. vorzeitigem Verschleiß vorzubeugen und die durch eine bewegungsarme Lebensweise verloren gegangene Fitness wieder zu gewinnen und zu erhalten,[4]

---

4 Siehe hierzu insbesondere die folgenden Beiträge von *Flasnoecker* und *Laws-Hofmann*.

- durch **gezielte Entspannung** sowie durch ausreichend lange und regelmäßige Erholungsphasen, durch ausreichenden Schlaf, arbeitsfreie Wochenenden und stressfreien Urlaub, durch Muße körperliche und psychische Verspannungen zu lösen, das allgemeine Erregungsniveau zu senken.

Die Fragestellung lautet also nicht mehr: Wie kann ich mich verwöhnen, entstressen und ausbalancieren, sondern: Wie bekomme ich die für die **Herausforderungen** des Lebens **erforderlichen Energien**, wie die **erforderlichen Kompetenzen**, um das eigene Leben in den Griff zu bekommen? Am Ende all dieser Verschiebungen steht der komplexeste aller Gesundheitswerte: die **Persönlichkeits- und Lebenskompetenz**. Es geht um die **Wiedereroberung** der Kontrolle über Zeit, Geld und unser mentales wie körperliches Wohlergehen. „**Luxus" wird umdefiniert**: Muße und Aufmerksamkeit, Raum für Eigenes, Langsamkeit als Lebensoption, bewusster Konsumverzicht. Die Komplexität unseres Lebens ist es, die ein massives Energie- und Leistungsproblem erzeugt. Überanstrengung und ihre Folge, das Burn-Out-Syndrom, werden zu kollektiven Syndromen. Zu ihrer Bewältigung reichen „Relax"-Strategien allein nicht mehr aus.

Das Konzept einer **aktiven selbstbestimmten Lebensführung** muss daher immer **ganzheitlich** angelegt sein. Wellness bricht damit aus dem Korridor der Verwöhnungs- und Entspannungswünsche aus und wird zur konsequenten „**Arbeit am Selbst**". Wellness formuliert: **Ich will so werden, wie ich bin – ich will mit mir selbst in Einklang kommen.** Auch wenn Wellness zum Modebegriff verkommt, wir sollten uns hüten, den Begriff einfach fallen zu lassen. Denn Wellness benennt eine **Sehnsucht**, die weitaus mehr ist als der Hang zu Genuss und Entspannung. Im Kern des Wellness-Begriffes steht die Frage der **Definition von Wohlstand und Lebensqualität**.

Körperliches Selbstmanagement ist die Steigerung und Erhaltung sowohl der **Leistungsfähigkeit** als auch der **Leistungsbereitschaft** mit folgenden Kompetenzen:
- **körperliche Kompetenz**, die Fähigkeit, sich gesund zu ernähren, Sport zu treiben, körperlich fit zu bleiben,

- **Lebenskompetenz**, die Fähigkeit zur „Work-Life-Balance", also mit dem Spagat Beruf, Familie, Partnerschaft, soziales Umfeld emotional positiv umzugehen,
- **Selbstkompetenz**, die Fähigkeit, selbstständige Entscheidungen in komplexen Lebenssituationen oder Krisen zu treffen,
- **Reifungskompetenz**, die Fähigkeit, Lernen und bewussten Erfahrungsgewinn bis in hohe Alter fortzusetzen.

In einem Punkt unterscheidet sich das Persönlichkeitsmanagement grundsätzlich von anderen Managementaufgaben: Während bei beruflichen Aufgabenstellungen Manager und Managementobjekt deutlich voneinander getrennt sind und der Manager das Objekt aus einer nüchternen Distanz heraus wahrnehmen und behandeln kann, sind im Persönlichkeitsmanagement handelndes Subjekt und behandeltes Objekt miteinander identisch. Eine Analyse der Ist-Situation kann sich also nur auf dem Weg der Selbstbeobachtung vollziehen. Als Hilfestellungen empfehlen sich:

- Seminare zur **Stressbewältigung**,
- Seminare zum **Zeitmanagement** und/oder zur Arbeitsorganisation,
- Kurse zur **Entspannung** (Autogenes Training, Progressive Muskelentspannung usw.)
- **Fitness**center und Sportvereine, in denen man erst einmal ausprobiert, welche sportliche Betätigung den eigenen Fähigkeiten und Neigungen am ehesten entspricht und wo man außerdem gleichgesinnte „Mitstreiter" findet,
- **Coaching** als individuelle Hilfestellung.

Gesundheitscoaching ist für viele Führungskräfte häufig noch ein Fremdwort und keine Selbstverständlichkeit.[5] Coaching heißt Hilfe zur Selbsthilfe. Coaching sollte vor allem den Beginn geplanter Veränderungen begleiten und immer dann in Anspruch genommen werden, wenn Rückschläge Zweifel an der Richtigkeit der getroffenen Entscheidungen oder am eigenen Durchhaltevermögen aufkommen lassen. Individuelle Unterstützung und Hilfe findet man nicht nur bei professionellen Beratern, sondern u. U. auch im eige-

---

5 Siehe hierzu den Beitrag von *Laws-Hofmann* in diesem Band.

nen Familien-, Freundes-, Kollegen- und Bekanntenkreis. Die Thematik sollte möglichst unter Einbeziehung der Partnerin bzw. des Partners angegangen werden. Denn, wer **wirkliche Verhaltensänderung** herbeiführen will, braucht dafür auch die **häusliche Akzeptanz**.

Gesundheit – ganzheitlich verstanden – ist damit nicht nur ein individueller Zustand oder eine gesellschaftliche Idee, sondern eine **Basisinnovation**. Die entscheidende Herausforderung besteht darin, emotionales Engagement für diese Perspektive – für die **Zukunftsperspektive Gesundheit** – zu wecken. Es geht um die Entwicklung zukünftiger Potenziale und Kompetenzen, wie wir sie in den folgenden Beiträgen des Zweiten Teils beschreiben.

V. Stresskompetenz

Klaus Linneweh

1. Eu- und Disstress

Stress in seinen unterschiedlichsten Formen, Ursachen, Wirkungen und Folgen ist ein Thema, das in den letzten Jahren zunehmend an Aktualität gewonnen hat. Als der Mediziner *Hans Selye* (1957) in den 50er Jahren des vergangenen Jahrhunderts mit der These „Stress bestimmt unser Leben" das Augenmerk der medizinischen Forschung auf ein bis dahin kaum beachtetes Phänomen lenkte, hat er mit Sicherheit nicht geahnt, wie treffend er damit das Lebensgefühl der gegenwärtigen Gesellschaft vorwegnahm: Wir erleben uns heute in weiten Bereichen als eine durch ständig steigenden Leistungs- und Zeitdruck „gehetzte Gesellschaft". Stress scheint mittlerweile alle Bevölkerungsschichten und nahezu alle Lebensbereiche zu durchdringen: Am Arbeitsplatz, im Straßenverkehr, beim Einkaufen, im Kindergarten, in der Schule (Lehrer und Schüler), in der Familie. Nicht einmal Freizeit, Sport und Urlaub werden verschont. Zunehmend sind es vor allem die kleinen, sich täglich und häufig wiederholenden Ereignisse, Querelen mit Vorgesetzten und Kollegen, familiäre Konflikte, der morgendliche Verkehrsstau, „abstürzende" Computerprogramme, das komplizierte Handy und Ähnliches, die uns stressen, uns den Nerv rauben, uns „krank machen".

Stress ist für das Überleben notwendig. Stress heißt wörtlich nichts anderes als **„Druck"** oder **„Spannung"**. Zu wenig Druck ist genauso schädlich wie zu viel. Nicht der Druck, die Spannung an sich, ist schädlich, sondern die Spannung ohne Entspannung. Richtig dosiert hat Stress auch positive Seiten. In der Stressforschung hat sich deshalb die Unterscheidung zwischen **Disstress** und **Eustress** durchgesetzt.

Disstress ist der Stress, den wir in Überforderungssituationen erleben, in Situationen, die uns Angst machen, von denen wir nicht wissen, wie wir mit ihnen fertig werden sollen. Wir erleben uns selbst als Objekt der Situation, als **fremdbestimmt**, als jemand, der nur die Möglichkeit hat, reaktiv mit den Gegebenheiten fertig zu werden. Wenn Disstress über einen längeren Zeitraum massiv auf uns einwirkt, findet unser psycho-physisches Spannungsniveau nicht wieder zu seiner Normallage zurück, ein Zustand, der starke negative Auswirkungen auf unser Erleben und Befinden hat. Disstress mindert die Lebensfreude und unseren Optimismus, demotiviert, ist kräftezehrend und lässt uns innerlich nicht zur Ruhe kommen. Er schädigt das Selbstvertrauen, führt zu Selbstzweifeln und Resignation. In der Folge werden wir zunehmend ungeduldiger, nervöser und reizbarer und fühlen uns schneller erschöpft. Weil Disstress uns dazu zwingt, unsere Belastungsgrenzen immer wieder zu überschreiten, ruiniert dieser Zustand auf Dauer die Gesundheit. Unsere Leistungsfähigkeit ist psychisch und physisch beeinträchtigt, die Lebensfreude nimmt ab. Disstress gilt als Mitverursacher sog. Zivilisationskrankheiten der modernen Industriegesellschaft.

Eustress erfahren wir immer dann, wenn wir Herausforderungen erfolgreich bewältigen. Wir erleben uns dann als **selbstbestimmt handelnd** und nicht als passiv erleidendes Objekt. Eustress wirkt sich äußerst positiv und beglückend auf unser Erleben und Befinden aus. Er steigert unser Wohlbefinden, unsere Selbstzufriedenheit und unser Selbstwertgefühl. Er erhöht den Schaffensdrang und ermutigt uns, neue Herausforderungen anzunehmen. Er stimmt uns optimistisch und ruft Glücksgefühle hervor. Eustress spornt zu körperlichen und geistigen Höchstleistungen an, erhöht die körperliche und psychische Belastbarkeit und **stärkt** das **Immunsystem**. Er regt die Produktion von Hormonen (Endorphine) an, die ihrerseits wieder gefährliche Disstress-Hormone (Kortisol) neutralisieren.

Stress am Arbeitsplatz verursacht erhebliche volkswirtschaftliche Kosten und hat sich in hoch entwickelten Industriestaaten mittlerweile zu einer „Jahrhundertepidemie" entwickelt, so das Ergebnis einer repräsentativen Studie der *Internationalen Arbeitsorganisation der UNO*. Trotz aller Aufklärung ist Stress immer noch ein weitgehend unbewältigtes, mit Risiken behaftetes Phänomen der modernen Zivilisation. Die mit Stress in Zusammenhang gebrachten Schädigungen und Krankheiten umfassen Konzentrationsstörungen, Nervosität, Depressionen, Angst, Schlafstörungen, Migräne, Muskelverspannungen, Allergien, Gefäßerkrankungen, Bluthochdruck, Herz-Kreislauf-Störungen bis hin zum Herzinfarkt, Magen-Darm-Erkrankungen, Asthma, Schwächung des Immunsystems, Alkohol- oder Drogenmissbrauch.

Jede dritte Führungskraft kommt mit dem Stress in ihrem Leben nicht zurecht, ein weiteres Drittel hat damit mehr oder minder deutliche Schwierigkeiten und nur knapp 30 % führen „ein gesundes und kontrolliertes Leben". Eine Befragung von 5000 Männern und Frauen (*Allmer*, 2003) kommt zu dem Ergebnis, dass die überwiegende Mehrheit der Befragten (74 % der Frauen, 63 % der Männer) nicht in der Lage ist, sich nach einem anstrengenden Arbeitstag adäquat zu erholen. Sie beherrschen weder effektive Erholungstechniken, noch sind sie mehrheitlich der Meinung, erholungsbedürftig zu sein. Nur 24 % der Männer und 19 % der Frauen planen Erholung bewusst und konkret in ihren Tagesablauf ein, die Übrigen unternehmen praktisch nichts, um die Folgen von Stress, Überforderung und Überbelastung zu reduzieren.

Zunehmend wird das so genannte **„Chronische Erschöpfungssyndrom"** (**Chronique Fatigue Syndrom, CFS**) beobachtet, bei dem massive Konzentrationsstörungen mit einer allgemeinen körperlichen Leistungs- und Antriebsschwäche und einer ständigen starken Müdigkeit einhergehen. Nach Schätzungen von Arbeitsmedizinern sollen bereits etwa 5 % der 25- bis 40-jährigen Angestellten in Deutschland an einem chronischen Erschöpfungssyndrom erkrankt sein, in leichterer Form sogar mehr als 30 % (*Geschuhn*, 1995). Die volkswirtschaftlichen Kosten für stressbedingte Gesundheitsschäden machen schon heute mindestens 10 % des erwirtschafteten Bruttosozialproduktes der Industriestaaten aus, mit steigender Tendenz. Allein für Deutschland entspricht dies einer jährlichen Summe von etwa 30 Mrd. Euro (*Huber*, 1995).

2. Körperliche Stressreaktionen

Der Begriff „Stress" kommt aus dem Englischen und wurde bereits im Mittelalter für Zustände „äußerer Not und auferlegter Mühsal" verwendet (*Schönpflug, W.*, 1987). *Charles Darwin* (1809–1882) benutzte zwar den Begriff „Stress" noch nicht, wird aber als Urvater der modernen wissenschaftlichen Stressforschung angesehen (*Hüther*, 1998).

Darwin vertrat die Ansicht, dass die Umwelt für alle Lebewesen eine ständige Bedrohung und Herausforderung darstellt. Dieser „Stress" erzeuge einen Selektionsdruck, den nur diejenigen überleben, die sich am besten den Herausforderungen anpassen können („Survival of the fittest"). Ohne den Stress des Selektionsdrucks gibt es, davon war *Darwin* zutiefst überzeugt, für das Leben insgesamt keinerlei Notwendigkeit zu Veränderung. Die Entwicklung des Lebens wäre ohne Evolution auf der Stufe der Einzeller stehen geblieben. Erstaunlich ist, dass *Darwin* die Reaktion eines Lebewesens auf die stresshaften Bedingungen seiner Umgebung als Reaktion des gesamten Organismus ansah – eine Hypothese, die sich durch die moderne Stressforschung mehr als hundert Jahre später eindrucksvoll bestätigte.

Der amerikanische Physiologe *Walter B. Cannon* führte 1914 den Begriff „Stress" in die medizinische und psychologische Fachliteratur ein, *Selye* definierte in den 30er Jahren Stress als die Summe aller auf einen Organismus einwirkenden Reize. Zur Erklärung der dabei im Gehirn und im Körper feststellbaren Prozesse entwickelte er das nach ihm benannte Reiz-Reaktionsmodell des Stresssyndroms, das **„Allgemeine Adaptationssyndrom AAS"**.

Von Cannon zu Selye – die Entwicklung des Begriffs Stress

Cannon verwendete den Begriff Stress als Sammelbegriff für Umwelteinflüsse, wie beispielsweise Hitze oder Kälte, die das innere Gleichgewicht eines Organismus stören oder schädigen. *Cannon* erkannte als erster, dass unter Stressbelastung vermehrt Hormone in die Blutbahn ausgeschüttet werden – die so genannten Katecholamine –, die dafür sorgen, dass der Organismus auf die drohende Gefahr angemessen reagiert.

Cannons Stressbegriff wurde in den 30er Jahren von *Hans Selye* übernommen und popularisiert. *Selyes* historisches Verdienst besteht vor allem darin, den Blick der Forschung auf das Phänomen Stress gelenkt zu haben. Die Einfachheit des von ihm entwickelten

Erklärungsmodells hat allerdings nicht unwesentlich zu der heute herrschenden Begriffsverwirrung beigetragen (*Greif, S. u. a.*,1991).
Selye experimentierte vor allem mit Ratten, die er intensiven „Stressreizen" (z. B. Nahrungsentzug, Schmerz, Verletzungen, Hitze, Kälte) aussetzte. Seine eindrucksvollen Bilder von sehr bald auftretenden krankhaften Organveränderungen der Versuchstiere schienen auch dem Laien verständlich den unmittelbaren Zusammenhang zwischen Stress und Krankheit zu beweisen. Aufgrund dieser Forschungsergebnisse entwarf er das Modell des „Allgemeinen Adaptationssyndroms" (AAS),das davon ausgeht, dass letztlich alle höheren Lebewesen, wenn sie einem starkem Stress ausgesetzt werden, die gleiche stereotype und unspezifische physiologische Reaktion zeigen.

Nach *Selye* laufen die Stressreaktionen immer gleichförmig ab. Jedem intensiven Reiz folgen vier Stadien:

- **Vorphase**, der Moment der sog. Schrecksekunde.
- **Alarmphase**, bei der sich im Gehirn das Leitsystem für Gefahrensituationen einschaltet, das über die Ausschüttung von Hormonen sofort alle im Organismus verfügbaren Energiereserven mobilisiert und alle Kräfte auf die Abwehr der drohenden Gefahr konzentriert.
- **Stadium des Widerstands**, die Phase, in der alle zur Verfügung stehenden Energiereserven aufgebracht werden, um mit der Gefahr fertig zu werden, beispielsweise den Feind anzugreifen oder vor der drohenden Gefahr die Flucht zu ergreifen oder Maßnahmen zu finden, trotz Bedrohung ungefährdet weiterzuleben oder sich einer Situation anzupassen.
- **Stadium der Erschöpfung**, die Phase, in der alle Energien aufgezehrt sind. An dieses Stadium sollte sich unbedingt eine längere **Phase der Erholung** anschließen, um die verbrauchten Energien wieder aufzubauen **(Regenerationsphase)**. Gerade diese Erholungsphase kommt heute entweder zu kurz oder fehlt überhaupt, weil unterschiedlichste Stressereignisse zu schnell aufeinander folgen.

Selye war der Ansicht, dass dieser Reaktionsverlauf im Erbgut verankert und eine allen Lebewesen eigene, universell gültige biologisch funktionale Anpassungsreaktion an Gefahrensituationen sei.

V. Stresskompetenz

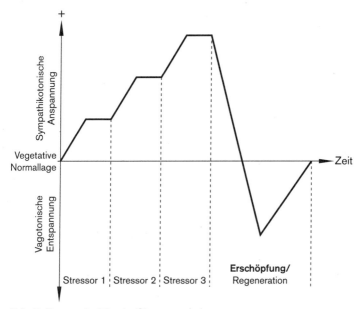

Abb. 7: Treppenfunktion im Stressgeschehen

Die moderne Zivilisation hindere uns aber daran, die durch Stress aufgebaute Reaktion z. B. durch körperliche Bewegung optimal abzureagieren, so dass die aufgestauten Reaktionen langfristig zu gesundheitlichen Beeinträchtigungen führen (**Treppenfunktion Stressgeschehen**, siehe Abb. 7). Sein Rezept „Mehr Körperbewegung, weniger Essen und Rauchen" ist mit Sicherheit nicht falsch. Es taugt aber nur bedingt zur Lösung der täglichen Stressprobleme.

3. Das subjektive Stresserleben

Psychische Faktoren können nicht nur körperliche Erkrankungen auslösen, sondern auch Heilungsprozesse begünstigen. Wer hat nicht schon erlebt,
- dass sich Aufregung auf den Magen schlägt,
- dass vor einer mit ängstlicher Spannung erwarteten Prüfung plötzlich starke Kopfschmerzen auftreten,

- dass über Wochen anhaltende Kopf- oder Magenschmerzen von einem Tag auf den anderen verschwinden, wenn sich der Konflikt mit einem Mitarbeiter als grundloses Missverständnis herausstellt,
- dass körperliche Beschwerden wie weggeblasen sind, wenn sich bei medizinischen Untersuchungen, entgegen den eigenen Befürchtungen alle Befunde als normal herausstellen.

Welche physiologischen Vorgänge dabei im Köper ablaufen, ist noch weitgehend unklar. Es gilt aber als erwiesen, dass nicht bewältigter Stress auf längere Sicht die Gesundheit beeinträchtigt und das Auftreten von Krankheiten begünstigt. Die von *Selye* (1957) aus den Ergebnissen seiner Tierversuche abgeleitete These, dass zwischen Reizhäufigkeit, Reizintensität, Einwirkungsdauer und gesundheitlichen Störungen ein direkter kausaler Zusammenhang besteht, scheint für **physischen** Stress (Lärm, Hitze, extreme Temperaturschwankungen, Luftverschmutzung, Umweltgifte usw.) zuzutreffen. Bei **psychischem** Stress, im Alltagsleben von Führungskräften weit verbreitet, sind die Ursache-Wirkungs-Zusammenhänge komplizierter. Ob und in welchem Ausmaß beispielsweise länger andauernde berufliche Überforderungen oder emotionale familiäre Belastungen zu Erkrankungen führen, scheint in erster Linie von der gesundheitlichen und psychisch-mentalen Disposition, von den betroffenen Lebensbereichen und von der Art der beruflichen Tätigkeit abzuhängen, vor allem aber von dem subjektiven Stresserleben.

Der Prozess der **Stresswahrnehmung** läuft folgendermaßen ab: Wir nehmen ein Ereignis oder eine Situation wahr, die uns vor hohe Anforderungen stellt. Dabei ist es unerheblich, ob die Anforderungen von außen kommen oder sich aus unseren Leistungsansprüchen, unrealistischen Vorstellungen, Ängsten, Befürchtungen, Hoffnungen oder Wünschen herleiten. Praktisch zeitgleich mit dieser Wahrnehmung laufen kognitive Einschätzungs- und Bewertungsprozesse ab. Wir bewerten

- die Wichtigkeit, die dieses Ereignis für uns persönlich hat (hohe Bedeutung, niedrige Bedeutung, keine Bedeutung),
- unsere persönlichen Einwirkungs- und Kontrollmöglichkeiten, unsere Kompetenzen, unsere Handlungsalternativen, unsere Leis-

tungsfähigkeit (Bewältigung ist möglich bzw. nicht möglich, erfordert hohen bzw. relativ geringen Einsatz),
- die Konsequenzen bzw. Folgen eines Handelns bzw. Nicht-Handelns (irrelevant, angenehm-positiv, stressrelevant).

Kommen wir zu der Einschätzung, „Dieses Ereignis ist für mich aufgrund eines oder mehrerer der oben genannten Kriterien stressrelevant", wird die Bewertung weiter differenziert nach den Merkmalen Schädigung/Verlust, Bedrohung, Herausforderung (*Katz/ Schmidt*, 1991).

Transaktionales Erklärungsmodell

Ausgehend von der Fragestellung, warum Menschen Stress unterschiedlich beantworten, entwickelten *Lazarus u. a.* (1984) ein „transaktionales Erklärungsmodell". In diesem Modell sind „Stresssituationen" keine biologischen Reiz-Reaktionsphänomene, sondern komplexe Prozesse der kognitiven Auseinandersetzung mit den Anforderungen und Belastungen einer konkreten Situation. Sie konnten nachweisen, dass es keine unspezifische, bei allen Menschen in gleicher Weise ablaufende Reaktion auf Stress gibt. Die physiologischen und mentalen Reaktionen auf ein und denselben Stressreiz können sich erheblich voneinander unterscheiden. Menschen reagieren auf die gleiche Stresssituation keineswegs immer in der gleichen Weise.

Nach *Darwin* waren *Lazarus* und seine Mitarbeiter die ersten, die wieder auf die Wichtigkeit individueller Persönlichkeitseigenschaften und Lebensumstände bei der Bewältigung konkreter Stresssituationen hinwiesen. Ihre Ausgangshypothese basiert u. a. auf der Beobachtung, dass nicht nur die belastende Situation selbst, sondern bereits die gedankliche Vorwegnahme einer solchen Situation zu einer eindeutigen psychophysischen Stressreaktion führen kann (*Hüther*, 1998).

Das Ergebnis eines **individuellen Einschätzungsprozesses** entscheidet also darüber, ob wir eine bestimmte Situation, eine Anforderung als Belastung, Überforderung bzw. Bedrohung oder als Herausforderung erleben. Stress wird demzufolge nicht nur von außen an uns herangetragen. Stress entsteht vor allem in unserem Kopf –

ein Phänomen, gegen das kaum jemand immun ist. Wie oft haben wir Ängste durchgestanden oder uns mit Befürchtungen gequält, die sich hinterher als grundlos erwiesen. Häufig wird bereits die Angst vor den eigenen Reaktionen zum eigentlichen Stressfaktor (*Bastian*, 2000).

Ob jemand ein bestimmtes Ereignis als stresshaft erlebt, hängt zum einen von der **momentanen Befindlichkeit** (Gesundheitszustand, körperliche Fitness, Müdigkeit etc.) ab: Wer müde und abgespannt ist oder erste Anzeichen einer Erkältung verspürt, kann schon eine einfache Frage eines Kollegen, die er normalerweise problemlos beantwortet, als Überforderung erleben. Zum anderen spielen frühere Erfahrungen, die man in einer gleichen oder einer ähnlichen Situation gemacht hat, eine nicht unwesentliche Rolle. Wer beispielsweise immer wieder erlebt, dass verlegte Gegenstände irgendwann wieder auftauchen, wichtige Kundenverhandlungen trotz eigener Unzufriedenheit erfolgreich abgeschlossen werden, wird sich künftig durch ähnliche Situationen weniger irritieren lassen. Weitaus größeren Einfluss als momentane Befindlichkeit oder Erfahrung haben persönliche Strukturen wie Intelligenz, Kompetenz, Ausdauer, Selbstbewusstsein und Selbstvertrauen. Es müssen keineswegs besondere Situationen oder so genannte „kritische Lebensereignisse" sein, die bei einem Menschen in einer bestimmten Lebensphase ein intensives negatives Stresserlebnis auslösen. Häufig sind es der Verkehrsstau auf dem Weg zur Arbeit, der Einkauf in der Mittagspause, das Verlegen eines Gegenstandes, das eigene Aussehen, die Krankheit eines Familienmitglieds, Arbeiten am Haus oder im Garten, schulische Probleme der Kinder oder beruflich drängende Termine. Jedes dieser täglichen Ereignisse kann irritieren und nerven. Zu einem negativen Stressereignis, zum so genannten **„daily hassle"**, wird es allerdings nur dann, wenn es von der betroffenen Person entsprechend bewertet wird. Je wichtiger einem Menschen beispielsweise die Kontrollausübung über die Fahrgeschwindigkeit seines Autos oder über sein eigenes Aussehen ist, desto stärker wird ihn ein Verkehrsstau oder ein zu kurz geratener Haarschnitt „stressen".

Die eintretende Stressreaktion ist abhängig von Erfahrungen, Veranlagung, dem augenblicklichen physischen und psychischen

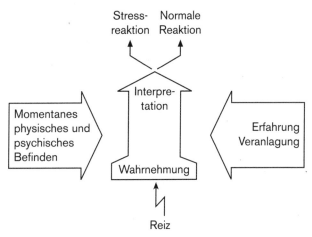

Abb. 8: Stresserleben als subjektive Interpretation

Befinden und unserer Stresstoleranz (s. Abb. 8). Der gleiche Reiz kann an einem Tag eine Stressreaktion auslösen (negativ) und an einem anderen Tag als positiv empfunden werden. Je gelassener man sich selbst gegenüber wird oder ist, desto gelassener verhält man sich anderen gegenüber, desto toleranter wird man gegenüber anderen Lebensstilen, anderen Arbeitsweisen, anderen Lebensentwürfen.

Ein „**dickes Fell**", eine höhere **Stresstoleranz**, macht zufriedener und hilft, nicht schon bei der geringsten Kleinigkeit die Beherrschung zu verlieren. Es sind nicht die großen „lebensverändernden" Ereignisse wie eine Trennung vom Partner, Arbeitslosigkeit oder der Tod eines nahen Angehörigen, die die Stresstoleranz verändern, sondern der tägliche Kleinkram, der gerissene Schnürsenkel oder die seit Jahren „falsch gequetschte Zahnpastatube", die das Erregungsniveau hochschaukeln und krank machen. Positive Erlebnisse, Erfolgserlebnisse, erhöhen die Stresstoleranz, negative Erlebnisse senken sie. Wer seine Stresstoleranz erhöhen will, sollte möglichst viel Positives, Schönes, Freude und Erfolg erleben.

Optimismus und Pessimismus sind nicht angeboren, sondern erlernte Verhaltensmuster, die verändert werden können. Das, was

Freude macht oder machen soll, unterliegt einer individuellen und subjektiven Auslegung. Freude und Erfolg müssen bewusst gehandhabt werden, denn überhöhte Ansprüche schaffen ihrerseits neue Stressoren. **„Jeder Wunsch, wenn er erfüllt, kriegt augenblicklich Junge"**, so *Wilhelm Busch*. Jeder Erfolg erhöht automatisch unsere Erwartungen und das Anspruchsniveau. Das Erreichte wird selbstverständlich: Der neue Wagen, das neue Haus, vielleicht sogar der neue Partner, neue Ziele werden gesetzt.

Dieses Streben nach neuen Zielen, diese Selbstmotivation, kann dann gefährlich werden, wenn die Ziele so formuliert sind, dass eine Erfüllung nicht mehr möglich ist: **Stress entsteht, wenn die Schildkröte versucht, das Rennpferd zu überholen.** Wenn ich das Ziel Bundeskanzler zu werden trotz aller Bemühungen nicht erreiche, ist eine permanente Frustration die Folge. Wir müssen lernen, uns und unsere Grenzen zu erkennen und anzuerkennen und auch rechtzeitig nein sagen zu können. Man sollte deshalb von Zeit zu Zeit seine Ziele quantitativ und qualitativ auf Realisierbarkeit und Inhalt überprüfen. Selbstbestimmte Zielsetzungen und Wünsche, auch „kleine" realisierbare Ziele, außerhalb des täglichen fremdbestimmten Umfelds, schaffen Erfolgserlebnisse und erhöhen die Lebensfreude und damit gleichzeitig die Stresstoleranz.

4. Empfehlungen für ein eigenverantwortliches Stressmanagement

Stresskompetenz ist die Fähigkeit mit Spannungs- und Belastungssituationen erfolgreich umzugehen. **Stresskompetenz heißt, sich im Umgang mit sich selbst, seiner Umwelt und seinen Mitmenschen so zu organisieren, dass die Wirkung von Stressoren minimiert, Stresstoleranz und Stressabwehr maximiert werden.** Das Ziel aller Bemühungen ist die mitten im Leben stehende, integrierte, in sich ruhende Persönlichkeit, der in sich gefestigte, eigenverantwortlich denkende und handelnde Mensch, für den bewusste Lebensführung, Selbstentfaltung und Selbstverwirklichung eine permanente herausfordernde Aufgabe ist. Höchste Priorität aller

Stressmanagement-Maßnahmen ist, eine maximale Selbstbestimmtheit und Autonomie im Umgang mit sich selbst zu erreichen – trotz ungünstiger Rahmenbedingungen (*Linneweh*, 2002). Dies ist ein Prozess lebenslangen Lernens und lebenslanger Veränderungsbereitschaft.

Überprüfen Sie Ihre eigenen Ziele

Überprüfen Sie Ihre Ziele auf Realisierbarkeit. Stress entsteht, wenn die Schildkröte versucht, das Rennpferd zu überholen. Übersteigerte Ansprüche und utopische Ziele sind ständige Stressquellen. Realisieren Sie soweit wie möglich selbstbestimmte Ziele. Nehmen Sie vorrangig Aufgaben an, die Sie herausfordern, befriedigen und die für Sie wertvoll sind. Trainieren Sie Ihre Fähigkeit zur Selbstmotivation. Das bedeutet, Ihre eigenen Bedürfnisse, Wünsche und Gefühle auszudrücken, ohne sich rechtfertigen zu müssen. Versuchen Sie, Misserfolge, Krisen und Konflikte zur geistigen Neubesinnung zu nutzen.

Sehen Sie auch die positiven Seiten

Nahezu alle Alltagssituationen lassen sich sowohl positiv als auch negativ betrachten und beurteilen. Versuchen Sie, in Krisen und belastenden Konflikten immer auch die positiven Aspekte zu sehen. Beunruhigen Sie sich nicht schon vorher über mögliche Stresssituationen, sondern stellen Sie bedrohlichen Ereignissen lohnende Ziele und positive Anreize gegenüber. Wer nachts nicht schlafen kann, steht auf und „freut" sich über die gewonnene Zeit. Lernen Sie, auch die kleinen Freuden des Lebens voll auszukosten. Lachen Sie auch einmal über sich selbst und entwickeln Sie Sinn für Humor.

Tue das, was du tust

Tun Sie das, was Sie tun, überzeugt und selbstbestimmt. Leben Sie im Hier und Jetzt. Entwickeln Sie eine Sensibilität für den Augenblick. Trainieren Sie Ihre Wahrnehmungsfähigkeit. Hören Sie in Konfliktsituationen auf Ihre „innere" Stimme und vertrauen Sie Ihrer Intuition. Muße und Meditation fördern den Dialog zwischen

Kopf und Bauch. So werden Sie authentisch – im Reinen mit sich selbst. Handeln Sie bewusst im Beruf, in sozialen Aktivitäten, in der Freizeit, in Ihrer Familie.

Übernehmen Sie die Verantwortung für sich selbst

Nicht Ihre berufliche Situation oder belastende Familienverhältnisse sind die Verursacher Ihres Leidens, sondern Sie selbst! Ein großer Teil der negativ empfundenen Stresssituation ist selbst verursacht. Betrachten Sie Stress als Herausforderung und bemitleiden Sie sich nicht in aller Stille. Sie sind kein „Gefangener Ihres Schicksals". Bejahen Sie den Stress, denn Leben und Leistung ohne Stress sind nicht möglich. Flucht vor dem Stress ist keine Stressbewältigung, sondern führt eher zu neuem Stress. Akzeptieren Sie nicht widerstandslos Stresssituationen, sondern versuchen Sie, Disstress aktiv umzugestalten. Akzeptieren Sie aber auch für bestimmte Zeitabschnitte den herausfordernden aktiven und kreativen Stress.

Lernen Sie „Nein" zu sagen

Versuchen Sie nicht nur in der Arbeitsorganisation Selbstbestimmung in einem fremdbestimmten Umfeld zu realisieren. Planen Sie Ihr Arbeitspensum so realistisch und organisieren Sie Ihren Arbeitsablauf so, dass Sie sich nicht selbst in Hektik und Zeitnot bringen. Versuchen Sie, Ihre Aufgaben aktiv statt reaktiv zu bewältigen. Nehmen Sie sich nicht mehr vor als Sie unter den gegebenen Umständen erledigen können. Planen Sie Pausen und Zeitpuffer für Unvorhergesehenes ein. Lernen Sie, „Nein" zu sagen – nicht nur bei Terminen. Haben Sie Vertrauen in die Kompetenz Ihrer Mitarbeiter und delegieren Sie alles, was nicht zu Ihrem unmittelbaren Aufgabenbereich gehört. Delegieren heißt auch „Loslassen" können.

Schaffen Sie sich ein stärkendes Netzwerk

Sorgen Sie für eine positive Umwelt. Eine stressfreie Umgebung hängt im Beruf und in der Familie wesentlich von der Qualität der zwischenmenschlichen Beziehungen ab. Bringen Sie Ihren Mitmenschen Vertrauen und Sympathie entgegen. Betrachten Sie Probleme auch einmal aus der Sicht des anderen. Hören Sie mehr zu. „Problemlöser" werden auch fürs Zuhören bezahlt. Tolerieren Sie andere Meinungen. Konzentrieren Sie sich auf Beziehungen zu Menschen, die Sie stärken und die Ihnen nicht schaden. Machen Sie andere erfolgreich, der Erfolg kommt zu Ihnen zurück.

Bekennen Sie sich zu bewusster Entspannung

Planen Sie Zeiten bewusster Entspannung ein, mindestens 15 Minuten täglich. Pausen, Mittagszeiten, Wochenenden aber auch der Urlaub sollten „stressfreie" Zeiten sein. Sie sollten der „Problementfernung" dienen. Dies gelingt durch bewusste Entspannungsübungen, aber auch durch bewusste Freizeitgestaltung. Fitness, Sport, Sauna gehören ebenso dazu wie Hobbys. Wichtig ist, dass die aktiv oder passiv genutzte Freizeit Freude macht und zu einer „Umpolung" von Körper, Psyche und Geist führt.

Bauen Sie Ihren Affektstau rechtzeitig ab

Wer seine Leistungsfähigkeit auf Dauer erhalten will, muss selbst etwas dafür tun. Der hierfür notwendige Zeit- und Kraftaufwand ist geringer als wir meinen. Der körperliche Abbau des Affektstaus wird durch systematische Bewegung erreicht. Wählen Sie sich eine Sportart, die Ihnen Spaß macht und machen Sie sich immer wieder bewusst: Übersteigerte Leistungsansprüche können Disstress erzeugen. Regelmäßig 3- bis 4-mal die Woche 30 Minuten sind effektiver als einmal zwei Stunden. Zur aktiven Lebensführung gehören nicht nur die Vermeidung körperlicher Risikofaktoren, sondern auch das bewusste Umgehen mit Nahrungs- und Genussmitteln. Wenn schon einmal sündigen, dann überzeugt – ohne schlechtes Gewissen.

Einmal wöchentlich allein sein

Schaffen Sie sich Ruhe- und Rückzugszonen. Stress entsteht, wenn die notwendige Distanz zu Aufgaben, zu anderen Menschen oder zu sich selbst verloren geht. Finden Sie den Mut, einmal wöchentlich drei bis vier Stunden allein zu sein. Nehmen Sie sich die Zeit, über sich selbst nachzudenken. Erfahren Sie wieder Zeit,

z. B. in der Meditation oder bei einem Klosteraufenthalt. Beim Spaziergang ist der Hund erlaubt – der Partner nicht.

Einmal täglich „Freude"

Lernen Sie, sich wieder zu freuen. Verschaffen Sie sich positive Erlebnisse und Freude. Wir haben verlernt uns zu freuen und alltägliche Dinge zu genießen. Müssen wir nicht viel bescheidener werden? Wann haben Sie zum letzten Mal mit Freude ein Buch gelesen oder sind in ein Konzert gegangen? Nicht im Abonnement, das ist schon wieder fremdbestimmt. Lassen Sie andere an Ihrer Freude teilhaben und lernen Sie, sich mit anderen zu freuen. Es kann auch Freude machen, andere erfolgreich zu machen.

Literatur

Allmer, H. (2003). Erholung: mangelhaft, in: Psychologie Heute, 10/2003, S. 9

Bastian, T. (2000). Eigensinn hält gesund, in: Psychologie Heute, 5/2000, S. 20–25

Geschuhn, A. (1995). Wenn man nichts mehr auf die Reihe kriegt, in: *Süddeutsche Zeitung*, 4. 7. 1995, S. 11

Greif, S. u. a. (Hrsg.) (1992). Psychischer Stress am Arbeitsplatz, Göttingen

Huber, A. (1995). Stressmanagement, in: Psychologie Heute, 10, 1995, S. 20–25

Hüther, G. (1998). Biologie der Angst. Wie aus Stress Gefühle entstehen, Göttingen

Katz, P./Schmidt, A. R. (1991). Wenn der Alltag zum Problem wird. Belastende Alltagsprobleme und Bewältigungsmöglichkeiten, Stuttgart

Lazarus, R. S./Folkman, S. (1984). Stress, appraisal and coping, New York

Linneweh, K. (2002): Stresskompetenz, Weinheim und Basel

Schönpflug, W. (1987). Beanspruchung und Belastung bei der Arbeit – Konzepte und Theorien, in: *Kleinbeck, U./Rutenfranz, J.* (Hrsg.): Arbeitspsychologie, Enzyklopädie der Psychologie, Themenbereich D, Serie III, Bd. I, Göttingen, S. 130–184

Selye, H. (1957). Stress beherrscht unser Leben, Düsseldorf

VI. Fitnesslust – Fitnessfrust?
Bausteine zum persönlichen Wohlbefinden und zum beruflichen Erfolg

Johannes Laws-Hofmann

Führungskräfte sind außerordentlichen Belastungen ausgesetzt: Eine hohe Verantwortung für ihre Mitarbeiter, ihre Firma, das ihnen anvertraute Kapital und die damit verbundenen Arbeitsplätze. Damit verbunden sind lange Arbeitszeiten, wenig Erholungspausen, lange Konzentrationsphasen und eine Vielzahl verschiedener Belastungssituationen sowie die Arbeit an der eigenen Karriere. Durch die hohe Arbeitsbelastung sind häufig auch Konflikte im familiären Bereich[1] vorprogrammiert.

Die Aufgabe, andere zu führen, erfordert gleichzeitig ein hohes Maß an **Kompetenz zur Selbstführung**, bedeutet auch eine große Verantwortung für sich selbst. Hohe Belastungen bewältigen zu können, setzt ein hohes Maß an Belastungsfähigkeit voraus, an Fitness für den Job. Der Vergleich mit Leistungs- bzw. Spitzensportler liegt nahe. Auch sie haben außergewöhnliche Belastungen auszuhalten, auch sie bewegen sich ständig am Limit ihrer Möglichkeiten und Reserven. Führungskräfte sind also **mentale Leistungssportler**. Umso notwendiger auch für sie, zu lernen, ihre Reserven richtig einzuschätzen, sie möglichst zu schonen und gleichzeitig auf einem hohen Niveau zu erhalten.

1. Vier Säulen der Gesundheit

Sport und regelmäßige Bewegung entsprechen dem Zeitgeist. Bewegung hält jung und gesund, macht leistungsfähig und erfolgreich. Dementsprechend ist beruflicher Erfolg heutzutage eng mit persön-

---

[1] Siehe hierzu die Beiträge im Dritten Teil „Work-Life-Balance".

licher Fitness verknüpft. Fitness als wichtige Voraussetzung für beruflichen Erfolg? Grundsätzlich ja; und das erste Ziel hierbei ist die Erhaltung der Gesundheit.

Man unterscheidet zwischen körperlicher, psychischer, sozialer und existenzieller **Gesundheit**. Jeder Bereich hat seine Bedeutung, jeder Bereich wird unterschiedlich stark von den anderen beeinflusst. Je nach Veranlagung fällt uns die „Pflege" bestimmter Bereiche leichter als die anderer. Der Individualsportler tut vielleicht mehr für seine körperliche Gesundheit und vernachlässigt dabei etwas den sozialen Bereich. Beim Mannschaftssportler stellt sich die Situation wieder anders dar. **Wichtig ist aber: Beide tun etwas!**

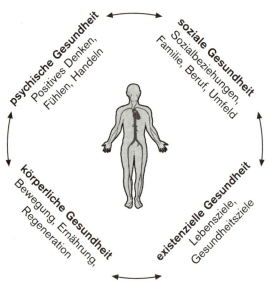

Abb. 9: Die vier Säulen der Gesundheit (modifiziert nach Pape, 2001, S. 15)

Die vier Achsen können auch übersetzt werden mit: Aus medizinischer Sicht gesund, aus psychologischer Sicht stabil und lebensbejahend, mit sich selbst im Reinen, mental belastbar, aus beruflicher Sicht erfolgreich, durchsetzungsfähig, im sozialen Bereich ein gutes, unterstützendes, persönliches Umfeld (*Laws*, 1997). Betrachten wir uns die vier Achsen im Einzelnen:

Körperliche Gesundheit

Für die Heilung von Krankheiten ist seit jeher die Medizin verantwortlich, die inzwischen ein sehr hohes Niveau erreicht hat. Allerdings gilt dabei häufig das Prinzip des „Gefallenen Kindes mit dem Brunnen…".

In neuerer Zeit rückt jedoch auch der Bereich der Gesundheitsförderung und Primärprävention immer mehr ins Blickfeld der Mediziner und Wissenschaftler. Um zu verstehen, wo am besten angesetzt werden kann, wird speziell im Herz-Kreislauf-Bereich unterschieden zwischen **unbeeinflussbaren** und **beeinflussbaren Risikofaktoren**.

Unbeeinflussbare Risikofaktoren sind familiäre Disposition, Lebensalter und Geschlecht.

Entscheidend sind die **beeinflussbaren Risikofaktoren** wie Bewegungsmangel, Zigarettenrauchen, Übergewicht, Stress. Aber auch Krankheiten wie Fettstoffwechselstörungen, Bluthochdruck oder Diabetes mellitus Typ 2 können ohne Medikamente sehr gut beeinflusst werden.

Alle diese Risikofaktoren begünstigen die sog. **Arteriosklerose**. Sie kann auch beschrieben werden als „schleichende", in jungen Jahren beginnende „Verkalkung" der Gefäße. Häufige Folgen der Arteriosklerose sind Herzinfarkt, Schlaganfall und Raucherbein (periphere Durchblutungsstörungen). Damit aber genug der Schreckensbilder. Die alarmierenden Zahlen über Schlaganfälle und Herzinfarkte sind zur Genüge bekannt. Doch das Wissen darum genügt nicht. Ein **regelmäßiger Check-up** hilft Ihnen bei der realistischen Einschätzung Ihrer persönlichen Situation. Das ist besonders wichtig, wenn einem guten Vorsatz zu mehr Aktivität eine längere Zeit der Inaktivität vorausgegangen ist, aber auch um ein effektives, gesundes Fitnesstraining planen zu können. Alle zwei Jahre sollte der Check-up routinemäßig in Ihrem Kalender stehen.

Darüber hinaus bieten speziell Ausdauersportarten wie Joggen, Radfahren, Walking/Nordic Walking hervorragende Möglichkeiten,

Risikofaktoren positiv zu beeinflussen. Durch die Beteiligung vieler großer Muskelgruppen werden ausreichend hohe Trainingsreize gesetzt, die für einen Trainingserfolg und damit eine Verbesserung der Risikofaktoren notwendig sind.

Gesundheitliche Auswirkungen des Ausdauersports
- Ökonomisierung der Herzarbeit
- Verbesserung des Fettstoffwechsels
- Verbesserung des Zuckerstoffwechsels
- Erhöhung der allgemeinen Vitalität
- Stressabbau
- Abbau von Übergewicht
- Stärkung des Immunsystems

Bewegung bedeutet Regeneration. Unser Energiesystem ist vergleichbar mit einem wiederaufladbaren Akku. Wenn es zu lange nicht benutzt wird, verliert es an Kapazität und Leistungsfähigkeit. Oft sprechen aber (anscheinend) viele äußere Umstände gegen eine regelmäßige Nutzung: Berufliche oder familiäre Rahmenbedingungen sind Hinderungsgründe oder der eigene Anspruch ist viel zu hoch. In Erinnerung an frühere Leistungen wollen wir zu viel und dies zu schnell. Aber der Körper braucht Zeit für den Wiederaufbau. Pro Jahr der Inaktivität rechnet man etwa ein bis eineinhalb Monate regelmäßiges Training, bis wieder ein vergleichbares und stabiles Leistungsniveau erreicht ist. Regelmäßig heißt dabei **mindestens** zwei Mal pro Woche.

Psychische Gesundheit

Eine **Wunderdroge**, eine Medizin, die sogar die Gehirnchemie verändern kann, die durch ihre Vielseitigkeit eine ganze Reihe psychischer Probleme lösen bzw. verhindern kann, die, in Maßen genossen, fast ohne Nebenwirkungen ist und die sich jeder leisten kann, so beschreibt der Psychiater *Robert Hales* (1985) die „Körperliche Aktivität". Und die sich jeder leisten sollte, bleibt hinzuzufügen. Selbst Depressionen lassen sich mit körperlicher Aktivität, am besten mit Ausdauersport, regulieren oder sogar beheben. Weiterhin ist eine vorbeugende Funktion gegen übermäßige Stimmungsschwankungen beobachtbar. Der Sport/die Bewegung scheint durch die eigene „Unrast" die Seele zu „stabilisieren".

Bewegung fördert die geistige Leistungsfähigkeit. Gehirn und Körper haben einen engeren Bezug zueinander als vielfach angenommen wird. In Versuchen wurde nachgewiesen, dass Personen, die bewegungsunfähig waren, nicht in der Lage waren, sich ernsthaft zu konzentrieren. So braucht das Denken ganz offensichtlich eine motorische Entsprechung (*Ernst*, 1993, S. 98). Auch die Entwicklung der Intelligenz hängt nachweislich von der Möglichkeit des motorischen Spielraumes ab. In mehreren Untersuchungen, speziell mit Joggern, stellte sich innerhalb eines 10-wöchigen Versuches bei den Teilnehmern eine deutliche Steigerung der Intelligenzwerte heraus. Als Gründe dafür sind vor allem die verbesserte Konzentrationsfähigkeit sowie die erheblich verbesserte Sauerstoffversorgung des Gehirns anzunehmen.

Körper und Geist sehnen sich nach Bewegung: Kleinkinder demonstrieren uns das in beeindruckender Weise mit ihrer Bewegungsfreude, ihrem Bewegungsdrang. Doch diese ehemals intrinsische Motivation für die Bewegung ist uns im Laufe der Jahre oft verloren gegangen. Die reine Prophylaxe von Krankheiten bietet uns nicht genug Anreiz. Deshalb müssen wir die Freude an der Bewegung wiederfinden. Häufig gehen wir dieses Problem aber mit „rationaler Intelligenz" an: Risikofaktor X bedeutet Gegenmaßnahme Y. *Pape* unterscheidet zwischen **rationaler, emotionaler und somatischer Intelligenz** (2001, S. 13). Wenn wir mehr auf unsere „somatische Intelligenz" vertrauen, erfahren wir mehr über das, was uns gut tut, Freude macht, Befriedung verschafft. Teilweise ist uns diese Fähigkeit aber durch zu seltene Nutzung verloren gegangen. In diesem Fall können Biofeedbackverfahren helfen, dieses Gespür wieder zu erlernen. Dazu gehört z. B. auch die Milchsäuremessung (Laktat) im Ausdauerbereich in Kombination mit einer Pulsuhr. So kommt es dabei sehr häufig zu AHA-Erlebnissen: „Mit so wenig Anstrengung trainiere ich effektiv? Das ist ja kaum zu glauben!"

Existenzielle Gesundheit

Welche Ziele verfolgen Sie, was wollen Sie bis wann erreicht haben? Für die Verwirklichung all Ihrer Vorhaben bedarf es Eigenaktivität, Engagement, Empathie für die Sache. Wenn es um unsere beruflichen Ziele geht, sind wir häufig sehr zielstrebig und bereit, die ein oder andere unangenehme Situation zu meistern. Auch für ein funktionstüchtiges Automobil opfern wir häufig viel Leidenschaft, Geld und Zeit.

Unsere eigene Gesundheit kommt dagegen meistens zu kurz. Und wenn wir uns ihr widmen, passiert dies tendenziell passiv: Wir beauftragen „Fremdarbeiter" mit der Pflege oder der Wiederherstellung. Dabei haben wir es selbst in der Hand und können uns dabei die Sahnestückchen der Vorsorge heraussuchen (Abb. 10).

Der Sport bietet so vielfältige Möglichkeiten, dass niemand behaupten könnte, es gäbe für ihn kein passendes Angebot. Aber häufig muss zuerst die Scheu vor dem Probieren überwunden werden. So, wie Sie sich entschließen, einmal ein neues Gericht zu probieren und dann möglicherweise Geschmack daran finden, wäre es empfehlenswert, einmal andere, für Sie neue Bewegungsformen/Sportarten zu testen. Ob das Inline-Skaten, Nordic Walking, Fitness Biking oder andere (wieder-)entdeckte Sportarten sind, ist Ihnen überlassen.

 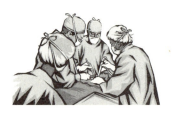

Gesundheit
aktiv
„selbst gestalten"

Gesundheit
passiv
„geschehen lassen"

Abb. 10: Gestaltung von Gesundheit

Csikszentmihalyi (1987) beschreibt dies in seinem Ansatz vom **Flow** sehr treffend: Ist erst einmal die Freude am Tun, ein selbständiges „Fließen" erreicht, geht es den Betreffenden nicht mehr um Anerkennung oder Verständnis von Außen. Sie gehen in ihrer Tätigkeit, ihrem „Tun" auf. Dabei ist es jedoch wichtig, den richtigen Schwierigkeitsgrad für die jeweilige Tätigkeit zu finden. Überforderung führt zu Frust, Unterforderung zu Langeweile. Nur die **richtige Intensität** führt zu dem „optimalen Erlebnis".

Wichtigste Anforderung an den Sport ist nicht Mittel zum Zweck zu sein, sondern eine aus sich selbst heraus befriedigende, genussvolle Aktivität. Auch *Heiko Ernst* stellt dies in seinem Buch „Die Weisheit des Körpers" deutlich heraus: „No *body* is perfect" (1993, S. 19). Die Orientierung an den Leitbildern aus der Werbung verführt uns dabei leider zu hohen, oft nicht erreichbaren Zielvorstellungen.

Soziale Gesundheit

Wichtig für die soziale Gesundheit sind die Pflege der Kontakte und Freundschaften, der Genuss von gutem Essen und Trinken, Kulturerlebnisse u. v. m. Planen Sie dafür die notwendigen Zeiten ein als **„Seelentraining"**.

Aber auch **körperliches Training** kann maßgeblich zur sozialen Gesundheit beitragen, wenn es gelingt, regelmäßiges Fitnesstraining, bestenfalls auch noch zeitaufwendiges Ausdauertraining in Ihren Alltag – beruflich wie privat – zu integrieren. Wie kann das gehen?

Eine Empfehlung, wie Ihnen das in Ihrem privaten Umfeld gelingen kann: Suchen Sie sich eine Bewegungsform aus, die Sie möglichst **zusammen mit Ihrer Familie** durchführen können. Zumindest einmal in der Woche. Das kann ein regelmäßiger, langer Spaziergang sein, ein gemeinsamer Tanzkurs, die Arbeit im eigenen Garten, Fahrradtouren, Bergwandern, oder aber auch Sportarten wie Nordic Walking. Nicht, weil zur Zeit ein richtiger Boom diesbezüglich ausgebrochen ist, sondern weil sich bei diesem Sport wirklich hervorragend unterschiedliche „Leistungsklassen" mit Spaß zusammenbringen lassen.

2. Gute Gründe für ein Fitnesstraining

Bewegung im Alltag

Wir sitzen alle beinahe den ganzen Tag und insgesamt viel zu viel. Der Mensch ist von seiner Konstruktion aber nicht zum langen Sitzen geschaffen. Der Organismus braucht ein bestimmtes Maß an Bewegung, um seine Aufgaben auf Dauer erfolgreich erledigen zu können. Diese **SOLL-Bewegung** ist am effektivsten, wenn sie zeitlich über den ganzen Tag verteilt wird. Also ein rhythmischer Wechsel zwischen Bewegung, Anspannung und Ruhe. Je fließender, harmonischer dieser Wechsel ist, umso angenehmer wird er vom Körper erfahren.

Das Wichtigste dabei ist: Das, was Sie tun, soll Ihnen Spaß machen, Sie mit Freude und Genugtuung erfüllen, Ihnen einen Ausgleich für die **Arbeitsbelastung** bieten.

So einfach sich das anhört: Treppen steigen statt den Aufzug zu benutzen, im Büro die direkte Kommunikation (wenn möglich) statt durch das Telefon suchen, beim Telefonieren aufstehen, ein Stehpult benutzen, sind die ersten, aber wichtigen Schritte in ein „bewegteres Leben". Nutzen Sie weiterhin jede Möglichkeit im Alltag, sich zu bewegen. Sie werden sehen: es macht Sie nicht müder, sondern munterer. Gerade Konferenzen oder wichtige Sitzungen sollten durch **Fit-Stops** unterbrochen werden, um wieder mental auftanken zu können. Das wichtigste aber ist: Entdecken Sie den Spaß an der körperlichen Bewegung wieder, erfreuen Sie sich an den Möglichkeiten, die Ihnen Ihr Bewegungsapparat bietet. Dann werden Sie jeden Tag, der unbewegt war, als unangenehm empfinden und freuen sich auf jeden bevorstehenden „Bewegungstermin".

Immun mit System

Maßvoller Ausdauersport und Bewegung, vor allem an der frischen Luft, stärken insbesondere das **Immunsystem**. Zum einen wird dadurch eine Zunahme der Immunzellen anregt, zum anderen wird deren Aktivität und Funktionsfähigkeit gesteigert. Wir alle kennen den jährlichen Rhythmus der wiederkehrenden Grippewellen. Solange wir mitten in der Arbeit stecken, kann sie uns oft nichts anhaben. Sobald diese Spannungsphasen vorbei sind und der Körper Erholung braucht, sind wir anfälliger. Regelmäßige Bewegung ist ein gutes Gegenmittel, diesem Rhythmus zu entkommen.

Altersbremse Sport

Sportliche Betätigung verlangsamt auch den **Alterungsprozess**. Wir bewundern immer wieder besonders „rüstige Alte", die immer noch agil, jugendlich und beweglich (geistig und körperlich) sind. Doch das kommt nicht von alleine. Entscheidend für die Alterung sind die sog. **Biomarker**, so beschrieben vom Ernährungswissenschaftler *Williams Evans* und dem Mediziner *Irvin H. Rosenberg* (1991).

Alle Biomarker erfahren eine positive Beeinflussung durch die richtige Kombination und Ausführung von Sport/Bewegung, Ernährung und Entspannung (s. Abb. 11).

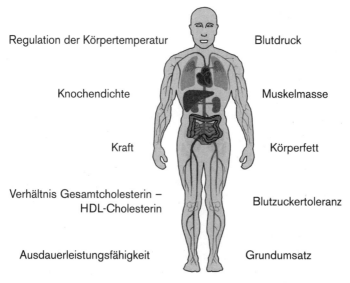

Abb. 11: Beeinflussbare Biomarker

Laufen Sie dem Stress davon

Über die verschiedenen Möglichkeiten der **Stressbewältigung** schreibt *Linneweh* in diesem Buch ausführlich. Ich möchte Ihnen nochmals vor allem die aktive Form ans Herz legen. Arbeiten Sie Ihre Stresshormone einfach mit Bewegung ab und werden damit gleichzeitig prophylaktisch tätig. Sportler sind, aus Beobachtungen an der *University of Nebraska* folgernd, wesentlich **resistenter gegenüber Stresssituationen**. Sie reagieren „cooler", ruhiger als untrainierte Menschen. Durch die Simulation körperlicher Stressreaktionen während des Sports – erhöhte Herzfrequenz, erhöhter Blutdruck, Schwitzen, Muskelkontraktionen – wird der Körper sozusagen konditioniert für den Stress. Er speichert Stresshormone, Norepinephrine, die er dann in Stresssituationen in ausreichendem Maße zur Verfügung hat.

3. Fit mit Spaß – Grundregeln zum Sporttreiben

Wissen als Grundlage

„Wissen ist Macht, nichts wissen macht nichts!" Umformuliert bedeutet das: Wer weder von den negativen Folgen des Bewegungsmangels noch von den positiven Auswirkungen von regelmäßige Bewegung weiß, der „macht" auch nichts. Das **Wissen** über die **Grundlagen**
- Intensität und Energieverbrauch
- Häufigkeit und Regeneration
- Überlastungsanzeichen
- Energieverbrauch
- Einstieg in ein Fitnesstraining

eines **gesundheitsorientierten Trainings** sind unabdingbare Voraussetzung für eine gefahrlose und erfolgreiche Durchführung. Ansonsten drohen Überlastung, Übertraining und Verletzungen.

Intensität und Energieverbrauch

Eine Studie von *Dr. Steven Blair* (1989) belegt, dass ein mittleres Aktivitätsniveau (30 Minuten körperliche Bewegung pro Tag; z. B. Spazieren gehen, Reparaturarbeiten, Gartenarbeit) vergleichbar gute Auswirkungen auf das Mortalitätsrisiko hat wie intensiveres Training. Dieses Ergebnis wurde durch weitere Studien noch untermauert. Moderates Training reicht also aus, um sich die Vorteile der Bewegung zu sichern.

Ist die Intensität zu niedrig gewählt, ist der Trainingsreiz zu gering für eine Verbesserung der Leistungsfähigkeit. Eine zu hohe Intensität dagegen überfordert den Körper und seine Energiereserven. Die Folge ist das so genannte „Übertraining". Die Leistungsfähigkeit nimmt stetig ab.

Die genaueste Methode zur Bestimmung der „optimalen individuellen Intensität" ist eine **Milchsäurewertmessung (Laktat)**. Dieses Verfahren ist aufwendig, aber sehr genau. Bei gleichzeitiger Pulsfrequenzmessung kann so der individuelle Puls „geeicht" werden. Damit haben Sie die **optimale Grundlage** für ein kontrolliertes Training.

Aber auch einfachere Regeln sind praktikabel:
- Sprechen sollte beim Laufen ständig möglich sein. („Laufen ohne zu schnaufen".)
- Beim 4er-Rhythmus machen Sie 4 Schritte pro Einatmen, 4 Schritte pro Ausatmen. Damit liegen Sie ebenfalls im sicheren Trainingsbereich.

Eine weitere Möglichkeit ist die Berechnung des Trainingspulses, wobei alle Formeln nie die individuellen Voraussetzungen berücksichtigen können und damit nur einen Richtwert bieten. Die Messung erfolgt am besten mittels einer Pulsuhr, welche zugleich eine permanente Kontrolle ermöglicht. Über die sog. **Maximalen Herzfrequenz (MFH)** können dabei zusätzlich differenzierte Trainingsbereiche ermittelt werden. Diese reduziert sich im Altersverlauf stetig, ca. ein Schlag/Minute pro Jahr. Für Männer heißt das: MHF = 220 – Lebensalter, für Frauen MHF = 226 – Lebensalter.
- 50–60 % der MHF: Regeneratives Training
- 60–70 % der MHF: Fettstoffwechseltraining
- 70–85 % der MHF: Aktives Herz-Kreislauf-Training

Der **Energieverbrauch** bei unterschiedlichen Tätigkeiten hängt zum einen von der Intensität der Ausführung ab, zum anderen aber auch von der Menge der beteiligten Muskulatur. Dabei gilt die Regel: Je mehr Muskelmasse eingesetzt wird, desto höher der durchschnittliche Verbrauch. Die nachfolgende Tabelle gibt **durchschnittliche Verbrauchswerte** für jeweils 60 Minuten der jeweiligen Tätigkeit an. Dabei wird deutlich, dass auch Tanzen zu den effektiven Ausdauersportarten gehört. Und auch Haus- und Gartenarbeit kurbeln die Kalorienverbrennung an.

Tätigkeit	Kilokalorien	Kilojoule (gerundet)
Autofahren	150	628
Gehen (5 km/h)	186	778
Gymnastik	420	1757
Hausarbeit	222	929
Joggen (10 km/h)	660	2761
Rad fahren (20 km/h)	468	1958
Rasen mähen	294	1230
Schwimmen	510	2133
Staubsaugen	174	728
Tanzen	450	1883
Treppensteigen	498	2084
Skilanglauf (8 km/h)	780	3264

Häufigkeit und Regeneration

Zu Beginn eines Trainingsprogramms sind die Regenerationspausen fast genauso wichtig wie die Trainingszeiten. Nach jedem längeren Ausdauertraining (> 45 Minuten) sollten Sie ein bis zwei Tage pausieren. Vor allem Muskeln und Sehnen benötigen mehr Zeit, sich an die ungewohnten Belastungen zu gewöhnen. Besser sind zu Beginn kürzere Trainingseinheiten, die Sie auch täglich machen könnten. Damit beugen Sie einer Überbelastung vor. Im fortgeschrittenen Trainingszustand sind drei Einheiten pro Woche in der Regel optimal. Beenden Sie Ihr Training möglichst mit entsprechenden Dehnübungen, um einer Verkürzung der Muskeln vorzubeugen. Zusätzliche kleine Koordinationsübungen sind wichtig für den Erhalt der Feinmotorik.

Nach dem Training ist eine ausreichende **Flüssigkeitszufuhr** dringend notwendig, bei längeren Trainingszeiten auch bereits während der Aktivität. Bestens dafür geeignet ist das altbekannte Apfelschorle im Mischungsverhältnis $1/3$ Saft, $2/3$ Wasser. Warmes Duschen nach dem Sport hält den Stoffwechsel aktiv und beschleunigt so die Regeneration.

Und verzichten Sie unbedingt auf den Endspurt. Vereinfacht heißt die Regel: **Moderates Fettstoffwechseltraining** wird um die gleiche Zeit verlängert, die Sie trainiert haben, wenn Sie die Regeneration richtig einleiten und weiterführen. Und noch ein Tabu: In der ersten Stunde **nach dem Sport kein Alkohol**. Dieser blockiert wichtige Regenerations- und Aufbauprozesse und verringert damit signifikant Ihren Trainingserfolg.

Überlastungsanzeichen

Schmerzen während und nach dem Sport: **Muskelkater** ist ein Zeichen dafür, dass Sie eine neue, ungewohnte Bewegungsform praktiziert oder das Training etwas übertrieben haben. Dabei zerreißen kleinste Einheiten der Muskulatur. In diesem Fall gönnen Sie sich so lange eine Schonzeit, bis die Schmerzen und die damit einhergehende Muskelsteifheit größtenteils vergangen sind. Warme Bäder und ganz leichte Massagen regen den Stoffwechsel an und verschaffen schnellere Linderung. Danach können Sie wieder mit einem moderaten Training weitermachen. Schäden bleiben dabei nachweislich nicht zurück. Kritischer sind **Schmerzen an den Sehnen oder in den Gelenken**. Sie deuten auf eine Überlastung der jeweiligen Strukturen hin. Treten sie häufiger auf, ist unbedingt eine ärztliche Abklärung notwendig.

Einstieg in ein Fitnesstraining

Vor allem, wenn nach langer Pause wieder mit einem Training begonnen wird, muss der Körper ganz langsam an die neuen Herausforderungen herangeführt werden. Selbst unsere üblichen Winterpausen reichen aus, um die Leistungsfähigkeit von Muskulatur und Herz-Kreislauf deutlich abzusenken. Unsere Muskelmasse nimmt ab, die Körperfettmasse dagegen zu. Dementsprechend moderat muss der Frühjahrseinstieg gestaltet werden.

Die wichtigsten Regeln für ein gesundheitsorientiertes Fitnesstraining:

- Trainieren Sie vorrangig Ausdauer, da diese besonders positive Auswirkungen auf die beschriebenen Risikofaktoren hat.
- Beachten Sie wichtige Trainingsprinzipien (Trainingsintervalle, Intensität, Regeneration).
- Geben Sie Ihrem Bewegungsapparat ausreichend Zeit zur Anpassung.
- Steigern Sie die Häufigkeit vor der Dauer der einzelnen Einheiten.
- Kombinieren Sie das Ausdauertraining möglichst mit einem spezifischen Krafttraining und
- Absolvieren Sie regelmäßig Dehnübungen.
- Schulen Sie Ihre Koordination.
- Reduzieren Sie, wenn notwendig, frühzeitig Ihr Körpergewicht (keine Crashdiäten, s. a. Artikel *Flasnoecker*).
- Achten Sie auf eine ausgewogene, vollwertige Ernährung (s. a. den Artikel von *Flasnoecker*).

Problem „Motivation"

„Es gibt nichts Gutes, außer man tut es!" Berücksichtig man alle bisher aufgeführten Argumente für die Durchführung eines Fitnesstrainings, bleiben uns eigentlich keine Ausreden mehr. Trotzdem bleibt es häufig bei „Guten Vorsätzen" und viele scheitern an der Umsetzung. Wo liegen die Probleme?

Gerade der Einstieg in ein Fitnesstraining ist oftmals gekennzeichnet durch übertriebenen Ehrgeiz. Der Trainingskreislauf stellt sich dann wie in Abb. 12 dar.

Der Misserfolg ist damit vorprogrammiert und es schwindet jeglicher Spaß am Sport.

Außerdem haben wir häufig „Entschuldigungen" parat wie: „Ich habe zu wenig Zeit" oder „Ich will meine Familie nicht ganz vernachlässigen".

Motivationshilfen können sein:
- Der Terminkalender ist voll mit beruflichen Verpflichtungen? Setzen Sie sich möglichst **feste Termine** für Ihre Sportzeiten. Tragen

Abb. 12: Erfolgloser Trainingskreislauf

Sie diese in den Kalender ein. Diese Zeiten sind genauso wichtig wie der wöchentliche „jour-fixe" in der Abteilung.
- Suchen Sie nach Möglichkeiten, zumindest einen Teil Ihres Trainingsprogramms als **Familienaktivität** zu gestalten (wie bereits oben beschrieben).
- Setzen Sie sich **Ziele**. Zuerst kleine, wie z. B. 30 Minuten am Stück joggen oder walken. Später evtl. ein Halbmarathon, ein Alpencross, oder gar Marathon, natürlich mit entsprechend sorgfältiger Vorbereitung.
- Schaffen Sie sich **Verbündete**. Wartet ein Kollege auf Sie, werden Sie den Sporttermin nicht so schnell ausfallen lassen.
- Suchen Sie sich unbedingt eine Sportart aus, die Ihnen **Spaß** macht. Wenn Sie „Ihren" Sport mit Freude ausführen, werden Sie jeden Termin, den Sie ausfallen lassen müssen, als Verlust empfinden.

- Genießen Sie das „**gute Gefühl**", das körperliche Aktivität auslöst. In dieser Intensität lassen sich Entspannung und die Stressverarbeitung nur über körperliche Bewegung erreichen.
- **Dokumentieren** Sie Ihre Trainingsleistungen. Mit Stolz werden Sie Ihre Fortschritte bezüglich Dauer und Intensität verfolgen.
- Nutzen Sie **externe Hilfe** durch kompetente Trainer.

Hilfreich kann in vielen Fällen ein fachlich fundiertes **Coaching** sein. Experten vermitteln Ihnen das notwendige Fachwissen. Weiterhin können sie über „Krisenzeiten" und **Motivationslöcher** hinweghelfen. Auch „Profisportler" kennen diese Phasen. Mit externer Hilfe kommen Sie so zu Ihrem individuellen, gesundheitlich effektiven Bewegungsprogramm. Ein guter Coach kann Ihnen auch im fortgeschrittenen Trainingsstadium noch beim **„Feintuning"** behilflich sein. Wer einen höheren Anspruch oder mehr **Ehrgeiz** hat, sollte sich ein entsprechendes Grundwissen in speziell dafür konzipierten Seminaren aneignen. Dort wird häufig eine genaue Bestimmung der individuellen Leistungsfähigkeit angeboten, damit nicht der bereits beschriebene Kreislauf in Gang kommt. So ist es oft leichter, die geeignete Sportart zu finden und Fehler im Training sowie in der Regeneration zu vermeiden (*Skola-Team*, 1991, S. 57ff.).

4. Fitness & Co. in Kürze

Fitnesstraining und seine Auswirkungen sind sehr vielfältig. Nachfolgend einige kurze Notizen rund um das Thema:
- Feste Zeiten: Bestes Mittel gegen den inneren Schweinehund!
- Gemeinsam stark: Zusammen macht Sport mehr Spaß!
- Bewegung planen: Ihr Terminkalender ruft nach Sportzeiten!
- Abwechslung: Unterschiedliche Sportarten als Monotoniekiller!
- Intensität: Lieber Lange Langsam!
- Hundewetter: Gibt es nicht! Nur schlechte Kleidung!
- Ausrüstung: Gute Beratung, nicht zu billig. (Fast) Jeder Euro lohnt sich!
- Entspannung danach: Richtige Regeneration als „Trainingsprinzip"!
- Abnehmen: Geht mit Sport langsam, aber dauerhaft!

- Alltägliches: Treppe, Fahrrad und Co. sind immer verfügbar!
- Bürofitness: Kleine „Fitstops" jede Stunde – Dehnen, Strecken, Bewegen!
- Pausenzeiten: Mittagspausen aktiv gestalten, kurze Spaziergänge einlegen!
- Wechselfieber: Regelmäßig Arbeitspositionen verändern, Stehen, Sitzen!
- Abschalten: Laufen Sie sich den Kopf frei!
- Selbstbewusstsein: Seien Sie stolz auf Ihre bisherigen Erfolge!

5. Fazit

Eine Studie des *Wissenschaftlichen Institutes der Ärzte Deutschlands (WIAD)* im Auftrag des Deutschen Sportbundes und der *AOK* (1996) kommt zu eindeutigen Ergebnissen:
Sporttreibende
- haben weniger gesundheitliche Beschwerden,
- sind zufriedener als Inaktive,
- weisen geringere Risikowerte bezüglich Herz-Kreislauf-Erkrankungen auf,
- sind seltener krank und
- haben insgesamt ein geringeres Sterblichkeitsrisiko.

Um es nochmals zu wiederholen: wenn Sport und Bewegung Ihnen Spaß machen, dann tun Sie es auch. Und dabei sind keine Höchstleistungen notwendig. **Nicht maximales Training** ist notwendig, **sondern optimales**.

Eine perfekte Zusammenfassung gibt ein Zitat von *Prof. Wildor Hollmann*, dem ehemaligen Präsidenten des Deutschen Sportärztebundes: „Es gibt kein Medikament und keine Maßnahme, die einen vergleichbaren Effekt hat wie das körperliche Training. Gäbe es ein solches Medikament mit solch herausragenden Wirkungen und quasi ohne Nebenwirkungen, wäre jeder Arzt gehalten, es zu verschreiben."

Zum Schluss bleibt daher nur die Empfehlung: **„Höre nie auf anzufangen! Fange nie an aufzuhören!"**

Literatur

Blair, S. (1989). Pysicall fitness and all-cause mortality. Jama. S. 262
Csikszentmihalyi, M. (1992). Das Geheimnis des Glücks, Stuttgart: Klett
Deutscher Sportbund (Hrsg.) (1996). WIAD-Studie: Sport und Gesundheit, Frankfurt a. M.: Kunze & Partner
Ernst, H. (1992). Gesund ist, was Spaß macht, Stuttgart: Kreuz Verlag
Ernst, H. (1993). Die Weisheit des Körpers, München: Piper
Evans, W./Rosenberg, I. H. (1991). Biomarkers. The 10 Determinants of Aging You Can Controll, New York: Simon and Schuster
Hales, R. (1985). Using the body to heal the Mind, in: American Health 6/1985, S. 24
Laws, J. (1997). Fitness-Coaching, in: *L. Hofmann, K. Linneweh, R. Streich* (Hrsg.) Erfolgsfaktor Persönlichkeit, München: Beck
Pape, D. (2001). Gesund – vital – schlank, Köln: Deutscher Ärzte-Verlag
Skola-Team (1991). Fit zum Führen, Wiesbaden: Orell Füssli

VII. Ernährung als persönliche Führungsaufgabe

Monika Flasnoecker

Persönliches Ernährungsverhalten ist ein wichtiger Baustein für ein erfolgreiches Persönlichkeitsmanagement, ebenso wichtig wie Fachwissen oder Sozialkompetenz – eine persönliche Führungsaufgabe.

1. Der Mensch ist, was er isst

Gemessen an der Fülle der heute angebotenen Nahrungsmittel und gemessen an der Fülle der veröffentlichten Empfehlungen über eine „gesunde" Ernährung in Illustrierten, Rundfunk und Fernsehen, müssten wir ein Volk gesunder, schlanker und langlebiger Menschen sein. Die Statistik offenbart aber das Gegenteil. Laut *WHO* (*World Health Organisation*, 2004) sterben in den kommenden Jahren weltweit mehr Menschen an den Folgen von Überernährung und Bewegungsmangel als an den Folgen von Unterernährung. Ernährungsbedingte Krankheiten und Stoffwechselstörungen im Gefolge von Übergewicht verursachen in Deutschland jährlich bereits höhere Kosten (25 Milliarden) als Herz-Kreislauf-Erkrankungen (20 Milliarden, Ernährungsbericht 2004). Ein Viertel aller Kinder und Jugendlichen sowie über die Hälfte aller Erwachsenen in Deutschland sind übergewichtig, mit steigender Tendenz. Und das, obwohl das Angebot an hochwertigen Lebensmitteln noch nie so groß war. Aber ebenso groß ist das verführerische Angebot von Fertigkost, von angeblich so gesunden Müsli-, Milch- und Schokoriegeln, Energiedrinks, Burgern und Fritten. **Wir wissen zwar viel über Ernährung, setzen es aber nicht um**. Wir essen uns krank und sind verstrickt in die gegensätzlichen Botschaften: Konsumieren ist großartig – Übergewicht ein Makel.

Unser größtes Ernährungsproblem ist heute eine **„unausgewogene Überernährung"**. Wir essen von manchem zu viel und von vielem zu wenig. Wir essen zu fett, zu süß und insgesamt zu nährstoffarm. Wir muten unserem Organismus über die Nahrung mehr Energie zu als er verwerten und verarbeiten kann. Die **Energiebilanz** ist nicht ausgewogen, sondern in Richtung **Überschuss** verschoben. Bedauerlicherweise verfügt unser Körper über keine unmittelbare Rückmeldung, ob bestimmte Nahrungsstoffe in einem zu hohen oder einem zu geringen Maß zugeführt werden. Die Folgen einer Fehlernährung machen sich erst nach Jahren bemerkbar. Verstärkt durch Bewegungsmangel belastet Übergewicht die Wirbelsäule, Knochen und Gelenke und ist für die Infertilität junger Frauen ebenso verantwortlich wie für Leistungsschwäche, chronische Müdigkeit oder Erschöpfung. An den Zivilisationskrankheiten Bluthochdruck, Schlaganfall, Diabetes, Rheuma, Gallensteinen oder Gicht sowie an Herz-Kreislauf- und bösartigen Erkrankungen ist Übergewicht ursächlich beteiligt. Im psychischen Bereich führt Fehlernährung zu Konzentrationsstörungen, Lustlosigkeit oder mangelndem Selbstbewusstsein und depressiven Verstimmungen.

Dabei wissen die meisten Erwachsenen nicht, dass sie falsch essen. **Ernährungsverhalten wird in der Kindheit geprägt**. Eltern interpretieren das Schreien ihres Säuglings oft als Zeichen von Hunger. Obwohl das Kind, weil es Angst hat, Trost und Zuwendung braucht, bekommt es etwas zu essen. Traurigkeit wird mit Schokolade behandelt, Unruhe mit Süßigkeiten. Nahrung wird zur „Pauschalantwort auf alle negativen Gefühle". Kein Wunder, wenn wir später als Erwachsene Konflikt-, Stress- oder Angstsituationen fälschlicherweise als Hunger deuten.

Die kindliche Prägung unseres Ernährungsverhaltens als Ursache zunehmender Gewichtsprobleme ist eine Seite; die Phänomene Umwelt, Stress und Bewegungsmangel die andere.

Auf **Stress, Ärger oder Ängste** im Berufsleben reagieren Menschen in ihrem Essverhalten unterschiedlich.

Bei vielen schlägt sich die Belastung „auf den Magen"; der Appetit lässt nach, Mahlzeiten werden vergessen und der Körper erhält die gerade jetzt so dringend benötigten Baustoffe nicht. Andere neigen in vergleichbaren Situationen zum Gegenteil: Sie essen unkontrolliert, zu viel, zu süß, zu fett. Sie trösten sich sozusagen mit Nahrung und „fressen ihren Ärger in sich hinein"; der Organismus muss mit einer zusätzlichen Belastung, dem Überangebot, fertig werden. Wieder andere Menschen achten nicht mehr auf das, was sie essen, essen hastig, vergessen die eine oder andere Mahlzeit und betäuben ihr Hungergefühl durch erhöhten Nikotinkonsum. Eine Befragung von über 12 000 Angestellten mittleren Alters ergab einen deutlichen Zusammenhang zwischen Stresssituationen und Essverhalten: Ein Großteil der Befragten gab zu, bei psychischer Belastung fettreiche Speisen zu bevorzugen und sich auch deutlich weniger zu bewegen.

Kein Wunder, dass bei diesen Ernährungsgewohnheiten Diäten und die dazu gehörenden Experten Konjunktur haben. Für Gewichtsabnahmen werden jährlich 1,2 Milliarden ausgegeben. Ein riesiger Markt von *Atkins* bis *Weight-Watchers*, von Heilfasten bis Hollywood. *Brigitte-*, *Mayo-*, *Markert-*, *Fit-For-Life* oder Trennkost-Ratschlägen schenken wir nicht nur nach kalorienreichen Wintermonaten oder vor Urlauben, sondern inzwischen das ganze Jahr über ein offenes Ohr. Mit der immer wiederkehrenden Hoffnung, die überflüssigen Pfunde diesmal sicher los zu werden, begegnen wir bereits bekannten Empfehlungen, um nach einigen Wochen zu erkennen, dass auch diese Diät wieder gescheitert ist. Übergewicht ist ein überaus komplexes Phänomen, das nur schwer durch Gegenmaßnahmen zum „Schmelzen" gebracht werden kann. Heere von Wissenschaftlern können uns noch so oft versichern, dass wir allein es in der Hand haben, durch das, was und wie wir täglich essen, gesund zu bleiben und wie groß dadurch die Chancen sind, lange zu leben. Ein tief verankerter innerer Schweinehund hindert uns daran, unser gesundheitsschädigendes Verhalten zu ändern.

Was motiviert uns, unser **Ernährungsverhalten zu ändern**? Nicht das Motto „gesund", sondern eher das Motto „Aussehen".

2. „Schlank sein" als Erfolgsfaktor

Nach einer *Forbes*-Umfrage machen Männer mit gutem Aussehen im Berufsleben 15 % mehr Umsatz! Von Frauen ist bekannt, dass sie es, wenn sie gut aussehen, im Leben leichter haben. Übergewichtigen fällt es heute zunehmend schwerer, einen ihren Fähigkeiten entsprechenden Job zu bekommen. Wir sehen uns permanent einem von der Werbung forcierten und von den Medien rund um die Uhr kommunizierten Schlankheitskult gegenüber, der uns einredet, dicke Menschen seien „out", nur schlanke Menschen seien vital, attraktiv, angesehen, beliebt und erfolgreich. Über 80 % aller Frauen in Deutschland sind mit ihrem Aussehen nicht zufrieden, bei den Männern sind es dagegen weniger als 15 %. Und so übernehmen nicht wenige, oft auch nur vermeintlich Übergewichtige, kritiklos Diät-Tipps, hangeln sich von einer „Abspeckkur" zur nächsten und übersehen dabei das hohe Gesundheitsrisiko, das sie mit „heroischen" Hungerprogrammen eingehen.

Auf eine reduzierte Kalorienzufuhr stellt sich unser Organismus sehr schnell ein, indem er das Angebot besser verwertet. Der Körper lernt, dass er jede Kalorie vollständig auszunutzen muss. Werden nach einer Zeit der Kalorienrestriktion, z. B. nach ein bis zwei Wochen Fasten, erneut die vorher gewohnten Mengen gegessen, speichert der Körper das soeben „Eingesparte" in größeren Mengen als früher in den körpereigenen Fettdepots; er gleicht die möglicherweise in Zukunft auf ihn zukommende Mangelsituation schon vorher aus. Langfristig erreicht man also gerade das Gegenteil dessen, was man sich erhoffte (**Yo-Yo-Effekt**). Ein Misserfolg, der von vielen als persönliches Versagen und damit als starke psychische Belastung erlebt wird. Mit der Konsequenz, sich noch stärker zu kasteien und den Kalorienverbrauch noch konsequenter einzuschränken. Der erhoffte Erfolg bleibt nicht aus: Der Körper magert kontinuierlich aber stetig ab, er verarmt an dringend benötigten Nährstoffen, die für die Bewältigung der Alltagsbelastungen unbedingt notwendigen Ressourcen werden aufgebraucht. Am Ende stehen in wachsender Zahl psychische Erkrankungen bei Menschen aller sozialen Schichten und Altersstufen wie Magersucht (Anorexia Nervosa) und die mit zwanghaftem Erbrechen einhergehende „kaschierte" Fettsucht (Bulimie) als Folge dieses Schlankheitsideals.

Beim Kreuzzug gegen die fast schicksalshaft erscheinende unerwünschte Gewichtszunahme helfen allein
- eine Ernährung, die optimal auf die Bedürfnisse des Organismus abgestimmt ist,

- eine Ernährung, die alles enthält, was der Organismus braucht, nicht mehr und auch nicht weniger und
- regelmäßige sportliche Betätigung.

„Wenn du länger leben willst, dann ersetze eine Mahlzeit durch körperliche Aktivität" (antiker Denker). Wir essen nicht nur zu energiereich und meist zu viel, wir bewegen uns auch zu wenig.[1] Jeder weiß es, nur wenige beherzigen es: Bewegung hält den Körper schlank und gesund, Bewegung reduziert das Gewicht und beugt Krankheiten vor, selbst in schweren Fällen. Auch hier gilt es den tief sitzenden „inneren Schweinehund" zu überwinden, denn bereits als Kinder haben wir gelernt, dass wir durch Süßigkeiten oder durch Essen belohnt werden, wenn wir uns ruhig verhalten.

Ihren Alltag können Sie bereits aktiv gestalten, wenn Sie Treppen steigen statt Lift fahren, einen Verdauungsspaziergang nach dem Essen machen, Rad fahren statt fernsehen oder während des Fernsehens Übungen machen. Ein **Ausdauertraining** von **zweimal wöchentlich 20 Minuten** (z. B. Walken oder Joggen plus **zweimal wöchentlich 20 Minuten** Muskeltraining **(Krafttraining)** genügen zur Gewichtsabnahme bzw. Stabilisierung. Wem es gelingt, pro Tag 100 Kilokalorien zusätzlich zu verbrennen, schützt sich vor weiterer Gewichtszunahme. Mit einem etwas „Mehr" an Bewegung erreicht dieses Ziel jeder, selbst wenn die Gewichtsprobleme genetisch verankert sind („Energie rein – Energie raus"). Obwohl wir, statistisch gesehen, bis zum 65. Lebensjahr während des gesamten Lebens etwa 12,5 kg an Gewicht zunehmen, sollte: „Ab morgen halte ich Diät" der Vergangenheit angehören. Es ist schon ein Erfolg, das Gewicht zu halten.

Schenken Sie Ihrer Ernährung dieselbe Aufmerksamkeit wie Ihrem Unternehmen. Steuern Sie, wie im Berufsleben, bereits sich abzeichnenden Fehlentwicklungen konsequent entgegen. Setzen Sie in Ihrem Ernährungsverhalten genauso zielgerichtet Veränderungsprozesse in Gang wie an Ihrem Arbeitsplatz. Trennen Sie sich, wenn notwendig, von lieb gewonnenen und überholten Gewohnheiten – auch wenn es schwer fällt. Jede Veränderung, das kennen

---

[1] Siehe auch den Beitrag VI. von *Laws-Hofmann* in diesem Band.

Sie aus Erfahrung, ist schwer und geht oft nicht ohne Verzicht ab. Andererseits haben Sie es in keinem anderen Lebensbereich so leicht, sich und Ihrem Körper Gutes zu tun, um gesünder, leistungsfähiger und vor allem lustvoller zu leben. Ernährung ist die Quelle Ihrer Gesundheit – Gesundheit können Sie essen! Lebensmittel sind Mittel zum Leben! Wenn es Ihnen gelingt, aus Nahrungsmitteln wieder Lebensmittel zu machen, erleben Sie Essen und Trinken als genussvolle Erfahrung.

3. Mittel zum Leben – das Grundlagenwissen

Welche Ernährungsweise ist gesund? Seit 1992 empfehlen Experten die so genannte **Nahrungsmittelpyramide** (Abb. 13). Der Klassiker hat sich bis heute immer noch als die am besten geeignete Orientierung für eine ausgewogene Ernährung erwiesen, auch wenn inzwischen alle möglichen Diätformen ihre eigene „Pyramide" entwickelt haben. Als Basis werden Obst und Gemüse sowie Getreideprodukte wie Brot, Getreideflocken, Reis, Nudeln – bevorzugt in der Vollkornvariante – angesehen. Die Spitze der Pyramide bilden

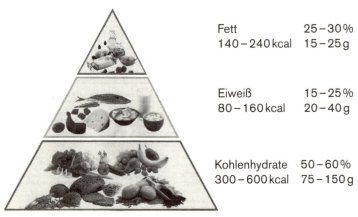

Abb. 13: Nahrungsmittelpyramide: Energieanteile und Makronährstoffe in Gramm pro Mahlzeit bei drei Mahlzeiten

Fette, Öle und Süßigkeiten. Eine mittlere Stellung nehmen eiweißhaltige Nahrungsmittel wie Milch und Käse, Fisch, Fleisch, Geflügel und Eier ein. Der hohe Anteil an komplexen Kohlenhydraten macht satt, Genuss verheißt der mäßige Anteil an tierischem Eiweiß (mehr Fisch als Fleisch), der kleine Anteil an einfach ungesättigten Fettsäuren dient der Geschmacksverbesserung. Ein gutes Beispiel für diese Ernährungsform ist die mediterrane Küche. Allerdings ist in Hinblick auf das Körpergewicht eine mediterrane Küche nur dann sinnvoll, wenn anstelle der in Deutschland üblichen fettreichen Fleisch- und Milchprodukte die fettarmen Varianten zum Einsatz kommen und Vollkornprodukte Weißmehlprodukten vorgezogen werden.

Hieß es noch vor kurzem: Nur „Fett macht fett", sind in letzter Zeit die Kohlenhydrate wegen ihrer Insulinwirkung als „Dickmacher" in Verruf gekommen. „Low-Carb", das englische Schlagwort für wenig Kohlenhydrate, ist der Sammelname einer neuen Generation von Diäten, die auf weniger Zucker und weniger Stärke setzt. Daraus hat sich die so genannte **Logi-Pyramide** entwickelt (Abb. 14). Die Grundidee ist, den Insulinspiegel möglichst gering zu halten und die „glykämische Last" zu verringern. Hier ist die Basis der Ernährung stärkefreies oder stärkearmes Obst und Gemüse, mit Ölen muss nicht mehr so sparsam umgegangen werden. Milch und Milchprodukte, Fisch, Fleisch und Eier sind aufgewertet. Wie schon bei der klassischen Pyramide gilt: Je konsequenter auf Weißmehlprodukte, auf Süßwaren und auf mit Zucker gesüßte Getränke verzichtet wird, desto besser. Allerdings sollten auch Kartoffeln wegen ihres Stärkegehalts zur Ausnahme werden. Viel versprechend scheint dieses Konzept vor allem bei Übergewichtigen zu sein. Auch wenn „Fett erst recht" wieder in Mode kommt und verbreitet wird, Fett mache nicht dick, ist dies nur die halbe Wahrheit. Zwar sind ungesättigte Fette (Olivenöl) gesünder als gesättigte (Butter, Schmalz), trotzdem sind alle Fette Kalorienbomben. Wer fetthaltige Milch, Käse oder Joghurt gegen fettarme Varianten austauscht, spart in der täglichen Energiebilanz. Allerdings sind die meisten Experten überzeugt, dass es gleichgültig ist, ob Kalorien aus Fett, Eiweiß oder Zucker stammen, entscheidend ist die Gesamtmenge: Wer mehr isst, als er

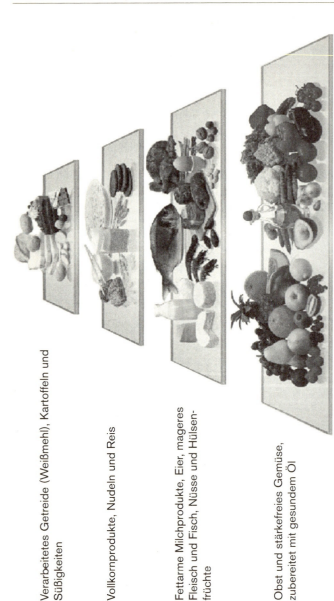

Verarbeitetes Getreide (Weißmehl), Kartoffeln und Süßigkeiten

Vollkornprodukte, Nudeln und Reis

Fettarme Milchprodukte, Eier, mageres Fleisch und Fisch, Nüsse und Hülsenfrüchte

Obst und stärkefreies Gemüse, zubereitet mit gesundem Öl

Abb. 14: Nahrungsmittelpyramide
(Quelle: Harvard Health Online (http://harvard.edu/newsletters/giload.shtml); modifiziert mit Genehmigung des Autors)

verbraucht, nimmt zu, weil der Überschuss als Fett abgelagert wird.

Hinter der „Logi"-Pyramide steht ein wissenschaftliches Konzept, das vermeintliche Ungereimtheiten der alten Ernährungspyramide zurechtrücken soll.

Wir achten zu wenig auf das, was wir essen und trinken! Brot und Backwaren aus fein gemahlenem Weizenmehl, vorbehandelte Grundnahrungsmittel oder Fertiggerichte, Süßigkeiten, kalorienreiche Getränke und „Energy-drinks" haben wenig mit Natur belassenen Lebensmitteln und einer vollwertigen Ernährung zu tun. Klein gedruckte Hinweise auf der Verpackung geben zwar Aufschluss über Nährstoffzusammensetzung und Energiegehalt des Produkts. Dem Verbraucher vermitteln sie nicht, ob die Zusammenstellung einem ausreichenden oder optimalen Verhältnis an bestimmten Proteinen, Fettsäuren, Ballaststoffen und lebenswichtigen Substanzen wie Vitaminen, Mineralien und Spurenelementen entspricht.

4. Der „individuelle" Ernährungsstil

„Rotwein gegen Herzinfarkt", „Tomaten gegen Krebs", „Grüner Tee gegen Bluthochdruck", „Mittelmeerkost für ein langes Leben", „Gesund bis ins hohe Alter mit der asiatischen Küche", „keine Butter, höchstens pflanzliche Margarine", „Butter als Quelle der Gesundheit", so oder ähnlich lauten die in Fachzeitschriften und Medien publizierten ernährungswissenschaftlichen „Erkenntnisse". Da die bisher üblichen „Rezepte" offensichtlich versagen, entwickeln Wissenschaftler bereits neben maßgeschneiderten Hungerbremsen fürs Gehirn inzwischen auch für das persönliche Genprofil optimierte Nahrungsmittel.

Sicher sind diese „Wahrheiten" für sich allein gesehen nicht falsch. Sie übersehen aber häufig, dass die Zusammensetzung der Nahrung nur ein Faktor ist. Die Bedürfnisse des Körpers kommen dabei zu kurz. Wichtig ist die Betrachtung der gesamten Lebensweise! Erfolgreich kann nur ein individuell zugeschnittenes ganzheitliches Ernährungskonzept sein!

Das Konzept einer typgerechten Ernährung rüttelt an einer zentralen Illusion. Die Vorstellung, dass es eine allgemeine, für alle gültige gesunde Ernährung gibt, ist ungefähr so einleuchtend wie die Annahme, es gebe eine ideale Kleidergröße für alle. So haben bereits vor mehr als tausend Jahren Mediziner Typologien entwickelt, die dem persönlichen Ernährungs- und Lebensstil gerecht werden. Die Traditionelle Chinesische Medizin (TCM) ordnet den Bedürfnissen des Körpers die fünf Elemente Holz, Feuer, Erde, Metall und Wasser zu. Dasselbe Ziel verfolgt die indische Medizin **Ayurveda** mit den Prinzipien **Vata** (Bewegung, Äther, Luft), **Pitta** (Transformation, Luft, Feuer) und **Kapha** (Struktur, Wasser, Erde). Auf *Carl Huter* (1861–1912) geht das Bewegungs-, Empfindungs-, Ernährungsnaturell zurück, auf *Ernst Kretschmer* (1888–1964) der athletische, leptosome und pyknische Körperbau. Um den persönlichen Bedürfnissen entgegenzukommen, sollte die Ernährung der jeweiligen Typologie entsprechend aufgebaut sein. Verblüffend ist, wie viel davon in „großmütterlichen Weisheiten" steckt, die wir durch Fortschritt, Mode-Diäten oder Vitaminwahn, aber auch durch veränderte Lebens- und Arbeitsbedingungen vergessen haben: Kühlende Speisen im Sommer (Salate, Fisch, Weißwein), wärmende Speisen im Winter (Fleisch, Kohlgemüse, kräftige Gewürze, Rotwein), um nur ein Beispiel davon zu geben.

Ernährungsberatung heute ist eine umfassende Lebensberatung mit dem Ziel, einerseits Grundsätzliches über Makro- und Mikronährstoffe zu vermitteln und andererseits auf ganz persönliche individuelle Bedürfnisse einzugehen.

5. Das „Was" und das „Wie" – Ernährungspraxis für Führungskräfte

Als Führungskraft sind Ihre geistige Leistungsfähigkeit und Ihre psychische Belastbarkeit im beruflichen Alltag hohen Anforderungen ausgesetzt. Essen und Trinken sind deshalb genau so wichtige Aspekte Ihres Persönlichkeitsmanagements wie beispielsweise der Umgang mit Stress.[2] Ohne entsprechende Maßnahmen besteht

---

2 Siehe hierzu auch den Beitrag „Stresskompetenz" in diesem Band.

die Gefahr, dass Sie Ihre körperlichen und geistigen Reserven, die Sie für eine erfolgreiche Bewältigung der beruflichen Aufgaben benötigen, vorzeitig aufbrauchen. Sie können Ihre Ernährung bewusst als wirksames und selbst bestimmtes Instrument zur Erhaltung Ihrer Gesundheit, Lebensfreude und Leistungsfähigkeit einsetzen. Überprüfen Sie deshalb kritisch Ihre bisherigen Ernährungsgewohnheiten und behandeln Sie Ihren Körper nicht wie eine Maschine, der man nur genügend Brennstoffe und Schmiermittel, gleich welcher Qualität, zuführen muss, damit sie funktioniert.

Gehören Sie auch zu den Menschen, die glauben, beruflicher Alltag oder veränderte Freizeitgewohnheiten lassen Ihnen keine Zeit für regelmäßige Mahlzeiten? Zeitdruck und Stress verführen zu einem schnellen Frühstück oder zu einem kurzen Lunch im Stehen. Die während des Tages physiologisch nachlassende Konzentrationsfähigkeit wird durch ein Mehr an Kaffee und Nikotin wettgemacht. Mittagspausen verkommen zu dringlichen Fachgesprächen oder zur Klärung anstehender Probleme. Häufig fällt das Mittagessen zugunsten von Fastfood, Kuchen oder einer Tafel Schokolade aus. Dementsprechend ist das Abendessen oft zu üppig und zu alkoholreich und zu spät. Zur Entspannung wird abendliches Fernsehen erst, wenn es von mehreren Gläsern Wein oder Bier, von Süßigkeiten, Nüssen oder Chips begleitet wird. Vielfach sind unsere Gedanken so mit anderen Dingen beschäftigt, dass wir gar nicht mehr wissen, was wir essen und trinken.

Das **Frühstück** ist für viele Menschen die wichtigste Mahlzeit für den Start in den Tag. Morgens ist der Stoffwechsel jedoch träge und wenn Sie Ihren Magen mit einem Glas Orangensaft aus dem Kühlschrank überraschen, müssen Sie sich nicht wundern, wenn er Ihnen das übel nimmt. Sie entscheiden bereits morgens, ob Sie den Anforderungen des Tages optimal gewachsen sind. Wenn Sie jetzt schon in Eile sind und Ihre Gedanken bereits um Probleme am Arbeitsplatz kreisen, nehmen Sie sich kaum Zeit für ein ruhiges Frühstück. Sie trinken vielleicht hastig eine Tasse Kaffee, essen dazu ein oder zwei Brötchen, schlucken ein paar Vitamintabletten und stellen mit einem Blick auf die Uhr fest, dass Sie schon längst unterwegs sein müssten und verlassen hastig das Haus. Im Büro warten bereits die nächste Tasse Kaffee oder auch zwei, weil Sie aus Erfahrung wissen, dass sonst Ihre Konzentrationsfähigkeit sehr schnell abnimmt.

Hätten Sie sich dagegen, weil Sie ja wissen, was in den nächsten Stunden auf Sie zukommt, ausreichend Zeit für ein ruhiges, „nachhaltiges" Frühstück genommen – beispielsweise ein Vollkornmüsli mit frischem Obst – vielleicht noch einen Blick in die Zeitung geworfen, ein kurzes Gespräch geführt, könnten Sie dem morgendlichen Bürostress mit wesentlich größerer Gelassenheit begegnen. Gehören Sie zu den „Morgenmuffeln", die morgens keinen Bissen hinunterbekommen, können Sie das Frühstück auch ausfallen lassen. Gehen Sie aber nicht aus dem Haus ohne vorher etwas Warmes zu trinken, beispielsweise heißes Wasser mit einer ausgepressten Zitrone; das regt den Stoffwechsel an und deckt gleichzeitig Ihren Vitamin-C-Bedarf.

Das **Mittagessen** soll Ihren beruflichen Alltag unterbrechen. Der Stoffwechsel ist jetzt auf Touren, die Verdauungskraft am größten. Wenn immer möglich, sollten Sie jetzt die Hauptmahlzeit des Tages einnehmen. Es muss nicht immer ein Schweinsbraten mit Apfelstrudel sein. Zu viel, schweres und fettes Essen belasten den Verdauungstrakt und machen müde, Alkohol wirkt mittags keineswegs immer nur beflügelnd. Frisch zubereitet sind Fisch und Fleisch leicht verdaulich, dazu Gemüse, Salat und Obst, als Getränke Fruchtsäfte oder Mineralwasser. Machen Sie anschließend einen kurzen Spaziergang, um die „postprandiale" Müdigkeit aufzufangen. Das Mittagessen ist nicht nur ein Energielieferant, es ist eine bewusste Pause im beruflichen Alltag. Wenn Sie gemeinsam mit Kollegen zum Essen gehen, achten Sie darauf, dass die Pause für alle Beteiligten eine Zeit der Erholung und Entspannung ist. Vermeiden Sie während der Mahlzeit Fachgespräche, Diskussionen um anstehende Probleme und dergleichen. Stress setzt einen Teil der Nerven des Verdauungsapparats außer Gefecht, weshalb auch von sog. „Geschäftsessen" abzuraten ist.

Das **Abendessen** beschließt den Tag. Eine ruhige und entspannte Atmosphäre hilft Ihnen, gedanklich Distanz zu den Ereignissen des Tages zu gewinnen. Entspannung und Erholung, lustvolle Zufriedenheit sind angesagt. Doch Vorsicht: Spätes Essen, reichhaltige und schwer verdauliche Speisen sowie ein Zuviel an Alkohol lassen Sie schlecht schlafen und erschweren Ihnen das Aufstehen am nächsten Morgen. Dinner-Cancelling heißt nichts anderes als an ein oder zwei Abenden in der Woche das Essen ausfallen zu lassen. Eine leichte Suppe vor 18.00 Uhr ist erlaubt. Eiweißmahlzeiten am Abend machen außerdem schlank, denn sie behindern die nächtliche Zellregeneration und Fettverbrennung nicht.

Flüssigkeitsmangel ist oft die Ursache von Kopfschmerzen und Konzentrationsstörungen. Trinken Sie deshalb täglich mindestens 1,5 bis 2 Liter Flüssigkeit, bei anhaltendem Stress auch mehr. Bevorzugen Sie Wasser, Mineralwasser oder pestizidfreie Fruchtsäfte. Gut geeignet sind alle Früchte- und Kräutertees, solange sie nicht gesüßt werden. Bedenken Sie, dass alle sprudelnden Mineralwässer mit Kohlensäure versetzt sind. Damit führen Sie Ihrem Körper ständig Säuren zu; im Extremfall kann es zu einer Übersäuerung des Organismus kommen. Fertige Limonadengetränke sind mit ihrem hohen Zuckeranteil verborgene Dickmacher und schaden den Zähnen und den Knochen (Osteoporose). Auch Fruchtsäfte sind nicht zuckerfrei. Kaffee und schwarzer Tee wirken harntreibend und führen zu Flüssigkeitsverlust. Wenn Sie viel reden müssen, müssen Sie entsprechend mehr trinken. In klimatisierten Räumen verliert Ihr Körper über Haut und Atmung mehr Flüssigkeit als in natürlich belüfteten. Ein heller Urin zeigt an, dass Sie genug trinken. Verteilen Sie die Flüssigkeitszufuhr möglichst gleichmäßig über den ganzen Tag. Stellen Sie sich z. B. morgens zwei Flaschen Wasser auf den Schreibtisch, die bis abends ausgetrunken sein sollten. Nehmen Sie bei jeder Mahlzeit auch ein Getränk zu sich. Trinken Sie Kaffee oder Espresso nicht als „Muntermacher". Achten Sie auf Ihren Alkoholkonsum. Bewahren Sie sich alkoholische Getränke als Genuss für besondere Gelegenheiten.

6. Empfehlungen – Essen mit Genuss und Freude

Ihr persönliches Ernährungskonzept sollte vor allem zwei zentralen Forderungen gerecht werden:
- Stellen Sie das, was Sie essen und trinken in Quantität und Qualität so zusammen, dass Sie weder Ihren Körper noch Ihren Geist über Gebühr belasten. Ihre Ernährung soll Ihre Abwehrkräfte stärken und Sie gegenüber Belastungen und gesundheitlichen Beeinträchtigungen dauerhaft stabilisieren. Schauen Sie sich Ihre Ernährungsgewohnheiten kritisch an.
- Ihre täglichen Mahlzeiten sollten Inseln in Ihrem Tagesablauf sein, auf denen Sie Abstand gewinnen, sich von den Anstrengungen des Tages erholen, Entspannung finden, Genuss und Freude erleben. Essen und trinken Sie im Biorhythmus Ihrer Tagesleistungskurve (Abb. 15).

Dazu einige Empfehlungen:
- Verhalten Sie sich **skeptisch** gegenüber sog. **„Patentrezepten"**. Die „eine, für alle richtige Ernährung" gibt es nicht. Hören Sie auf Ihren Körper. Finden Sie heraus, was Ihnen gut tut und was Ihnen bekommt. Lassen Sie sich nicht zu Speisen oder Getränken überreden, die Sie nicht mögen, oder von denen Sie wissen, dass Sie Ihnen nicht bekommen. Bekennen Sie sich zu persönlichen Empfindlichkeiten gegenüber bestimmten Nahrungs- oder Genussmitteln.
- Machen Sie sich nicht zum **Sklaven einer Kalorientabelle**, damit schaffen Sie sich nur zusätzlichen Stress, vor allem, wenn Sie Ihre Vorgaben nicht einhalten. Wenn Sie „sündigen", tun Sie es mit Überzeugung und ohne schlechtes Gewissen. Schlemmerei ist eine lässliche Sünde, so lange sie nicht zur Regel wird. Freuen Sie sich am erlebten Genuss. Essen Sie am folgenden Tag bewusst etwas weniger und führen vielleicht ein zusätzliches Bewegungstraining durch.
- **Nehmen Sie sich Zeit zum Essen.** Essen Sie bewusst. Die gesündeste Ernährung verfehlt ihren Sinn, wenn Sie lustlos, hastig oder im Stehen essen. Lassen Sie sich durch nichts und niemanden beim Essen hetzen. Genießen Sie, aber schalten Sie dabei

VII. Ernährung als persönliche Führungsaufgabe

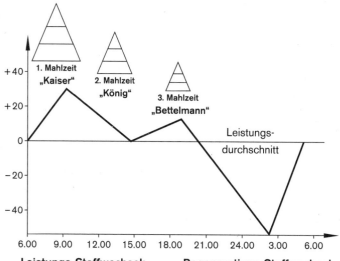

Leistungs-Stoffwechsel:
70 % Kohlenhydratverbrennung
30 % Fettverbrennung

Regenerations-Stoffwechsel:
30 % Kohlenhydratverbrennung
70 % Fettverbrennung

Abb. 15: Essen im Biorhythmus der Tagesleistungskurve (nach *Pape, Schwarz, Gillessen*: satt, schlank, gesund)

Ihren Verstand nicht aus. Konzentrieren Sie sich auf das, was Sie essen und lesen Sie dabei nicht Zeitung oder sehen fern. Essen Sie nie aus Kummer oder Enttäuschung oder um sich über einen Misserfolg hinweg zu trösten, essen Sie nicht aus Langeweile oder weil andere essen oder weil Sie gerade nichts anderes zu tun haben.

- Für die meisten Menschen sind **drei Mahlzeiten** täglich, nach dem Prinzip Frühstücken wie ein Kaiser, Mittagessen wie ein König und Abendessen wie ein Bettelmann im Abstand von 5–6 Stunden ohne Zwischenmahlzeiten, ausreichend. Essen Sie sich satt, dann sind Sie am besten vor Hungerattacken geschützt.
- **Alkohol** hilft nicht bei der Verdauung. Bier oder Wein, vor allem hochprozentige Alkoholika, haben einen ungünstigen Einfluss auf den Fettstoffwechsel. Verzichten Sie tagsüber und einen Tag in der Woche auf Alkohol. Ihre Leber dankt es Ihnen, wenn Sie außer-

dem einmal im Monat eine Woche und einmal im Jahr einen Monat „trocken" bleiben.
- **Achten Sie auf Ihr Hungergefühl** und hören Sie auf, wenn Sie satt sind. Essen Sie nicht mehr als Ihr Körper wirklich braucht und verwerten kann, auch wenn es noch so köstlich ist oder wenn etwas übrig bleibt. Häufig signalisiert Ihr Körper Hunger, obwohl Sie eigentlich nur Flüssigkeit brauchen. Wenn Sie **genügend trinken** (ein bis zwei Liter kalorienneutrale Flüssigkeit), kommen Sie erst gar nicht in die Verlegenheit, Durst mit Hunger zu verwechseln.
- Denken Sie daran, sich **regelmäßig körperlich zu bewegen**. Tragen Sie Ihre Fitness-Stunden in ihren Terminkalender ein und führen Sie ein „Bewegungstagebuch". Was Sie essen, müssen Sie auch verbrennen. Um die Bilanz auszugleichen, können Sie entweder weniger essen und/oder sich mehr bewegen. Regelmäßiges körperliches Training aktiviert das Immunsystem, fördert den Fettstoffwechsel, reguliert den Insulinhaushalt, beeinflusst positiv den Schlaf-Wach-Rhythmus, den Hunger und das Sexualverhalten, baut Muskulatur auf und vermehrt die Muskelmasse; ein „Mehr" an Muskulatur verbraucht auch ein „Mehr" an Energie.
- Essen und trinken Sie mit **Genuss und Freude**. Freuen Sie sich auf ein gutes Essen, genießen Sie das Ambiente, einen schön gedeckten Tisch, appetitlich angerichtete Speisen. Lebensmittel sind immer auch Genussmittel. Gestalten Sie Ihren täglichen Speiseplan mit Genuss. Bedenken Sie: Genuss braucht Muße, Konzentration und das Wissen um das rechte Maß. Die besten Speisen und Gerichte, die edelsten Weine verlieren ihren Reiz, wenn Sie sie nicht genießen. Machen Sie Essen und Trinken zu einem sinnlichen Vergnügen – Sie erhöhen damit auch Ihre körperliche und psychische Stressstabilität.

Literatur

Chopra, D. (2001). Die Körperseele, Gustav Lübbe Verlag GmbH, Bergisch Gladbach
Despeghel-Schöne, M. (2005). Lust auf Leistung?, Haufe

Despeghel-Schöne, M. (2005). Abnehmen mit dem inneren Schweinehund, Gräfe & Unzer

Linneweh, K. (2002). Stresskompetenz, Beltz Verlag, Weinheim und Basel

Metka, M., Haromy T. P. (2003). Der neue Mann, Piper Verlag GmbH, München

Montignac, M. (2004). Essen gehen und dabei abnehmen, Deutscher Taschenbuch Verlag, München

Oberbeil, K. (2003). Fit durch Vitamine, Südwest Verlag München

Pape, D., Schwarz R., Gillessen H. (2003). satt, schlank, gesund, Deutsche Ärzte Verlag, Köln

Pape, D., Trunz-Carlisi, E., Schwarz R., Gillessen H. (2006). Schlank im Schlaf, Gräfe & Unzer

Pollmer, U., Warmuth S. (2002). Lexikon der populären Ernährungsirrtümer, Piper, München

Focus online. Gesundheit/Ernährung

VIII. Risikofaktoren im Lebens- und Arbeitsstil

Klaus Linneweh

1. Stressfolgen

Stress[1] ist die Folge eines **Ungleichgewichts** zwischen wahrgenommener Anforderung und subjektiver Fähigkeit – aus der Sicht des Betroffenen scheint eine erfolgreiche Bewältigung höchst ungewiss. Dieses Ungleichgewicht manifestiert sich als erlebte Überforderung bzw. Bedrohung, als ein Spannungszustand, der das Wohlbefinden merkbar beeinträchtigt. Die subjektive Befürchtung, eine bestimmte Situation nicht meistern zu können, die Angst vor Versagen und Misserfolg bewirken einen emotionalen Erregungszustand, der von deutlich wahrnehmbaren körperlichen Reaktionen begleitet ist:

- Man fühlt sich unsicher, nervös, **gereizt**, emotional angespannt, innerlich unausgeglichen, häufigen und starken Stimmungsschwankungen zwischen Euphorie und Depression ausgesetzt. Man kann nicht mehr klar denken, man kommt nachts, am Wochenende oder im Urlaub innerlich nicht mehr zur Ruhe, man fühlt sich getrieben und gehetzt.
- Man hat das Gefühl, die Kontrolle über sich selbst zu verlieren und gleichzeitig **hilflos** zu sein.
- Man reagiert **aggressiver** und ungeduldiger als früher, ist häufig misstrauischer, man verliert mehr und mehr die Fähigkeit seine Gefühle offen zu zeigen und setzt damit zwischenmenschliche Beziehungen aufs Spiel.
- Man leidet unter Konzentrations- und **Gedächtnisstörungen**.
- Man verliert an Selbstvertrauen, fühlt sich **antriebslos** und gerät mehr und mehr in eine depressiv-negative Grundstimmung. Man beurteilt sich selbst und die Welt zunehmend pessimistischer und verliert an Lebensfreude.

---

1 Siehe hierzu auch den Beitrag V. „Stresskompetenz" in diesem Band.

Gleichzeitig stellen sich Ängste ein: Angst, den eigenen oder fremden Anforderungen nicht mehr zu genügen, von anderen als Versager angesehen zu werden, Angst vor beruflichem Misserfolg, Angst vor Arbeitsplatz- oder Partnerverlust, Angst vor Krankheiten usw.

Auch wenn der momentan erlebte Stress vor allem von subjektiven Bewertungen, von persönlichen Erfahrungen und Persönlichkeitsstrukturen abhängt, gibt es Situationen, die das individuelle Stresserleben erhöhen:

- **neue** Situationen, für die es noch keine Form der Bewältigung gibt,
- **unklare** Situationen, die beispielsweise aufgrund mangelnder Informationen nicht eindeutig eingeschätzt werden können,
- Situationen mit einem hohen **Zeitdruck,**
- **Situationen, die mit einem hohen Erwartungsdruck** einhergehen,
- **unerwartete** Situationen.

Grundsätzlich gilt: Jeder Mensch kann fast alles verkraften, was ihm unter dem Sammelbegriff „Stress" begegnet – Krisen, extreme Belastungen, höchste Anforderungen usw. Vermutlich aber ist jeder nur begrenzt in der Lage, starke psychische Belastungen über einen **längeren Zeitraum** ohne Schädigung zu ertragen. Bei vielen Menschen führen Stressoren und Stressreaktionen auf Dauer zu kritischen Veränderungen ihres Lebensstils und erhöhen damit indirekt das psychosomatische Erkrankungsrisiko:

- Bei Dauerbelastung wird der schnelle Griff zu „**alltäglichen Beruhigungsmitteln**" wie Zigaretten, Alkohol, Tranquilizern oder Schlafmitteln schnell zur Gewohnheit und führt häufig in eine psychische und physische Abhängigkeit. Mit zunehmender Abhängigkeit muss die Dosis immer weiter gesteigert werden, um trotzdem die erhoffte Entspannung zu bringen.
- **Mahlzeiten**[2] werden unregelmäßig und unter Zeitdruck eingenommen; häufig wird dabei die Arbeit nicht unterbrochen. Man isst, was gerade verfügbar ist (Fastfood), ohne auf eine ausgewogene Zusammensetzung der Nahrung zu achten. In der Regel ist die aufgenommene Nahrung zu energiereich, enthält zu viele

---

2 Siehe hierzu auch den Beitrag VII. „Ernährung als persönliche Führungsaufgabe" in diesem Band.

Fette und Kohlenhydrate und zu wenig Ballaststoffe, Mineralien und Vitamine. Fehlernährung und Übergewicht belasten auf längere Sicht nicht nur den Magen-Darm-Trakt oder das Herz-Kreislauf-System. Sie setzen die Widerstandskraft des Organismus insgesamt herab.
- **Ungelöste Konflikte,** nicht bewältigte oder unerledigte Probleme, familiäre Spannungen, finanzielle Sorgen und berufliche Anspannung führen häufig zu Einschlaf- oder Durchschlafstörungen oder zu Alpträumen. Der Griff zu Medikamenten und/oder Alkohol ist dann unausweichlich.

2. Burn-Out-Syndrom

Wenn man weiß, dass viele Führungskräfte über Jahre hinweg fast 80 % ihrer Zeit und mehr als 70 % ihrer Energie ausschließlich in den Beruf investieren (*Rosch*, 1995), verwundert es nicht, dass gerade dieser Personenkreis vor allem in der zweiten Hälfte des Berufslebens überdurchschnittlich häufig unter dem Gefühl leidet, ausgebrannt und leer zu sein.[3] Diese starke körperliche und geistig-emotionale Erschöpfung trifft man in hohem Maß gerade bei den Führungskräften an, die mit besonders großem Engagement und mit hoher Einsatzbereitschaft, mit großem Idealismus und hohen Erwartungen ins Berufsleben gestartet sind. Führungskräfte mit einer eher „instrumentellen Berufsorientierung" (*Richter/Hacker*, 2000), die sich für ihre künftige Tätigkeit weniger aus idealistischen und mehr aus rationalen Gründen entschieden haben („gute Möglichkeit, viel Geld zu verdienen, bringt Ansehen" etc.), erleben diesen Zustand dagegen vergleichsweise selten.

Ziehen die „Idealisten" nach Jahren Bilanz, müssen sie sich nicht selten eingestehen, dass vieles nicht so gelaufen ist, wie sie es sich vorgestellt haben. Viele sind enttäuscht und frustriert, zweifeln an der Sinnhaftigkeit ihres Engagements; Antriebskraft, Energie und Tatkraft sind aufgebraucht. Sie ergreifen keine Initiative, entwickeln

---

3 Siehe hierzu auch den Beitrag „Karriereplateau im mittleren Lebensalter" in diesem Band.

VIII. Risikofaktoren im Lebens- und Arbeitsstil

keine eigenen Ideen mehr, reagieren auf Neuerungen negativ oder mit Pessimismus und Misstrauen, Apathie und Gleichgültigkeit. Die Arbeit wird für sie zur Strapaze. Sie fühlen sich nicht nur geistig sondern auch körperlich überfordert und enden im Stadium der **chronischen Ermüdung** (Chronic Fatigue Syndrom) oder der **totalen psychophysischen Erschöpfung** (Burn-Out-Syndrom).

Dieses Phänomen der emotional-kognitiven Erschöpfung wurde unter der Bezeichnung „**Burn Out**" bereits in den 70er Jahren beschrieben (*Freudenberger, 1974; Maslach, 1976; Aronson, E./Pines, A,M./Kafry, D.*, 1983). Zunächst galt der Begriff Burn-Out-Syndrom als typisch für Menschen in sozialen und pflegerischen Berufen, die sich, wie sie selbst sagen, „für andere" total verausgabt haben (Helfer-Syndrom). Heute weiß man, dass das Burn-Out-Syndrom in allen Berufen anzutreffen ist, gehäuft bei Sozialarbeitern, Ärzten, Anwälten, sowie im Management und bei Menschen in kreativen Berufen (*Burisch*, 1989). „Für die Wirtschaft hat diese Erkenntnis eine wachsende Bedeutung, denn das Burn-Out-Syndrom steht in enger Nachbarschaft zum Stress am Arbeitsplatz. Konflikte, Konkurrenz, Unsicherheit und unübersichtliche Anforderungen führen zur Lähmung der Arbeitskraft auf Raten. Gerade in höheren verantwortungsvollen Positionen besteht ein großes Risiko, unter diesem Kräfteabbau zu leiden" (*Otte*, 1994).

Erschöpfung entsteht aus dem chronischen Stress des täglichen Lebens, d. h. aus ständigen geistigen, körperlichen und emotionalen Belastungen z. B. durch

- Zeitdruck über lange Zeiträume hinweg,
- Entscheidungsdruck ohne ausreichende Zeit und ohne ausreichende Information,
- zu viel Ärger und Konflikte,
- Wettbewerbsdruck in Beruf, Familie, sozialer Umgebung,
- unklare Rollendefinition in Beruf, Familie und sozialem Umfeld,
- zu wenig Rückmeldung, Anerkennung, sachliche und emotionale Unterstützung.

Die sich daraus ableitenden Störungen wie Müdigkeit, Erschöpfung, Schmerzen, Ängste oder reaktive Depressionen wurden bis vor kurzem von der Schulmedizin nur als Begleitsymptome organischer

Krankheiten wahrgenommen. Sie werden aber, als Folge unserer stresshaften Lebensführung, zu komplexen Gesundheitsstörungen, die sich keinem klassischen Krankheitsbild zuordnen lassen. Beteiligt sind stattdessen hormonelle, neuroendokrinologische und auch immunologische Mechanismen, die wie ein Netzwerk untereinander verknüpft und fein aufeinander abgestimmt sind. Ist die Regulation des Netzwerks durch chronische Belastung – Disstress – gestört, entwickeln sich Krankheitsbilder wie Migräne, Gedächtnisstörungen, Schlafstörungen, Angstsyndrome und Übergewicht, oder das Burn-Out-Syndrom, das Vollbild eines zentralen Erschöpfungssyndroms. Wer professionell arbeitet, ist am Ende eines langen Arbeitstages vielleicht müde, aber nicht erschöpft und ausgelaugt.

Burn-Out bedeutet
- körperliche „ich kann nicht mehr"
- emotionale „nichts freut mich mehr"
- mentale „mir fällt nichts mehr ein"
- und soziale „Partner und Freunde wenden sich von mir ab"

Erschöpfung.

Eine Entwicklung, die nicht von heute auf morgen stattfindet, sondern die mit diskreten Symptomen wie Schlafstörungen oder Konzentrationsstörungen schleichend beginnt und sich bis zum ausgeprägten Vollbild einer hoffnungslosen Erschöpfung körperlicher und seelischer Reserven über Jahre hinziehen kann.

Waren früher Anamnese und psychologische Tests, Fragebögen und Interviews Grundlagen für die Diagnostik Burn-Out, stehen inzwischen zusätzlich Spezialuntersuchungen (Kits) für Neurostressprofile zur Verfügung. Diese Speichel- und Urinuntersuchungen ermöglichen heute eine genaue Analyse der beteiligten hormonellen, neuroendokrinologischen und immunologischen Mechanismen:
- der adrenalen Stressachse (akuter Stress, chronischer Stress, Kortisoltagesprofil)
- der Neutrotransmitter (Adrenalin, Noradrenalin, Dopamin)
- sowie der Serotonin- und Melatoninspiegel.

Bei Bedarf können diese Untersuchungen durch die Bestimmung weiterer Hormone im Speichel (z. B. DHEA, Gegenspieler zum Kortisol) sowie durch Blutwertanalysen ergänzt werden.

VIII. Risikofaktoren im Lebens- und Arbeitsstil

Die Therapie und Behandlung eines Burn-Out-Syndroms müssen immer ganzheitlich sein, also Körper, Geist und Psyche einbeziehen. Die Therapieziele richten sich nach dem Schweregrad der Erkrankung und den Lebensumständen des Einzelnen. Die Angebote sind zahlreich. Ob Gesprächstherapie, Einzelgespräche und/oder Gruppengespräche, Körperarbeit, Meditation, Gestaltungs- oder Kunsttherapie, ob Kuren oder Auszeiten, immer geht es darum, das verloren gegangene innere Gleichgewicht zurückzugewinnen.

Spezielle Kombinationen sog. Nahrungsergänzungsmittel (z. B. Vit. C + Kalzium + Vit. B6 + Folsäure + L-Lysin + 5 Hydroxytryptophan + L-Tyrosin) ermöglichen es, die Funktion der Neurotransmitter optimal auszugleichen und den gegebenen Verhältnissen anzupassen. Regelmäßige Pausen, körperliche Bewegung, eine der Belastung und der körperlichen Konstitution entsprechende Ernährung[4] sowie wirksame Methoden zur Stressbewältigung, wirken unterstützend und haben nachgewiesene positive Einflüsse auf Hormon- und Immunsystem. Die Therapiedauer kann von einer kurzen Krisenintervention bis hin zu einer mehrmonatigen Behandlung reichen. Ein Klinikaufenthalt ist nicht immer zwingend notwendig. Auf jeden Fall gehören Diagnostik und Therapie in die Hände eines erfahrenen Expertenteams aus Medizinern und Psychologen.

Um dem Verlust des inneren Gleichgewichts vorzubeugen (Prävention), hilft nur eine Verhaltensänderung. Ein geregelter Tagesablauf entspannt, regelmäßige Pausen unterbrechen den Alltag, eine klare Trennung von Beruf und Privatleben machen es leichter, die beruflichen Belange den privaten unterzuordnen. Trotz hoher eigener Ansprüche das rechte Maß finden und auch einmal nein sagen, mehr Sport, mehr Freizeit, mehr Faulenzen – Burn-Out hat keine Chance.

Erst vereinzelt beginnt sich die Erkenntnis durchzusetzen, dass jemand, der übermäßig lange und intensiv arbeitet, auf Dauer nicht nur sich selbst, sondern auch dem Unternehmen mehr Schaden als Nutzen zufügt. Der Computerhersteller *Hewlett-Packard* gehört zu

---

4 Siehe hierzu auch den Beitrag VII. „Ernährung als persönliche Führungsaufgabe" in diesem Band.

den Unternehmen, die diese über rein ökonomische Ziele hinausreichende unternehmerische Verantwortung angenommen und daraus die Konsequenzen gezogen haben. Hier versucht man, Ziele grundsätzlich so zu setzen, dass sie in der normalen Arbeitszeit erreicht werden können. Überstunden sind auch im Management „nicht erwünscht". Es wurde ein Arbeitszeitmodell entwickelt, das es jedem Beschäftigten erlaubt, in regelmäßigen Abständen für einen längeren Zeitraum „auszusteigen", eine kreative Ruhepause einzulegen (Sabbatical Leave).

Noch einen Schritt weiter geht man beispielsweise bei *IBM*. Hier wurde eine sog. „Wellbeing-Abteilung" eingerichtet, in der Führungskräfte und Mitarbeiter vielfältige Anregungen und Hilfestellungen finden, um bereits während der Arbeitszeit kurze Auszeiten zu nehmen, um abzuschalten, den Kopf wieder frei zu bekommen und die „Energiebatterien" neu aufladen zu können. In der überwiegenden Mehrzahl der Unternehmen aber ist eine lange Anwesenheit am Arbeitsplatz nach wie vor wichtigstes Leistungskriterium.

Optimalen Schutz vor der Gefahr, sich im wahrsten Sinne des Wortes tot zu arbeiten, scheint – nach allem, was wir heute wissen – **ein selbstbestimmter und verantwortungsbewusster Lebens- und Arbeitsstil** zu bieten, der die Gefährdungspotenziale einer hektischen Lebensweise kennt und ernst nimmt. Ein Lebensstil, der sich nicht allein auf Arbeit und Leistung konzentriert, sondern der auch anderen Lebensinhalten den ihnen angemessenen Platz einräumt. Ein Lebensstil, der nicht nur von Vertrauen in uns selbst, sondern auch von Vertrauen in unsere Mitmenschen geprägt ist, eine Grundhaltung, die sich nicht durch Pessimismus und Misstrauen sondern durch Vertrauen, Optimismus und heitere Gelassenheit auszeichnet.

3. Typ-A-Verhalten – Typ-B-Verhalten

Kaum eine wissenschaftliche Veröffentlichung hat in Managementkreisen eine so breite Resonanz und Zustimmung gefunden wie die von *Friedman* und *Rosenman* (1975) vorgestellten Zusammenhänge zwischen Lebensstil, Persönlichkeit und Infarkt-Risiko.

Das Bild des gehetzten Managers im Dauerstress, der nie Zeit hat, der ständig von einem Termin zum nächsten hetzt, immer mit mehreren Dingen gleichzeitig beschäftigt ist und der, sofern er sein Verhalten nicht drastisch ändert, unweigerlich dem Herztod entgegen eilt, ist seitdem fast zum Symbol für eine äußerst gefährliche, aber weit verbreitete und scheinbar unabänderliche Lebensweise im gehobenen und oberen Management geworden.

In ihrem nach medizinisch-psychologischen Daten entwickelten Modell stellten *Friedman* und *Rosenman* zwei Persönlichkeitstypen gegenüber:
- den Infarkt-gefährdeten A-Typ und
- den nicht-gefährdeten B-Typ.

Die Wissenschaftler glaubten anhand ihrer Daten beweisen zu können, dass die Wahrscheinlichkeit von Herzerkrankungen bei Menschen mit Typ-A-Verhalten mehr als doppelt so hoch ist wie bei Menschen, die eher dem Typ-B-Verhalten zuzuordnen sind.

Typ-A-Verhalten
- extremes Konkurrenzverhalten
- äußerst starkes Leistungsstreben
- Aggressivität
- Hektik/Ungeduld
- Ruhelosigkeit
- Wachsamkeit
- explosives Sprechen
- gespannte Gesichtsmuskulatur
- steht unter Zeitdruck
- steht unter Verantwortung

Die Wurzeln für ihre Stressanfälligkeit liegen in einer falschen Einstellung zu Beruf und Arbeit, in
- einer zu hohen Leistungsmotivation,
- ausschließlicher Berufsorientierung (einseitige Prioritäten),
- fehlenden Möglichkeiten außerberuflicher Selbsterfüllung.

Während der A-Typ ein rastloses, hektisches, ehrgeiziges, kämpferisches, vor allem leistungs-, anerkennungs- und karriereorientiertes Leben führt und damit praktisch ständig „im selbstverursachten Stress" steht, ist der B-Typ das genaue Gegenteil: Er ist ruhig, besonnen, ausgeglichen, unaufgeregt, gelassen und achtet darauf, seine Kräfte nicht zu verausgaben. Er ist nur mäßig ehrgeizig. Neben Beruf und Karriere gibt es für ihn noch andere ebenso wichtige Lebensbereiche. Er meidet unkalkulierbare Risiken und schont seine Kräfte, während der A-Typ dazu neigt, an seine Leistungsgrenzen heranzugehen und Symptome der Erschöpfung zu unterdrücken, um noch mehr zu erreichen (*Schwarzer*, 1981). Ähnlich wie der Workaholic verkörpert auch der A-Typ eine Lebensform, die dem heutigen Zeitgeist entspricht und die in unserer Gesellschaft weitgehend akzeptiert, sozial bekräftigt und honoriert wird.

Das unbestreitbare Verdienst von *Friedman* und *Rosenman* liegt vor allem darin, dass sie als erste erfolgreich dafür plädiert haben, dass koronare Herzerkrankungen nicht allein organische, sondern auch psychosomatische Ursachen haben und damit unterschiedliche therapeutische und präventive Ansätze erfordern. Das heißt, mit diesem Modell ist es möglich, Noch-Nicht-Patienten die krank machenden Ursachen im psychosomatischen Bereich deutlich zu machen. Prävention und Rehabilitation sollten in erster Linie darauf abzielen, mit den als Typ-A diagnostizierten Menschen Veränderungen ihrer Lebensweise und ihrer Verhaltensgewohnheiten zu trainieren und ihnen dabei zu helfen, ihr allgemeines Lebenstempo deutlich zu verringern (*Ernst*, 1988). Auch wenn die Beziehungen zwischen Persönlichkeit und Koronarrisiko nach allem, was wir heute wissen, weitaus komplexer sind als noch von *Friedman* und *Rosenman* angenommen, schmälert dies nicht ihr Verdienst, den Anstoß für eine ganzheitliche Betrachtung von Gesundheit, Lebensweise, Lebensstil und Umwelteinflüssen gegeben zu haben. Sie waren die ersten, die einer breiten Öffentlichkeit die Bedeutung der Eigenverantwortung bei der Vorbeugung, der Therapie und der Rehabilitation koronarer Erkrankungen bewusst machten.

Einige A-typische Verhaltensweisen wie die selbsterzeugte Hektik, das ausgeprägte Konkurrenzstreben, die Ungeduld mit sich selbst und mit anderen können zweifelsohne unter entsprechenden Bedingungen zu starken psychischen Stressoren werden. Zusammen mit der Neigung, Symptome der Erschöpfung so lange wie möglich zu unterdrücken, wird diese Kombination, wie bereits dargestellt, langfristig mit hoher Wahrscheinlichkeit zu gesundheitlichen Schäden führen. Mit der gleichen Intensität, Energie und Willenskraft widmen sich A-Typ-Personen nach einer ernsthaften Erkrankung aber auch der Wiederherstellung ihrer Gesundheit. So hat sich beispielsweise gezeigt, dass bei einem Re-Infarkt Typ-A-Männer um die Hälfte weniger gefährdet sind als Typ-B-Männer. Typ-A-Verhalten scheint nach diesen Ergebnissen *nach* einem Infarkt geradezu eine vorbeugende Wirkung zu haben, während das eher passive Typ-B-Verhalten hier eher risikoverstärkend ist *(Ragland/ Brand,* 1988). Das „Leben nach dem Infarkt" ist sogar für Erstere leichter und mit deutlich besserer Prognose zu bewältigen.

4. Ärgermentalität

Untersuchungen über die Wechselwirkung zwischen Persönlichkeitsstruktur und Infarktgefährdung *(Mees,* 1993) deuten darauf hin, dass vor allem die so genannte „Ärgermentalität" äußerst gefährlich ist. Menschen, die dazu neigen, sich häufig und nachhaltig zu ärgern oder unkontrolliert wütend oder zornig zu reagieren, riskieren einen Herzinfarkt. Wie sehr Ärger dem Herzen schadet, geht aus einer 25 Jahre umfassenden Langzeitstudie an amerikanischen Ärzten hervor: Bei den Teilnehmern mit einer stark ausgeprägten Ärgerneigung, war die Sterblichkeit um das Siebenfache höher als bei der Vergleichsgruppe.

Ärger ist eine emotionale Reaktion, die bevorzugt bei herausfordernden Leistungssituationen und im zwischenmenschlichen Bereich auftritt: Wir ärgern uns, weil etwas nicht so läuft, wie wir es uns vorgestellt oder vorgenommen hatten, oder weil sich jemand nicht so verhält, wie wir es von ihm erwarten. Misstrauen, Neid und das Gefühl, ständig benachteiligt zu sein, gehören in dieselbe Schublade.

Der berufliche Alltag einer Führungskraft mit den vielen kleinen Ärgernissen im zwischenmenschlichen Bereich, den Rivalitäten und Spannungen, Sympathien und Antipathien, den oft unklar definierten Kompetenz- und Verantwortungsbereichen, den vielen nicht vorhersehbaren Störungen, den oft einander widersprechenden Erwartungen, dem ständigen Zeitdruck bietet entsprechenden Persönlichkeitsstrukturen viele Anlässe zu Ärger. Möglicherweise ist dies der Grund, warum gerade Führungskräfte in Wirtschaft und Politik häufiger als andere Personengruppen von koronaren Erkrankungen bedroht sind.

Physiologische Veränderungen

Ärger lässt nicht nur den Puls hochschnellen, er führt im Organismus auch zu einem massiven Anstieg des „schädlichen" LDL-Cholesterins. Während gesunde Menschen auf Ärger gewöhnlich mit einer Erhöhung der Pumpleistung des Herzens reagieren, nimmt bei Patienten mit einer Vorschädigung der Herzkranzgefäße die Pumpleistung des Herzens deutlich ab. Der Herzmuskel wird nicht mehr ausreichend versorgt, so dass es zu einem koronaren Schwächeanfall kommen kann. Die Redewendung „Er hat sich die Angelegenheit zu sehr zu Herzen genommen" beschreibt anschaulich diesen Zusammenhang. Bei vielen Menschen reicht sogar schon die Erinnerung an ein Ereignis oder eine Person, über die sie sich besonders stark geärgert haben, aus, um die physiologischen Werte in die Höhe schnellen zu lassen. Dabei scheint es keinen Unterschied zu machen, ob man seinen Ärger lautstark und aggressiv äußert oder ihn stumm in sich hineinfrisst. In beiden Fällen nimmt die Herzfunktion langfristig Schaden.

Es wäre allerdings der verkehrte Weg, bei hohem Ärgerpotenzial den Ärger einfach herunterzuschlucken, um dadurch die gesundheitliche Gefährdung zu minimieren; das ohnehin schon hohe psychische Spannungspotenzial nimmt dadurch nur weiter zu. Am besten scheint es, in einer Ärgersituation zunächst einmal innerlich auf Distanz zu gehen und dann erst zu reagieren, beispielsweise 60 Sekunden lang zu lächeln und dabei vielleicht aus dem Fenster zu schauen. Erst danach sollten wir uns mit dem Problem oder der Person, über die wir uns geärgert haben, offen und um Klärung bemüht auseinander setzen und dabei versuchen, eine möglichst positive Sicht der Dinge einzunehmen. Auf diese Weise lassen sich gefährliche Denkmuster nach und nach durch „gesündere" ersetzen.

5. Arbeitssucht

Angesichts eines Leistungsprinzips, das sich vor allem an der Aufgabenfülle und dem zeitlichen Aufwand orientiert, verwundert es nicht, dass viele Führungskräfte sich diesen Maßstab zu Eigen gemacht und verinnerlicht haben. Viel zu tun, keine Zeit zu haben, unentbehrlich zu sein, einen vollen Terminkalender zu haben, über Fax, Handy und Internet jederzeit und überall erreichbar zu sein, sind nicht nur Statussymbole, sondern auch eine Art Lebenselixier. Eine Zeit lang lassen sich daraus viele positive Kräfte und ein hohes Maß an Selbstbestätigung ableiten, die man bald nicht mehr missen möchte.

Der Einstieg in die Droge Arbeitssucht erfolgt eher zufällig und harmlos: Der Student, der seine Diplomarbeit abzugeben hat, wird den lange geplanten Erholungsurlaub ausfallen lassen. Der Ingenieur, der gerade seine erste Stelle in einem größeren Unternehmen angetreten hat und sich noch in der Probezeit befindet, wird in den ersten Wochen vielleicht regelmäßig Überstunden machen, Arbeitsunterlagen am Feierabend und am Wochenende mit nach Hause nehmen, um möglichst schnell allen an ihn gestellten Erwartungen gerecht zu werden. Der Arzt, der seine eigene Praxis, die Anwältin, die ihre eigene Kanzlei eröffnet haben, wissen, dass sie in den nächsten Wochen und Monaten ihr Privatleben vernachlässigen werden, weil sie zunächst einmal all ihre Kraft und Zeit brauchen, um das Vertrauen der Patienten zu gewinnen oder sich einen Klientenstamm aufzubauen. Auch ist es nicht ungewöhnlich, dass Menschen sich beispielsweise nach einer Scheidung, nach dem Tod eines nahe stehenden Menschen oder, wenn sie sich in einer tiefen persönlichen Krise befinden, in Arbeit stürzen.

Die Arbeitssucht reduziert die Persönlichkeit auf eine einzige Identität, die Identität der beruflichen Tätigkeit. Alles andere wie beispielsweise Familie, Freunde, kulturelle, religiöse oder sportliche Gemeinschaften verlieren für den Süchtigen mehr und mehr an Bedeutung. In Arbeit einzutauchen, sich in ihr zu verlieren löst Gefühle höchster Befriedigung aus. **Workaholics** fällt deshalb die Einsicht in ihre Abhängigkeit oft noch schwerer als anderen Suchtkranken.

Physiologische Veränderungen

Medizinische Untersuchungen (*Orthaus* u. a., 1993) zeigen, dass der Körper arbeitssüchtiger Menschen ungewöhnlich hohe Mengen an Adrenalin und Endorphinen ausschüttet. Da die Wirkung von Adrenalin und Endorphin rasch nachlässt, muss die „Dosis" erhöht werden, damit der Abhängige nicht in ein psychisches Loch mit Rastlosigkeit, Unruhe und extremem Unwohlsein fällt. Der Teufelskreis nimmt seinen Anfang: Der Arbeitssüchtige braucht neuen Stoff, also stürzt er sich auf und in die Arbeit, um das für ihn unverzichtbare Hochgefühl zu erreichen. Um die körperlichen und geistigen Folgen der permanenten Selbstüberlastung (ständige Müdigkeit, innere Unruhe, Konzentrationsstörungen, Schweißausbrüche etc.) zu kompensieren gerät der Workaholic in Co-Abhängigkeiten von Nikotin, Koffein und Medikamenten. Die Abhängigkeit vom Stimulans Arbeit beeinträchtigt jetzt die gesamte Lebensweise in negativer Weise.

Im fortgeschrittenen Stadium der Sucht ordnen Workaholics nach und nach sämtliche Lebensbereiche ihrer Arbeitssucht unter.

- Workaholics suchen und finden **immer neue Begründungen, warum sie so viel arbeiten müssen**. Ein für sie typischer Satz ist z. B. „Ich würde ja gerne weniger arbeiten, aber...". Gleichzeitig fällt es ihnen immer schwerer zwischen wichtigen und unwichtigen Aufgaben zu unterscheiden. Auch in ihrer Freizeit sind sie innerlich permanent auf Leistung orientiert. So reizt sie z. B. am Golfsport nicht die Bewegung an frischer Luft, sondern die Möglichkeit, an Wettkämpfen teilzunehmen und dafür regelmäßig hart und ausdauernd trainieren zu müssen.
- Workaholics halten es für **Zeitverschwendung, ihrem Körper die notwendigen Schlaf- und Erholungsphasen zuzugestehen**, machen selten oder nie Urlaub, haben keine Zeit für familiäre oder kulturelle Geselligkeit. Workaholics nehmen sich nicht mehr ausreichend Zeit zum Essen.
- Workaholics **schränken aus Zeitmangel ihre körperliche Bewegung immer weiter ein**. Um schneller am Arbeitsplatz zu sein, fahren sie auch kürzeste Strecken grundsätzlich mit dem Auto statt zu Fuß zu gehen. Um Zeit zu sparen, benutzen sie den Aufzug statt Trep-

pen zu steigen. Sie fürchten, ihre beruflichen Pflichten zu vernachlässigen, wenn sie beispielsweise eine halbe Stunde pro Tag in ein Fitnessprogramm investieren.
- Workaholics **behandeln Kollegen und Mitarbeiter**, die einen anderen Arbeitsstil als sie selbst haben, zunehmend **hart und rücksichtslos**. Sie machen ihre Sucht sozusagen zur Norm und setzen das eigene Arbeitspensum als Maßstab für die Beurteilung ihrer Mitarbeiter und Kollegen.
- Workaholics **stellen das eigene berufliche Engagement über alles**. Der Beruf hat für sie oberste Priorität. Daher erwarten sie, dass auch ihr Partner, ihre Kinder, Freunde und Bekannte bei ihren Planungen darauf Rücksicht nehmen.

6. Die „richtige" Einstellung: 10 Empfehlungen

Ursachen des individuellen Stresserlebens sind neben nicht erreichbaren Zielen vor allem die zahlreichen fremdbestimmten Erwartungen, die unser tägliches Leben bestimmen. Stress entsteht aus der Diskrepanz zwischen falschem Anspruch und Realisierungsmöglichkeiten. Das Leiden an Fremdbestimmtheiten lässt nur zwei Lösungsmöglichkeiten zu: **Entweder ich verändere meine Umwelt – oder ich verändere mich selbst**. Beides kann richtig sein, vor allen Dingen dann, wenn sich die Wertsysteme zwischen Umwelt und der eigenen Einstellung nicht mehr vereinbaren lassen. In der Regel ist es aber einfacher, seine Einstellung zu sich selbst zu verändern.

Dies kann aber nicht heißen, keine fremdbestimmten Zielsetzungen mehr realisieren zu wollen. Unser Leben spielt sich in dem Spannungsverhältnis zwischen Selbstbestimmung und Fremdbestimmung ab; ein Leben ohne Fremdbestimmung ist nicht denkbar. Außerdem brauchen wir Konflikte und herausfordernde Belastungen, an denen wir uns messen können. Wer sich beispielsweise psychisch oder geistig unterfordert fühlt und an eine zunächst unlösbar erscheinende körperliche Aufgabe herangeht und diese erfolgreich bewältigt, erfährt Glück und Erfolg, also psychischen Gewinn. Selbstgewählte und selbstbestimmte Herausforderungen wirken als Eustress.

- Übernehmen Sie offen und ehrlich die volle **Verantwortung** für Ihr Leben. Für ein „schlechtes" Leben ist nicht weniger Mühe und Arbeit nötig als für ein „gutes".
- Handeln Sie **selbständig**, kein Mensch muss müssen. Verwenden Sie anstatt des Zwangs „Ich muss" die freiwillige Entscheidung „Ich habe beschlossen, etwas zu tun".
- Überlegen Sie, was Sie **selbst beeinflussen** können. Erbanlagen und bestimmte Umweltbedingungen können Sie nicht verändern. Den psychischen Faktor Ihrer Zufriedenheit jedoch haben Sie selbst zu verantworten. Und dies ist Ihre stärkste Waffe gegen den Stress.
- Versuchen Sie, innerhalb Ihres fremdbestimmten gesellschaftlichen und beruflichen Umfelds Selbstbestimmtheit und **Autonomie** im Umgang mit sich selbst zu erreichen – trotz ungünstiger Rahmenbedingungen. Akzeptieren Sie aber auch Fremdbestimmungen, die unabänderlich sind.
- Die Verletzung oder die Nichterfüllung eigener Bedürfnisse ist ein hohes Stresspotenzial. Machen Sie sich die Bedürfnisse bewusst, die Sie im Arbeits- und Berufsleben realisieren wollen. Überprüfen Sie diese Ziele immer wieder auf ihre Realisierbarkeit. Setzen Sie sich **Prioritäten**!
- Entwickeln Sie ein starkes **Selbstwertgefühl**, indem Sie möglichst nach Ihrer Überzeugung handeln und/oder sich an Vorbildern orientieren.
- Suchen Sie nach **Anerkennung**, auch außerhalb Ihres Berufs, zum Beispiel in der Öffentlichkeit. Jeder möchte als Mensch und nicht nur als Berufstätiger geschätzt werden. Auch Liebe und Geborgenheit sind Voraussetzung für ein erfolgreiches Handeln im Berufsleben.
- Überprüfen Sie ein zu **starkes Geltungsbedürfnis**; dies kann, ebenso wie ein zu starkes Sicherheitsbedürfnis in einem mangelnden Selbstwertgefühl begründet sein.
- Bekennen Sie sich auch zu **Fehlern**. Versagen gehört zum Menschsein, ohne sich deshalb minderwertig fühlen zu müssen. Nehmen Sie Rückschläge und „Niederlagen" mit mehr Gelassenheit hin.
- Lernen Sie „**Nein**" zu sagen. Vermeiden Sie, „Ja" zu sagen, nur

um Anerkennung zu bekommen oder Konflikten auszuweichen. Lernen Sie aber auch, Ihre Grenzen zu erkennen und anzuerkennen.

Literatur

Aronson, E./Pines, A. M./Kafry, D. (1983). Ausgebrannt. Vom Überdruss zur Selbstentfaltung, Stuttgart

Burisch, M. (1989). Das Burn-Out-Syndrom – Theorie der inneren Erschöpfung, Heidelberg

Ernst, H. (1988). Herz und Stress, in: Arbeit: Die seelischen Kosten, Weinheim

Freudenberger, H. J. (1974). Staff Burn Out, in: Journal of Social Issues, 20, 1974, S. 159–165

Friedman, W./Rosenman, R. H. (1975). Der A-Typ und der B-Typ, Reinbek

Maslach, C. (1976). Burned-Out, in: Human Behavior, Vol. 9

Mees, U. (1993). Psychologie des Ärgers, Göttingen

Orthaus, J./Knaak, A./Sanders, K. (1993). Schöner schuften. Wege aus der Arbeitssucht, Köln

Otte, R. (1994). Gesundheit im Betrieb – Leistung durch Wohlbefinden, FAZ, Verlagsbereich Wirtschaftsbücher, Frankfurt

Ragland, D. R./Brand, R. J. (1988). Type A Behavoir and Mortality from Coronary Disease, The New England Journal of Medicine, Vol. 318, 2, 1988

Richter, P./ Hacker, W. (2000). Belastung und Beanspruchung – Stress, Ermüdung und Burnout im Arbeitsleben, Heidelberg

Rosch, P. (1995). Die Kunst des Müßiggangs, in: Psychologie Heute, 10, 1995, S. 29–31

Schwarzer, R. (1981). Stress, Angst und Hilflosigkeit – Die Bedeutung von Kognitionen und Emotionen bei der Regulierung von Belastungssituationen, Stuttgart

Dritter Teil: Work-Life-Balance – Elemente im Persönlichkeitsmanagement

IX. Work-Life-Balance

Richard K. Streich

1. Vorbemerkungen

Das Kapitel beschreibt einige Determinanten des Work-Life-Balance-Dilemmas anhand von Rollenkonflikten, die sich aus der gleichzeitigen Wahrnehmung verschiedener Funktionen (z. B. Vorgesetzter, Mitarbeiter, Kollege, Ehepartner, Freund, Vater etc.) in der beruflichen und privaten Sphäre von Führungskräften ergeben.

Als Führungskräfte im Rahmen unserer Betrachtung werden abhängige Beschäftigte von Unternehmen verstanden, die außertariflich eingruppiert sind und in der Regel Leitungsfunktionen ausüben (Bereichsleiter, Abteilungsleiter). Nahezu 90 % dieser Bezugsgruppe sind Männer. Dem gemäß steht, falls nicht ausdrücklich anders erwähnt, die Lebenssituation von männlichen Führungskräften im Vordergrund. In weiten Teilen sind die Ausführungen über die gleich gelagerten Arbeits- und Privatbedingungen auch für Selbständige relevant.

Dies ist eine Kurzfassung verschiedener Publikationen und Untersuchungen – quantitativer und qualitativer Art – u. a. des Verfassers.[1]

---

1 Vgl. *Streich*, 1994, 2001; *Hofmann/Linneweh/Streich*, 1997

2. Work-Life-Bezugspunkte

Manager[2] befinden sich in einem spezifischen Problemdruck, sowohl in ihrem beruflichen als auch in ihrem privaten Bereich. Hierin unterscheiden sie sich, wie noch aufzuzeigen sein wird, sowohl unter qualitativen als auch unter quantitativen Gesichtspunkten in bedeutendem Maße von den sonstigen Arbeitnehmern.

Betrachten wir die Einflussfelder des Managers im Berufsleben, so müssen wir ihn zunächst als Mittelpunkt in folgendem Bezugssystem sehen:

Der Führungskraft unterstellt sind verschiedene Mitarbeiter; gleichgestellt sind einzelne Kollegen. Die Führungskraft selbst hat wiederum einen Vorgesetzten, der wiederum in aller Regel auch in die Hierarchie fest eingebunden ist. Weitere Bezugspunkte ergeben sich z. B. aus den unternehmerischen und gesellschaftlichen Anforderungen an eine Führungskraft. Nicht selten hat der Manager auch unmittelbaren Kontakt zu Vertretern der Arbeitnehmerseite. Schon dieser kurze Überblick zeigt, dass der Einzelne im Unternehmen einem breiten Spektrum von Rollenerwartungen ausgesetzt ist. Zu beachten ist, dass er, im Wechselspiel von Reagieren und Agieren, permanent in seiner Person gleichzeitig die Rollen des Mitarbeiters, des Kollegen und des Vorgesetzten auszuüben hat.

Lenken wir unseren Blick auf die Privatsituation des Managers, so ergibt sich ebenfalls eine große Rollenvielfalt. Der Einzelne ist in seinem Privatbereich oftmals nicht nur Lebenspartner, sondern beispielsweise gleichzeitig auch Freund, Vater oder Funktionär innerhalb einer Vereinigung.

Aus diesem Rollenspektrum im Berufs- und Privatleben und den daraus möglichen Differenzen von beruflichen und persönlichen Rollenerwartungen und individuellen Rollenerfahrungen können sich interindividuelle bzw. intraindividuelle Rollenkonflikte ergeben. Betrachten wir im Weiteren zunächst einmal die Selbstein-

---

2 Anmerkung: Wir verwenden hier zwecks besserer Lesbarkeit ausschließlich die männliche Form, ohne dabei weibliche Führungskräfte zu vernachlässigen oder gar diskriminieren zu wollen.

IX. Work-Life-Balance

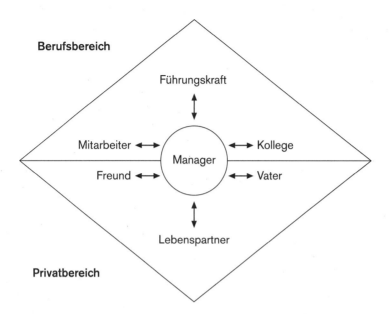

Abb. 16: Rollenspektrum eines Managers (Beispiel)

schätzung der Betroffenen bezüglich des in Abb. 16 dargestellten Rollenspektrums.

3. Work-Life-Einschätzungen

Arbeitnehmer aller Berufsgruppen bilanzieren eine geringe Unterstützung von Unternehmerseite in der Vereinbarkeit von Berufs- und Privatwelt. Hauptgrund scheint eine vermutete, reduzierte Leistungsbereitschaft und -fähigkeit zu sein.

Von je 2000 Befragten ab 14 Jahren einer Repräsentativbefragung stimmen bspw. der Aussage zu:

„Die Vereinbarkeit von Beruf und Familie wird von den Unternehmen nicht besonders gefördert, weil der Eindruck entsteht, dass nur mit halber Kraft gearbeitet wird" (Quelle: *B. A. T. Freizeit-Forschungsinstitut*, Work-Life-Balance-Daten, 2003):

- Arbeiter 65 %
- Angestellte 63 %
- Führungskräfte 58 %
- Selbständige 53 %
- Beamte 52 %

Fokussieren wir diese Einschätzungen im Weiteren auf die Managerwelt im Wechselspiel der Rollenanforderung aus Arbeits- und Privatsphäre.

Das *INPUT-Institut* in Paderborn kam in einer Repräsentativbefragung zur Rollensympathie zu einigen bemerkenswerten Ergebnissen (vgl. *Streich*, 1994). Unter der Fragestellung, wie sympathisch ihnen die in Abb. 16 angeführten Rollen sind, kann generell gesagt werden, dass die privaten Rollen Vater (Mutter), Ehemann (-frau) und Freund(-in) von allen betroffenen Befragten signifikant sympathischer eingestuft wurden, als die Berufsrollen Kollege(-in), Mitarbeiter(-in) und Vorgesetzte(r). Diese Diskrepanzen können einen Hinweis darauf geben, dass – trotz weitgehender Humanisierung der Arbeitswelt und der Einflüsse des Wertewandels sowie der zunehmenden Qualifikation – im Berufsalltag noch bedeutende „Sympathiedefizite" gegenüber der Privatsphäre vorhanden sind.

Einige Detailaussagen verdeutlichen dieses Bild. Die Vorgesetztenrolle ist die unsympathischste Berufsrolle. Augenscheinlich bedeutet die Ausübung einer Führungsaufgabe auch eine Übernahme von persönlicher Meinungspositionierung, die für den Einzelnen manchmal als unangenehm klassifiziert wird. Im Berufsalltag lässt sich dies oftmals besonders dann beobachten, wenn Führungskräfte unangenehme Entscheidungen vor ihren Mitarbeitern zu vertreten haben. Notwendige Gespräche werden nicht selten bewusst gemieden, die Führungsrolle somit nicht aktiv wahrgenommen. Oftmals rechnet sich in solchen Situationen die Führungskraft eher der Arbeitnehmerseite zu als der Unternehmerseite. Für die unterstellten Mitarbeiter fällt in einer solchen Konstellation eine Bewertung der Rolle der Führungskraft schwer. Der betreffende Manager definiert seine Vorgesetztenrolle zur Umgehung anstehender Konflikte in eine Mitarbeiterrolle um.

Die angeführte Untersuchung zeigte weiterhin auf, dass weibliche Vorgesetzte ihre Sympathie mit der Vorgesetztenrolle im Berufsleben signifikant noch schlechter einschätzten als ihre männlichen Kollegen. Augenscheinlich haben Frauen in Führungspositionen intensiver mit Gegebenheiten zu kämpfen, die ihnen ihre Führungsrolle unsympathisch erscheinen lässt. Frauen in Vorgesetztenfunktionen sind – neben der oftmals gegebenen Doppelbelastung Haushalt/Beruf[3] – einem stärkeren gesellschaftlichen, privaten und beruflichen Legitimationsdruck bei der Rollenausübung ausgesetzt als ihre männlichen Kollegen.

Untersuchungen zeigen, dass rd. zwei Drittel der weiblichen Führungskräfte folgende Hindernisse für ihren Aufstieg lokalisierten (vgl. *Catalyst and The Conference Board*, 2002):
- Stereotype und Vorurteile bezüglich der Rolle und der Fähigkeiten von Frauen,
- Mangel an älteren oder sichtbar erfolgreichen weiblichen Vorbildern für weibliche Führungskräfte.

Ein geschlechtsspezifisches Korrektiv und mögliches Anpassungsverhalten ist somit selten vorzufinden. Weitere Erhebungen weisen bei Top-Managerinnen als Hemmnis für ihre eigene Karriere die männerdominierte Kultur am Arbeitsplatz neben dem Problem der Vereinbarkeit von Beruf und Partnerschaft auf (vgl. *Falk/ Fink*, 2002). Hierunter kann allgemein die Rollensympathie für die Vorgesetztenfunktion leiden.

Mit steigender Hierarchiestufe und zunehmendem Alter wird die Vorgesetztenrolle von den Betreffenden sympathischer eingestuft. Hier spielen die mehrjährige Erfahrung und kontinuierlich steigende Verantwortungszunahme eine entscheidende Rolle. Gleichzeitig wird hierbei ein Defizit bei jüngeren Führungskräften sichtbar, die augenscheinlich von ihrer subjektiven Empfindung heraus nicht ausreichend in ihre ersten Führungsaufgaben eingewiesen wurden. Angst vor den ersten Führungserfahrungen scheint sich negativ auf die persönliche und unternehmerische Ausübung dieser Rolle auszuwirken. Das Training von Führungsverhalten (in Seminaren und

---

3 Siehe hierzu auch den Beitrag „Doppelkarrierepaare..." in diesem Band.

am Arbeitsplatz) sollte deshalb intensiver vor allem für jene Mitarbeiter, die vor der Übernahme einer ersten Führungsaufgabe stehen, durchgeführt werden.

Die Kollegenrolle ist im Berufsleben die sympathischste. Unterstellungs-(Mitarbeiterrolle) und Überstellungsverhältnisse (Vorgesetztenrolle) werden als konfliktreicher und nicht so sympathisch eingeschätzt. In der Kollegenrolle scheint für die Betreffenden der Verantwortungsrahmen zum Beispiel geringer als in der Vorgesetztenrolle, die Mitsprachegelegenheit jedoch größer als in der Mitarbeiterrolle zu sein. Be- und Entlastungsfaktoren treten somit in einen fordernden Austauschprozess im Rahmen der Rollenausübung als Kollege. Die „laterale Ebene" des Gleichen unter Gleichen lässt u. U. ein Mehr an positionsunabhängiger Kommunikation zu, die im Berufsleben ebenfalls entlastend wirken kann.

Bemerkenswert ist, dass bei allen Führungskräften die private Rolle Ehemann(-frau) bzw. Vater (Mutter) im Vergleich zu allen anderen befragten Rollen die höchsten Sympathiewerte aufweisen. Vergleicht man diese Einschätzungen mit der Realität – und eigene Untersuchungen bestätigen dies –, so ist hierbei eine große Diskrepanz zwischen Wunsch und Wirklichkeit beobachtbar. Gerade diese Personenkreise bringen die wenigste Zeit für die Familie auf und verspüren die größten Defizite in der Wahrnehmung dieser Rollen im Alltag. Wird diese Situation von den Betreffenden entsprechend wahrgenommen und der individuelle Veränderungsrahmen als sehr gering eingeschätzt, so führt dies oftmals zu einem bedrohlichen intraindividuellen Work-Life-Balance-Dilemma.

4. Work-Life-Fakten

Schauen wir uns die Work-Life-Balance-Situation von Führungskräften an, so kann schlagwortartig folgendes zusammengefasst werden (vgl. *Streich*, 1994; *Akademie für Führungskräfte*, 2000; *Kienbaum*-Studie, 2003):

Arbeitszeit

- 70 % der Manager arbeiten mehr als 50 Stunden pro Woche
  – Führungskräfte der Schweiz durchschnittlich 57 Stunden,

- Führungskräfte aus Deutschland durchschnittlich 54 Stunden,
- Führungskräfte aus Frankreich durchschnittlich 51 Stunden.
- Knapp 50 % der Manager haben eine höhere Arbeitsbelastung in den letzten drei Jahren (kontinuierliche Zunahme).
- Rund 25 % der Manager könnten die Arbeit zwar reduzieren, machen aber keinen Gebrauch davon.
- Keine breite Akzeptanz finden Teilzeitmodelle.
- Eher unüblich ist die Arbeit im Home Office.
- 25 % der deutschen Führungskräfte arbeiten mehr als 5 Stunden pro Woche von zu Hause aus (bei Befragten im Ausland etwas weniger).
- Die Länge der Arbeitszeit gilt immer noch als Indikator für Leistungsfähigkeit.

Freizeit

- Auf Rang 1 stehen für Führungskräfte der Partner und die Familie.
- Auf Rang 2 und 3 stehen Sport und Hobbys (rund die Hälfte der Führungskräfte hat weniger als 2 Stunden pro Woche hierfür zur Verfügung).
- Durchschnittlich 22 Tage Urlaub im letzten Jahr je Führungskraft.

Gesundheit

- Mehr als 50 % der Manager klagen regelmäßig über Rücken- und Gelenkschmerzen, Schlafstörungen oder Herzrhythmusstörungen (besonders betroffen sind Führungskräfte unter 35 Jahren).
- 50 % der Führungskräfte achten nach eigenen Angaben auf die Gesundheit, weitere 28 % der Führungskräfte achten zeitweise auf die Gesundheit.
- Ca. 50 % der Manager legen täglich eine Bewegungsstrecke von weniger als 1000 Meter zurück und verbringen pro Tag unter 30 Minuten im Freien.
- Gut 50 % der Führungskräfte nehmen regelmäßige Gesundheitsuntersuchungen in Anspruch.
- 45 % der deutschen Manager unterziehen sich selten oder nie einer Gesundheitsprüfung (Unternehmen vieler anderer Länder fordern häufiger Health Checks).
- 18 % aller Manager meinten, in ihrem Betrieb hätten berufliche

Ziele eine klare Priorität, selbst wenn dadurch körperliches Befinden und Privatleben litten, wobei 22 % der Unternehmen in Deutschland ihre Priorität auf berufliche Ziele legen, selbst wenn dadurch körperliches Befinden und Privatleben leiden.

Individuelle Einstellungen zum Work-Life-Balance

- 75 % der Befragten vertreten die Ansicht, dass eine Führungskraft das Anrecht auf ein intaktes Privatleben habe, selbst wenn zeitweilig berufliche Vorgaben darunter leiden müssten.
- 20 % vertreten die Auffassung, dass derjenige, der eine herausragende Position mit hoher Verantwortung anstrebe, Einbußen im körperlichen und privaten Bereich hinnehmen muss.

Unternehmerische Aktivitäten zum Work-Life-Balance

- Rund 66 % der Unternehmen bieten Unterstützung bei der Optimierung der Work-Life-Balance an (dabei überwiegen Services rund um das Auto und Gesundheitschecks).
- Selten offeriert werden andere Dienstleistungen, wie etwa Unterstützung bei der Betreuung von Kindern und pflegebedürftigen Angehörigen oder die Möglichkeit, am Arbeitsplatz Sport zu treiben.
- 20 % der Unternehmen halten gar keine derartigen Angebote bereit.

Auf den beruflichen Bereich bezogen kann weiterhin festgestellt werden, dass die Wochenarbeitszeit mehr als 15 Stunden über dem durchschnittlichen Arbeitsaufwand der ihnen unterstellten Mitarbeiter ohne Führungsverantwortung liegt. Die typische Führungskraft nimmt weiterhin nur Anteile ihres sechswöchigen Urlaubs. Die Mitarbeiter ohne Führungsverantwortung hingegen lassen in der Regel keinen Urlaubstag aus.

Qualitatives Kennzeichen der Arbeitssituation von Führungskräften ist der zu beobachtende permanente Zeit- und Arbeitsdruck im Arbeitsvollzug. Nahezu zwei Drittel der Manager und Managerinnen fühlen sich „stark ausgelastet". Die Führungskraft der mittleren Ebene empfindet sich nicht selten als eine „Knautschzone" im Interessenausgleich zwischen Arbeitnehmerwünschen und Unternehmensanforderungen von Seiten der Geschäftsleitung. Eine eindeutige Positionierung der Führungsrolle fällt dabei oftmals schwer. In der Analyse befragter Manager konnte festgestellt werden, dass die zu bewältigenden Sachaufgaben notwendige Führungsaufgaben in den Hintergrund drängen. Obwohl die Führungskraft die Mitarbeiterführung als wichtig anerkennt, wird diese vielfach von ihr quasi „nebenbei" erledigt. Dies ist besonders dann verstärkt zu beobachten, wenn die Stellenbeschreibung und der weitere Karriereweg des Managers sich ausschließlich aus dem Erledigungspotenzial seiner Sachaufgaben ergeben. Überspitzt kann gesagt werden, dass teilweise Manager in Top-Positionen sitzen, die im Führungsbereich mit den Kenntnissen, ein Mofa zu fahren, einen Tanklastzug steuern müssen. Dementsprechend werden diese Manager von ihren Mitarbeitern eher als „Interventionskraft" denn als „Motivationskraft" wahrgenommen.

Betrachten wir den privaten Bereich von Führungskräften näher, so ist unter quantitativen Gesichtspunkten festzustellen, dass sich der durchschnittliche Freizeitumfang von Mittelmanagern auf rd. 30 Stunden in der Woche (inkl. Wochenende) beläuft. Im Unterschied zu den unterstellten Mitarbeitern (rd. 60 Stunden), die in den letzten 25 Jahren eine Verdoppelung ihres Freizeitumfangs zu verzeichnen hatten, hat die Führungskraft in dieser Zeitspanne keine Freizeitzuwächse mehr gewinnen können. Arbeitszeitverkürzungen im Tarifbereich wirken sich dementsprechend nicht auf eine Freizeiterweiterung im Leitungskreis von Unternehmen aus.

Unter qualitativen Aspekten konnte festgestellt werden, dass den befragten Managern die individuelle Freizeit nicht annähernd so wichtig ist, wie den ihnen unterstellten Mitarbeitern. Oftmals wird die Freizeit lediglich als eine „Restgröße" im Lebenszusammenhang angesehen. Häufig ist ihre Freizeit lediglich eine Ausgleichsfunktion zur Arbeit.

Darüber hinaus wird die knappe Freizeit zudem noch durch berufsähnliche Aktivitäten verplant. Führungskräfte sind in überdurchschnittlichem Maße in Funktionärstätigkeiten eingebunden, obwohl ihnen solche Arbeiten – wie die vorhin zitierte Sympathiestudie feststellte – in extremem Maße unsympathisch sind. Vielfach ist Hausbesitz oder eine Eigentumswohnung vorzufinden, obwohl – wie empirisch festgestellt – die damit einhergehenden Belastungen (z. B. Finanzierung, Arbeiten am Haus) eher aufgrund der Zeitrestrektion und der finanziellen Verpflichtungen als unangenehm empfunden werden. Diese kurzen Schlaglichter zeigen, dass nicht selten ein selbst induzierter Stress in der Freizeit zu konstatieren ist.

5. Work-Life-Konflikte

Grundsätzlich wird die Führungskraft mit konträren Erwartungen im Berufs- und im Privatleben konfrontiert. Konfliktär erleben die Manager vielfach die Forderungen und Einstellungen ihres Lebenspartners bzw. der Familie im Spiegel ihrer beruflichen und privaten Interessen. Der gesellschaftliche Wertewandel als ein – überspitzt formuliert – Alt-Jung-Gegensatz macht auch vor der Familie der Führungskraft nicht Halt (vgl. *v. Rosenstiel/Einsiedler/Streich*, 1993). Auch beruflich relevante Fragen, wie beispielsweise die Mobilitätsbereitschaft, werden oftmals durch entgegengesetzte Interessen der Familie problematisiert. Im Freundeskreis wird die Führungskraft oftmals mit der Frage konfrontiert, inwieweit ihr Handeln im Beruf auf soziale Akzeptanz stößt. Aus Gruppendiskussionen mit Unternehmensvertretern, besonders aus dem Pharma- und Chemiebereich, ist zu erfahren, dass es für die einzelne Führungskraft oftmals schwer ist, die Unternehmensstrategien auch im Privatleben zu vertreten. Die Rolle „Führungskraft" ist augenscheinlich nicht nur im Berufsleben problematisch, sondern verlängert sich in den Freizeitbereich der Betreffenden.

Eigene Untersuchungen zeigen, dass Begriffe wie Effizienz, Leistung und Rationalität im Empfinden der Führungskraft sehr stark in die berufliche Sphäre eingebunden sind. Im Privatbereich haben solche Begriffe eher eine geringere Bedeutung. Auch ordneten die Befragten die Begriffe Komplexität, Macht, Autorität wesentlich stärker in ihre Arbeitswelt als in ihren Privatbereich ein. Letzterem wurde der Begriff „Gefühl" zugeordnet. Im häuslichen Bereich scheint die Führungskraft eher als in der Arbeitswelt die Möglichkeit zu haben, Gefühle zu zeigen.

Nicht selten resultiert hieraus ein Dilemma. Eine Führungskraft konkretisierte dies in einem Einzelinterview mit der Feststellung:

IX. Work-Life-Balance

„Meine Arbeitswelt ist so stark nach den Kriterien Effizienz, Leistung, Rationalität usw. strukturiert, dass ich kaum in der Lage bin, Gefühle zu äußern und zu empfangen. Es ist mir daher nicht verwunderlich, wenn ich auch im Familienleben Gefühle negiere, da mein Arbeitserleben doch in starkem Maße auch mein privates Erleben bestimmt." Mag eine solche Aussage auch nur für einen geringen Teil der Führungskräfte zutreffen, so zeigt sie doch in eindrucksvoller Weise ein subjektives Konfliktmoment auf.

Was wünschen sich Führungskräfte nun zur Reduzierung der hier kurz dargelegten Work-Life-Balance-Konflikte?

6. Work-Life-Konflikthandhabung

Allgemein wünschen sich die Manager einen Abbau von Routine, sowohl in der Arbeitswelt, als auch im Rahmen ihres Privatlebens. Sie möchten eine Angleichung von Selbst- und Fremdbild in beiden Lebensbereichen erreichen. Als Ideal wird ein homogenes Verhalten in der Berufswelt und im privaten Bereich angestrebt, in der Hoffnung, dass sich hierdurch die inter- und intraindividuellen Rollenkonflikte reduzieren. Vielfach wird jedoch verkannt, dass zum Erreichen dieses Ziels die Führungskraft schon im Hier und Jetzt ein verändertes Verhalten an den Tag zu legen hat.

Fragt man nach detaillierten Wünschen sowohl für den Berufs- als auch für den Privatbereich, so werden die folgenden Bedürfnisse genannt:

Im **Privatbereich** präferieren die Manager eine intensivere Partnerhinwendung. Hierbei steht das Ziel einer partnerschaftlichen Gemeinschaft im Vordergrund. Werden einzelne Freizeitaktivitäten betrachtet, so wünscht sich die Führungskraft neben einem Mehr an intellektuellen Aktivitäten eine intensivere sportliche Betätigung. Die letztgenannte Art der Freizeitverbringung spricht wieder die Ausgleichsfunktion der Freizeit für das Arbeitsleben an, vornehmlich mit rein regenerativem Charakter. Im **Berufsbereich** stehen im Vordergrund der Wünsche:
- Gleichlauf von Sach- und Führungsaufgaben im Arbeitsvollzug,
- Steigerung der Kommunikation mit den Mitarbeitern und dadurch Stabilisierung des zwischenmenschlichen Bereiches,

- verbessertes eigenes Arbeitsverhalten, besonders im Bereich des Umgangs mit der Zeit und dem Setzen von Prioritäten,
- eine Unterstützung von Unternehmensseite im Hinblick auf eine verbesserte Rollenhandhabung von Berufs- und Privatleben.

Fortschrittliche Unternehmen (z. B. *Lufthansa, Hertie, BMW*) verfügen über spezielle „Work-Life-Balance-Programme" und steigern damit u. a. ihre Attraktivität bei schwer zu akquirierenden Fach- und Führungskräften.

7. Fazit

Manager sind sowohl im Berufs- als auch in ihrem Privatleben vielfältigen Konfliktherden ausgesetzt. Charakteristisch für die Rolle der Führungskraft im Arbeitsfeld sind ein hoher Arbeitszeitumfang, Zeitdruck und ein Übermaß an Sachaufgaben, welche notwendige Führungsaufgaben in den Hintergrund treten lassen. Die verbleibende Freizeit des Leitenden wird oftmals als Restgröße eingeschätzt. Freizeit dient häufig lediglich zur Regeneration für die Arbeit. Konträre Forderungen, Einstellungen und Lebenserwartungen des Lebenspartners, der Familie bzw. im Freundeskreis tragen zudem dazu bei, dass die Führungskraft auch in ihrem Privatbereich Rollenkonflikten ausgesetzt ist. Der „lange Arm" der Arbeit wirkt auch in der Freizeit.

Das Unternehmen stellt weitere Anforderungen an den Manager. Mobilität, Flexibilität, aber auch die Berücksichtigung der Unternehmenskultur bilden für den Einzelnen nicht selten Zwänge, denen er mit steigender Hierarchiestufe kaum entrinnen kann. Sie verlangen eine eindeutige Rollendefinition. Die gesellschaftlichen Rahmenbedingungen der Führungskraft engen speziell im Arbeitsbereich den Handlungsspielraum weiter ein. Gesetzliche Regelungen (z. B. Betriebsverfassungsgesetz) reduzieren die Entscheidungsfreiheit und damit das zentrale Zufriedenheitsmoment der Führungskraft. Ein verstärktes gesellschaftliches Bewusstsein für Ökologie und Umweltfragen lässt den Manager stärker als bisher nach der sozialen Akzeptanz seines Handelns fragen.

Aus dem vorher Gesagten können sich in einzelnen Fällen sogar zwanghafte Zustände ergeben, die ein Überdenken des bisherigen Lebensstils fordern. Der zentrale Wunsch der Führungskräfte nach einem harmonischen Miteinander von Berufs- und Privatleben ist oftmals in weite Ferne gerückt.

Literatur

Akademie für Führungskräfte der Wirtschaft (2000). Ergebnisse der Akademie Studie 2000: „Fitness im Unternehmen"

B. A. T. Freizeit-Forschungsinstitut (2003). Work-Life-Balance-Daten, Hamburg

Falk, S. & Fink, S. (2002). Accenture-Broschüre: Frauen und Macht, Anspruch oder Widerspruch?

Hofmann, L./Linneweh, K./Streich, R. K. (Hrsg.) (1997). Erfolgsfaktor Persönlichkeit, München

Kienbaum-Studie (2003). Work-Life-Balance internationaler Top-Manger, in: Personalführung 5/2003, S. 7–8

Rosenstiel, L. v./Einsiedler, H. E./ Streich, R. K. (Hrsg.) (1993), Wertewandel, Stuttgart

Streich, R. K. (1994). Managerleben. München

Streich R. K. (2001). Führungsalltag zwischen Qual und Qualität, in: Personalführung 11/99, S. 16–17

The Catalyst and The Conference Board (2002). Women in Leadership: A European Business Imperative

X. Frauen im Unternehmen: Chancengleichheit – eine Utopie?

Erika Regnet

1. Die Situation in der bundesdeutschen Wirtschaft: Einige Zahlen, Daten, Fakten

Die Berufstätigkeit von Frauen ist in den Industrieländern schon lange kein strittig diskutiertes Thema mehr. Ohne das weibliche Beschäftigtenpotenzial – 44,7 % der Erwerbstätigen sind Frauen – würde die Wirtschaft zum Erliegen kommen. Die Frauenerwerbsquote ist in Deutschland mit 66 % zwar deutlich niedriger als die der Männer (rund 80 % – Statistisches Jahrbuch, 2004, S. 71, Daten bezogen auf Mai 2003), doch in Ostdeutschland bleiben Frauen trotz höherer Arbeitslosigkeit besonders stark in das Berufsleben integriert. Ihre Erwerbsquote liegt bei 72 % (Internet, 1, bezogen auf das Jahr 2000).

Die rechtliche Gleichstellung ist in den Industrieländern weitgehend erreicht. Europaweit sind 44 % der Studierenden weiblich. Doch trotz inzwischen sehr guter Ausbildung der Frauen offenbaren sich weiterhin deutliche Unterschiede:

- Bereits beim **Berufseinstieg** haben die Geschlechter ungleiche Chancen: 49 % der männlichen im Vergleich zu 31 % der weiblichen Absolventen finden direkt nach Abschluss des Studiums eine Stelle. 1,5 Jahre nach Abschluss des Examens haben 90 % der Männer, jedoch nur 66 % der Frauen eine ausbildungsadäquate berufliche Position (*Abele-Brehm et al.*, 1999) erreicht. Auch die häufig besseren Abschlussnoten junger Frauen helfen da wenig. Diese Zahlen beziehen sich auf die 90er Jahre. In der gegenwärtig wirtschaftlich schwierigen Situation besteht die Gefahr, dass sich die Chancen für den weiblichen Nachwuchs weiter verschlechtern.
- Zwar wird nicht mehr wie noch vor 30 Jahren offen diskutiert, ob Frauen für bestimmte Berufsfelder (damals z. B. Nachrichtenspre-

cherinnen) überhaupt geeignet seien. Diskriminierung ist verboten und kann bei Klagen von Betroffenen mit Schadensersatzansprüchen sanktioniert werden. Noch 1979 sagten bei einer Umfrage unter britischen Personalchefs 68 %, dass sie bei gleicher Qualifikation (selbstverständlich) dem männlichen Bewerber den Vorzug geben würden (siehe *Regnet*, 1997). Eine solche Umfrage würde heute sicher zu anderen Ergebnissen führen – jedoch wohl weniger deshalb, weil Personalentscheidungen inzwischen ausschließlich aufgrund der Qualifikation und nicht bezogen auf persönliche Faktoren getroffen werden, sondern weil eine solch offen zugegebene Ungleichbehandlung nicht mehr politisch korrekt und opportun ist.

- Je höher es hinaufgeht in die Positionen mit Macht, Geld und Einfluss, umso geringer wird der Frauenanteil. Dies gilt für alle Branchen, auch die mit einem traditionell hohen Frauenanteil wie z. B. Banken oder Handel. Die Aufstiegschancen für Frauen sind damit de facto drastisch begrenzt. So gaben beispielsweise in einer Befragung unter Bankmanagerinnen 48 % an, im Laufe ihres Berufslebens männlichen Kollegen gegenüber benachteiligt worden zu sein (*Quack*, 1997). Bei *Bischoff* (2005, S. 105) benennen 23 % der befragten weiblichen Führungskräfte „Vorurteile gegenüber Frauen" als stärkstes Hindernis beim Aufstieg. Insbesondere in den USA und den skandinavischen Ländern finden sich deutlich mehr Frauen in qualifizierten Fach- und Führungspositionen als in Deutschland. In den USA sind immerhin rund 12 % der Top-Positionen in weiblicher Hand.
- Zahlreiche Untersuchungen belegen, dass ein Aufstieg in Großunternehmen für Frauen besonders schwierig ist. Stärker vertreten sind sie in Führungspositionen von Klein- und mittelständischen Unternehmen – möglicherweise deshalb, weil diese Stellen für die männlichen Konkurrenten weniger attraktiv waren (*Holst*, 2002).

Die folgende Tabelle veranschaulicht den Frauenanteil unter Professoren im internationalen Vergleich. In keinem der genannten Länder ist auch nur annähernd eine Gleichverteilung erreicht. Doch in Österreich und der Bundesrepublik Deutschland ist die Situation besonders enttäuschend. An einem Mangel an qualifiziertem Nachwuchs allein kann dies kaum liegen, denn seit den 70er Jahren haben Frauen bezogen auf berufliche und Hochschulausbildung weitgehend gleichgezogen.

Türkei	21,5 %	USA	13,8 %
Finnland	18,0 %	Italien	12,0 %
Spanien	15,0 %	Deutschland	7 %
Frankreich	14,0 %	Österreich	6 %

Professorinnen im internationalen Vergleich (Quelle: Die Zeit, 23.5.02)

Das Einkommen weiblicher Beschäftigter liegt – trotz eindeutiger gesetzlicher Lage, die eine Diskriminierung und Schlechterstellung verbietet – nach wie vor rund 20 % unter dem von männlichen Kollegen in vergleichbarer Position. Konkret heißt dies, dass qualifizierte Frauen im Laufe der ersten 10 Berufsjahre im Durchschnitt € 71 300 weniger Gehalt erhalten als ihre männlichen Kollegen. Selbst dann, wenn sie den gleichen unterbrechungsfreien Berufsverlauf aufweisen wie ihre männlichen Kollegen, haben Frauen innerhalb der ersten 10 Jahre € 61 400 weniger verdient bzw. besser gesagt weniger bekommen (*Mayrhofer et al.,* 2005, S. 239).

Nach einer Übersicht von *Eurostat* ist in der Bundesrepublik Deutschland die **Gehaltsdifferenz zwischen Männern und Frauen** im öffentlichen wie privaten Sektor besonders groß, Deutschland stellt hier inzwischen in Europa das Schlusslicht dar (siehe folgende Tabelle). Es besteht also nicht der geringste Grund, uns für fortschrittlich zu halten. Und es verwundert nicht, dass der Europäische Rat von der Bundesrepublik Deutschland explizit fordert, „... sich verstärkt um eine Verringerung des geschlechtsspezifischen Lohngefälles" zu bemühen.

Im Bericht der Bundesregierung zur Berufs- und Einkommenssituation von Frauen Männern vom 24.4. 2002 (Internet, 1, S. 4) heißt es zwar: „Bei längerfristiger Betrachtung zeigt sich eine Angleichung der Einkommen der Frauen an die Männer". Dann folgt jedoch: „Allerdings geht diese nur langsam voran. Westdeutsche Frauen konnten im Zeitraum von 20 Jahren knapp 3 Prozentpunkte aufholen".

X. Frauen im Unternehmen: Chancengleichheit – eine Utopie?

	Öffentlicher Sektor	Privatsektor
EU 15	87	82
Deutschland	77	73
Dänemark	97	92
Frankreich	89	84
Italien	101	89
Portugal	108	79
Großbritannien	83	85

Durchschnittlicher Bruttostundenverdienst von Frauen 1998 in % des Verdienstes männlicher Beschäftigter (Eurostat-Pressemitteilung, STAT/02/121 vom 8. 10. 02)

Erwerbsunterbrechungen führen grundsätzlich zu späteren Lohneinbußen. Diese fallen umso höher aus, je später eine Berufsunterbrechung erfolgt: Bei einer 30-Jährigen führt eine dreijährige Unterbrechung (entspricht der gesetzlich möglichen Elternzeit) zu einem späteren Abschlag von durchschnittlich 3,5 %; eine 40-Jährige muss nach dreijähriger Auszeit sogar einen Lohnabschlag von 15 % hinnehmen (*Beblo & Wolf,* 2001). Auch bei einer Teilzeitbeschäftigung gelingt es nicht, mit der Gehaltsentwicklung der vollzeitbeschäftigten Kolleginnen und Kollegen Schritt zu halten.

*Bischoff (*2005) befragt seit 1986 im Auftrag der Deutschen Gesellschaft für Personalführung Managerinnen und Manager. Sie vergleicht sie nach Ebenen, Fachgebieten, Positionen und stellt Gehälter von Managern und Managerinnen in vergleichbaren Positionen und Unternehmen einander gegenüber. Seit 1986 ist zwar der Anteil gut bezahlter Frauen gewachsen, doch das ungleiche Bild in der Bezahlung der Geschlechter bleibt erhalten. Zudem lässt sich im Jahr 2003 ein generelles Absinken der Gehälter – bei Männern wie bei Frauen – feststellen (Abb. 17). Jedoch bleibt das Gehaltsniveau der Männer höher: Das Gehalt von Frauen mit Studium entspricht im Durchschnitt gerade einmal dem Gehalt der Männer mit Ausbildung (ebenda, S. 67 ff.)

Abb. 18 zeigt beispielhaft die Situation im Jahr 2003 für den Bereich Finanzen, Rechnungswesen, Controlling. Obwohl die in dieser Studie befragten Frauen vergleichbare Positionen in der Unter-

Dritter Teil: Work-Life-Balance – Elemente im Persönlichkeitsmanagement

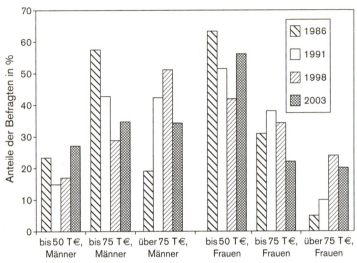

Abb. 17: Geschlechtsspezifische Unterschiede in der Bezahlung im Zeitvergleich (nach *Bischoff*, 2005)

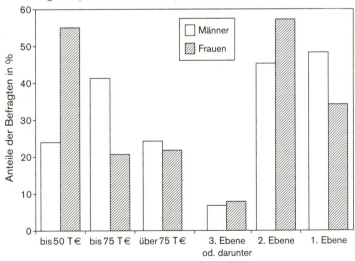

Abb. 18: Geschlechtsspezifische Unterschiede in der Bezahlung und in Positionen (nach *Bischoff*, 2005)

X. Frauen im Unternehmen: Chancengleichheit – eine Utopie?

nehmenshierarchie innehaben wie die Männer, werden sie doch deutlich schlechter bezahlt. Insbesondere fällt auf, dass mehr als die Hälfte der befragten Frauen weniger als 50 T€ Jahresgehalt erhalten, während sich nur 24 % der Männer mit einem solchen Einkommen bescheiden müssen.

Die Einkommensunterschiede zwischen den Geschlechtern nehmen in Top-Positionen sogar noch weiter zu (*Holst*, 2002, S. 843).

Umso erstaunlicher ist, dass Frauen trotzdem nicht in allen Ebenen gleich vertreten und stark nachgefragt sind. Unterstellt man, dass Frauen, die den Aufstieg in solche Positionen geschafft haben, eine zumindest vergleichbar gute Leistung wie ihre männlichen Kollegen erbringen – so sind sie für ihre Arbeitgeber deutlich billiger als männliche Kollegen. Eigentlich müssten sich diese gegen eine solche „Billigkonkurrenz" verwahren. Und bei 20 % Gehaltsunterschied pro Jahr lässt sich auch ein vermeintliches Ausfallrisiko bei Schwangerschaften verschmerzen. Um nicht falsch verstanden zu werden: Ich plädiere nicht für eine Beibehaltung der Schlechterzahlung von Frauen, doch offensichtlich verhalten sich die Arbeitgeber hier unökonomisch. Eigentlich müssten gerade weibliche Beschäftigte besonders umworben sein!

Zudem lassen die genannten Zahlen noch einen anderen Schluss zu: In der Bundesrepublik wird stärker als in anderen Vergleichsländern auf das weibliche Beschäftigtenpotenzial in qualifizierten Positionen verzichtet. **D. h. das weibliche Humankapital wird nur unzureichend genutzt.** Ob damit auch zusammenhängt, dass sich die Unternehmen in der Bundesrepublik mit dem wirtschaftlichen Aufschwung so schwer tun?

Damit lässt sich für die bundesdeutsche Wirklichkeit am Anfang des 2. Jahrtausends zusammenfassend feststellen:
- Die rechtliche Gleichstellung für Frauen ist erreicht, doch dies führte nicht zu gleichen beruflichen Chancen.
- Diskriminierung und Benachteiligung sind lediglich subtiler geworden.
- Bereits beim Berufseinstieg haben Frauen – trotz häufig besserer Abschlüsse – schlechtere Chancen.
- Bei gleicher Qualifikation kommen Männer im Beruf weiter.

- Das Top-Management der Unternehmen in der Bundesrepublik ist weitgehend frauenfrei.
- Es bestehen deutliche Gehaltsunterschiede, auch bei gleichen Aufgaben.

2. Frauen und Führung

Man könnte sich nun auf den Standpunkt stellen, dass es deshalb so wenigen Frauen gelingt aufzusteigen, weil sie eben weniger als Führungskraft geeignet seien. Also nach dem Motto: Der Tüchtige setzt sich durch, und gute Leute werden immer gesucht. Allerdings widerspricht dieser These, dass die Frauenquote im Management im internationalen Vergleich so stark differiert.

Andererseits wird auch postuliert, Frauen wären die besseren Führungskräfte, da sie einem modernen Führungsbild (vgl. *v. Rosenstiel/Regnet/Domsch*, 2003), in dem Kooperation, Kommunikation und Überzeugung gefordert sind, besonders gut entsprechen würden. Gibt es überhaupt ein weibliches Führungsverhalten? Zwar werden Frauen im Stereotyp durchaus generell etwas andere Fähigkeiten zugeschrieben als Männern – doch deckt sich das mit dem Verhalten weiblicher und männlicher Führungskräfte in Organisationen?

Die Mehrzahl der Untersuchungen stützt jedoch die Annahme, dass Frauen nicht anders führen als ihre männlichen Kollegen: Weder hinsichtlich Führungseffizienz noch Führungsverhalten (d.h., wie autoritär oder partizipativ führt jemand) konnten Unterschiede festgestellt werden (*Krell*, 2004).

Worauf ist dies zurückzuführen? Organisationen wählen ihre Führungskräfte nach einem Anforderungsprofil aus – es könnte also durchaus sein, dass Frauen die besseren Manager wären, doch bisher haben alle, Frauen wie Männer, den bestehenden Anforderungen zu genügen. Zudem wird kein größeres Unternehmen mehr auf Führungstrainings verzichten: Inhalte sind hier insbesondere Führungsverhalten, Führung von Gruppen, Motivation, Kommunikation und Gesprächsführung. Mögliche Defizite sollen dadurch ausgeglichen werden. Und schließlich ist eine Führungskraft nur eingeschränkt in der Lage, ihre Position nach eigenem Gutdünken auszufüllen: Rollenerwartungen[1] werden an sie gerichtet, Aufgaben sind zu erfüllen. Auch wenn jemand stark mit Partizipation und Überzeugung führen möchte, wenn die Geschäftsleitung beispielsweise Personalabbau nach einer Fusion beschließt, muss die Führungskraft dies umsetzen und konstruktiv mitarbeiten. D. h. die vorhandenen Strukturen und Rahmenbedingungen engen den eigenen Spielraum ein.

3. Handlungsmöglichkeiten in Unternehmen

Für den öffentlichen Dienst wurde einmal berechnet, wie lange es – bei gleichem Tempo wie bisher – dauern wird, bis Frauen auf allen Hierarchieebenen mit den Männern gleichgezogen haben: Man kam auf das Jahr 2230 (*Minister für Wirtschaft, Mittelstand und Technologie*, 1988). Nach einer neueren Überprüfung scheint sich der Prozess noch weiter zu verlangsamen – nun wurde das Jahr 2247 berechnet.

Eine Änderung ohne Steuerung durch Wirtschaft und Politik wird folglich sehr lange dauern. Die *Bundesregierung* hat im Jahr 2000 zwar mit den Spitzenverbänden der deutschen Wirtschaft eine Vereinbarung unterzeichnet, dass diese ihren Mitgliedsinstituten die Realisierung von Chancengleichheit empfehlen wollen und Fortschritte überprüft werden sollen (zur Vereinbarung s. Internet, 2). Doch eine weitreichende Wirkung oder zumindest ein Bekanntheitsgrad dieser Vereinbarung sind bisher nicht auszumachen (*Krell & Ortlieb*, 2004).

Personalpolitische Maßnahmen zur Steigerung der Chancengleichheit sind von daher unverzichtbar. Im Folgenden sind überblicksartig mögliche Strategien dargestellt.

---

1 Siehe hierzu den Beitrag IX. „Elemente im Persönlichkeitsmanagement" in diesem Band.

Ansatzpunkte für die Personalarbeit – Chancengleichheitsprogramme in Unternehmen

Bei Personalauswahl wie der Personalentwicklung ist darauf zu achten, dass Frauen nicht benachteiligt werden.

Fragen zur Klärung: Bewerben sich so viele Frauen, wie rein statistisch zu erwarten sind? Stehen diesen alle Bereiche offen oder nur bestimmte Stabsfunktionen? Stimmen die Kriterien zur Personalauswahl, oder kommt es zur verdeckten Diskriminierung? Werden Frauen im zahlenmäßig gleichen Umfang wie ihre männlichen Kollegen für Fördermaßnahmen, Beförderungen, Lehrgänge etc. vorgeschlagen? Gilt dies für alle Bereiche? Besuchen Frauen nur bestimmte Fortbildungsveranstaltungen? Werden Frauen zur Bewerbung für weiterführende Aufgaben/Positionen ermutigt?

Familiengerechte Arbeitszeiten

Um Flexibilitätsvorteile zu nutzen und gleichzeitig dem Wunsch der Mitarbeiterinnen und Mitarbeiter nach mehr Selbstbestimmung zu entsprechen, bieten die meisten Unternehmen variable Arbeitszeiten mit zahlreichen Arbeitszeitmodellen an. Des Weiteren sind hier Teilzeitangebote, Jobsharing, Sabbaticals und verkürzte Jahresarbeitszeiten zu nennen. Gesetzlich festgelegt ist inzwischen der Anspruch auf Teilzeit für alle Mitarbeiter, soweit nicht betriebliche Belange dem widersprechen (Teilzeit- und Befristungsgesetz – TzBfG). Mit Phantasie ist auch in Führungspositionen sicher mehr Teilzeit möglich als bisher realisiert. Work-Life-Balance ist zwar ein neues Modewort, scheint bisher jedoch keine Auswirkungen auf das von Führungskräften geforderte Arbeitszeitvolumen zu haben. Darf der von Unternehmen geforderte flexible, immer mobile und einsatzbereite Mitarbeiter keine Familie mehr haben oder nur eine, die seinen Berufsweg und jeden Umzug 100-prozentig unterstützt?

Telearbeitsplätze

Auch die Flexibilisierung des Arbeitsortes verspricht Vorteile für Arbeitgeber wie Arbeitnehmer. Neben Kosteneinsparungen für Büroräume und der Möglichkeit, Mitarbeiterinnen und Mitarbeiter aus einem größeren Einzugsgebiet zu rekrutieren und an sich zu binden, ergeben sich für die Arbeitnehmer Vorteile durch Zeit- und

X. Frauen im Unternehmen: Chancengleichheit – eine Utopie?

Fahrkosteneinsparungen und eine größere Flexibilität hinsichtlich der Lebensgestaltung. Allerdings werden Telearbeitsplätze von den betroffenen Mitarbeiterinnen und Mitarbeitern nicht nur positiv beurteilt – so befürchtet man, von Informationen abgeschnitten zu sein, keine Berücksichtigung bei Schulungen und Beförderungen zu finden, generell als weniger karriereorientiert zu gelten. Zudem ist die zufrieden am PC arbeitende Mutter mit dem ruhig vor sich am Boden spielenden Kleinkind eher ein Bild aus der Werbung. Auch wenn Telearbeitsplätze Flexibilität bieten, die Doppelbelastung zur Vereinbarung von Beruf und Familie bleibt bestehen.

Spezielle Schulungen

Hier sind zum einen Veranstaltungen zu nennen, die sich ausschließlich an Mitarbeiterinnen richten. Die Palette ist breit: vom Führungskurs für Frauen oder dem Selbstsicherheitstraining bis hin zu allgemeinen Themen, die in der „geschützten" Atmosphäre einer reinen Frauengruppe stattfinden (man denke hier insbesondere an Rhetorik-/ Selbstsicherheitskurse oder an Computerschulungen bei speziellen Frauencomputerschulen – vgl. z. B. *Regnet*, 2003).

Zum anderen geht es darum, *alle Entscheidungsträger* über Fragen der Chancengleichheit, der Förderung unabhängig vom Geschlecht, der fairen Personalauswahl etc. zu informieren. Nur so können mittelfristig Benachteiligungen und (nicht-)bewusste Barrieren abgebaut und ein Umdenken erreicht werden.

Die Firma *Schering* beispielsweise hat unter dem Motto „Diskutieren statt ignorieren, Frauen und Männer im Dialog" eine Vortragsreihe mit Themen und Fragestellungen zur Chancengleichheit durchgeführt. Der große Vorteil ist, dass so breitere Gruppen erreicht werden – die für die Umsetzung unverzichtbar sind! – und die „reine Frauenecke" verlassen werden kann.

Mentorenprogramm speziell für weibliche Nachwuchskräfte

In den letzten Jahren erfreuen sich Mentorenprogramme einer besonderen Aufmerksamkeit. Hierbei können sich Nachwuchsfrauen mit hierarchisch höher stehenden, beruflich erfolgreichen Männern und Frauen aus dem eigenen oder einem befreundeten Unternehmen (sog. Cross-Mentoring) austauschen. Sie erhalten

Tipps und Feedback, ggf. auch interessante Kontakte und Empfehlungen (zu Erfahrungen mit Mentoring-Programmen s. z.B. *Schönfeld & Tschirner*, 2000).

Abbau von Vorurteilen

Fragen zur Klärung:
- Sind Frauen in allen Unternehmensbereichen vertreten?
- Ist das Gehaltssystem geschlechtsunabhängig?
- Sind Beförderungen auch für Teilzeit arbeitende Mitarbeiterinnen und Mitarbeiter denkbar?
- Wie ist die Reaktion, wenn Männer Teilzeit und/oder Elternzeit beantragen – werden sie akzeptiert oder für alle Zeiten als wenig karriereorientiert stigmatisiert?

Die Aufgabe der Führungskraft besteht darin, ein offenes und tolerantes Klima und ein allmähliches Umdenken zu fördern.

Familienaudit

Mit Hilfe von Checklisten (z.B. durch die gemeinnützige Beruf & Familie GmbH) können interessierte Arbeitgeber ihre eigenen Maßnahmen einschätzen und bewerten lassen und dadurch Ansätze zur weiteren Optimierung erhalten. Das weitere Vorgehen wird besprochen und nach einiger Zeit erneut auditiert.

Kindertagesstätte, Kinderbüro

Aufgrund des oft nicht ausreichenden öffentlichen Angebots zur Kinderbetreuung gehen zahlreiche Unternehmen inzwischen dazu über, entweder eigene Kindertagesstätten (mit flexiblen Öffnungszeiten) zu unterhalten oder zumindest Dienste eines sog. Kinderbüros zu offerieren. Den MitarbeiterInnen werden dann z.B. kurzfristig Babysitter vermittelt. So können Seminarzeiten und sonstige außergewöhnliche Arbeitszeiten abgedeckt werden.

Wiedereinstellungszusagen nach verlängerter Erziehungszeit

In den 80er Jahren ermöglichten verschiedene, insbesondere größere Unternehmen durch Wiedereinstellungszusagen bis zu sieben Jahre nach Geburt eines Kindes eine längere Unterbrechung der Berufstätigkeit. Allerdings zeigte sich zwischenzeitlich, dass dies speziell für hoch qualifizierte Mitarbeiterinnen nicht der Königsweg ist. In vielen Bereichen liegt die Halbwertzeit des Wissens (d. h. die Zeit, in der die Hälfte des Wissens veraltet) bei drei Jahren oder darunter. Dies erschwert die spätere Wiedereingliederung in das Unternehmen, wenn nicht konstant der Kontakt zur Berufswelt und ihren Anforderungen gehalten wurde. Und bei wirtschaftlich schwierigen Zeiten ist zu befürchten, dass den einmal ausgeschiedenen Mitarbeiterinnen kein sinnvolles neues Angebot gemacht werden kann – damit ist der zunächst propagierte Weg der langjährigen Freistellung schnell eine Sackgasse!

Als **weitere personalpolitische Maßnahmen** sind zu nennen:
- Beauftragte für Chancengleichheit,
- Selbstverpflichtung durch zu erreichende Quoten,
- installieren und fördern interner Frauennetzwerke,
- Erklärungspflicht für Bereiche mit geringen Teilzeitquoten, wenig Frauen in Führungspositionen und Personalentwicklungsprogrammen,
- gezieltes Personalmarketing für Frauen in technischen Berufen.

Das Ziel dieser Maßnahmen ist es, geeignete Strukturen zu schaffen, Diskriminierungen zu vermeiden, alle Humanressourcen zu nutzen und das Unternehmen als modernen, aufgeschlossenen Arbeitgeber zu positionieren.

Persönliche Erfolgsstrategien

Was tun in einer Welt sich widersprechender Aussagen? Auf der einen Seite stehen vermeintlich alle Türen offen, und selbstverständlich haben es einige Frauen geschafft, in Top-Positionen aufzusteigen. Andererseits scheitern viele an der **„Glasdecke"**.

Typische Dilemmata speziell für Frauen sind:
- Ist frau jung, dann besteht ein Gebärrisiko, und sie wird nicht befördert. Ist sie älter und eine Schwangerschaft unwahrscheinlich, dann ist sie zu alt für einen Aufstieg.
- Ist frau durchsetzungsbereit, fordernd und energisch, dann ist sie schnell als „Blaustrumpf" oder „Emanze" abgestempelt; ist sie immer nett und freundlich und sucht den Ausgleich, dann kann man ihr keine Führungsfunktion zutrauen.

- Ist frau attraktiv, so wird ihr weniger Kompetenz zugeschrieben, ist sie weniger attraktiv, dann macht man sich über ihre Frisur, Kleidung oder Figur lustig.
- Ist frau hilfsbereit, dann ist sie eine beliebte Kollegin, auf die man immer zurückgreift, doch dann wird sie gerne in Hilfstätigkeiten abgeschoben.
- Ist frau besonders einsatzbereit, dann erhält sie immer mehr Aufgaben. Doch das führt nicht unbedingt zur Beförderung, denn nun ist sie für die Abteilung unersetzbar geworden.

Diese Liste ließe sich wohl noch länger fortsetzen. Welche **persönlichen Strategien** erscheinen erfolgversprechend?

Selbständigkeit

Die „Glasdecke" führt für viele Frauen dazu, dass sie zwar zunächst interessante Stellen erhalten, in das untere und bis zum mittleren Management vorrücken. Doch statt einem allmählichen Anwachsen des Frauenanteils im Top-Management scheint dieses ein weitgehend geschlossener Männerbund zu bleiben. Ein weiterer Aufstieg ist für viele bisher erfolgsverwöhnte Frauen damit unwahrscheinlich. Zu beobachten ist der Trend, dass viele Frauen um die 40 – in vielen Großunternehmen scheinen Beförderungen für Ältere nur noch Seltenheitswert zu genießen – stattdessen den Schritt nach außen gehen, ein eigenes Unternehmen gründen, nun eigenverantwortlich als Unternehmerin agieren.

Dadurch lassen sich viele frühere Konfliktsituationen umgehen: Work-Life-Balance, die Flexibilisierung der Arbeitssituation liegen nun in der eigenen Verantwortung. Niemand kann einem die Erfolge mehr streitig machen. Doch vor einem sei gewarnt: Auch als Selbständige ist frau damit konfrontiert, dass ihre Leistung von Kunden und Auftraggebern geschätzt wird und sie den Auftrag erhält und nicht die männlichen Konkurrenten.

Beharrlichkeit und Einfordern von Chancen

Analysen zur Karriereentwicklung zeigen, dass gute Leistungen, aber auch Kontakte und die positive Selbstdarstellung/Marketing für die eigene Arbeit notwendige Erfolgsvoraussetzungen sind. Frauen arbeiten dagegen häufig nach der Strategie: tüchtig sein, dann wird die Leistung erkannt und belohnt. Doch das allein reicht in Organisationen nicht aus: Eigene Ziele müssen im Unternehmen verdeutlicht, Förderung und Chancen selbstbewusst von den Vorgesetzten und der Personalabteilung eingefordert werden. Dazu ist zum einen eine klare Kommunikation unverzichtbar: also „ich erwarte..., ich sehe mich in..., mir ist wichtig, dass..." statt „es wäre schön, wenn..., wenn es vielleicht möglich wäre, dass...". Zum anderen müssen das **informelle Netzwerk**, die Kontakte aufgebaut und gepflegt werden – ebenso wichtig wie das Fertigstellen der Arbeit sind langfristig die Zeit für Kontaktpflege, das Gespräch bei der Betriebsfeier etc.

Chancen suchen und nutzen

Frauen gelingt eher durch einen Jobwechsel der Aufstieg in eine höhere Position, während Männer häufiger im selben Unternehmen Karriere machen (*Holst*, 2002, S. 840). Dies bedeutet, sich bewusst ein Umfeld zu suchen, indem man weniger mit Vorurteilen konfrontiert ist, und auch zu wechseln, wenn der Arbeitgeber keine Förderung bietet.

Frauenfreundliches Unternehmen und Führungskraft: Oben wurde die Vielzahl der Maßnahmen kurz dargestellt, die Unternehmen ergreifen können, um Frauen dieselben beruflichen Chancen zu geben und die Work-Life-Balance ihrer Mitarbeiterinnen und Mitarbeiter zu fördern. Eine aufgeschlossene Führungskraft und ein modernes Unternehmen bieten natürlich mehr Chancen für Frauen.

Eigene Aktivitäten und Bewerbungsverhalten: Viele Personalexperten und Führungskräfte klagen über die andere Seite: das fehlende Selbstvertrauen von Frauen oder ihren geringen Mut zum Risiko. So wird häufig beobachtet, dass Frauen sich weniger auf qualifizierte Fach- und Führungspositionen bewerben, bereits hier zahlenmäßig unterrepräsentiert sind. Dies mag an geringem Selbstvertrauen liegen oder der vorauseilenden Resignation, wenn frau sich keine Chancen ausrechnet. Geschenkt wird eine Top-Position selten. Hier gilt es für Frauen, aktiver zu werden, interessante Aufgaben einzufordern und eigene Kompetenzen darzustellen.

Abstimmung mit dem Partner

Chancengleichheit ist ein Thema, das nicht nur für Unternehmen und die Gesellschaft insgesamt gilt, sondern auch für die Paarsituation und die ganz persönliche Abstimmung.[2] Nur durch die Kooperation mit dem Lebenspartner lässt sich vermeiden, dass die beruflichen Chancen statt zur Vereinbarkeit von Beruf und Kindererziehung zur Doppel- und Dreifachbelastung führen. Das Ziel kann nicht sein, eine Managementposition einzunehmen und gleichzeitig der Verantwortliche für Haushalt, Kinder und Freunde zu sein. Auch hier zeigen sich interessante Unterschiede innerhalb der europäischen Länder: In Dänemark ist die Verteilung der Hausarbeit fast egalitär zwischen den Partnern. In Frankreich sind Frauen mit kleinen Kindern im Regelfall – dank gut ausgebauter öffentlicher Kinderversorgung – weiter berufstätig, was nicht zu erhöhten psychischen Störungen sondern vielmehr zu einer der höchsten Geburtenraten in Europa führt (aktuell gebärt eine Frau in Frankreich im Durchschnitt 1,9 Kinder, eine Deutsche dagegen gerade einmal 1,3).

In der Bundesrepublik zeigt sich dagegen ein eher konservatives Muster: Frauen sind zwar die Gewinnerinnen der Bildungsexpansion der 70er Jahre gewesen, doch bei Geburt eines Kindes unterbrechen viele ihre Berufstätigkeit – mit den oben dargestellten negativen Konsequenzen für den Berufsweg. Dem Mann fällt bei der Geburt des ersten Kindes dagegen buchstäblich der Staubsauger aus der Hand, er beteiligt sich kaum mehr an der Hausarbeit und macht zukünftig mehr Überstunden.

Ein Mann, der nicht bereit ist, seine eigenen Kinder vom Kindergarten abzuholen und dafür eine Sitzung etwas straffer zu führen, der wird auch kein Verständnis dafür haben, wenn Mitarbeiterinnen oder Mitarbeiter ihren Familienpflichten entsprechen und gleichzeitig eine verantwortungsvolle Position innehaben wollen.

Vision

Die Hälfte des Hauses für den Mann, die Hälfte der Welt für die Frau, so lautet eine alte feministische Forderung. Betrachten wir die

---

2 Siehe hierzu den Beitrag XI. „Doppelkarrierepaare..." in diesem Band.

X. Frauen im Unternehmen: Chancengleichheit – eine Utopie?

aktuelle Diskussion über Work-Life-Balance und dass Männer in anonymen Befragungen in hohem Maße angeben, sie würden gerne weniger arbeiten, um mehr Zeit für Partnerschaft, Kinder, Freunde und Hobbys zu haben, so wäre mit einer Umorientierung der klassischen Berufs- und Karrierewege eigentlich beiden gedient.

Mehr Lebensqualität und berufliche Möglichkeiten für beide Geschlechter, mehr Begabungspotenzial und Motivation für die Unternehmen – das ist die Vision von der alle profitieren!

Literatur

Abele-Brehm, A./Andrä-Welker, M./Stief, M. (1999). Berufliche Laufbahnentwicklung von Hochschulabsolventinnen und Hochschulabsolventen der Universität Erlangen-Nürnberg im Vergleich. Institut für Psychologie, Universität Erlangen-Nürnberg

Beblo, M. & Wolf, E. (2001). Frauen nicht im Nachteil?, in: Newsletter efas, 3/2001, S. 1 f., www.fhtw-berlin.de/efas/

Bischoff, S. (2005). Wer führt in (die) Zukunft? Männer und Frauen in Führungspositionen der Wirtschaft in Deutschland – die 4. Studie. Bielefeld

Holst, E. (2002). Zu wenig weibliche Führungskräfte unter den abhängig Beschäftigten, in: Wochenbericht des DIW Berlin, 48/2002, S. 839–844

Internet (1). www.bmfsfj.de/Anlage 19920/Bericht der Bundesregierung zur Berufs- und Einkommenssituation von Frauen und Maennern.pdf

Internet (2). www.bundesregierung.de/dokumente/artikel/ix_47142.htm

Krell, G. (Hrsg.). (2004). „Vorteile eines neuen, weiblichen Führungsstils" – Ideologiekritik und Diskursanalyse. In: G. Krell (2004): Chancengleichheit durch Personalpolitik. 4. Auflage. Wiesbaden. S. 377–392

Krell, G. & Ortlieb, R. (2004). Chancengleichheit von Männern und Frauen in der Privatwirtschaft. Eine Befragung des Managements von 500 Unternehmen zur Umsetzung der Vereinbarung zur Förderung der Chancengleichheit. Im Auftrag des DGB und der Hans-Böckler-Stiftung (DGB, Abteilung Gleichstellungs- und Frauenpolitik: Positionen + Hintergründe, Nr. 2 Februar 2004), Berlin

Mayrhofer, W., Meyer, M. u. Steyrer, J. (2005). Macht? Erfolg? Reich? Glücklich? Wien

Minister für Wirtschaft, Mittelstand und Technologie (Hrsg.) (1988). Frauenförderung in der privaten Wirtschaft. Düsseldorf

Quack, S. (1997). Karrieren im Glaspalast. Weibliche Führungskräfte in europäischen Banken. Discussion Paper FS I 97–104. Wissenschaftszentrum Berlin für Sozialforschung, Berlin

Regnet, E. (1997). Frau im Beruf – Stereotype und Aufstiegsbarrieren. In: R. Wunderer & P. Dick (Hrsg.): Frauen im Management. Neuwied. S. 241–265

Regnet, E. (2003). Frauenspezifische Schulungen – notwendige Ergänzung oder Sackgasse? In: L. M. Hofmann & E. Regnet (Hrsg.): Innovative Weiterbildungskonzepte. Göttingen. S. 183–193

Rosenstiel, L. v./Regnet, E./Domsch, M. (Hrsg.). (2003). Führung von Mitarbeitern. 5. Auflage. Stuttgart

Schönfeld, S. & Tschirner, N. (2000). Mentoring-Programme für Frauen: Ein Anstoß zum Aufstieg. In: S. Peters & N. Bensel (Hrsg.): Frauen und Männer im Management. Wiesbaden. S. 241–260

Statistisches Jahrbuch 2004 für die Bundesrepublik Deutschland (2004). Wiesbaden

XI. Doppelkarrierepaare/Dual Career Couples (DCC)
– wenn beide Karriere machen –

Ariane Ostermann und Michel E. Domsch

1. Einleitung

Die Form partnerschaftlicher Lebensgemeinschaften ist in den letzten Jahrzehnten im massiven Wandel begriffen. Massiv insofern, bedenkt man, wie anhaltend das bisherige Muster in diesem sozialen Kontext Bestand hatte: Nach Jahrhunderten der traditionellen Rollenverteilungen und fest verankerter sozialer Gefüge in der Lebensführung von Mann und Frau markiert die heutige Entwicklung einen Wendepunkt, oder besser gesagt, einen Wendeprozess. Der Wert der Egalität hat sich von einer wertedynamischen Idee in eine ausgedrückte Form entwickelt, sichtbar in allen Bereichen der Gesellschaft, eben auch im Bereich von Partnerschafts- bzw. Familienkonzepten.[1] Nicht nur, dass die Frauenerwerbstätigkeit stetig gestiegen ist und damit nun beide, Männer und Frauen, über zwei Lebensbereiche – Privat und Beruf – verfügen. Viele Frauen wollen darüber hinaus auch nicht einfach nur einen Beruf ausüben, sie wollen sich vielmehr, genauso wie Männer, beruflich verwirklichen. Die Anzahl der Partnerschaften, in denen also beide Partner karriereorientiert sind, sog. Doppelkarrierepaare (Dual Career Couples/ DCCs), nimmt immer mehr zu, und diese Tendenz ist anhaltend. Insofern können Doppelkarrierepaare quasi als ein Modell für die zunehmend als Leitbild sichtbare Egalität der Geschlechter angesehen werden.

Im folgenden Beitrag soll zum einen die Zielgruppe DDC näher abgegrenzt werden, zum anderen die zentralen Begriffe Karriere und Karriereorientierung. Weiterhin werden integrationsrelevante

---

1 Vgl. *Beck-Gernsheim*, 1994; *Peukert*, 1999.

Themen von Doppelkarrierepaaren herausgearbeitet, die entweder nachteilig oder vorteilig von den Partnern empfunden werden.

2. Perspektiven und Begriffsabgrenzungen

Das wissenschaftliche Interesse an dieser Partnerschaftsform der doppelten Karriereorientierung begann Ende der 60er Jahre mit dem Forscherehepaar *Rhona* und *Robert Rapoport*.[2] Diese prägten auch den Begriff DCCs bzw. den mehr auf die Familie fokussierten Begriff **Dual-Career Families** (DCF). Ihr Forschungsschwerpunkt lag dabei auf den Interaktionen des Paares selbst, war also auf Individuen und ihre Handlungen ausgerichtet. Erst später weiteten sich die Fragestellungen dieser als auch anderer Forscher auf Interdependenzen mit anderen Individuen und auf soziale Systemen aus.

Zunächst zur genaueren Abgrenzung von DCCs. Neben Dual Career Couples gibt es noch eine weitere Paarbezeichnung, die im Zusammenhang mit Berufstätigkeit bekannt ist: Die so genannten **Dual-Earner Couples** (DECs), oder, auch den Familienfokus mehr betonend, **Dual-Earner Families** (DEFs). Der Unterschied zwischen DCCs und DECs liegt in den zentralen Definitionsmerkmalen der beiden Gruppen: Berufstätigkeit und Karriereorientierung. Die Bezeichnung DECs fasst demnach *alle* Paare zusammen, bei denen beide Partner z.Zt. einen Beruf ausüben. Dies können auch DCCs *sein*.

DCCs dagegen sind Paare, bei denen die individuell konnotierte **Karriereorientierung** zur Gruppeneinordnung führt, denn nicht alle Berufstätigen sind gleichzeitig auch karriereorientiert. Außerdem kann man karriereorientiert sein, aber **kurzfristig** gerade nicht beschäftigt sein, z. B. wegen Erziehungsurlaub (vgl. Abb. 19). Die letztere Begriffsabgrenzung vergrößert die Definitionsgruppe deutlich und ist eher selten in anderen Forschungen anzutreffen. Üblicherweise werden DCCs als reine Untergruppe von DECs angesehen: beschäftigt und eine Karriere verfolgend. Der Grund, warum wir hier eine eher unübliche Ausweitung der DCCs auch auf kurzfristig

---

2 Vgl. *Rapoport & Rapoport*, 1969.

XI. Doppelkarrierepaare/Dual Career Couples (DCC)

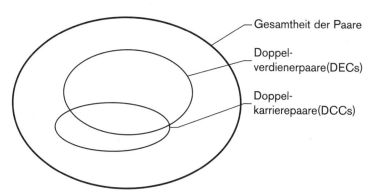

Abb. 19: DCCs und DECs: Gruppeneinordnung

nicht berufstätige Karriereorientierte vornehmen, liegt in den die Karriereorientierung betreffenden Haltungen der Partner, den sich daraus ergebenden Kommunikationen (hier im systemtheoretischen Sinne nach *Luhmann*[3]) und Handlungen begründet, die sich – eben unabhängig von Beschäftigung – deutlich von nicht karriereorientierten Paaren unterscheiden.[4]

Da die Karriereorientierung das zentrale Definitionsmerkmal ist, soll sie im Folgenden noch etwas näher betrachtet werden.

3. Die Begriffe Karriere und Karriereorientierung

Zunächst zum Begriff Karriere: Je nach Blickwinkel wird Karriere in der Forschung, in Unternehmen bzw. in staatlichen Organisationen und in Paarbeziehungen sehr unterschiedlich konnotiert bzw. verschieden definiert. Oft wird unter beruflicher Karriere eine **strukturelle, organisationale Eigenschaft** eines Unternehmens verstanden. Aber ebenso wird Karriere als ein dem **Individuum zuzuordnendes Beschreibungsmerkmal** verwendet. Einige Forscher sehen eher den **chronologischen** Charakter des Begriffs

---

[3] Vgl. *Luhmann*, 1984, 1986.
[4] Vgl. *Ostermann*, 2002.

– die Aufeinanderfolge von beruflichen Schritten im Sinne von Laufbahn –, andere eher den expansorischen Charakter, der die Deskriptionsmerkmale „Aufstieg" und „Ausweitung", z. B. mehr Verantwortung, mehr Macht und/oder mehr finanzielle Vergütung, enthält.[5]

Die expansorische Betonung von Karriere und die Implikationen der inneren Konsistenz der Stellenabfolge erscheint uns nicht mehr zeitgemäß, da sie berufliche Laufbahnen, die sich aus unterschiedlichsten, auch „artfremden" Tätigkeiten oder Berufen zusammensetzen, nicht subsumieren und weiterhin gesellschaftlichen Wertumbildungs- und Sinnbildungsprozessen und tief greifenden Strukturverschiebungen nicht mehr ausreichend gerecht werden.[6] Insofern wird hier eine weit gefasste Definition von Karriere gewählt, die weder Bewegungsrichtungen noch andere, spezifisch inhaltliche Bedingungen impliziert.

Definition: Karriere

Mit Karriere (synonym mit Laufbahn) wird das komplexe, arbeitsbezogene, individuelle Konstrukt aus Stellenabfolge, Aufgaben, Verantwortlichkeiten, Entscheidungen und Ereignissen – beeinflusst durch Arbeitseinstellungen, -erwartungen, Werten, Bedürfnissen, Empfindungen etc. – innerhalb der beruflichen Tätigkeit eines Arbeitnehmers bezeichnet.

Aus dieser Definition wird nun die Begriffsverwendung von Karriereorientierung abgeleitet:

Definition: Karriereorientierung

Karriereorientierung ist die subjektive, zielbezogene Ausrichtung am individuellen Konstrukt Karriere in Form von vergleichsweise höherem Grad an Motivation, Verbundenheit, Aufmerksamkeit und zugeschriebener Wichtigkeit.

Es wird hier deutlich, dass sich Karriereorientierung also nur subjektiv und relativ bestimmen lässt. Hieraus resultiert aber nicht nur

---

[5] Ausführliche Diskussion zum Karrierebegriff in *Ostermann*, 2002; Übersicht in *Domsch & Ladwig*, 2000.
[6] Vgl. *Domsch & Ladwig*, 2000.

eine schwierige Operationalität in der qualitativen Forschung, sondern vor allem eine Unmöglichkeit einer exakten quantitativen Erhebungen (siehe nächster Abschnitt).

4. Einblick in die vergangene und derzeitige DCC-Forschung

Beginnend mit den *Rapoports* sind DCCs seit den 70er Jahren Forschungsgegenstand unterschiedlicher Fachrichtungen, also Perspektiven. **Psychologische** und **soziologische**, in Ansätzen auch **personalwirtschaftliche** Arbeiten befassten sich mit den qualitativen Aspekten dieser Partnerkonstellation.[7] Von der **betriebswirtschaftlichen** Seite aus betrachtet wurde z. B. eruiert, welchen Hindernissen beschäftigte Karrierepaare gegenüberstehen und welche Maßnahmen Unternehmen ergreifen können, diese zu beseitigen. Hier findet sich auch die erst in Ansätzen vorhandene deutschsprachige Forschung[8] wieder. Die Auslandsentsendung[9] von DCCs stellt dabei eine Thematik dar, der sich die Forschung aufgrund ihrer hohen Relevanz sowohl für DCCs als auch für die Unternehmen besonders angenommen hat. Bereits 1979 fassten *Maynard & Zawacki* in ihrem Artikel aktuelle Studien über die Mobilität von Dual Career Couples zusammen und stellten Aktivitäten für das Personalmanagement vor.[10] Über Personalpolitiken hinsichtlich DCCs im Auslandseinsatz und im Hinblick auf die allgemeine Karriereplanung von Expatriates schrieben *Handler et al.*[11] *Praktische* Ansätze haben sich herausgebildet, in denen DCCs und Unternehmen durch *Therapiekonzepte* und *Coachingprogramme* unterstützt werden.[12]

---

7 Vgl. *Ostermann*, 2002.
8 Vgl. *Domsch & Krüger-Basener*, 1989; *Lange & Schulte*, 1995; *Corpina*, 1996; *Ladner Streib & Engeli*, 1998.
9 Siehe hierzu auch den Beitrag „Auslandsentsendungen..." in diesem Band.
10 Vgl. *Maynard & Zawacki*, 1979
11 Vgl. *Handler et al.*, 1997.
12 Vgl. *Bourne*, 1992; *Sperry*, 1993.

So ist die DCC-Forschung bisher vorwiegend durch viele qualitative Untersuchungen gekennzeichnet. Dagegen ist das quantitative Datenmaterial über Doppelkarrierepaare äußerst gering gesät.[13] Es ist daher nicht eindeutig demographisch zu belegen, wie viele DCCs es z.Zt. gibt. Das qualitative Kriterium Karriereorientierung und die nicht über alle DCC-Forschungen stringent einheitlich erfolgte DCC-Begriffszuweisung führt dazu, dass es auch keine allgemeinen statistischen Dokumentationen wie z.B. Bundesstatistiken gibt. Lediglich Zahlen über Doppelverdiener (DECs) gibt es, die als Grundlage für Schätzwerte für DCCs verwendet werden können. Die jeweiligen Statistiken beziehen sich jedoch fast nur auf verheiratete Paare. So lag die DEC-Quote in Deutschland im Jahre 1998 bei 57 % aller erwerbstätigen Familien.[14] Nach eigenen Indikatorbildungen[15] über den *Goldthorpe*-Index sowie über das Einkommen[16] ergibt sich ein DCC-Indikator für Deutschland (1996) von 8 % für eine Karriereorientierung beider berufstätiger Ehepartner und damit für **verheiratete, berufstätige DCC-Paare**. Da hier datenspezifisch nur verheiratete Paare einbezogen werden konnten, stellt diese Zahl eine Untergrenze dar. Inklusive der unverheirateten Paare, der Paare mit niedrigerem Einkommen und der Paare, bei denen kurzfristig nicht beide berufstätig sind, wird die Zahl deutlich **größer** sein. Wir gehen auf Grundlage der Indikatoren und ihrer realitätsreduzierenden Annahmen davon aus, dass von allen Paaren in Deutschland 15 % (beide erwerbstätig) bis 25 % (inkl. der Paare, bei denen mindestens ein Partner z.Zt. kurzfristig nicht berufstätig ist) Doppelkarrierepaare sind.

---

13 Vgl. *Lange & Schulte*, 1995 oder *Peukert*, 1999.
14 Mit „**erwerbstätigen Familien**" werden hier Familien bezeichnet, bei denen mindestens einer der beiden Partner erwerbstätig ist. Vgl. *Statistisches Bundesamt*. Tabelle 2805: Familien nach Beteiligung am Erwerbsleben. 1998.
15 Vgl. *Ostermann*, 2002.
16 Eine weitere Möglichkeit, einen DCC-Platzhalter zu generieren, ist die Abgrenzung nach Einkommen. Hierbei wird realitätsreduzierend angenommen, dass karriereorientierte Mitarbeiter eher in höheren Gehaltsklassen zu finden sind.

Im Folgenden soll nun aufgezeigt werden, inwiefern diese doch recht beachtlich große Zielgruppe ihre Paarbeziehung in der Selbstwahrnehmung sehen, insbesondere, welche gemeinsamen Themen im Paar diskutiert werden, welche Konflikte auftreten können und wie mögliche Lösungswege aussehen können. Nicht näher eingegangen wird in diesem Artikel dagegen auf die Rolle der Arbeitgeber und die Interdenpenzen zwischen diesen und den DCCs als Mitarbeiter. Hierüber haben wir an anderer Stelle bereits ausführlich geschrieben.[17]

5. Gemeinsame Themen und (Integrations)konflikte

Zusammenleben bedeutet inhärent Interaktion. Je komplexer und vielschichtiger die Einzelaktionen und Rollen der Partner sind, desto mehr Interaktionsmöglichkeiten bestehen.[18] Doppelkarrierepaare gehören ihrer Definition nach zu den Paaren, deren Partner mindestens zwei Rollen haben: die der Partnerschaft und die des Berufes. Diese Rollen mit ihren Verantwortlichkeiten und Handlungsräumen zu vereinbaren, ist Ursache von Interaktionsreibungen oder Integrationskonflikten zwischen Partnern und bilden den Aktionsraum für die Erforschung von Problemlösungen und Diskussion geeigneter Handlungsempfehlungen. Mit welchen Integrationskonflikten (bzw. Problemen „oder Stressbereichen") sehen sich DCCs konfrontiert? Wie werden diese wahrgenommen, kommuniziert und gelöst? Auf der anderen Seite: Welche Faktoren machen die Karrierepartnerschaft vorteilhaft und zu einer subjektiv wertvollen Lebensform?

Um die Integrationsleistung von DCCs zu erforschen, wurden diese üblicherweise in Interviews zu entsprechenden Bereichen befragt. Neben der Zufriedenheit der Partner und den konkreten

---

17 Vgl. z. B. *Domsch & Ladwig*, 1997; *Domsch & Ladwig*, 2000; *Domsch & Ostermann*, 2002; *Ostermann*, 2002; *Ostermann & Domsch*, 2005.
18 Dies bedeutet nicht, dass alle DCCs mehr interagieren als andere Paare. Es gibt sicher auch Paare, die, da sie sich so wenig sehen, weniger miteinander umgehen als Paare einer traditionellen Partnerschaft. Die Betonung liegt hier auf *Möglichkeit*.

Anlässen zu Integrationsleistungen war für die Forscher von Interesse, welche Themen die DCCs für ihre Paarbeziehung für besonders relevant halten. In Anlehnung an *Falkenberg & Monachello*[19] und *Morgan*[20] lassen sich aus diesen Aussagen Themenkategorien bilden, die sich wiederum nach drei grundsätzlichen Dimensionen operationalisieren lassen: **Einstellung/Ziele, Tätigkeit/Verhalten, Zeit**. Dabei ist es offensichtlich, dass die Themen nicht isoliert nebeneinander stehen, sondern netzartig verbunden sind und dementsprechend gemeinsam diskutiert werden.

Die folgende Auflistung erlaubt mit ihren Beispielfragen einen Einblick in die Komplexität der Integrationsleistung eines Doppelkarrierepaares, vergegenwärtigt man sich zum Vergleich eine traditionelle Partnerschaft. Anzumerken ist, dass die Fragen natürlich nur beispielhaft sind und nicht den gesamten Möglichkeitsraum umfassen.

Karriere

Einstellung/Ziele: Welche Einstellungen/Ziele haben die Partner zu ihrer Karriere und zur Karriere des Partners? Welche Karriere ist wichtiger? Welche Zieleinschränkungen ergeben sich hieraus? Welche Karriereschritte sind angedacht? Welche Lösungsvorschläge werden diskutiert?

Tätigkeit/Verhalten: Welche Karriereschritte wurden bisher unternommen? Über welches Vereinbarungsverhalten hat sich das Paar geeinigt? Wird eine Karriere unterbrochen für die Bildung einer Familie?

Zeit: Wie viel Arbeitszeit verbringen die Partner in ihrem Beruf? Wie ist der Wiedereinstieg des pausierenden Partners terminiert?

Partnerschaft

Einstellung/Ziele: Welche Ziele in und für ihre Partnerschaft haben die Partner? Wie zufrieden ist das Paar in der (Doppelkar-

---

19 Vgl. *Falkenberg & Monachello*, 1990.
20 Vgl. *Morgan*, 1985.

riere-)Partnerschaft? Wie wird die Doppelkarrierepartnerschaft empfunden: insgesamt eher bereichernd oder eher stressend? Welchen Stellenwert hat die Partnerschaft? Welche Wahrnehmungsunterschiede bestehen bzgl. der Rollen zwischen den Partnern?

Tätigkeiten: Wie werden Konflikte in der Partnerschaft gelöst? Welche Aktivitäten unternehmen die Partner gemeinsam?

Zeit: Wie viel Zeit verbringen die Partner insgesamt miteinander?

Haushalt

Einstellung/Ziele: Welcher Rollenverteilungstyp liegt vor (traditionell, gemäßigt emanzipiert, emanzipiert)? Welcher Kommunikationstyp liegt vor? Wie wird die Rollenverteilung empfunden?

Tätigkeiten: Wie ist der Haushalt organisiert? Wer hat welche Verantwortlichkeiten?

Zeit: Wie viel Zeit wenden die Partner jeweils für den Haushalt auf?

Elternschaft/Kinder

Einstellung/Ziele: Wie ist die Einstellung zur Verantwortlichkeit für die Erziehung und Beschäftigung der Kinder?

Tätigkeiten: Welche Tätigkeiten werden von welchem Partner übernommen (spielen, versorgen, trösten, lehren, ernähren etc.)? Wer organisiert die sonstige Kinderbetreuung?

Zeit: Wie viel Zeit wenden die Partner jeweils für die Beschäftigung mit den Kindern auf? Wie viel Zeit wird insgesamt mit den Kindern verbracht?

Geld/Lebensstandard

Einstellung/Ziele: Wer verdient wie viel? Welches Einkommen ist gewünscht? Welche Ansprüche an die Höhe und Qualität werden an den Lebensstandard gestellt? Wie sind die Möglichkeiten und wie ist der Wille zur Verwirklichung dieser Wünsche?

Tätigkeiten: Wie wird mit dem Einkommen umgegangen? Für was wird es ausgegeben oder gespart?

Zeit: Wie viel Zeit wird mit der Diskussion über die familiäre Geldverwendung investiert?

Sozialnetzwerk/Gesellschaft

Einstellung/Ziele: Welchen Stellenwert haben Freunde und die Verwandtschaft? Welche Einstellungen kommunizieren nahe Verwandte, Bekannte und Freunde zu den beiden Karrieren? Wie wird die Doppelkarrierepartnerschaft im Unternehmen von Kollegen und Vorgesetzten beurteilt? Gibt es gesellschaftliche Normen, die dem Selbstverständnis des Individuums nicht entsprechen und die gleichzeitig einen Druck auf ihn ausüben?

Tätigkeiten: Wie werden die Beziehungen mit Freunden/Verwandten organisiert? Wie groß ist der Freundeskreis? Welche Konfliktlösungsoptionen hat das Paar, gesellschaftlichem Druck zu begegnen?

Zeit: Wie viel Zeit wird mit Unternehmungen und Gesprächen mit Freunden verwendet? Wem wird mehr Zeit eingeräumt, Familie oder Freunden?

Als Abschluss noch einige Beispielfragen, die sich aus Themenkombinationen ergeben:

Wie werden die verschiedenen Rollen (Partnerschaft, Karriere, Elternschaft etc.) wahrgenommen und beurteilt? Welche Einstellung besteht zur Karriere in Bezug auf Familie, wo liegen hier die Prioritäten? Welche zeitliche Verfügbarkeit ergibt sich hieraus für die Partner, für Karriere und Familie und welche Tätigkeiten in den Bereichen können innerhalb dieses Zeit- und Einstellungsrahmen verwirklicht werden: Welcher Karriereschritt wird tatsächlich unternommen, wer ist für die Kindererziehung verantwortlich? Wie wird der Wechsel zwischen beruflichem Umfeld und partnerschaftlichem/häuslichem Bereich bewerkstelligt? Welche Schwierigkeiten treten hier auf? (Stichwort: **Rollenwechselschwierigkeiten** (role-cycling difficulties))

6. Vorteile und Nachteile

Zwei Karrieren und eine Partnerschaft bzw. Familie zu vereinbaren, stellt die Partner offensichtlich vor viele Fragen. Die Anzahl an Abstimmungspunkten ist um vieles höher, die Zeit dafür geringer als bei traditionellen Paaren. Wie empfinden DCCs nun aber diese Part-

XI. Doppelkarrierepaare/Dual Career Couples (DCC)

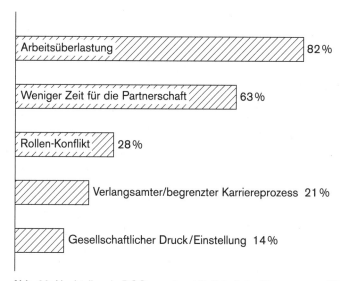

Abb. 20: Nachteile, ein DCC zu sein – Häufigkeit der Nennungen – (Quelle: Carlisle, 1994, S. 144)

nerschaftsform, welche Vor- und Nachteile sehen sie? In der Befragung von *Wayne Carlisle*[21] wurden die in Abb. 20 ausgewiesenen Nachteile am häufigsten genannt.

Trotz der genannten Nachteile und der Komplexität der Karrierepartnerschaft im Vergleich zur traditionell rollenverteilten Partnerschaft bewerten die Paare die Vorteile der Partnerschaft höher als die Nachteile. Die wichtigsten vorteilhaften Statements, die von DCCs dokumentiert wurden, sind im Folgenden kurz aufgelistet:

- ein Ziel teilen, mehr Gemeinsamkeiten
- beide sind beruflich gefordert
- erweiterte Autonomie
- beide haben eine höhere Selbstachtung
- Anerkennung durch den Partner
- Kinder, die selbständiger sind

---

21 Vgl. *Carlisle*, 1994.

- mehr (finanzielle) Möglichkeiten für die Kinder
- Möglichkeit, den Lebensstil anzuheben
- finanzielles Potenzial für Altersvorsorge, Ausbildung der Kinder, Sicherheit etc.
- potentiell mehr dispositives Einkommen
- mehr Möglichkeit für kulturelle Bereicherung durch Reisen und andere Erfahrungen
- mehr Tiefe und Breite der Lebenserfahrung.

In der Studie von *Carlisle* erachteten die Befragten die in Abbildung 21 aufgezeigten Vorteile einer DCC-Partnerschaft als am häufigsten relevant.

Die Zufriedenheit durch mehr Selbstachtung und Selbstverwirklichung oder das Streben nach einem tiefen Erleben der Beziehung und des Lebens sind herausgegriffene Beispiele, die sehr klar verdeutlichen, welche Art der empfundenen Qualitäten im Vordergrund stehen. Sie belegen gleichzeitig konkret den oft zitierten Wertewandel.

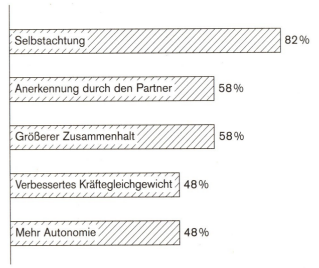

Abb. 21: Vorteile, ein DCC zu sein (Quelle, Carlisle, 1994, S. 144)

7. Lösungsstrategien

Aus dem Zuwachs der DCC-Haushalte und dem resultierenden zunehmenden Potenzial an Rollenbelastung und Identitätsdilemma erwächst auf der einen Seite ein **Untersuchungsbedarf** über Methoden der Bewältigung dieser Probleme. Dies ist Aufgabe von Forschern. Der **Umsetzungsbedarf** gilt den anderen Agenten in diesem Szenario: auf der einen Seite selbstverständlich die Karrierepaare, um deren Problematiken es letztendlich geht, auf der anderen Seite die Arbeitgeber, bei denen die DCCs als karriereorientierte Mitarbeiter beschäftigt sind. Beide Seiten werden sich mit der Lösung DCC-spezifischer Schwierigkeiten und Komplexitäten auseinander zu setzen haben. Während für die Rolle der Arbeitgeber wieder auf die entsprechende Literatur verwiesen wird (siehe Kapitel 4 dieses Beitrags), befasst sich der folgende Abschnitt mit den Möglichkeiten, die die Paare haben, ihre Stressbereiche zu bewältigen.

Individuelle Reflexion über Handlungen und Einstellungen, Arbeiten an der Partnerschaft, Engagement für und mit dem Partner: Dies sind nur einige Stichwörter, die den Erfolg[22] einer Karrierenpartnerschaft beeinflussen und Elemente von Bewältigungsstrategien sind. Unabhängig davon, ob das Paar bereits auf einen reichen und ausgereiften Erfahrungsschatz an Techniken und Methoden zurückgreifen kann oder sich aus der sich vermehrenden Zahl an ratgebender Literatur[23] Hilfe erliest; Kernziel ist das Internalisieren von Interaktionsmechanismen, die zur Lösung von Konflikten beitragen. Sie setzen also am Individuum bzw. am Paar selbst an.[24]

Geeignete und praktisch erprobte Strategien zur Bewältigung von DCC-Problematiken können zumeist unterschieden werden

---

[22] „Erfolg" als ein vom Paar individuell definierter Zustand.
[23] Veröffentlichungen mit einer theoretisch fundierten Basis, die z. B. empirische Untersuchungen mit einbeziehen und neuester psychologische Erkenntnisse und Methoden einsetzten, sind genauso zu finden, wie leicht verständliche Ratgeber in Taschenbuchform.
[24] Vgl. z. B. *Barnett & Rivers*, 1996; *Cooper & Lewis*, 1993.

in Methoden, die das Verhalten und die Einstellungen des Individuums in den Fokus nehmen – die sog. **personenzentrierten Strategien** – und Techniken, die an der Partnerbeziehung ansetzen – die **paarzentrierten Strategien**. Eine Auswahl aus der Vielzahl von Strategien zeigt die Tabelle (u.a. aus *Lawe, C. & Lawe, B.*, 1980).

Personenzentrierte Strategien	
Handlung	**Haltung**
• Entspannungstechniken	• Stressoptimierung: eine kognitive Restrukturierungstechnik, in der Stress als unvermeidlich erkannt wird und Stressarten alternativer Lebensstile zum Vergleich präferiert wird.[25]
• Zeitmanagement	• Priorisierung innerhalb und zwischen Rollen
• Organisationsmanagement	• Aufsplitterung: Mentale Fokussierung auf Rollen zu verschiedenen Zeiten, um Effizenz zu steigern und negative Gefühle und Druck zu reduzieren
	• Überdenken von persönlichen Standards, Kompromissbereitschaft, Erwartungshaltungen revidieren
Paarzentrierte Strategien	
Handlung	**Haltung**
• Kommunikation und Metakommunikation: Kenntnis und beständige Anwendung effektiver interpersoneller Fähigkeiten	• Toleranzfähigkeit verbessern

---

25 Vgl. schon 1973: *Bebbington*.

XI. Doppelkarrierepaare/Dual Career Couples (DCC)

Paarzentrierte Strategien

Handlung	Haltung
• Problem- bzw. Konfliktlösungstechniken aufgrund unterschiedliche Präferenzen, Wünsche und Bedürfnisse • Gemeinsame Entscheidungstechniken	• Erwartungshaltungen dem Partner gegenüber verändern bzw. vermindern • Erfahrungen sammeln

Bereits diese Auswahl macht deutlich, welche Vielzahl an Fähigkeiten der sozialen Kompetenz „notwendigerweise" beherrscht werden „sollten". Zu beobachten ist jedoch, dass gerade junge Akademiker zwischen 20 und 30 Jahren ein Defizit an diesen „skills" erkennen lassen. Der einseitige Fokus der akademischen Lernumwelt auf der einen Seite und die relativ überschaubare (=geringe) Lebenserfahrung auf der anderen Seite vermindern die eigene Ausdrucksmöglichkeit in diesem Bereich. Die eigenen Lebensstilpräferenzen zu formulieren, innerhalb widerstreitender Lebensziele zu priorisieren und gleichzeitig mit denen des Partners zu vereinbaren, sind Aktionen, die meist erst durch einen konkreten Anlass zum Thema werden, wobei dieser Anlass häufig zugleich konfliktbeladen ist. Die Fähigkeiten, die Komplexität einer Karrierenpartnerschaft zu meistern, werden also in der Mehrzahl der Fälle in der Partnerschaft, quasi „am Leben selbst", erlernt. Gerade wegen ihrer knappen Ressource Zeit nehmen die Paare nur in besonderen Krisen äußere Hilfe in Anspruch. Einzelpaarberatungen oder DCC-Workshops sind hier Alternativen, die sehr gezielt und individuell an den DCC-Problemen ansetzen. Ein Beispiel ist ein bereits in den 80er Jahren von *Amatea* und *Cross* an der University of Florida entwickelte DCC-Workshop zur Entwicklung effektiver Bewältigungsprozesse für konkrete Probleme dieser Partnerschaftsform.[26]

---

26 Vgl. *Amatea & Cross*, 1983.

8. Ausblick

Trotz gezeigter hoher Relevanz der Zielgruppe Doppelkarrierepaare und 30-jähriger Forschungstätigkeit auf diesem Feld bleibt es verwunderlich, wie wenig DCCs in der Gesellschaft, insbesondere in Organisationen als solche wahrgenommen werden. Weiterhin wäre es an der Zeit, die vorwiegend auf das Paar oder das Individuum konzentriere Forschungsperspektive gegen eine systemischere Sichtweise (möglich ist sogar eine systemtheoretische[27]) auszutauschen, die nicht nur die beiden interagierenden Berufsbiographien, sondern die gesamte Verwebung des Paares in die Gesellschaft, insbesondere die Verknüpfungen mit Organisationen ins Blickfeld der Forschung bringt.

Forscher als auch Unternehmen sollten sich dabei allerdings gleichzeitig ihrer Grenzen bewusst sein bzw. versuchen, Denkweisen zu hinterfragen. So stellt *Caprioni*[28] sehr eindrucksvoll in Frage, ob die vollständige Integration zwischen Arbeit und Familie überhaupt möglich ist – insbesondere mit einer „lebensfremden" Herangehensweise bzw. ob sie wünschenswert ist:

„... that the well-intentioned efforts of organizational researchers and practitioners to promote work/life balance may simultaneously undermine men's and women's ability to live fulfilling and productive lifes. [...] [because] much of the discourse of work/life balance in the scholarly and popular business press is built on a language and logic that are based in traditional models of bureaucratic organizations, and thus the discourse is likely to perpetuate – perhaps further entrench – many of the problems it promises to alleviate. In short, the same kind of thinking that got us into this predicament is not going to get us out of it."

Sie unterstützt diese Aussagen noch durch einen weiteren Satz:

„A strategic orientation to life underestimates the degree to which life is, and probably should be, deeply emotional, haphazard, and

---

27 Vgl. *Ostermann*, 2002.
28 Vgl. *Caprioni*, 1997.

uncontrollable. Balance, perhaps thankfully, may be beyond our reach."

Die Meinung *Caprionis*, dass Balance in Form von Kontrolle aufgrund der Unvorhersehbarkeiten des Lebens nicht nur ein nicht zu erreichendes, sondern auch ein nicht wünschenswertes Ziel ist, ist unserer Meinung nach eine durchaus (über-)denkenswerte Ansicht.

Die Kontingenz, Veränderlichkeit, Varianz, aber auch Homöostaseorientierung des Lebens sollte unsere Denkprozesse und letztendlich unsere Handlungen und Entscheidungen mehr leiten, als es bisher der Fall ist. Nicht Techniken und theoretisierende idealistische (DCC-)Konzepte, in denen das Konzept der trivialen Maschine Mensch immer noch mitschwingt, sind in der Forschung anzustreben, sondern Hilfestellungen zur Entwicklung und zum Gebrauch der in „nicht-trivialen Maschinen" (=Systemen) innewohnenden Reflexions- und Selbsterkenntnispotenziale.

Literatur

Amatea, E. A. & Cross, E. G. (1983). Coupling and Careers: A Workshop for Dual Career Couples at the Launching Stage, in: Personnel and Guidance Journal, Jg. 62, Nr. 1, S. 48–52

Barnett, R. C. & Rivers, C. (1996). She works, he works. How two-income families are happier, healthier, and better off, New York, NY

Bebbington, A.C. (1973). The function of stress in the establishment of the dual career family, in: Journal of Marriage and the Family, Nr. 35, S. 530–537

Beck-Gernsheim, E. (1994). Auf dem Weg in die postfamiliale Familie. Von der Notgemeinschaft zur Wahlverwandtschaft, in: Politik und Zeitgeschichte. Beilage zur Wochenzeitung: Das Parlament, B 29–30/94, S. 3–14

Bourne, K. (1992). Companies offer career management for couples, in: Journal of Compensation and Benefits, May-June, S. 32–36

Caprioni, P. J. (1997). Work/life balance: You can't get there from here, in: The Journal of Applied Behavioral Science, Vol. 33, Nr. 1, S. 46–56

Carlisle, W. (1994). Sharing home responsibilities. Women in dual-career marriages. In: Konek, Carol Wolfe; Kitch, Sally L.: Women and careers. Issues and Challenges, S. 138–152

Cooper, C. L. & Lewis, S. (1993). The Workplace Revolution. Managing today's dual-career families, London

Corpina, P. (1996). Laufbahnentwicklung für Dual-Career Couples. Dissertation, St. Gallen

Domsch, M. E. & Krüger-Basener, M. (1989). Laufbahnentwicklung von Dual-Career Couples (DCCs), in: Personalführung, Jg. 22, Nr. 3, S. 285–298

Domsch, M. E. & Ladwig, A. (1997). Dual Career Couples (DCCs) – Einsichten und Aussichten für Karrierepaare und Unternehmen, in: Report Psychologie, Zeitschrift des Bundesverbandes Deutscher Psychologinnen und Psychologen (BDP), 22. Jg., Heft 4, S. 310–315

Domsch, M. E. & Ladwig, A. (2000). Doppelkarrierepaare und neue Karrierekonzepte: Eine theoretische und empirische Ausschnittsuntersuchung, in: *Peter, S. & Bensel, N.* (Hrsg.): Frauen und Männer im Management. Diversity in Diskurs und Praxis, Wiesbaden, S. 141–158

Domsch, M. E & Ostermann, A. (2002). Personalwirtschaftliche Aufmerksamkeit für Doppelkarrierepaare (Dual-Career Couples), in: Wirtschaftspsychologie (Pabst Science Publishers), 4. Jg, Heft 1, S. 50–55

Falkenberg, L. & Monachello, M. (1990). Dual-career and dual-income families: Do they have different needs? in: Journal of Business Ethics, Nr. 9, S. 339–351

Handler, C. A./Lane, I. M./Maher, M. (1997). Career planning and expatriate couples, in: Human Resource Management Journal, Vol. 7, Nr. 3, S. 67–79

Ladner Streib, C. & Engeli, H.-P. (1998). Dual Career Couples – Eine Herausforderung für das Human Resource Management, in: Personalführung, Jg. 31, Nr. 3, S. 72–77

Lange, D. & Schulte, J. (1995). Wenn beide an Karriere denken, in: Personalwirtschaft, Jg. 22, Nr. 1, S. 40–42

Luhmann, N. (1984). Soziale Systeme. Frankfurt am Main

Luhmann, N. (1986). Systeme verstehen Systeme, in: *Luhmann, N. u.a.* (Hrsg.): Zwischen Intransparenz und Verstehen. 1. Aufl., Frankfurt am Main, S. 72–117.

Maynard, C. E. & Zawacki, R.A. (1979). Mobility and the dual-career couple, in: Personnel Journal, Vol. 58, Nr. 7, S. 468–472

Morgan, S. (1985). Working parents: Issues and strategies for family management, in: *Ramsey, V. J.* (Hrsg.): Preparing professional women for the future, Michigan, S. 19–34

Ostermann, A. (2002). Dual-Career Couples unter personalwirtschaftlich-systemtheoretischem Blickwinkel. Dissertation, Frankfurt am Main

Ostermann, A. & Domsch, M.E. (2005). Dual Career Couples: Die unerkannte Zielgruppe, in: Gross, W. (Hrsg.): Karriere(n) 2010. Chancen, seelische Kosten und Risiken des beruflichen Aufstiegs im neuen Jahrtausend, Bonn, S. 158–171

XI. Doppelkarrierepaare/Dual Career Couples (DCC)

Peukert, R. (1999). Familienformen im sozialen Wandel. 3. Aufl., Opladen
Rapoport, R. & Rapoport, R. N. (1969). The Dual-Career Family, in: Human Relations, Vol. 22, Nr. 1, S. 3–30
Sperry, L. (1993). Tailoring treatment with dual-career couples, in: American Journal of Family Therapy, Vol. 21, Nr. 1, S. 51–59
Statistisches Bundesamt (1998). Tabelle 2805: Familien nach Beteiligung am Erwerbsleben

XII. Auslandsentsendungen – Karriereturbo oder -bremse?

Laila M. Hofmann

Eine Vielzahl an Studien hat ergeben, dass eine gefestigte Persönlichkeit der wichtigste Erfolgsfaktor für eine Auslandsentsendung ist. Dieser Aspekt steht in der Rangreihe der Wichtigkeit weit vor der beruflichen Erfahrung und der fachlichen Qualifikation (*IFIM*, 2005 a). Für den Einzelnen und seine persönliche Work-Life-Balance stellt das Angebot, für die Firma ins Ausland zu gehen, eine besondere Entscheidungssituation dar, da dies i. d. R. wichtige Implikationen für alle Betrachtungsfelder des Persönlichkeitsmanagements nach sich zieht.

Im vorliegenden Beitrag werden die Chancen und Risiken einer Auslandsentsendung für die ganzheitliche persönliche Entwicklung diskutiert und abgewogen. Dabei steht die Perspektive des Individuums im Vordergrund; bei einigen Aspekten wird zusätzlich auf deren Bedeutung für das Unternehmen explizit hingewiesen.

1. Begriffliche Einordnung

Wie in einer neueren Studie gezeigt werden konnte, nehmen Auslandsentsendungen in den Unternehmen tendenziell zu (*Harris et al.*, 2005). Dabei ist dieser Zuwachs offensichtlich für die klassische Form der Entsendung genauso zu verzeichnen wie für die sog. alternativen Formen, des **„Internationalen Pendelns"**[1] und der **„Vielflieger-Entsendung"**[2].

Von einer klassischen **Auslandsentsendung** spricht man traditionellerweise, wenn Mitarbeiter zeitlich befristet in ein anderes als ihr

---

1 Reisen zwischen dem „Heimatland" und dem Arbeitsplatz in einem anderen Land wöchentlich oder 14-tägig, wobei die Familie im Heimatland verbleibt.
2 Häufige Geschäftsreisen ohne sich jedoch im Ausland niederzulassen.

XII. Auslandsentsendungen – Karriereturbo oder -bremse?

Heimatland geschickt werden, wobei i. d. R. die Familien – soweit vorhanden – mitgehen (*Brewster*, 1991). Ganz grundsätzlich muss zunächst zwischen drei Vertragsformen, die als rechtliche Grundlage für eine Entsendung ins Ausland denkbar sind, unterschieden werden (siehe u. a. *Regnet*, 2000).

- Bleibt der Mitarbeiter bei seinem bisherigen Arbeitgeber unter Vertrag, und ist der Einsatz im Ausland von vornherein zeitlich befristet, wird ein so genannter Entsendungsvertrag abgeschlossen. Dieser Entsendungsvertrag ergänzt den vorliegenden Arbeitsvertrag. Hierin werden üblicherweise Fragestellungen zur Auslandszulage, Anzahl und Ausstattung der Heimreisen, Übernahme von Kosten für bestimmte Erschwernisse etc. geklärt. Man spricht in diesem Falle von einer sog. **Abordnung**, die sich insbesondere bei Einsätzen über kurze Zeiträume, wie bspw. Job-Rotationen oder Projektarbeiten, empfiehlt.

- Erhält der Mitarbeiter von der Auslandsgesellschaft einen Anstellungsvertrag, und wird der „alte" Arbeitsvertrag „ruhend" gestellt, unterliegt der Mitarbeiter fortan den Vertragsbedingungen im Gastland. Es handelt sich hierbei um eine sog. **Versetzung**. Auch sie ist üblicherweise zeitlich befristet, läuft jedoch i. d. R. über mehrere Jahre. Nach Beendigung der Auslandstätigkeit besteht ein rechtlicher Anspruch auf Weiterbeschäftigung im entsendenden Betrieb, oftmals in Verbindung mit dem Anspruch auf einen der Arbeitsstelle, die der Mitarbeiter vor der Auslandstätigkeit innehatte, zumindest gleichwertigen Arbeitsplatz. Zielsetzung hierbei ist in aller Regel, dass der Mitarbeiter nach Beendigung der Auslandstätigkeit seine gesammelten Erfahrungen in der Arbeitsstelle des Ausgangsorts zum Einsatz bringt.

- Falls der Mitarbeiter einen Anstellungsvertrag von der Auslandsgesellschaft erhält, das bisherige Arbeitsverhältnis jedoch beendet wird, spricht man von einem sog. **Übertritt**. Damit gelten für den Mitarbeiter ausschließlich die jeweiligen lokalen Regelungen. Aus Unternehmenssicht entstehen hierbei üblicherweise keine zusätzlichen Entsendungskosten, und der organisatorische Aufwand bei der Rückführung nach einer Versetzung entfallen. Jedoch sinkt bei einer solchen Vertragsform für das Unternehmen die Wahrscheinlichkeit, dass der Mitarbeiter nach einem bestimmten Zeitraum der entsendenden Firma mit den zusätzlich gewonnen Erfahrungen wieder zur Verfügung steht.

Kommen wir nun zum nächsten Schlüsselbegriff – der **„Karriere"**[3]. Das Wort kommt aus dem Französischen und heißt so viel wie „bedeutende, erfolgreiche Laufbahn". Im herkömmlichen Sprachgebrauch ist damit meist der berufliche hierarchische Aufstieg gemeint. Im Rahmen eines ganzheitlichen Persönlichkeitsmanagements beinhaltet eine Karriere sowohl diese berufliche Komponente, lässt jedoch den Aspekt der „privaten Karriere" oder „Familienkarriere" nicht außer Acht. Im Folgenden werden deshalb alle Lebensfelder beleuchtet, die für eine Work-Life-Balance von Bedeutung sind.

Warum stellt eine Auslandsentsendung oftmals eine so schwierige Entscheidungssituation für den Einzelnen (und ggf. dessen Angehörige) dar? Welche Implikationen gilt es zu bedenken, bevor man sich der Herausforderung „Ausland" stellt bzw. ein entsprechendes – im Falle einer Abordnung manchmal doch auch sehr verlockendes finanzielles – Angebot akzeptiert?

2. Implikationen einer Auslandsentsendung für die unterschiedlichen Lebensfelder des Persönlichkeitsmanagements[4]

Die folgenden Betrachtungen können auf alle Länder bezogen werden. Zu bedenken ist hierbei jedoch, dass es große landesspezifische Unterschiede in der Gewichtung der auftretenden Probleme gibt. Studien haben gezeigt: Je höher die „kulturelle Distanz" zwischen Heimat- und Entsendungsland ist, desto unwahrscheinlicher der Erfolg des Auslandseinsatzes[5] (siehe bspw. *Black et al.*, 1991).

---

3 Siehe hierzu auch den Beitrag XI. „Doppelkarrierepaare..." in diesem Band.

4 Im Folgenden wird auf die Darstellung der sozialversicherungs- und steuerrechtlichen Fragestellungen, die sich im Zusammenhang mit einer Auslandsentsendung ergeben, nicht eingegangen. Da dies für den Einzelnen jedoch i. d. R. hohe Bedeutung hat, sei an dieser Stelle auf Spezialliteratur verwiesen. Einen Überblick hierzu finden Sie auch bei *Regnet & Hofmann* (2000).

5 So ermittelt *Stahl* bspw. in seiner Untersuchung signifikant höhere Kulturbarrieren für Entsendungen nach Japan als in die USA (*Stahl*, 1998).

XII. Auslandsentsendungen – Karriereturbo oder -bremse?

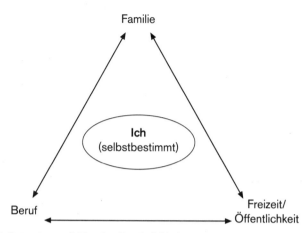

Abb. 22: Betrachtungsfelder des Persönlichkeitsmanagements

Führen wir uns zunächst nochmals die beschriebenen Lebensfelder vor Augen, die für ein *aktives* Persönlichkeitsmanagement betrachtet werden sollten (Abb. 22).

In der Mitte steht das „Ich", das einzelne Individuum. Ziel des Persönlichkeitsmanagements ist die Erreichung eines hohen Selbstbestimmtheitsgrades dieses „Ichs"[6], trotz bzw. wegen des Spannungsfeldes, das sich aus den verschiedenen Lebensfeldern „Beruf", „Familie" und der „Freizeit" bzw. „Öffentlichkeit" ergibt.

Aktives Persönlichkeitsmanagement bedeutet (auch gerade) vor der Entscheidung für oder gegen eine Entsendung ins Ausland die Aspekte des beruflichen und des privaten Umfeldes auf ihre Auswirkungen auf meinen Selbstbestimmtheitsgrad und meine Zufriedenheit zu analysieren. Beginnen wir mit dem beruflichen Umfeld.

---

6 Siehe hierzu den Beitrag V. „Stresskompetenz" in diesem Band.

Auswirkungen für die berufliche Entwicklung

Viele, gerade jüngere Mitarbeiter erhoffen sich von ihren Arbeitgebern die Möglichkeit, im Ausland Erfahrung sammeln zu können. Diese Mitarbeiter entsprechen jedoch oft nicht denjenigen, die die Unternehmen gerne für Aufgabenstellungen im Ausland gewonnen hätten. Es mangelt ihnen oftmals an den Erfahrungen, die in die Auslandsniederlassungen transferiert werden sollen.

Bei der Gruppe der Mitarbeiter, die die Unternehmen i. d. R. gerne entsenden würden, lässt sich jedoch eine zunehmend ablehnende Haltung gegenüber Auslandsaufenthalten feststellen. Zuweilen wird gar von einem Mangel an entsendungswilligen Mitarbeitern gesprochen. Dies geht offensichtlich schon so weit, dass diese Personalknappheit die Expansionsmöglichkeiten von einigen Unternehmen limitiert (*Harris et al.*, 2005). Woran könnte das liegen?

Zum einen lässt sich konstatieren, dass in den letzten Jahren – insbesondere aus Kostengründen – immer weniger Abordnungen in Unternehmen durchgeführt werden (*Harris et al.*, 2005). Es werden hingegen mehr und mehr Versetzungen vorgenommen, wobei meist **keine Rückkehrgarantie** gegeben wird. Dies kommt dann eher einem Übertritt gleich. Dies mag so manchen Mitarbeiter – gerade mit Familie – eher abschrecken.

Es kommt hinzu, dass Auslandsaufenthalte kaum noch eine Garantie für eine interne Beförderung sind. (Obwohl noch vor einiger Zeit in vielen Unternehmen die Bewährung im Ausland als eine unerlässliche Vorbedingung für die **Ernennung in eine Führungsposition** gehandelt wurde (siehe bspw. *DaimlerChryslers* Devise „3×2"[7]), werden doch eine Reihe von Ausnahmen gemacht.) Vielmehr lässt sich feststellen, dass Mitarbeiter sich im Laufe ihrer beruflichen Entwicklung ein bis zwei Mal ins Ausland entsenden lassen, dann jedoch das entsendende Unternehmen verlassen, um in einem anderen Unternehmen eine höherwertige Stelle zu bekom-

---

7 Um für eine Führungsposition vorgeschlagen werden zu können, muss der Mitarbeiter mindestens in zwei Ländern gearbeitet haben, mindestens in zwei verschiedenen Funktionsbereichen und mindestens in zwei Unternehmensbereichen tätig gewesen sein.

men – also: um Karriere zu machen (*Harris et al., 2005*). *GMAC Global Relocation Services* berichten in ihrem Global Relocation Trends Survey Report, dass mehr als ein Viertel der Entsandten zwei Jahre nach Entsendungsende nicht mehr in ihrem Unternehmen arbeiten (*GMAC*, 2000).

Als einen weiteren wichtigen Gesichtspunkt sei auf die besonderen Herausforderungen hingewiesen, denen sich Auslandsentsandte stellen müssen – insbesondere dann, wenn sie eine Führungsposition bekleiden. Hervorzuheben ist hier die schwierige Aufgabe des **„Dieners zweier Herren"** – eine Art Vermittler zwischen Unternehmenszentrale und Auslandsgesellschaft (*Stahl, 2005*). Die Ergebnisse einer Reihe von Studien lassen inzwischen befürchten, dass entsandte Führungskräfte häufig deshalb scheitern, weil sie die Beziehungen zu Arbeitnehmern, Geschäftspartnern oder Regierungsvertretern vernachlässigen oder – manchmal auch – sich so sehr mit den Anforderungen im Gastland identifizieren, dass sie vom Stammhaus nicht mehr akzeptiert werden.

Black und *Gregersen* (1992) unterscheiden vier Typen von entsandten Managern:

- Die „Entwurzelten" („expatriates who see themselves as free agents") verbringen den überwiegenden Teil ihrer beruflichen Karriere im Ausland.
- Die „Heimatlandorientierten" („expatriates who leave their hearts at home") sind fest im Stammhaus verwurzelt und nicht besonders an einer Integration im Gastland interessiert.
- Die „Gastlandorientierten" („expatriates who go native") identifizieren sich hingegen stark mit den Interessen des Gastlandes und haben ihre Loyalität dem Stammhaus gegenüber weitgehend verloren.
- Die „doppelten Staatsbürger" („expatriates who see themselves as dual citizens") streben einen Ausgleich der Interessen des Auslandsniederlassung und des Stammhauses an.

Zu dieser letzten Gruppe, die den Wunschtypus für entsendende Unternehmen darstellt, zählen gemäß den Untersuchungsergebnissen weniger als ein Drittel der ins Ausland entsandten Manager.

So lässt sich zusammenfassen, dass im Gegensatz zu früher eine Entsendung ins Ausland heute oftmals nicht mehr mit einer signifikant höheren Kompensation gekoppelt ist und ein beruflicher Aufstieg nicht zwingend erfolgt. Hinzu kommen bei vielen Entsendungspositionen die erhöhten Anforderungen als „doppelter Staatsbürger".

Auf der anderen Seite muss bedacht werden, dass in einigen Berufen die Möglichkeit zur fachlichen Weiterentwicklung (z. B. Forschung, Medizin, Pharmazie) in anderen Ländern deutlich besser sein kann (so z. B. aufgrund der deutschen Gesetzgebung). Auch die Chance zur persönlichen Entwicklung aufgrund der (Selbst-)Erfahrungen, die man beim Eingliederungsversuch in andere Kulturen sammeln kann, ist nicht gering zu achten.

Bedeutung für die familiäre Situation

Für längerfristige Auslandsentsendungen ist es praktisch unumgänglich, die gesamte Familie mitzunehmen. Auch die Firmen drängen in dieser Hinsicht meist zu einem Familienumzug, da sich ein intaktes Familienleben immer wieder als wichtiger Erfolgsfaktor für Auslandsentsendungen erweist (siehe bspw. *IFIM*, 2005a).

Falls **Kinder** vorhanden sind, ist ein solcher Umzug – abhängig von deren Lebensalter – mit einer Reihe von ganz entscheidenden Einschnitten für die Kinder verbunden. Sie verlieren ihre bisherigen Sozialkontakte; ein Wechsel von einem Schulsystem in ein anderes stellt für viele eine schwierige Hürde dar, insbesondere wenn man sich auch auf eine andere Sprache einstellen muss. Auch wenn die Unternehmen gerade zu diesen Problemstellungen häufig Unterstützung anbieten (bspw. Kostenübernahmen für Privatschulen, Sprachunterricht vor dem Umzug, Relocation Services), muss dieses Themengebiet sicherlich sorgfältig durchdacht sein. Der Aspekt „Kinder" sollte jedoch nicht im Mittelpunkt der Überlegungen stehen, da Studien zeigten, dass die Anpassung der Kinder ein eher kleineres und vor allem vorübergehendes Problem darstellt (siehe z. B. *Stahl*, 2005).

Der **mitreisende Partner** hingegen stellt einen bedeutenden Erfolgsfaktor für einen Auslandseinsatz dar. Er bzw. sie ist einer Vielzahl von Herausforderungen ausgesetzt. Mitreisende Partner sind in der überwiegenden Zahl der Fälle Frauen. So wurde noch in Studien aus den späten 90er Jahren des letzten Jahrhunderts festgestellt, dass Auslandsentsendungen eine männliche Domäne darstellen (*Linehan et al.*, 2005). Es deutet sich jedoch an, dass ein Anstieg von Entsendungen weiblicher Mitarbeiter zu erwarten ist[8]. Einige Studien lassen bspw. vermuten, dass Frauen kulturellen Differenzen gegenüber sensibler sind als Männer und sich demzufolge besser für die Leitung internationaler Teams eignen könnten (*Barham/Devine*, 1990).[9]

Sollte der mitausreisende Partner also ein Mann sein, so müssen Faktoren, wie bspw. das geschlechtliche Rollenverständnis im Einsatzland, bei der Entscheidung besonders berücksichtigt werden.

Falls der mitreisende Partner **berufstätig**[10] ist bzw. im Ausgangsland war, bedeutet eine solche Entsendung – neben den finanziellen Einbußen aufgrund eines fehlenden Verdienstes – für die Partnerschaft meist eine klare Entscheidung für die Karriereentwicklung eines Partners. Einige Firmen versuchen zwar, mitreisenden Partnern ein Jobangebot zu offerieren. Dies gelingt jedoch nur sehr selten – und führt meist nicht zu einer beruflichen Stellung, die der im Heimatland entspricht. Häufig erschweren gesetzliche Bestimmungen in den Einsatzländern die Arbeitsaufnahme für den mitreisenden Partner.

Falls der Partner **nicht berufstätig** ist, bedeutet das, dass das tägliche Leben für ihn häufig einen völligen Neuanfang darstellt. Es müssen neue soziale Kontakte erst gefunden werden. Ohne eine Einbindung in einen beruflichen Kontext fällt dies oftmals gar nicht leicht. Auch hier stellt natürlich die Sprache eine ganz wichtige

---

[8] Zum Themengebiet „Frauen im Unternehmen..." siehe auch den Beitrag von *Regnet* „Chancengleichheit – eine Utopie?" in diesem Band.

[9] Eine umfangreiche Beschreibung zum Themengebiet „Frauen als Auslandsentsandte" findet sich z. B. bei *Fischlmayer, I. C.* (1999). Female Expatriates in International Management, in: *Freisler-Traub, A./ Innreiter-Moser, C.* (Hrsg.): Zerreißprobe, Linzer Schriften zur Frauenforschung, Band 11, Linz, S. 107–134.

[10] Siehe zur Fragestellung „Dual Career-Couples" auch den Beitrag von *Ostermann* und *Domsch* in diesem Band.

Barriere – bzw. Brücke – dar. Während der Entsandte meist im beruflichen Kontext mit Englisch auskommt, genügt dies im täglichen Leben oftmals nicht.

Neben der Berufstätigkeit des Partners spielt auch der **Familienstand** in einigen Ländern eine wichtige Rolle. So gilt es in bestimmten Ländern als eher schwierig, wenn Nicht-Verheiratete zusammen leben. Dies kann bei unverheiratet Zusammenlebenden dazu führen, dass im Vorfeld einer Auslandsentsendung das persönliche Lebensmodell in Frage gestellt werden muss und dann oftmals dem Ziel „Auslandsentsendung" untergeordnet wird; d. h., „man heiratet halt".[11]

Auf der anderen Seite darf nicht vergessen werden, dass Auslandsentsendungen auch für die mitausreisenden Partner neben den kulturellen Erfahrungen einige weitere interessante Möglichkeiten eröffnen. So wird bspw. die Entsendung des Partners von „Mitausreisenden" zur persönlichen Weiterentwicklung genutzt. Oftmals wird eine neue Sprache gelernt, ein Studium o. Ä. aufgenommen, um diese Zeit auch in beruflicher Hinsicht sinnvoll zu investieren. Bei kurzfristigen Auslandsentsendungen lohnt es sich darüber nachzudenken, ob eine Beurlaubung des mitreisenden Partners vom Arbeitgeber ermöglicht werden würde. Dann könnte man eine solche Gelegenheit als eine Art **Sabbatical** verstehen für den mitausreisenden Partner – also einen befristeten Ausstieg aus dem Berufsalltag, um neue kreative Potenziale zu erschließen und die „Batterien aufzutanken" (u. U. einem Burn-Out[12] vorzubeugen).

Einen ggf. sehr wichtigen Punkt für die Überlegungen im familiären Umfeld stellt die Frage nach weiteren **Angehörigen** dar, insbesondere den Eltern des Entsandten und des mitreisenden Partners. Oftmals werden Angebote für Auslandsentsendungen mit dem Hinweis auf das Alter bzw. die Pflegebedürftigkeit von Familienangehörigen ausgeschlagen. Dies ist ein wichtiger Aspekt, den man vor einer solchen Entscheidung, ins Ausland zu gehen, sorgfältig durch-

---

11 Noch „kniffliger" für die Entscheidung für oder gegen eine Entsendung ins Ausland kann die Frage des Zusammenlebens für homosexuelle Partnerschaften sein.
12 Siehe hierzu den Beitrag „Risikofaktoren im Lebens- und Arbeitsstil" von *Linneweh* in diesem Band.

denken und auch besprechen sollte – insbesondere, wenn das Einsatzland weit entfernt ist.

Zusammenfassend kann festgehalten werden, dass es eine Vielzahl an Faktoren aus dem familiären Umfeld zu bedenken gilt. Hier gibt es kein Rezept für Familien, welche Entscheidung die richtige ist. Eines stellt sich jedoch immer wieder als ganz wichtig heraus: Falls der Entsendungskandidat in einer Partnerschaft lebt, sollte er so früh wie möglich das Gespräch zum Thema suchen und seinen Partner in die Überlegungen einbeziehen. Eine Hilfestellung hierfür kann die Checkliste am Ende dieses Beitrags sein.

Konsequenzen für den Freizeitbereich

In diesem Lebensfeld geht es um Überlegungen hinsichtlich der Freundschaftsbeziehungen, Hobbys und der privaten Engagements in Vereinen u. Ä. Im heutigen Informations- und Kommunikationszeitalter lassen sich sicherlich Kontakte auch über weite Entfernungen aufrechterhalten. Eine Veränderung der Qualität der Beziehung ist jedoch oftmals unumgänglich. Auf der anderen Seite eröffnet ein Stellenwechsel – nicht nur ins Ausland – auch wieder die Möglichkeit, neue Kontakte zu knüpfen und Freundschaften aufzubauen. Nicht zu vernachlässigen ist hierbei jedoch, der Wert einer über lange Jahre gewachsenen Freundschaft, die sich über regelmäßige Treffen nährt und festigt; somit einen Rückhalt in schwierigen Situationen und ganz allgemein, einen wichtige Bestandteil im Leben eines Menschen ausmacht.

Einen weiteren Aspekt stellt der Bereich der Hobbys dar, die häufig einen wichtigen Ausgleich darstellen[13]. Wenn Ihre Hobbys für Sie ein wichtiger Zufriedenheitsfaktor sind, vergessen Sie nicht im Vorfeld abzuklären, inwieweit es im Entsendungsland möglich ist, Ihrem Hobby nachzugehen. Falls sich dies als eher schwierig herausstellt, versuchen Sie in Erfahrung zu bringen, welche Alternativen sich anbieten. Vielleicht entsteht ja sogar eine neue Hobby-Leidenschaft? Für Kulturliebhaber können so Italien oder Frankreich in vielen Beziehungen eine Bereicherung darstellen, für Golffans

---

13 Siehe hierzu den Beitrag „Stresskompetenz" von *Linneweh* in diesem Band.

eine Entsendung in die USA oder nach Australien die Erfüllung eines lang gehegten Traums, für Ballettliebhaber Moskau oder St. Petersburg.

Manchmal stellt das Entsendungsland jedoch auch so etwas wie das Traumland dar, in dem der Entsandte soundso schon immer leben wollte. Schön, wenn auch die Mitausreisenden das so sehen. Dann kann dieser Traum in Erfüllung gehen – und das alles ggf. sogar im Einklang mit einer beruflichen Entwicklung.

Falls das Entsendungsland in einer politisch kritischen Situation ist, oder aber dort die Haltung Ausländern gegenüber eher feindlich einzustufen ist, ergeben sich freilich besondere Schwierigkeiten. Meist müssen dann alle mit einer Art Ghetto-Situation zurechtkommen; ohne großen Kontakt zur Außenwelt – oft sogar abgeschirmt von dieser.

3. Rückkehr – Endlich wieder daheim?

Die sog. **Repatriierung** von Auslandsentsandten stellt seit Jahren einen der brennendsten Problembereiche für international agierende Unternehmen dar (*Scullion*, 2001). Bei seiner Rückkehr muss der Entsandte häufig feststellen, dass ein vor Beginn der Entsendung ins Auge gefasster Tätigkeitsbereich nicht mehr zu besetzen ist. Oftmals wurden die „Heimat"-Organisationen während der Entsendungsdauer mehr als einmal umgestellt. So hat der Entsandte dann auch noch sein Netzwerk so gut wie verloren, das gerade nach der Rückkehr bei der Suche nach passenden Einsatzfeldern im Ausgangsland so wichtig ist. Das Problem scheint sich in jüngerer Zeit auch noch zu verschärfen, da aufgrund von Rationalisierungsmaßnahmen und Auslagerungen von Arbeitsplätzen ins Ausland die Zentralen tendenziell eher kleiner werden (*Harris et al.*, 2005). So verwundert es nicht, dass einige Studien erschreckenden Zahlen aufweisen: In seiner Untersuchung über den internationalen Einsatz von Führungskräften befragte *Günter Stahl* 116 entsandte deutsche Führungskräfte nach ihren Problemen im Rahmen der Entsendung. Die meisten Führungskräfte, nämlich 65 % der Befragten, gaben an, dass sie Probleme bei der Rückkehr hatten, z. B. Ungewissheit über die Rückkehrposition und Zukunftsangst. Mehr als ein Drittel dieser Gruppe bezeichneten diese Probleme als „schwerwiegend" (*Stahl*, 2005).

Hinzu kommen folgende Gesichtspunkte:

- Nach einigen Jahren als ranghöchster Repräsentant eines Unternehmens im Ausland mit entsprechenden Entscheidungsspielräumen fällt es vielen schwer, sich wieder in eine Hierarchie ein- und damit oft auch unterzuordnen.
- Falls kein passender Arbeitsplatz angeboten werden kann, findet sich der Rückkehrer häufig in einer Art „Parkposition" wieder. Selbst wenn das Gebot einer sog. „Besitzstandswahrung" greift, und diese Position demzufolge nicht mit Kompensationseinbußen verbunden ist, bedeutet es oftmals einen Statusverlust verbunden mit der Aufgabe bestimmter Karriereziele.
- Die Erfahrungen von Rückkehrern sind deshalb oft mit einem schweren Vertrauensverlust in die Unternehmung und/oder in den Vorgesetzten, der die Entsendung mit zu verantworten hat, verbunden. Rückkehrer berichten auch von ihrer großen Enttäuschung, dass die Bedeutung von Auslandserfahrung – anders als zu Beginn der Entsendung propagiert – im Unternehmen offensichtlich gar nicht so sehr gewürdigt wird; d. h., dass sie den Eindruck gewonnen haben, dass ihre Erfahrungen, ihre Kenntnisse und Fähigkeiten, die sie sich im Ausland erarbeitet haben, im Unternehmen keine Wertschätzung erfahren. Dies führt oftmals zu großen Motivationsproblemen. Dieser Aspekt verdient auch deshalb besondere Aufmerksamkeit, weil für die Erarbeitung neuer Karrieremöglichkeiten gerade hohe Motivation notwendig ist, damit man sich innerhalb des Unternehmens an geeigneter Stelle auch wieder positiv bemerkbar machen kann.
- Ebenso sind viele nicht vorbereitet darauf, dass sich auch im privaten Umfeld während der Entsendungsdauer viel getan haben kann. So kommt man zwar zurück in das Heimatland und zurück zu „alten" Freunden und Bekannten, die sich jedoch ebenfalls weiterentwickelt haben – und einem dann z. T. sehr „fremd" vorkommen können. Man spricht – parallel zum Ausdruck „Kulturschock" bei der Ausreise – vom sog. **„Reentry-Schock"** bei Rückkehr.

Wichtig ist es demzufolge, sich auf diese Schwierigkeiten einzustellen und mental zu wappnen. Darüber hinaus wird an dem Geschilderten auch die Bedeutung von guter Netzwerkarbeit deutlich – in beruflicher wie privater Hinsicht: Halten Sie aktiv Kontakt zum Stammhaus und zu Ihren Freunden und Bekannten im Heimatland.

Um die Schwierigkeiten bei der Rückkehr zu vermeiden, hat in einigen Unternehmen das Modell der sog. **„Glopats"** (Global Expatriates) Eingang gefunden. Dies bedeutet, dass für den Mitarbeiter nach einem Auslandseinsatz von vornherein gar kein Einsatz im Ausgangsland vorgesehen ist, sondern ganz gezielt ein Einsatz in einem anderen „Aus"-Land vorgesehen ist. Dieses Modell stößt bei Mitarbeitern auf große Resonanz, wenn die Abenteuer- bzw. Reiselust ganz oben in der persönlichen Werteordnung steht. Falls der Mitarbeiter mit der Familie im Auslandseinsatz ist, muss dies für die mitreisenden Familienangehörigen nicht unbedingt eine Verschlechterung im Vergleich zum „normalen" Entsandten bedeuten, da ja – wie oben gezeigt – auch nach einer Auslandsentsendung das Eingewöhnen im Ausgangsland zu leisten ist. Zu bedenken bleibt freilich, dass gemeinhin als nicht mehr integrationsfähig in der Heimatorganisation gilt, wer länger als fünf Jahre im Auslandseinsatz war. Zum Großteil ist dies auf die Gewöhnung an die in Relation großen Entscheidungsspielräume zurückzuführen.

Ein weiterer Aspekt darf beim Thema „Repatriierung" nicht unerwähnt bleiben. Es passiert hin und wieder, dass ein Entsandter (erst) während seines Auslandseinsatzes eine (neue) Familie gründet. Hier stellen sich bei der Rückkehr ganz andere Fragen. Meist bedeutet diese „Rückkehr" für die dann mitreisenden Familienangehörigen den ersten Auslandseinsatz.

4. Empfehlungen

Die Empfehlungen basieren auf den oben beschriebenen Einflussfaktoren auf den Erfolg von Auslandseinsätzen. *Stahl* nennt diesen Erfolg „Anpassungserfolg" und leitet ihn bspw. aus dem Aspekt „berufliche Aufgabenerfüllung", aber auch aus den Angaben zur Arbeits- und Lebenszufriedenheit ab (*Stahl*, 1998). Abb. 23 bietet einen zusammenfassenden Überblick zu den Erfolgsfaktoren.

Basierend auf diesen Kriterien lassen sich Empfehlungen für die Vorbereitung auf einen Auslandseinsatz entwickeln. Die folgende Liste orientiert sich an den vom *IFIM* (*Institut für Interkulturelles Management GmbH*) aufgestellten Grundregeln, die dieses Institut auf Basis jahrzehntelanger Erfahrung bei der Unterstützung von Entsandten erarbeitete. Des Weiteren stützen sich die Empfehlungen auf eine Studie aus dem Jahre 2001, in der das *IFIM* 575 deutsche **Expatriates** (also Entsandte) und Mitausgereiste befragte (*IFIM*, 2005 b).

(1) Lassen Sie sich nicht unter zu hohen Zeitdruck setzen. Wie oben gezeigt, handelt es sich bei der Frage für oder gegen eine Auslandsentsendung um eine Entscheidung mit weitreichenden Auswirkungen auf alle Ihre Lebensfelder.

(2) Beziehen Sie frühzeitig in die Abwägung des Angebots Ihren Partner/Ihre Partnerin mit ein. Tauschen Sie sich gemeinsam über Ihre Wünsche, Hoffnungen aber auch Ihre Befürchtungen aus. (Die folgende Checkliste kann hierfür eine hilfreiche Unterstützung sein.)

(3) Verlassen Sie sich nicht auf Versprechungen bzgl. Ihrer Karriere nach dem Auslandsaufenthalt. Sorgen Sie dafür, dass Ihre Erfolgschancen im Ausland möglichst hoch sind (siehe folgende Checkliste). Der erfolgreiche Verlauf einer Entsendung ist eine der wichtigsten Voraussetzungen für die weitere berufliche Karriereentwicklung – sei es innerhalb des entsendenden Unternehmens oder extern.

(4) Darüber hinaus erleichtern einige administrative Hinweise die Vorbereitung auf die Auslandsentsendung:
Der Entsendungszeitraum sollte nicht länger als drei Jahre – ggf. mit Verlängerungsoption betragen, um eine Rückkehr ins Heimatland nicht von vornherein sehr zu erschweren.
Vor der Entscheidung sollten Sie mit Ihrem Partner/Ihrer Partnerin einen sog. „Look&See"-Trip in das Zielland gemacht haben. Es empfiehlt sich hierfür mindestens eine Woche dort zu verbringen und relevante Fragen – soweit möglich – vor Ort zu

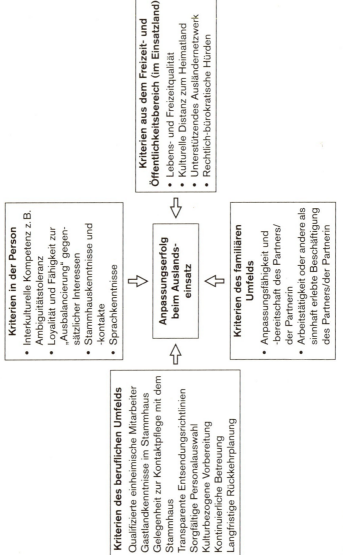

Abb. 23: Kriterien für den Anpassungserfolg bei Auslandseinsätzen (angelehnt an *Stahl*, 1998)

XII. Auslandsentsendungen – Karriereturbo oder -bremse?

klären. Sorgen Sie dafür, dass Sie in dieser Zeit keinen randvollen dienstlichen Terminkalender haben, sondern möglichst viel Zeit mit Ihrem Partner/Ihrer Partnerin verbringen können. Bestehen Sie auf einem interkulturellen Verhaltenstraining für sich und Ihre mitreisenden Angehörigen, um die Denk- und Verhaltenslogik des Gastlandes besser zu verstehen und das eigene Verhalten darauf abzustimmen.

Erkundigen Sie sich nach Unterstützung von Unternehmensseite für Ihren Umzug. Oftmals werden von den Firmen sog. „Relocation-Services" beauftragt, die Sie bei evtl. notwendigen Behördengängen unterstützen und den gesamten Umzug managen.

(5) Und schließlich:
Bereiten Sie sich auf die Rückkehr vor. Halten Sie regelmäßig Kontakt – nicht nur im beruflichen Kontext, sondern auch zum Freundeskreis.

Basierend auf den beschriebenen Aspekten wird deutlich, dass es nicht nur im Interesse des Mitarbeiters liegt, sich sehr sorgfältig mit einer eventuellen Auslandsentsendung auseinander zu setzen. Auch den *Unternehmen* sollte im hohen Maße daran gelegen sein, dass nur solche Mitarbeiter ins Ausland entsandt werden, die sich – gemeinsam mit ihren Familien – gewissenhaft und umfassend mit diesem Thema beschäftigt und die Vor- und Nachteile für ihre eigene individuelle Situation abgewogen haben.

Eine aktive Unterstützung der Mitarbeiter stellt demzufolge auch bei diesem Aspekt des Persönlichkeitsmanagements – sei es in Form von Beratungen, Seminaren oder Selbstreflexionsmaterialien – geradezu ein Muss für Unternehmen dar.

Falls Ihr Unternehmen (noch) nichts in dieser Richtung anbietet, ergreifen Sie selbst die Initiative und analysieren Sie Ihre persönliche Situation mit folgender Checkliste.

5. Checkliste zur Selbstreflexion[14]

Die folgende Checkliste soll Kandidaten für eine Auslandsentsendung und deren Angehörigen als Grundlage für eine kritische Reflexion der eigenen Wünsche und Vorstellungen dienen. Sie umfasst alle oben diskutierten Lebensfelder.

- Die Checkliste kann verwendet werden, um sich selbst darüber klar zu werden, ob man sich im Unternehmen aktiv um eine Entsendung ins Ausland bemühen sollte.
- Sie bietet auch eine gute Grundlage, falls Sie bereits mit der Frage über Ihre Bereitschaft für längere Zeit ins Ausland zu gehen, konfrontiert wurden, und man nun zeitnah von Ihnen eine Antwort möchte.

Ziel hierbei ist es, zum einen höchst mögliche Klarheit über die individuellen Chancen und Risiken zu erhalten; zum anderen kann diese Checkliste auch einen Einstieg in ein offenes Gespräch mit dem Lebenspartner erleichtern.

Es empfiehlt sich, dass der/die Entsendungskandidat/in und sein/e Partner/in zunächst getrennt voneinander die entsprechenden Abschnitte der Checkliste ausfüllen und anschließend im Gespräch die Ergebnisse abgleichen und diskutieren.

Wenn Sie möchten, nutzen Sie doch gleich dieses Gespräch, um sich von Ihrem/Ihrer Partner/in Feedback über Ihre persönlichen Stärken und Schwächen zu holen. (Dies kann gut anhand der Fragen nach den „Eigenschaften" geschehen.)

---

14 Zum Themengebiet der betrieblichen Eignungsdiagnostik für die Auswahl von Mitarbeitern für Auslandsentsendungen siehe bspw. *Deller, J.* (1996). Interkulturelle Eignungsdiagnostik, in: *Thomas, A.* (Hrsg.): Psychologie interkulturellen Handelns, Göttingen, S. 283–316.

XII. Auslandsentsendungen – Karriereturbo oder -bremse?

Checkliste für Auslandsentsendungen zur Analyse der eigenen Situation

Selbstreflexion (allgemeiner Teil)

Welche konkreten **Ziele** verbinden Sie ganz persönlich mit einer Auslandsentsendung (beruflicher und privater Art)?

_____
_____
_____

Welche **Risiken** sind Ihrer Auffassung nach mit der Entsendung verbunden?
Für Sie persönlich?_____
Für Ihren Partner/Ihre Partnerin?_____
Für Ihre Kinder?_____
Für Ihre sonstigen Familienangehörigen?_____

Welche **Chancen** sind Ihrer Auffassung nach mit der Entsendung verbunden?
Für Sie persönlich?_____
Für Ihren Partner/Ihre Partnerin?_____
Für Ihre Kinder?_____
Für Ihre sonstigen Familienangehörigen?_____

Welche **persönliche Eigenschaften**, welche **spezielle Fähigkeiten** bringen Sie mit für einen erfolgreichen Verlauf einer Auslandsentsendung?

_____
_____
_____

Was fehlt Ihnen (noch)?

_____
_____

Wie könnten Sie dies beschaffen/erreichen?

_____
_____

Falls Sie bereits eine Anfrage vorliegen haben:
Was würde passieren, wenn Sie das Angebot, ins Ausland zu gehen, ablehnten?

_____

Was würde das für Sie bedeuten?

_____

Dritter Teil: Work-Life-Balance – Elemente im Persönlichkeitsmanagement

Selbstreflexion (spezifischer Teil: berufliche Erfolgsfaktoren)
Wie steht es um Ihre **Vernetzung** im Stammhaus?
Wie lange sind Sie im Unternehmen?_____
Welche Abteilungen kennen Sie – welche sehr gut?_____

_____

Wie genau kennen Sie die Prozesse auch in den benachbarten Fachgebieten?*

_____

Wie gut sind Ihre Beziehungen zu Nachbarabteilungen?_____
Welche Kenntnisse haben Sie über die Geschichte des Unternehmens, seine gesamte Angebotspalette, die Hauptkunden(segmente) und über die Firmenstrategie?**

_____

_____

Falls Sie bereits eine Anfrage vorliegen haben:
    Welche Kenntnisse haben Sie über das Gastland, die Geschichte und seine gesellschaftlichen Strukturen?

    _____

    _____

    Welche Erfahrungen haben Sie mit Menschen aus diesem Kulturkreis gemacht?

    _____

    _____

Falls Sie noch keine Anfrage vorliegen haben:
    Was wäre ihr **bevorzugtes** Entsendungsland?_____
    Nach Ihrem aktuellen Kenntnisstand – was gefällt Ihnen besonders gut an diesem Land?

    _____

    _____

---

* **Merke**: Der Job im Ausland wird in aller Regel weniger spezialisiert sein als der, den Sie zurzeit ausfüllen.
** **Merke**: Als Auslandsentsandter werden Sie zugleich auch immer als Repräsentant des Unternehmens gesehen.

XII. Auslandsentsendungen – Karrieretubo oder -bremse?

Nach Ihrem aktuellen Kenntnisstand – was gefällt Ihnen am wenigsten an diesem Land?

_____
_____

In beiden Fällen: Wie sieht es mit Ihren Sprachkenntnissen aus?*

_____

Sicht des Partners/der Partnerin

Welche konkreten **Ziele** verbinden Sie ganz persönlich mit einer Auslandsentsendung (beruflicher und privater Art)?

_____
_____
_____

Welche **Risiken** sind Ihrer Auffassung nach mit der Entsendung verbunden?
Für Sie persönlich?_____
Für Ihren Partner/Ihre Partnerin?_____
Für Ihre Kinder?_____
Für Ihre sonstigen Familienangehörigen?_____

Welche **Chancen** sind Ihrer Auffassung nach mit der Entsendung verbunden?
Für Sie persönlich?_____
Für Ihren Partner/Ihre Partnerin?_____
Für Ihre Kinder?_____
Für Ihre sonstigen Familienangehörigen?_____

(Falls Ihr Partner/Ihre Partnerin noch kein konkretes Angebot vorliegen hat, beantworten Sie bitte folgende Fragen für
Ihr bevorzugtes Entsendungsland: _____)

Wie sieht es mit Ihren Sprachkenntnissen aus?*

_____
_____

---

* **Merke**: Seien Sie sich bewusst darüber, dass es eine besondere Herausforderung darstellt, wenn das Entsendungsland auch eine eigene Schrift hat, wie bspw. Japan oder China.

Nach Ihrem aktuellen Kenntnisstand – was gefällt Ihnen am wenigsten an diesem Land?

Nach Ihrem aktuellen Kenntnisstand – was gefällt Ihnen besonders gut an diesem Land?

Literatur

Barham, K./Devine, M. (1990). The quest for the international manager: A survey of global human resource strategies, London

Black, J. S./Mendenhall, M. E./Oddou, G. R. (1991). Toward a comprehensive model of international adjustment: An integration of multiple theoretical perspectives, in: *Academy of Management* Review, 16, S. 291–317

Black, J. S./Gregersen, H. B. (1992). Serving two masters: managing the dual allegiance of expatriate employees, in: *Sloan* Management Review, 34, S. 61–71

Brewster, C. (1991). The Management of Expatriates, London

Deller, J. (1996). Interkulturelle Eignungsdiagnostik, in: Thomas, A. (Hrsg.): Psychologie interkulturellen Handelns, Göttingen, S. 283–316

Fischlmayer, I. C. (1999). Female Expatriates in International Management, in: *Freisler-Traub, A./Innreiter-Moser, C.* (Hrsg.): Zerreißprobe, Linzer Schriften zur Frauenforschung, Band 11, Linz, S. 107–134

GMAC Global Relocation Services/Windham International (2000). Global Relocation Trends 2000 Survey Report, New York

IFIM Institut für Interkulturelle Management (2005a): Erfolgsrelevante Faktoren, unter URL: http://www.ifim.de/foliensets/anforderungen/anford/s0015.htm am 16.6.2005

IFIM Institut für Interkulturelle Management (2005b): Antworten auf häufig gestellte Fragen – zum Thema: Leben und Arbeiten im Ausland, unter URL:http://www.ifim.de/faq/faq-ausland.htm am 16.6.2005

Harris, H./Brewster, C./Erten, C. (2005). Auslandseinsatz, aber wie?, in: Stahl, G./Mayrhofer, W./Kühlmann, T. (Hrsg.): Internationales Personalmanagement, München und Mering, S. 271–291

Linehan, M./Scullion, H./Mattl, C. (2005). Topmanagerinnen und Dual Creer couples auf Auslandsentsendung, in: *Stahl, G./Mayrhofer, W./Kühlmann, T.* (Hrsg.): Internationales Personalmanagement, München und Mering, S. 347–361

Regnet, E./Hofmann, L. (2000). Personalmanagement in Europa, Göttingen

Regnet, E. (2000). Personalbetreuung bei Entsendungen ins Ausland, in: *Regnet, E./Hofmann, L.* (Hrsg.): Personalmanagement in Europa, Göttingen, S. 282–292

Scullion, H. (2001). International human resource management, in: Storey, J. (Hrsg.): Human Resource Management, London

Stahl, G. (1998). Internationaler Einsatz von Führungskräften, München

Stahl, G. (2005). Ein Diener zweier Herren, in: S*tahl, G./Mayrhofer, W./Kühlmann, T.* (Hrsg.): Internationales Personalmanagement, München und Mering, S. 293–306

XIII. Karriereplateau im mittleren Lebensalter – Chance oder Sackgasse?

Erika Regnet

1. Fach- und Führungskräfte im Karriereplateau

Die ersten 10 bis 15 Jahre der Berufstätigkeit sind für qualifizierte Mitarbeiter/-innen i. d. R. gekennzeichnet durch eine berufliche Weiterentwicklung, durch deutliche Gehaltszuwächse, Job-Rotationen, herausfordernde Tätigkeiten und (mehrfache) Beförderung. Es gibt viele Chancen, man ist gefragt am internen wie dem externen Arbeitsmarkt. Die Verweildauer an den jeweiligen Positionen beträgt heute häufig 1,5 bis 3 Jahre, d. h. die Wechsel erfolgen schnell und zahlreich.

Im mittleren Lebensalter, ab ca. 40 Jahren[1] verändert sich die Situation: Nicht jeder Mitarbeiter, nicht jede Mitarbeiterin wird immer weiter aufsteigen. Im mittleren Lebensalter hat man bereits einiges erreicht, die weiter in Frage kommenden Positionen werden überschaubar. Nicht jeder kann bis in das Top-Management aufsteigen – sei es aufgrund mangelnder Qualifikation, Leistung, Einsatzbereitschaft, Motivation oder einfach deshalb, weil die Stellen an der Spitze zwangsläufig begrenzt sind. D. h. die Erfahrung eines Karriereplateaus ist – wenn auch auf unterschiedlichen Ebenen – für die meisten Berufstätigen früher oder später Realität.

Eine Verlagerung in immer frühere Phasen der Berufstätigkeit ist nicht ausgeschlossen. So berichteten bereits 30-jährige Mitarbeiter von sog. „dot.com-Unternehmen" über Burn-Out-Erfahrungen[2].

---

[1] Mit der Angabe einer Jahreszahl ist natürlich nicht gemeint, dass sich mit dem Geburtstag sofort alle Veränderungen einstellen. Bei dem einen mag es bereits schon vorher dazu kommen, bei dem anderen erst einige Jahre später.

[2] Siehe hierzu den Beitrag VIII. „Risikofaktoren im Lebens- und Arbeitsstil" in diesem Band.

XIII. Karriereplateau im mittleren Lebensalter – Chance oder Sackgasse?

Karriereplateau und damit verbundene Ernüchterungseffekte sind folglich nicht allein ein Ergebnis des Älterwerdens oder gar einer Midlife-Crises. Vielmehr ist gerade für stark berufsorientierte Personen, die einen Großteil ihrer aktiven Zeit in den Beruf investiert haben, ein Plateau zunächst einmal eine Abweichung von der bisherigen Lebens- und Berufsplanung. Statt kontinuierlichem Fortschritt – in Bezug auf Status, Aufgaben, Verantwortung, Bezahlung – fühlt man sich nun eingefroren, in einer Sackgasse.

Das traditionelle Personalentwicklungsverständnis geht davon aus, dass „man es mit Anfang 40 geschafft haben sollte", d. h. der/die Betreffende hat nun die maximal erreichbare Position erklommen und behält diese oder eine vergleichbare Stelle/Funktion bis zur Pensionierung. Bei diesem Modell schließt sich an eine relativ lange Ausbildungsphase eine möglichst ununterbrochene Berufstätigkeit bis zur Rente und dem endgültigen Austritt aus dem Berufsleben an. Die Personalarbeit verhält sich in vielerlei Hinsicht weiterhin nach diesem traditionellen Modell:

- Beförderungen in eine erste Führungsverantwortung jenseits des 40. Lebensjahres sind selten. Spätestens ab Ende 40 kommt es – von Spitzenpositionen abgesehen – kaum mehr zu Beförderungen.
- Ab 40, insbesondere aber ab dem 45. Lebensalter nehmen Beschäftigte unterdurchschnittlich an Weiterbildungsveranstaltungen teil (z. B. *Ilmarinen & Tempel*, 2002, S. 223). Obwohl die Forderung nach lebenslangem Lernen in aller Munde ist, wird die Zielgruppe der älter werdenden Mitarbeiter offensichtlich vernachlässigt. Dann ist veraltetes Wissen kein Ausdruck mangelnder Lernfähigkeit, sondern vielmehr der fehlenden Investition in das Humanvermögen. Relativ hohe Weiterbildungsquoten weisen dagegen Finnland, Dänemark, Schweden und Großbritannien auf (ebenda, S. 222). Deutschland liegt in den Weiterbildungsaktivitäten für die Gruppe 45+ knapp über dem EU-Durchschnitt.
- Ein freiwilliges Zurückgehen – z. B. aus einer Führungsposition in eine Spezialistentätigkeit, aus einer hoch bezahlten Stelle in eine mit weniger Verantwortung – ist ohne Gesichtsverlust kaum möglich. Der berufliche Lebensweg soll ausschließlich nach oben gehen.

- Ab Anfang, spätestens ab Mitte 40 sind Beschäftigungssuchende am externen Arbeitsmarkt nur noch schwer zu vermitteln, auch interne Wechsel nehmen ab (s. u.).

Dabei ist ein Karriereplateau nicht gleichzusetzen mit Leistungsabfall (siehe Tabelle; *v. Eckardstein*, 1997). Personen im Karriereplateau können durchaus dem gängigen Bild entsprechen, unzufrieden und für die Organisation ineffizient sein (**deadwood**). Doch darüber dürfen die Leistungsträger nicht vergessen werden, die an ihrem Platz wichtige Beiträge für die Organisation liefern, auch wenn sie keine Beförderungschancen oder -ambitionen haben (**solid citizens**). **Stars** sind diejenigen, die überragende Leistungen zeigen und denen ein großes weiteres Potenzial zugeschrieben wird. **Learners** sind dagegen relativ neu in der jeweiligen Position, weisen noch unterdurchschnittliche Leistungen auf, wobei aber eine Steigerung durch Hineinwachsen in die Aufgabe erwartet wird. Learners haben weiteres Entwicklungspotenzial. Die rein zeitliche Feststellung, wie viele Jahre jemand in einer bestimmten Position verweilt, reicht deshalb nicht aus, auch wenn eine lange Verweildauer,

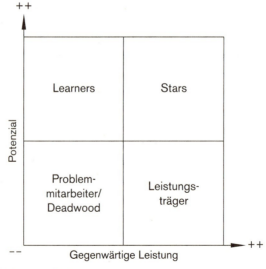

Abb. 24: Mitarbeiterportfolio

XIII. Karriereplateau im mittleren Lebensalter – Chance oder Sackgasse?

Stagnation an einer Position dafür spricht, dass der Betreffende die Spitze seiner beruflichen Karriere erreicht hat.

Nach Schätzungen befinden sich ca. 60 % der Organisationsmitglieder in einem Plateau, zwei Drittel davon mit guter, eines mit unbefriedigender Leistung (z. B. *Tan & Salomone*, 1994). *Eckardstein* (1997, S. 14) verweist auf folgende Besonderheiten der „plateaued performers": Sie sind „älter, weniger zufrieden mit ihrem Vorgesetzten, berichten über geringere Aufstiegschancen, fehlen öfter, schätzen ihre Marktfähigkeit geringer ein und fühlen sich weniger gesund. In Bezug auf Leistung, Arbeitszufriedenheit, Motivation (...) liefern die empirischen Untersuchungen bislang entweder keine Unterschiede (im Vergleich zu den non-plateaued) oder widersprüchliche Befunde."

Manager erreichen ihr Plateau im Durchschnitt mit 45 Jahren. Mögliche Gründe sind:

- man hat den Gipfel seiner Leistungsfähigkeit erreicht, ist an der geeigneten Position
- man ist zufrieden mit dem Erreichten
- persönliche Entscheidung: man möchte nicht weiter aufsteigen und die Verantwortung übernehmen, den Stress aushalten müssen
- mit zunehmender Hierarchie stehen rein quantitativ weniger Positionen zur Verfügung, auch bei vielen Geeigneten ist nur einmal der Vorstandsposten zu besetzen
- Lean-Konzepte, Fusionen und Rationalisierungsmaßnahmen verstärken diesen Trend noch.

Nichtsdestotrotz herrscht eine negative Bewertung des Berufsplateaus vor: Stagnation wird mit Rückschritt und dem sog. Peter-Prinzip („Jeder wird bis zur Stufe seiner Unfähigkeit befördert") gleichgesetzt.

Die Gruppe der heute 40- bis 50-Jährigen hat die meisten der für sie möglichen beruflichen Ziele erreicht. Ein weiterer Aufstieg wird nur noch für wenige realisierbar sein, das Machbare nimmt vor den Augen Gestalt an, weitere große Gehaltszuwächse sind unwahrscheinlich. Bleibt auch die Aufgabe weitgehend unverändert, so tritt zunehmend Routine ein (positiv), es wird jedoch keine Herausforderung, keine Spannung und Abwechslung mehr erlebt (negativ).

Gerade die mittleren Jahre stellen deshalb eine bedeutsame Zeit für die weitere berufliche und persönliche Entwicklung dar – hin zur „inneren Kündigung" als Reaktion auf Frustrationen oder zum dauerhaften Leistungsträger, der in neue Rollen hineinwächst und z. B. für Jüngere zum Mentor wird.

Bei einer Befragung unter 35- bis 42-jährigen Managern aus Unternehmen wie *BP*, *Philipps* und *Unilever* gaben 40 % an, sie suchten „eine neue Herausforderung" und 30 % stellten eine „Stagnation in meinem Beruf" fest (*Donnenberg*, zitiert nach *Gottschall*, 1988). Gerade 36- bis 45-Jährige klagen vermehrt über relativen Misserfolg, Unzufriedenheit mit dem Beruf und Gesundheitsprobleme. Die Gleichförmigkeit des Berufsalltags kann zum Monotonieerleben führen. Dies bedeutet, dass ein Mitarbeiter nicht mehr sein volles Potenzial in das Arbeitsgeschehen einbringt!

Gleichzeitig handelt es sich, wenn die Personalentscheidungen der Vergangenheit nicht ganz falsch waren, um Leistungsträger, um Personen, die betriebliche Schlüsselpositionen einnehmen und eine wichtige Multiplikatorenrolle spielen sollen. Es ist daher von zentraler Bedeutung, die Motivation und das Engagement dieser Gruppe auf hohem Niveau zu stabilisieren. Gezielte Maßnahmen im Unternehmen sind deshalb zu empfehlen (s. u.).

Die Berufsbiographie von Personen ohne Plateau zeichnet sich insbesondere durch ein schnelles Durchlaufen der verschiedenen hierarchischen Positionen aus. Allerdings war bei einem Manager im Plateau der Vorgänger auch schon signifikant länger auf eben dieser Position als bei einer Kontrollgruppe (*Veiga*, 1981). Die Betroffenen sind somit möglicherweise Opfer ihrer falschen Karrierestrategie: Nicht ihre Leistung ist Ursache für die Stagnation, sondern die gewählte Funktion erweist sich als Hemmnis.

2. Alter als Risikofaktor am Arbeitsmarkt

Entlassung und Arbeitslosigkeit können heute schon für einen 40-Jährigen das abrupte Ende seiner beruflichen Karriere bedeuten. Über 40-Jährige haben große Probleme, aus der Arbeitslosigkeit wieder in ein festes Beschäftigungsverhältnis zu kommen – selbst wenn sie berufliche Weiterbildungsmaßnahmen erfolgreich besucht haben.

XIII. Karriereplateau im mittleren Lebensalter – Chance oder Sackgasse?

In Stellenanzeigen werden vornehmlich jüngere Mitarbeiter gesucht. Während eine altersmäßige Grenze („Unser Wunschkandidat sollte ca. 35 Jahre alt sein", „Geeignete Bewerber bis max. 40 Jahre bewerben sich bitte unter...") in anderen Ländern – beispielsweise den USA – das Kriterium der Diskriminierung erfüllen würde, ist es bei uns bisher durchaus üblich, ein Wunschalter anzugeben. Und dieses bezieht sich fast ausschließlich auf die „magischen Grenzen" von 35 und 40 Jahren. Die Bundesrepublik war allerdings aufgefordert, eine EU-Richtlinie vom 27. 11. 2000, die Diskriminierung verbietet – explizit genannt ist dabei auch das Alter –, umgehend in nationales Recht umzusetzen. Hier bleiben die konkreten Auswirkungen des neuen Allgemeinen Gleichbehandlungsgesetzes abzuwarten.

Bei einer Analyse bei 50 Wochenendausgaben von vier regionalen Tageszeitungen (*Gravalas*, 2002, S. 7) beziehen sich die Stellenangebote
- auf unter 30-Jährige   12 %
- auf 30- bis 39-Jährige   24 %
- auf 40- bis 60-Jährige   22 %
- ohne Altersangabe   42 %.

Die meisten **Stellensuchanzeigen** dagegen werden von über 35-Jährigen aufgegeben, besonders stark von der Gruppe der 40- bis 44-Jährigen, also denjenigen, die ihr berufliches Schicksal noch einmal in die Hand nehmen wollen, vielleicht unzufrieden sind und eine weitere Chance suchen oder aus der bisherigen Berufstätigkeit „herausgefallen" sind.

Die **generelle Wechselbereitschaft** bleibt auch im mittleren Alter hoch. Nach Befragungen bei Führungskräften in der chemischen Industrie sind 82 % der bis zu 45-Jährigen und bei den über 45-Jährigen immerhin noch 55 % grundsätzlich wechselbereit. Mit einem Wechsel wird die Erwartung verknüpft, ein höheres Einkommen zu realisieren, sich neuen Herausforderungen zu stellen, die Arbeitsplatzsicherheit zu erhöhen oder einem schlechten Betriebsklima auszuweichen. Und 97 % der Wechselbereiten haben bereits erste Schritte bei der Suche nach einem neuen Arbeitgeber unternommen. Immerhin jeder fünfte führte bereits Vorstellungsgespräche (www.flexible-unternehmen.de/news/02-09-12-01.htm vom 12. 9. 02).

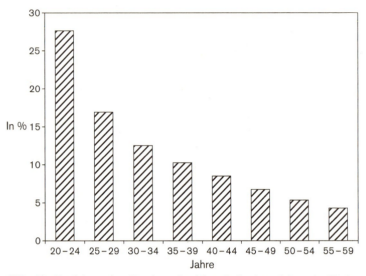

Abb. 25: Betriebs- oder Berufswechsel innerhalb eines Jahres in % der Befragten (aus *Köchling*, 2002, S. 76)

Der **tatsächliche Unternehmenswechsel** nimmt zwar mit dem Alter ab, wie Abb. 25 zeigt. Die hohe generelle Wechselbereitschaft macht jedoch Unzufriedenheit, Ängste und eine mangelnde Mitarbeiterbindung deutlich.

Bei einer eigenen Untersuchung zum Thema „Berufliche Entwicklung im mittleren Lebensalter" wurden in den Jahren 2002/03 111 Personen primär aus Großunternehmen befragt (die Befragungsergebnisse sind detailliert dargestellt in *Regnet*, 2004).

Die Befragten wurden u. a. gebeten anzugeben, warum sie trotz bestehender Unzufriedenheit nicht gewechselt hatten. An erster Stelle wird genannt, dass die Vorteile bisher überwiegen (41 Nennungen), gefolgt davon, dass kein geeignetes internes oder externes Angebot gefunden werden konnte (40 bzw. 33 Nennungen). Der Aussage, dass das Alter einen Wechsel generell schwierig macht, stimmen 25 der Befragten zu (Abb. 26).

Deutlich werden bei jeder Antwort Alterseffekte, mit zunehmendem Alter wird der Wechsel schwieriger, was sich in subjektiven Er-

XIII. Karriereplateau im mittleren Lebensalter – Chance oder Sackgasse?

Frage: Wenn Sie unzufrieden sind, warum haben Sie bisher noch keine berufliche Änderung vorgenommen?

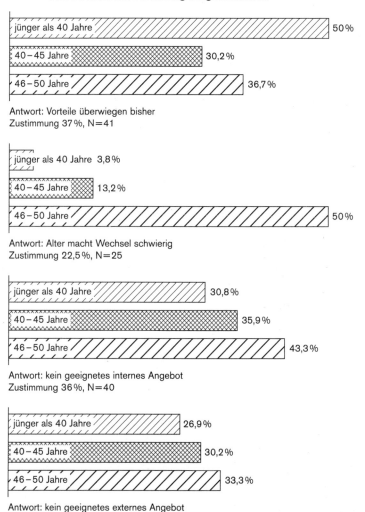

jünger als 40 Jahre 50%
40–45 Jahre 30,2%
46–50 Jahre 36,7%

Antwort: Vorteile überwiegen bisher
Zustimmung 37%, N=41

jünger als 40 Jahre 3,8%
40–45 Jahre 13,2%
46–50 Jahre 50%

Antwort: Alter macht Wechsel schwierig
Zustimmung 22,5%, N=25

jünger als 40 Jahre 30,8%
40–45 Jahre 35,9%
46–50 Jahre 43,3%

Antwort: kein geeignetes internes Angebot
Zustimmung 36%, N=40

jünger als 40 Jahre 26,9%
40–45 Jahre 30,2%
46–50 Jahre 33,3%

Antwort: kein geeignetes externes Angebot
Zustimmung 29,7%, N=33

Abb. 26: Hemmnisse beim beruflichen Wechsel

fahrungen der Betroffenen widerspiegelt. Selbst ein interner Wechsel scheint vielen in der Gruppe 45+ nicht mehr möglich.

Insgesamt gesehen halten viele der Befragten eine Veränderung ihrer beruflichen Position in den nächsten fünf Jahren für wenig wahrscheinlich. Während 40 % der unter 40-Jährigen einen weiteren Aufstieg erwarten, sind dies bei den 40- bis 45-Jährigen nur noch 21 %, bei den 46- bis 50-Jährigen sogar nur 14 %.

Einen Wechsel des Unternehmens können sich in dieser Befragung bei den 40- bis 45-Jährigen 11,5 % vorstellen. Ein Zurückgehen in eine weniger anspruchsvolle Position ist für die meisten (bisher?) undenkbar.

Die folgenden Äußerungen veranschaulichen Diskriminierungserfahrungen:

„Fort- und Weiterbildungsangebote für bereits ‚gebildete' MA sind Mangelware und sollten erhöht werden."

„Warum sollten wir länger als 60 arbeiten? Sind ja eh nur noch als ‚Alteisen' angesehen, außer Berufserfahrung."

„Ich möchte den Satz ‚Mit 40 lernen wir hier niemanden mehr um/ein' nicht noch einmal hören müssen."

„Mit 5 vorne wird man nicht mehr ganz voll genommen."

„Wenn es auf die 50 zugeht, wird es schwierig... Kollegen mit 55 werden fast gezwungen, in Altersteilzeit zu gehen."

„Denken im Unternehmen muss raus: ab 40, 45 kann man keinen mehr vermitteln, mit 50 ist es ganz schwierig, man erhält gar nicht die Möglichkeit."

„Altersgrenze für Führungspositionen sind bei Mitte 30."

3. Berufs- und Lebenszufriedenheit

Life success – was ist das? Als Kriterien für **„Life success"** im mittleren Lebensalter (d.h. bei Personen zwischen 40 und 50 Jahren) werden in Befragungen und Untersuchungen vor allem genannt:

- Realisierung von Zielen, berufliche Zufriedenheit und das Gefühl, etwas erreicht zu haben.
- Eine glückliche Ehe und Privatleben, zufriedene Familie.
- Ausreichendes Einkommen, um angenehm zu leben.

XIII. Karriereplateau im mittleren Lebensalter – Chance oder Sackgasse?

- Einen Beitrag zu leisten zum Wissen oder Wohlergehen der Menschheit; anderen helfen; die Welt als besseren Ort verlassen.
- Gut geordnete Persönlichkeit, emotionale Reife, Anpassungsfähigkeit.

Man hat etwas erreicht, fühlt sich anerkannt und gebraucht, sieht einen Sinn in der Tätigkeit und seinem Leben, lebt sicher und kann Arbeit und Privatleben in einen guten Einklang bringen. Es geht also nicht nur um Erfolg, sondern um ein „gelungenes" Leben, um die allgemeine Lebenszufriedenheit.

Untersuchungen haben inzwischen gezeigt, dass die früher oft beschworene Midlife-Crisis weder ein zwangsläufiges Problem im Übergang zum Älterwerden ist, noch in besonderer Häufung oder Stärke auftritt. Doch Perspektiven verändern sich für viele mit dem Älterwerden, die (Lebens-)Zeit wird überschaubar, als Folge fragen sich viele, ob sie ihre Zeit richtig einsetzen. Die Bewertung des Erreichten ist möglich – weil die weiteren Schritte im Unternehmen überschaubarer geworden sind und weil – nicht zuletzt ausgelöst durch runde Geburtstage – durchaus eine Bilanz gezogen wird (Abb. 27).

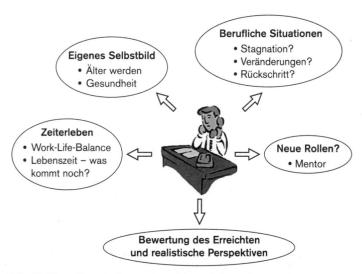

Abb. 27: Neue Fragestellungen im mittleren Lebensalter

Mangelnde berufliche Perspektiven und die Erfahrung, dass man verschiedene Ziele nicht erreichen konnte, beruflich und/oder privat nicht so lebt, wie man sich das vorgestellt hatte, können zu einer sich verfestigenden negativen Lebenseinstellung, zu Resignation, Zynismus und Depression führen.

In der bewussten Entscheidung und Abgrenzung liegt die Chance. Dann kann man als Folge einer Bilanz des Erreichten, der Reflexion der Ziele sowie der eigenen Stärken und Schwächen nicht resigniert sondern aktiv gestaltend in die zweite Hälfte seines Lebens treten.

Im Alter von 40–50 Jahren ist meist einschätzbar, was beruflich noch weiter erreicht werden kann. **Folgende Reaktionsformen** sind denkbar, wenn ein Plateau droht:

- Zufriedene – sie wollen keinen weiteren Aufstieg und sind mit ihrer Tätigkeit zufrieden.
- Angepasste – sie akzeptieren die Realität und modifizieren, d. h. reduzieren ihre Erwartungen.
- „Alternative" – sie sind zufrieden mit dem Erreichten, fragen sich jedoch, ob der Preis nicht zu hoch war und ob sie dieses Leben dauerhaft weiterführen sollen; im Sinne einer bewussten Work-Life-Balance gönnen sie sich ein **Sabbatical** oder entscheiden sich für ein berufliches Kürzertreten und Zurückgehen, sie verlagern den Schwerpunkt vom Beruf hin zu Familie, Freizeit, Hobbys, sozialem Engagement.
- Verleugner – sie verdrängen das Gefühl, in einem Plateau zu sein, und erhöhen ihre Anstrengungen.
- Internalisierer – sie empfinden das Plateau als persönliches Versagen und entwickeln Selbstwertprobleme.
- Unzufriedene – sie fühlen sich in ihrer Leistung nicht anerkannt, machen das Unternehmen und/oder Vorgesetzte dafür verantwortlich, dass sie nicht weiterkommen; sie sind frustriert, unzufrieden und resigniert und zeigen Leistungseinbußen.
- Entschlossene – sie vertrauen in ihre Leistungen und verlassen das Unternehmen, um woanders den gewünschten Erfolg zu erzielen.

Ist ein weiterer Aufstieg oder Job-Rotation unwahrscheinlich, so lässt sich Zufriedenheit auch durch neue Aufgaben und Rollen erreichen. Eine Reihe von Unternehmen versucht, Ältere gezielt als Mentoren, Berater oder Coach einzusetzen (s. im Einzelnen z. B. *Regnet*, 2004). Das spezielle Know-how der Mitarbeiter wird für das Unternehmen zielführend genutzt. In **altersgemischten Teams** können die Stärken der Jüngeren und Älteren zum Tragen kommen.

4. Widerstände – warum sinken die Beschäftigungschancen im mittleren Lebensalter?

Im Regelfall sind die verantwortlichen Führungskräfte die Letztentscheider, wenn es darum geht, wer in ihrer Abteilung eingesetzt werden soll. Was spricht aus Sicht der Führungskräfte gegen den Einsatz von Mitarbeitern, die nicht mehr ganz jung sind?[3] Abb. 28 zeigt die wichtigsten Faktoren im Überblick.

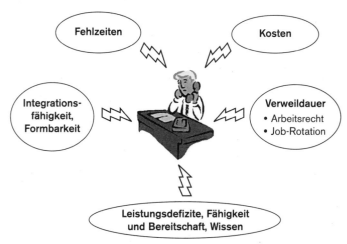

Abb. 28: Verdeutlichung der Vorbehalte gegen die Beschäftigung älter werdender Mitarbeiter

---

[3] Nach Definition der *Bundesagentur für Arbeit* gelten Erwerbstätige über 45 Jahre als ältere Arbeitnehmer!

Kosten

In vielen Tarifverträgen ist eine Alterskomponente dergestalt enthalten, dass in Abhängigkeit von Lebensalter und Berufsdauer sich das Gehalt erhöht. Dies kann schnell 15–20 % Einkommensunterschied zwischen jüngeren und älteren Mitarbeitern ausmachen. Zunehmend wurden Führungskräfte in den letzten Jahren budgetverantwortlich. Von daher ist es für sie häufig attraktiver, sich für jüngere Mitarbeiter zu entscheiden.

Bei außertariflichen und leitenden Angestellten entfällt zwar eine solche automatische Altersanpassung. Jedoch sind diese i. d. R. aufgrund früherer Job-Wechsel und Beförderungen meist überdurchschnittlich dotiert.

Fehlzeiten

In der Altersgruppe ab 40 steigen die Krankheitstage im Vergleich zu jüngeren Mitarbeitergruppen an, nicht weil diese häufiger krank sind (das ist der Fall bei Jüngeren, hier gibt es insbesondere Kurzerkrankungen), sondern weil es sich um längere Ausfälle handelt. D. h. es treten nun häufiger schwere Krankheitsbilder auf, und die Rekonvaleszenz erfordert mehr Zeit. Der Anstieg ist mehr oder weniger linear zum Alter, sprunghaft erhöht bei den über 55-Jährigen.

Integrationsfähigkeit/Formbarkeit

Die Führungskraft soll mit einem gemeinsam agierenden Team Unternehmensziele erreichen und die Gruppe angemessen führen. Mitarbeiter mit 40–50 Jahren Lebenserfahrung haben im Durchschnitt eine stärker ausgeprägte Persönlichkeit als Youngsters und eine fundierte Berufserfahrung – mit Vor- wie Nachteilen. Sie sind selbstbewusster und gelassener, treten sicherer auf, können sich besser durchsetzen. Aber: Sie sind ggf. weniger kompromissbereit; sie lassen sich von kurzfristigen Erfolgen weniger beeindrucken, sind ggf. kritischer. D. h., sie sind insgesamt weniger leicht formbar als jüngere Kollegen. Nicht umsonst vertritt manch größeres Unternehmen die Personalpolitik, den Nachwuchs bis maximal zum Alter von 30 Jahren einzustellen, sind sie doch so leichter für die Corporate Identity zu gewinnen.

XIII. Karriereplateau im mittleren Lebensalter – Chance oder Sackgasse?

Verweildauer

Jüngere Mitarbeiter haben eine kürzere Verweildauer, Stehzeit, auf der Position – sei es, weil die Personalpolitik des Unternehmens häufige Wechsel vorsieht, sei es aufgrund des Eigeninteresses des Mitarbeiters. Für Mitarbeiter im mittleren Lebensalter werden berufliche Wechsel – intern wie extern – schwieriger. Daher muss eine Führungskraft, die einen 45-Jährigen einstellt, damit rechnen, mit diesem durchaus bis zur Pensionierung zusammenzuarbeiten. Fehlentscheidungen lassen sich folglich schwerer revidieren.

Leistungsdefizite

In unserer Gesellschaft herrscht ein Defizitbild des Älterwerdens vor: Man kann etwas nicht mehr so gut, Kräfte lassen nach, Wissen veraltet. Eine Wertschätzung des Alters als Erfahrung und Weisheit ist verschwunden. Doch sind Menschen im mittleren Lebensalter nicht mehr lernfähig? Ist ihr Wissen durchgehend veraltet? Offensichtlich ist, dass Jüngere andere Stärken haben: Der Umgang mit Medien beispielsweise ist ihnen selbstverständlich geworden, man war meist bereits während des Studiums für längere Zeit im Ausland. Doch wiegt das Erfahrung und soziale Kompetenz auf? Selbst zu Zeiten eines hohen Personalbedarfs waren Ingenieure über 40 Jahre in besonderem Maße von der Arbeitslosigkeit betroffen. Sind sie alle nicht mehr lernfähig? Hier gilt es, differenziert die Stärken und Schwächen zu analysieren und nicht aufgrund von Vorurteilen Humanressourcen ungenützt zu lassen.

5. Erfolgreiches Midcareer Development

Befördert werden können immer nur wenige. Doch das Unternehmen braucht das Engagement, die Leistung aller. Im Folgenden werden zentrale Personalmaßnahmen geschildert, die dazu beitragen, die Zufriedenheit, das Commitment und die Leistungsfähigkeit eines Mitarbeiters im Plateau aufrechtzuerhalten.

Lebenslanges Lernen

Oben wurde bereits dargestellt, dass Personen über 40 Jahre unterdurchschnittlich an der betrieblichen Fortbildung partizipieren. Da nicht davon auszugehen ist, dass Frühverrentungen und Altersteilzeit finanziell wie gesellschaftlich dauerhaft möglich sind,[4] ist es unverzichtbar, das Know-how aller Mitarbeiter kontinuierlich weiterzuentwickeln. Gefordert ist damit eine **Beibehaltung des Lernens über die Lebensspanne hinweg.** Zwar stehen die Weiterbildungsangebote der Unternehmen grundsätzlich allen Altersgruppen offen. Doch in vielen Unternehmen ist es noch nicht einmal möglich zu analysieren, welche Altersgruppen welche Veranstaltungen besucht haben. Zu denken ist auch an spezielle Schulungen für die Altersgruppe im mittleren Lebensalter – so bietet eine Reihe von meist größeren Unternehmen Orientierungsseminare zur Klärung der eigenen Ziele und zur Persönlichkeitsentwicklung an.

Möglicherweise sind aber auch **homogene Teilnehmergruppen** zu empfehlen: Ältere Personen besuchen auf eigene Veranlassung und in ihrer Freizeit gerne Computerschulungen (vgl. *Cisek/Erhard/Regnet*, 1999), d. h. hier besteht offensichtlich die Sorge, mit den Jüngeren nicht mithalten zu können, sich zu blamieren. U. U. trifft dies nicht nur auf IT-Schulungen zu. Hier ist die Bedarfslage der Betroffenen zu analysieren.

Im Sinne eines wohl verstandenen Eigeninteresses ist zudem **eigenverantwortliche Weiterbildung** wichtig, d. h. Fortbildung, die vom Mitarbeiter selbst ausgewählt wird, in seiner Freizeit stattfindet und/oder finanziell von ihm getragen wird. **Employability**, die Beschäftigungsfähigkeit am internen und externen Arbeitsmarkt, gilt als neue Anforderung. Und jeder Einzelne ist gut beraten, sich selbst um seine Employability zu kümmern und sich nicht allein auf die

---

4 Die Erwerbsquote bei den 62- bis 65-Jährigen liegt in der BRD bei 15 % (*Regnet*, 2004). Andererseits sinken seit Mitte der 60er Jahre die Geburtenzahlen, die Zahl der Schulabgänger ist in den letzten 20 Jahren um rund ein Drittel gesunken. Die Bevölkerung der BRD altert, und diese Entwicklung wird auch vor den Werkstoren nicht Halt machen. Ein Vorruhestand für die Generation der Baby-Boomer erscheint von daher nicht realisierbar.

Personalentwicklung seines Arbeitgebers und das Engagement des direkten Vorgesetzten zu verlassen.

Zu warnen ist jedoch vor einer **Spezialisierung in veraltete Wissensbestände**. Nicht die Strategie des „Mehr desselben" ist zielführend. Je mehr man in einem Gebiet zu einem Experten wird, umso größer ist die Gefahr, sich in einer Sackgasse wiederzufinden, wenn sich dieses Gebiet als nicht zukunftsträchtig erweisen sollte. Dann ist der einstige Experte schnell der hochspezialisierte, unflexible Problemfall, der nicht mehr zu vermitteln ist.

Wachsen durch die Aufgabe – Job-Rotation und herausfordernde Tätigkeiten

Das Lernen, die Weiterentwicklung erfolgen nur zu einem geringen Teil durch spezielle Kurse, zu einem größeren Teil durch das Tun, durch Herausforderungen wie spezielle Projekte, neue Aufgabenfelder, höhere Kompetenzen und Verantwortung. Besonders bedenklich ist es deshalb, wenn auch interne Wechsel ab einer gewissen Altersgrenze kaum mehr realisierbar sind, Einzelne acht Jahre oder mehr im selben Aufgabengebiet verbleiben. Diese Strategie kann erfolgreich sein: Wenn die Tätigkeit Spaß macht und Erfolgserlebnisse vermittelt, ist ein Wechsel zunächst wenig attraktiv. Doch dies birgt die oben angesprochene Gefahr der Sackgasse.

Sind Mitarbeiter mit zunehmendem Alter überhaupt noch wechselbereit? Was erscheint ihnen attraktiv? Abb. 29 verdeutlicht die Befragungsergebnisse.

Eine Führungsfunktion erscheint vielen, die bisher primär Fachspezialisten sind, als attraktiver weiterer Schritt. Doch als reizvolle und vorstellbare Alternative nennen viele Projekte, Aufgaben und mehr Verantwortung an ihrer jetzigen Position. **Job-Enrichment** ist auch für qualifizierte Mitarbeiter ein Thema! Und eine inhaltliche sowie kompetenzmäßige Anreicherung am Arbeitsplatz ist in vielen Fällen sicher möglich.

Mentoring für Jüngere, weitere Qualifikation oder eine ganz andere Funktion ist nur für eine Minderheit ein Anreiz. Ein befristeter **Auslandseinsatz**[5] ist für viele eine interessante Option.

---

5 Siehe hierzu den Beitrag XII. „Auslandsentsendungen..." in diesem Band.

Frage: Was wäre für Sie noch eine besondere – fachliche oder persönliche – Herausforderung?

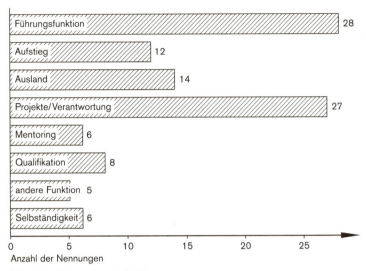

Abb. 29: Weitere berufliche Herausforderungen

Einige haben vor, sich **selbständig** zu machen, wenn sie innerhalb der Organisation keine Perspektiven mehr haben.

Das Interesse der Mitarbeiter/-innen zur beruflichen Weiterentwicklung besteht. Es muss allerdings in der Organisation von den Betroffenen auch artikuliert werden. Die Organisation ihrerseits ist gefordert, bisher oft auf Jüngere fokussierte Personalentwicklungsmaßnahmen auszuweiten, herausfordernde Tätigkeiten und sinnvolle Job-Rotationen zu planen.

Abb. 30 veranschaulicht die Konsequenzen: Durchgehend sinkt die berufliche Zufriedenheit mit dem Lebensalter. Zwar besteht bei allen Befragten insgesamt eine allgemeine Zufriedenheit bezogen auf die bisherige berufliche Entwicklung, das Erreichte. In den älteren Vergleichsgruppen sinkt die Zufriedenheit ab – dies steht in Widerspruch zu sonst häufig berichteten Ergebnissen, dass die Arbeitszufriedenheit mit dem Lebensalter positiv korreliert ist.

XIII. Karriereplateau im mittleren Lebensalter – Chance oder Sackgasse?

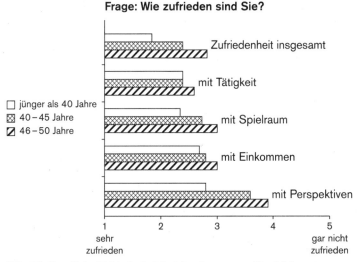

Abb. 30: Berufliche Zufriedenheit im altersbezogenen Vergleich

Die weiteren beruflichen Perspektiven werden am kritischsten gesehen (M=3,5). Die jüngere Gruppe bis 40 Jahre ist zufriedener. Selbst hinsichtlich des Einkommens, das in der Höhe generell mit dem Lebensalter korreliert, sind die Älteren nicht zufriedener. Auch ihren Entscheidungsspielraum schätzen die älteren Gruppen kritischer ein.

Es bestehen also genügend Ansatzpunkte für die Mitarbeiterführung und die Personalarbeit!

Diversity – die Stärken sinnvoll kombinieren

Diversity meint die Verschiedenartigkeit, Vielfalt. Grundprinzip ist, dass in Diversity eine Chance liegt. Im Vordergrund steht nicht länger, Diskriminierung durch Verbote einzuschränken, sondern die Vorteile aufzuzeigen, die ein Unternehmen hat, wenn die Vielfalt der Kunden sich auch in der Vielfalt der Mitarbeiter widerspiegelt. Im US-amerikanischen Verständnis bezieht sich Diversity insbesondere auf Geschlecht, Ausbildungen, Funktionsbereiche,

Alter und sonstige demographische Variablen, ethnische und nationale Zugehörigkeit, sexuelle Orientierung.

Betrachten wir im Folgenden gezielte Möglichkeiten, um die Chancen einer altersheterogenen Mitarbeitergruppe zu nutzen:

Altersgemischte Teams

In altersgemischten Teams sollen die Stärken der Jüngeren mit den Fähigkeiten der Älteren verbunden werden. So können Jüngere häufig besser mit den modernen Maschinen umgehen, arbeiten schneller und sind zeitlich belastbarer. Doch der Kundenkontakt, das Eingehen auf und Verstehen der speziellen Wünsche des Auftraggebers fällt Älteren meist leichter. Nur ein kleiner Teil des Wissens lässt sich in Form von Datenbeständen, Checklisten oder Regelungen weitergeben. Ein Großteil des Wissens ist die Erfahrung der Einzelnen, die sie nur weitergeben werden, wenn man sie davon überzeugen kann und sie selbst einen Nutzen erfahren.

Know-how-Tandems

Grundprinzip der Know-how-Tandems ist, dass ein erfahrener und ein wenig erfahrener, jüngerer Mitarbeiter über einen bestimmten Zeitraum eng zusammenarbeiten, um die Arbeitsübergabe und Nachfolgeplanung, die Einarbeitung eines neuen Kollegen oder die Wissensweitergabe systematisch sicherzustellen. Die *Deutsche Bank* setzt solche Tandems seit Ende 2001 unter dem Motto „Im Know-how Tandem gewinnen – den persönlichen Erfolg steigern" gezielt ein (*Drewniak*, 2003). Die Zusammenarbeit dauert von sechs Monaten bis zu 1,5 Jahren in Abhängigkeit von der Komplexität der Aufgaben, den Interessen der Beteiligten und den entstehenden Kosten. Der jüngere Tandempartner muss bereits als Potenzialträger eingestuft worden sein, der ältere Partner wird an dessen Auswahl beteiligt. Während der Zeit der Zusammenarbeit im Tandem sind beide Beteiligte Lernende und Lehrende, jeder hat bereits Erfahrungen, man lernt von den Stärken des Partners, erfährt das Vorgehen der anderen Generation und kann damit auch eigene Verhaltensweisen hinterfragen. Es ist eine individuell geprägte Lernpartnerschaft und ein Lernen on the job, das gleichzeitig das Verständnis über die Altersgruppen hinweg fördert.

Reverse-Mentoring

Auch Ältere können von Jüngeren lernen. Die *Lufthansa Business School* hat dazu ein Konzept des Reverse-Mentoring entwickelt. Zielgruppe war das obere Management, das von jüngeren Mitarbeitern in Fragen des www/Internet geschult werden sollte. Ein verbindliches Curriculum sowie Schulungsunterlagen wurden zusammen mit ca. 20 Mentoren, die sich freiwillig für die Mitarbeit im Projekt gemeldet hatten, erstellt. Neben der Information für die Top-Führungskräfte wird mit diesem Ansatz noch viel mehr erreicht: Jüngere Mitarbeiter/-innen kommen an das Top-Management heran, die direkte Kommunikation wird möglich. Gleichzeitig erhöht sich das gegenseitige Verständnis. Ein Ideen- und Meinungsaustausch zwischen älteren erfahrenen Führungskräften und jüngeren Spezialisten findet statt.

Allerdings steht die **Zusammenarbeit** zwischen den Generationen vor besonderen Herausforderungen, denn die unterschiedlichen Altersgruppen begegnen sich durchaus mit wechselseitigen Vorbehalten. Die Jüngeren zollen den Älteren erst einmal keinen Respekt, im Gegenzug verweigern die Älteren die Erfahrungs- und Wissensweitergabe. *Zemke et al.* (2000) sprechen von einem „Clash" der Generationen und zeigen das Konfliktpotenzial auf, das darauf basiert, dass die jeweiligen Alterskohorten durch andere Erfahrungen und Werte geprägt sind.

Um die Zusammenarbeit Älterer und Jüngerer zu fördern, sollten die unterschiedlichen Prägungen und Herangehensweisen verdeutlicht werden. Nur dann kann ein voneinander Lernen erreicht werden. Ansonsten besteht die Gefahr – ähnlich wie bei der interkulturellen Zusammenarbeit – der nur oberflächlichen Kooperation, die wechselseitige Vorbehalte eher verstärkt.

Work-Life-Balance durch Änderung der Arbeitsgestaltung

Oben wurde bereits dargestellt, dass sich das Zeiterleben in der mittleren Lebensphase für viele ändert. Manche müssen private Krisen verkraften (Trennungen, Probleme mit den Kindern, Todesfälle). Dies verlagert die Aufmerksamkeit stärker auf den privaten Bereich. Wenn zudem kein weiterer Aufstieg wahrscheinlich ist, so stellt sich für viele die Frage nach der Balance von Arbeit und Leben neu.

Dritter Teil: Work-Life-Balance – Elemente im Persönlichkeitsmanagement

In der Befragung wurden die Teilnehmer gebeten anzugeben, was sie ändern möchten, um eine bessere Work-Life-Balance zu erreichen. Rund jede(r) Dritte gibt an, bereits fest entschlossen zu sein, an seinem Arbeitsverhalten etwas zu verändern.

Änderungswunsch	Antwort „ja"	Frauen (N=54)	Männer (N=57)
Abbau von Überstunden	31,5 %	21	14
Arbeitszeitflexibilisierung	24,3 %	20	7
Arbeitszeitverkürzung	15,3 %	7	10
Arbeitsfreie Wochenenden (N=63)	31,7 %	15	5
Sabbatical	27,0 %	16	14
Telearbeit	26,1 %	12	17

Konkrete Änderungswünsche zur Verbesserung der Work-Life-Balance

An vorderster Stelle stehen Abbau von Überstunden und arbeitsfreie Wochenenden, d. h. eine Reduzierung der Arbeitsbelastung. Es soll noch Zeit bleiben für das Leben außerhalb der Arbeit.

Arbeitszeitverkürzung ist für die befragte Gruppe kaum attraktiv, wohl auch deshalb, weil man davon ausgeht, dass die Position nicht in Teilzeit ausgefüllt werden kann.

Während Arbeitszeitflexibilisierung primär Frauen anspricht, erfreuen sich Sabbatical und Telearbeit bei beiden Geschlechtern eines positiven Zuspruchs. Dem steht allerdings eine bisher noch geringe Nutzung von Sabbaticals und ein nur partielles Angebot in der Wirtschaft gegenüber.

Bei einem **Sabbatical handelt es sich um eine befristete zeitliche Freistellung** – meist unter Fortdauer der Bezüge, wenn die Arbeitszeit vorher entsprechend angespart worden war (z. B. bietet *HP* seit vielen Jahren ein solches Modell an). Ein Sabbatical richtet sich vor allem an erfahrene Mitarbeiter. Sie sollen die Chance haben, „die berufliche Tretmühle" einmal für einen längeren Zeitraum verlassen zu können, um sich eigenen Projekten zu widmen (Hausbau, Promotion, Master-Abschluss), einen Traum zu erfüllen (längere Reise), etwas ganz anderes zu tun (z. B. in einer gemeinnützigen Organisation mitarbeiten) oder die Zeit zum „Auftanken" zu nutzen. Man will damit einen Burn-out vermeiden.

XIII. Karriereplateau im mittleren Lebensalter – Chance oder Sackgasse?

Ein Sabbatical erscheint vielen der Befragten attraktiv – dem steht eine geringe Nachfrage entgegen. Befürchtet man Einkommenseinbußen und Wiedereingliederungsprobleme (insbesondere nach Restrukturierungen)?

6. Neue Personalentwicklungsstrategien

Die beruflichen Lebenswege werden zukünftig voraussichtlich bunter. Sowohl in der Personalarbeit wie auch der Einstellung der Betroffenen muss sich deshalb manches ändern. Ziel ist die Win-win-Situation, d. h. für das Unternehmen Flexibilität und die Leistungsfähigkeit seiner Mitarbeiter/-innen, für den Einzelnen eine zufrieden stellende berufliche Entwicklung, die Raum für persönliche Ziele lässt. Abb. 31 verdeutlicht im Überblick neue Berufswege.

Variante 1 ist die klassische Aufstiegsvariante. Doch der Beförderungsweg bricht nicht im mittleren Lebensalter ab, der Betreffende erhält – während seiner gesamten Berufstätigkeit – herausfordernde Aufgaben und Tätigkeiten. Neu ist auch, dass die Berufstätigkeit unterbrochen wird, um sich weiterzuqualifizieren, was beispielsweise

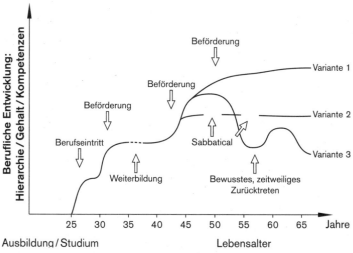

Abb. 31: Alternative Berufsmodelle – schematisch dargestellt

ein weiterführender Masterabschluss nach einigen Jahren der Berufstätigkeit sein kann.

Variante 2 zeigt das Plateau, wobei der Betreffende die Gelegenheit hat, wiederholt Sabbaticals vorzusehen. Dadurch kann er/sie eine bessere Work-Life-Balance erreichen und im Sinne einer Persönlichkeitsentwicklung eigene Interessen verfolgen, bleibt aber an das Unternehmen gebunden.

Variante 3 zeigt eine neue Form von Berufsentwicklung: der Betreffende entscheidet sich nach einer bestimmten Zeit, kürzer zu treten – dies kann bei demselben Arbeitgeber eine weniger anspruchsvolle und stressige Tätigkeit sein, z. B. Rückzug aus einer Führungsverantwortung, Entscheidung für einen Bereich mit geringerer Budget- und Umsatzverantwortung. Dies kann aber auch der Schritt in eine ganz andere Tätigkeit sein, sei es im Rahmen eines Interimsmanagements, der Arbeit für Gremien, für eine Non-Profit-Organisation oder die Lehrtätigkeit an einer Hochschule. Man verzichtet auf Einkommen – dauerhaft oder für eine bestimmte Zeit. Es handelt sich damit um eine bewusste Abkehr vom traditionellen Modell, nach dem es immer „aufwärts" gehen muss.

Aufgabe der Mitarbeiterführung und der Personalarbeit ist es, die Mitarbeiter/-innen bei einer realistischen Berufs- und Karriereplanung zu unterstützen sowie Motivation und Anerkennung trotz Plateau aufrechtzuerhalten – z. B. durch Übertragung von mehr Verantwortung und Entscheidungsspielraum, durch neue Rollen (Mentor) und insbesondere durch die Wertschätzung des Mitarbeiters. Denn innere Kündigung wäre sonst die Negativfolge einer missglückten Anpassung an die enttäuschten Erwartungen.

Der Einzelne hat bei solch bunten Berufswegen mehr Entscheidungsspielraum, das Unternehmen zwar zusätzlichen Planungsaufwand, gleichzeitig aber auch (länger) motivierte Mitarbeiter/-innen und zusätzliche Flexibilität.

Literatur

Cisek, G., Erhard, U. & Regnet, E. (1999). Strukturgefährdete Arbeitsplätze durch Markt- und Technologietrends, in: *M. L. Landmesser & J. Simon* (Hrsg.): Bankenmarkt im Wandel. S. 109–155

Drewniak, U. (2003). Managing Age Diversity. In: K. Schwuchow & J. Gutmann (Hrsg.): Jahrbuch Personalentwicklung und Weiterbildung 2004. München, S. 256–263

Eckardstein, D. v. (1997). Formen und Effekte von Karriereplateaus. München, Mering

Gottschall, D. (1988). Ausweg aus der Lebensfalle. In: Manager Magazin, 3/1988, S. 229–235

Gravalas, B. (2002). „Noch nicht 50 und fit wie ein Turnschuh ... " Eine Analyse von Stellengesuchen Älterer. Schriftenreihe des BIBB. Bonn

Ilmarinen, J. & Tempel, J. (2002). Arbeitsfähigkeit 2010. Was können wir tun, damit Sie gesund bleiben? Hamburg

Köchling, A. (2002). Projekt Zukunft. Leitfaden zur Selbstanalyse altersstruktureller Probleme im Unternehmen. GfAH Selbstverlag, Dortmund

Regnet, E. (2004). Personalentwicklung 40+. Neue Perspektiven oder Endstation? Weinheim

Tan, C. S. & Salomone, P. (1994). Understanding career plateauing: implications for counseling. In: Career Development Quarterly, June/1994, 42(4), S. 291–301

Veiga, J. F. (1981). Plateaued versus nonplateaued managers: Career patterns, attitudes and path potential. In: Academy of Management Journal, 24, S. 566–578

Zemke, R./Raines, C./Filipczak, B. (2000). Generations at work – Managing the Clash of Veterans, Boomers, Xers, and Nexters in Your Workplace, New York

XIV. Life-Leadership

Klaus Linneweh

1. Work-Life-Balance als Wettbewerbsfaktor

Life-Leadership ist ein lebenslanger Prozess des Selbstmanagements: „Nur wer sich selbst dafür entscheidet zu leben, statt gelebt zu werden, hält das Steuer auf seinem Lebensschiff ganz fest in der Hand". „Verpasste Gelegenheiten lassen sich nicht zurückholen". Eine der Voraussetzungen: „Sich selbst zum wichtigsten Menschen des eigenen Lebens machen, bewusst zu entscheiden, was wert ist, getan zu werden, erst dann kann man sein Leben bewusst und eigenverantwortlich in die Hand nehmen." Die Amerikaner bezeichnen diese balancierte Lebensgestaltung als **Life-Leadership** (*Seiwert/Scholz,* 2003).

Das Balance-Halten ist ein immer währender Prozess mit unterschiedlichen Prioritäten in den einzelnen Lebensabschnitten. Die wichtigste Voraussetzung für ein ausgeglichenes und glückliches Leben ist die Kunst, sich zu entscheiden – täglich eine bewusste Auswahl zu treffen und nur die Dinge zu tun, die uns am Herzen liegen. Letztlich geht es darum, bedachtsam und selbstkritisch **neue Ordnung in das eigene Leben zu bringen.**

Der in Deutschland gängige Begriff „Work-Life-Balance", die Frage nach der Vereinbarkeit von Arbeit und Leben, von Beruf-, Familien- und Privatleben, galt in erster Linie als ein individuell zu lösendes Problem. Erst in den letzten Jahren wurde Work-Life-Balance auch bei uns zu einem neuen Leitbegriff für eine nachhaltig zukunftsorientierte Personalpolitik, die dem gegenwärtig stattfindenden Wertewandel in der Arbeitswelt Rechnung trägt.

Gerade hochmotivierte, innovative und kreative Arbeitskräfte lassen sich immer weniger allein durch ökonomische oder Status-Anreize dauerhaft an ein Unternehmen binden. Sie sind aber durchaus bereit, sich beruflich in hohem Maße zu engagieren, wenn auch alle anderen für sie wichtigen Lebensbereiche zu ihrem Recht kommen.

XIV. Life-Leadership

Mehr und mehr Wirtschaftswissenschaftler sehen deshalb heute Work-Life-Balance als „ökonomische Chance", als wichtigen „Motor für wirtschaftliches Wachstum" (*Steiner*, 2004), als entscheidenden „Wettbewerbsfaktor" (*Badura/Vetter*, 2004) und „Herausforderung" sowohl für die betriebliche Gesundheitspolitik als auch für den Staat.

„Die Krieger der New Economy sind müde. Was haben sie nicht alles gegeben: Arbeit Tag und Nacht bei Fertigpizza und Cola aus der Dose. Der Preis war hoch: Nicht nur sind ihre Aktienoptionen nichts mehr wert, viele Start-up-Helden haben schlicht ihre Gesundheit ruiniert. Aber sie sind nicht die Einzigen. Die Wirtschaftskapitäne der Old Economy sind genauso müde. Work-Life-Balance heißt deshalb der neueste Schlachtruf, der aus den Strategieabteilungen der Unternehmen tönt" (*Hochschulanzeiger* der *FAZ*, *2002).*

Vor dem Hintergrund der Notwendigkeit zur Flexibilisierung in den Unternehmen haben sich im vergangenen Jahr namhafte Vertreter aus Wirtschaft und Politik in der Initiative „Work-Life-Balance als Motor für wirtschaftliches Wachstum und gesellschaftliche Stabilität" zusammengefunden.

Zu den Initiatoren gehören unter der Schirmherrschaft des *BDI* u. a. *Bertelsmann AG*, *DaimlerChrysler*, *Deutsche Telekom*, *Fraport AG*, *Vattenfall Europe* und *Voith AG* zusammen mit dem Bundesfamilien- und dem Bundeswirtschaftsministerium. Die Initiatoren eint die Einsicht, dass ein solches Projekt letztendlich in eine grundlegende Modernisierung der Arbeitsorganisation münden muss. Die bisher vorliegenden Ergebnisse für mittelständische Unternehmen sind eindeutig:

Unternehmerische Maßnahmen, die den Beschäftigen mehr persönliche Zeitsouveränität und eine bessere Vereinbarkeit von Berufs- und Privatleben ermöglichen, nützen nicht nur den Beschäftigten, sie „rechnen sich" auch für Arbeitgeber. Durch

- individuelle Arbeitszeitmodelle,
- Flexibilität im Tagesablauf,
- Zeitspielräume durch Teamarbeit,
- eine stärker an den Bedürfnissen der Mitarbeiter orientierte Arbeitsorganisation,
- familienfreundliche Personalpolitik,

- Berücksichtigung familiärer Zeitbedarfe,
- Arbeit von Zuhause,
- Unterstützung bei der Kinderbetreuung,
- Gestaltung von Elternzeit und Wiedereinstieg,
- ein familienfreundliches Betriebsklima,
- eine Unternehmenskultur, die durch Vertrauen und Rücksicht auf die familiäre Situation und die privaten Bedürfnisse der Mitarbeiter gekennzeichnet ist

lassen sich eindeutige Wettbewerbsvorteile erzielen. Die mit der Entwicklung unternehmerischer Work-Life-Balance (WLB)-Konzepte verbundenen Kosten werden durch Einsparungen aufgrund verringerter Ausfall- und Fehlzeiten und geringerer Fluktuation mehr als wettgemacht.

„Mit der Einführung von WLB-Maßnahmen kann ein positiver Return on Investment (ROI) realisiert werden; in einer auf die betrieblichen Controllingdaten gestützten Modellrechnung sogar ein ROI von bis zu 25 %" (*Steiner*, 2004).

„Untersuchungen zeigen, dass Unternehmen, in denen der Mitarbeiter als ganzheitlich soziales Wesen ernst genommen wird, wesentlich produktiver sind als solche, die ihr Personal ständig überlasten. So sind die Kosten für die klinische Behandlung eines Burnout[1] um ein Vielfaches höher als beispielsweise ein durchdachtes Betriebsfreizeit- und Sportprogramm" (*Seiwert/Scholz*, 2003).

Obwohl der unternehmerische Nutzen unmittelbar einleuchtet, ist, was die Realisierungschancen anbelangt, Skepsis angebracht. Bisher hat nur eine Minderheit der deutschen Unternehmen umfassende Konzepte zur Work-Life-Balance realisiert.

„In den Unternehmen sieht es ganz anders aus. Hier sind traditionelle Werte wie Pflichtbewusstsein, Fleiß und eine ausgedehnte Arbeitszeit immer noch karriereentscheidend".

„Karrieren werden immer noch in der Arbeitszeit nach Feierabend entschieden". „Einzelne Elemente sind eher Benefits zur Mitarbeiterbindung, die es schon lange gibt und die heute – vielleicht aus

---

[1] Siehe hierzu den Beitrag VIII. „Risikofaktoren im Arbeits- und Lebensstil" in diesem Band.

Imagegründen – nach außen als Fördermaßnahmen zur Work-Life-Balance dargestellt werden" (*Oechsle*, 2002).

In einigen Unternehmen, die, wie beispielsweise *DaimlerChrysler*, bereits erste Schritte zu einer größeren Vereinbarkeit von Arbeits- und Privatleben realisiert haben, indem sie ihren Angestellten mehr Freiheiten bei der Einteilung ihrer Arbeitszeiten einräumen, mussten diese oft gegen z. T. erheblichen Widerstand der Betroffenen durchgesetzt werden (*Markett*, o. J.). Für einen großen Teil der Angestellten hat sich – paradoxerweise – durch die größere Freiheit bei der Einteilung ihrer Arbeitszeit der Druck verstärkt; sie arbeiten jetzt länger als früher: „Der Arbeitgeber ist aus der Konfrontation verschwunden, an dessen Stelle ist der eigene Kollege getreten, der von sich aus länger arbeitet". Betriebsräte und Betriebsärzte sprechen in diesem Zusammenhang von einem Besorgnis erregenden neuen Phänomen zunehmender **„Selbstausbeutung"** mit noch nicht absehbaren Folgen für Gesundheit und Leistungsfähigkeit. So konnten beispielsweise in einer Untersuchung zur Arbeitszeit im Nutzfahrzeug-Betrieb von *DaimlerChrysler* im Jahr 2000 750 000 verfallene Überstunden – ein Potenzial von 500 Arbeitsplätzen – nachgewiesen werden. Das gleiche Phänomen lässt sich überdurchschnittlich häufig auf den Führungsetagen vor allem bei Führungskräften unter 35 Jahren beobachten.

Angesichts dieser Realitäten ist zu vermuten, dass Work-Life-Balance – trotz ihres unbestreitbaren gesellschaftlichen, ökonomischen und individuellen Nutzens – noch für einen längeren Zeitraum sowohl auf der unternehmerischen als auch auf der gesellschaftlichen und der privaten Ebene ein nur mühsam zu lösendes Problem bleiben wird.

2. Die Vereinbarkeit von Arbeit, Familie und Freizeit

Ein Vergleich der Situation deutscher Arbeitnehmer mit der anderer Hochtechnologie-Länder zeigt, dass die Voraussetzungen für eine bessere Vereinbarkeit von Arbeit und Privatleben bei uns vergleichsweise schlecht sind:

Eine Repräsentativerhebung in allen Mitgliedsstaaten der EU und in Norwegen im Jahr 1998 (*Bielenski*, 2000) kommt zu dem Ergebnis, dass die tatsächliche wöchentliche Arbeitszeit aller Beschäftigten in Deutschland 38,8 Stunden beträgt, die tatsächliche Wochenarbeitszeit von Beschäftigten, die sich selbst als Vollzeitkräfte bezeichnen, sogar 44,4 Stunden und damit 1,3 Stunden mehr als der europäische Durchschnitt. Neue Formen der Arbeitsorganisation und neue Managementmethoden haben hier stärker als in den anderen Ländern zu Verlängerungen der Arbeitszeit über die vertraglich oder tariflich vereinbarten Arbeitszeiten hinaus geführt – besonders stark bei hoch qualifizierten Angestellten.

- 23 % aller Vollzeitbeschäftigten arbeiten mehr als 48 Stunden pro Woche.
- Ein steigender Anteil ist abends länger im Büro oder arbeitet auch am Wochenende: 51 % geben an, manchmal zwischen 19–22 Uhr im Büro weiter zu arbeiten; 27 % sind mehr oder weniger regelmäßig noch nach 22 Uhr anwesend.
- Da die Sorge um den Erhalt des Arbeitsplatzes in Deutschland stärker ausgeprägt ist als in den anderen Ländern, arbeiten viele freiwillig länger, in dem Glauben, damit ihre Unentbehrlichkeit deutlich zu machen.

Eine Situation mit erheblichen Auswirkungen auf Stress und Lebensqualität:

Ende der 90er Jahre klagte bereits jeder zweite vollbeschäftigte Deutsche über „häufige Zeitnot"[2] – 1990 war es nur jeder Vierte. In besonderem Maße betroffen sind Angestellte mit höherem Bildungsabschluss und höherem Einkommen, vor allem aber Selbständige und Freiberufler. Dies hat u. a. zur Folge, dass sich heute nur noch 16 % der High-Potentials unter den Hochschulabsolventen eine freie Existenz vorstellen können; 1994 waren es noch 35 % (*Stricker*, 2004). Vollzeitkräfte sind stärker betroffen als Teilzeitkräfte, jüngere Arbeitnehmer stärker als ältere. Besonders groß ist die Zeitnot bei Erwerbstätigen mit Kindern – hier vor allem bei Alleinerziehenden.

Gleichzeitig ist die Situation in Deutschland durch einen überdurchschnittlich starken Prozess der Flexibilisierung von Arbeits-

---

2 Siehe hierzu den Beitrag XVIII. „Zeitmanagement" in diesem Band.

zeiten gekennzeichnet. Seit Mitte der 80er Jahre findet eine zunehmende Deregulierung:
- Zunehmende Wochenendarbeit,
- Schicht-, Abend- und Nachtarbeit,
- Vertrauensarbeitszeit und Jahresarbeitszeitmodelle,
- befristete Beschäftigung,
- Teilzeitarbeit und geringfügige Beschäftigung,
- Heimarbeit und alternierende Telearbeit.

All dies trägt dazu bei, dass sich die kollektiven Arbeitszeitstrukturen mehr und mehr auflösen. Vor allem für Familien, in denen beide Partner berufstätig sind,[3] wird damit der zeitliche Spielraum für gemeinsame Aktivitäten immer enger- nicht nur die individuelle auch die familiäre Zeitsouveränität wird immer geringer.

Durch die Zunahme beruflicher Arbeit zu Hause am PC wächst die Gefahr, dass sich die Grenzen zwischen beruflicher Arbeit, Freizeit und Familienleben mehr und mehr verwischen. Konflikte zwischen widerstreitenden Anforderungen aus den drei Bereichen sind damit unausweichlich.

Ein weiterer Negativpunkt:

In Deutschland besteht – im Vergleich mit anderen europäischen Ländern – immer noch ein gravierendes Defizit bei der **Betreuung von Kindern** – vor allem bei Kindern unter 3 Jahren. Auch das Angebot von Ganztagesschulen liegt niedriger als in allen anderen Ländern. Damit haben vor allem Frauen geringe Karrierechancen:[4] im Jahr 2000 waren 84,5 % aller berufstätigen Frauen teilzeitbeschäftigt. Damit liegt Deutschland nach Österreich international auf dem vorletzten Rang. Noch schlechter sieht es bei Akademikerinnen aus – hier belegt Deutschland den letzten Rang.

Mehr als die Hälfte aller Beschäftigten wünscht sich vor allem mehr Zeit bzw. ein höheres Maß an persönlicher Zeitsouveränität. 51 % würden auch bei geringerem Einkommen gerne weniger arbeiten. Jeder 6. Arbeitnehmer ist davon überzeugt, dass der permanente Zeitdruck nicht nur das Privatleben belastet und die Leis-

---

3 Siehe hierzu den Beitrag XI. „Doppelkarrierepaare..." in diesem Band.
4 Siehe hierzu den Beitrag X. „Frauen im Unternehmen..." in diesem Band.

tungskraft beeinträchtigt, sondern auch negative Auswirkungen auf die Gesundheit hat.

Nach einer *GFK*-Studie würden
- 50 % die gewonnene Zeit für mehr Schlaf,
- 47 % für Hobbys und persönliche Interessen,
- 44 % für den Kontakt mit Freunden und Verwandten,
- 42 % für das Zusammensein mit Kindern und Partner

verwenden. Insgesamt erwarten alle von einem geringeren Zeitdruck einen deutlichen Zuwachs an Lebensqualität.

Beschäftigte in Deutschland stehen bei dem Bemühen um ein Gleichgewicht zwischen Berufs- und Privatleben vor größeren Problemen als die europäischen Nachbarn. Dies gilt vor allem für Frauen und Berufstätige mit Kindern.

3. Die Situation deutscher Führungskräfte im internationalen Vergleich

Die folgenden Befunde sind das Ergebnis einer internationalen Befragung von Top-Managern, durchgeführt von *Kienbaum Management Consultants* in den Jahren 2002 und 2003 (*Hunziger/ Kesting*, 2004). Erfasst wurden die Bereiche Arbeit, Familie, Freizeit und Gesundheit. Über 70 % aller befragten Topmanager arbeiten mehr als 50 Stunden pro Woche. Jeder 5. arbeitet mehr als 60 Stunden – aber fast ein Drittel arbeitet weniger als 50 Stunden. Mit durchschnittlich 57 Wochenstunden liegen die Schweizer Führungskräfte auf Rang 1; Deutschland liegt mit durchschnittlich 54 im Mittelfeld; den letzten Platz belegen die Franzosen mit 51 Wochenstunden.

Große Übereinstimmung herrschte bei der subjektiven Einschätzung, dass die persönliche Arbeitsbelastung in den vergangenen Jahren kontinuierlich angestiegen ist. Dieser Meinung waren vor allem Manager unter 35 Jahren, die ihre Führungsposition erst seit kurzem inne hatten und noch dabei waren, ihre Führungskompetenzen zu entwickeln. **Arbeit zu Hause** spielt nur eine geringe Rolle – bei den meisten sind es weniger als 5 Stunden pro Woche. **Wochenendarbeit** ist für viele Top-Führungskräfte üblich. Sie wird allerdings überwiegend im Büro erledigt. Spitzenreiter sind Deutschland, Niederlande und Schweiz mit über 80 %, während in Österreich nur 25 % der Führungskräfte regelmäßig auch am Wochenende arbeiten.

Lediglich 25 % aller Befragten halten eine **Reduzierung ihrer Arbeitszeit** bereits heute für möglich. Teilzeitmodelle finden auf dieser Ebene in allen Ländern noch keine Akzeptanz. Hier gilt immer noch: Wichtigster Indikator für Leistungsfähigkeit ist die Länge der Arbeitszeit.

Weniger als ein Drittel aller Führungskräfte ist mit dem eigenen **Zeitmanagement** zufrieden. Als wichtigste **Zeitfresser** gelten in allen untersuchten Ländern:
- Interne Meetings
- Telefongespräche
- E-Mails
- Operationales Tagesgeschäft besonders für Führungskräfte.

Der **jährliche Urlaub** der Top-Manager beträgt in
- Frankreich 28 Tage
- Niederlande 25 Tage
- Deutschland, Schweiz 24 Tage
- Griechenland, Österreich 19 Tage.

Der Hauptgrund für diese in allen europäischen Ländern relativ kurze Dauer des Jahresurlaubs, liegt nach Ansicht der Autoren der Studie vor allem in dem in Chefetagen immer noch vorherrschenden „Mythos der Unersetzbarkeit", zum anderen aber auch in mangelnden Zeitmanagement-Kompetenzen.

90 % aller befragten Führungskräfte sind verheiratet oder leben in einer festen **Partnerschaft**. Die überwiegende Mehrheit gab an, dass sie bei der Erfüllung ihrer beruflichen Aufgaben auf den Rückhalt ihres Partners bauen können. In Deutschland sind 80 % der weiblichen Führungskräfte kinderlos; in allen übrigen Ländern liegt dieser Wert nur bei ca. 30 %! Ihre **Freizeit** verbringen alle Befragten überwiegend zusammen mit Partner und Familie.
- 65 % wünschen sich mehr Zeit für gemeinsame Aktivitäten.
- Eine Mehrheit wünscht sich zusätzlich mehr Zeit für sportliche Aktivitäten; z. Zt. waren es im Durchschnitt weniger als 2 Stunden pro Woche.
- 80 % verbringen pro Woche weniger als 4 Stunden ihrer Freizeit

für sich allein; 25 % wünschen sich hier ein größeres Zeitkontingent.

50 % aller Befragten sagen, dass sie regelmäßig auf ihre **Gesundheit**[5] achten; 30 % tun dies zeitweise. Realität ist aber immer noch, dass sich Top-Führungskräfte zu wenig bewegen, keine Pausen einlegen und sich kaum Zeit für ihre Mahlzeiten nehmen:
- 50 % aller Befragten leiden unter extremem Bewegungsmangel, sie bewegen sich pro Tag weniger als 1 km zu Fuß oder mit dem Fahrrad; treiben praktisch keinen Sport.
- Lediglich ein Drittel nimmt sich jeden Tag Zeit für eine Pause während der Arbeit; ein Drittel macht nie Pausen.

Den deutschen Führungskräften bescheinigt die Studie im Vergleich zur deutschen Gesamtbevölkerung insgesamt ein günstigeres **gesundheitliches Risikoprofil**: Der Alkohol- und Nikotin-Konsum sowie der auf Ernährungsfehler zurückzuführende Cholesterin-Spiegel liegen bei ihnen unter dem Durchschnitt vergleichbarer Altersgruppen. Dennoch gaben mehr als 50 % der deutschen Top-Manager an, regelmäßig unter **Befindlichkeitsstörungen** wie Rücken- oder Gelenkschmerzen, Schlafstörungen oder Herz-Rhythmus-Störungen zu leiden. Besonders hoch ist hier der Anteil der unter 35-Jährigen!

Zentralen Einfluss auf das Auftreten von Befindlichkeitsstörungen haben vor allem die Arbeitszufriedenheit und das Arbeitsumfeld:
- 60 % der Führungskräfte, die mit ihrer aktuellen Arbeitssituation zufrieden sind, leiden nicht unter Befindlichkeitsstörungen;
- bei den Unzufriedenen leiden 70 %.

Die Situation der männlichen **Top-Führungskräfte** ist international relativ einheitlich – Frauen treffen in Deutschland auf wesentlich schlechtere Rahmenbedingungen als in anderen Ländern.

Für die überwiegende Mehrheit im Management wird das gesamte Leben von ihrer beruflichen Position dominiert. Sämtliche anderen Lebensbereiche spielen nur eine untergeordnete Rolle oder wer-

---

5 Siehe hierzu die Beiträge im Abschnitt II dieses Buches.

den delegiert – eine Situation, die die meisten als nicht änderbar ansehen. Zeitwohlstand ist für diese Berufsgruppe eine unbekannte Größe.

Die Initiative zu einer ausgeglichenen Work-Life-Balance müsste wohl primär von den Betroffenen selbst ausgehen (z. B. Abschied nehmen vom Mythos der Unersetzbarkeit und dem Glauben, Leistungsfähigkeit entscheide sich an der Länge der Arbeitszeit).

4. Beruf und Lebensprioritäten

Work-Life-Balance ist eine Verteilung und Organisation der Arbeitszeit, die es jedem ermöglicht, den von ihm gewünschten Rhythmus seines Lebens zu finden.

Work-Life-Balance ist demnach ein subjektives Phänomen: „Jeder findet seine Harmonie in den Zielen, die er sich gesteckt hat. Daher kann eine Person, die 10–12 Stunden pro Tag arbeitet, sehr viel mehr mit sich selbst im Einklang sein, als jemand, der nur Teilzeit arbeitet" (*Pucci,* 2004).

Zum persönlichen Problem wird Work-Life-Balance erst dann, wenn der Betroffene selbst unter dem Gefühl leidet, dass sein Leben aus dem Gleichgewicht geraten ist und er selbst nicht weiß, wie er – angesichts seiner beruflichen Gegebenheiten – zu einem Rhythmus zurückfinden kann.

Wichtig für eine hohe Lebenszufriedenheit sind
- **Sicherheit** im Lebens- und im Erwerbsverlauf,
- eine ausreichende **materielle Grundlage**,
- **ein ausreichendes Maß an „Zeitwohlstand".**

Lebenszufriedenheit resultiert aus der Kombination von Güter- und Zeitwohlstand. Beide sind wichtige Voraussetzungen, um ein selbstbestimmtes Leben führen zu können, in dem alle persönlich relevanten Lebensbereiche konfliktfrei miteinander harmonieren.

Unternehmen, die für ihre Mitarbeiter und Führungskräfte Maßnahmen und Programme im Bereich der Vereinbarkeit von Arbeit und Privatleben planen (z. B. flexible Arbeitszeitregelungen, familienfreundliche Personalpolitik und Unternehmenskultur, Fitness-Angebote etc.), sollten daher zunächst einmal sicherstellen, dass die

Betroffenen weitgehend frei von Befürchtungen um ihre berufliche Zukunft in diese Programme hineingehen können.

Nach einer neuen *Kienbaum*-Studie sind mehr als 80 % der befragten Führungskräfte auf der Suche nach Möglichkeiten und Wegen, eine Balance zwischen Beruf und Privatleben zu finden (*Titze*, 2003). Die Frage ist, lässt sich eine solche Work-Life-Balance unter den heutigen Arbeitsbedingungen überhaupt realisieren?

Mit vagen Vorsätzen, „ab morgen werde ich weniger arbeiten und mich mehr um mich und meine Familie kümmern", lässt sich das Ungleichgewicht meist nicht lösen. Wenn das eigene Leben aus dem Gleichgewicht geraten ist, ist dies nur zu einem Teil Folge von Fremdbestimmtheiten. Die gegenwärtigen äußeren Lebens- und Arbeitsbedingungen, das Unternehmen oder die Familie sind nicht allein verantwortlich dafür. Mitverursacht wird das Ungleichgewicht auch von uns selbst, von der Art und Weise, in der wir mit den Rahmenbedingungen unseres Alltags umgehen. Erst wenn man weiß, wo man steht, kann man entscheiden, was man künftig ändern, welche konkreten Ziele man erreichen will: Mehr Zeit und Engagement für Kinder, intensiveren Gedankenaustausch mit dem Partner, Freiraum für eigene Interessen, Kontakte zu guten Freunden, mehr Zeit für mich.

Work-Life-Balance bedeutet ein **neues Lebenskonzept mit neuen, veränderten eigenen Prioritäten und Lebenszielen**, das die unterschiedlichen persönlichen Bedürfnisse und Wünsche individuell gewichtet und entsprechend berücksichtigt (*Titze*, 2003). Work-Life-Balance heißt aber auch, bereit zu sein, sich frei zu machen von äußeren und inneren Zwängen: Von Gruppenzwängen am Arbeitsplatz, im Familien- oder Freundeskreis, vom Erwartungsdruck, den Vorgesetzte oder Kollegen ausüben ebenso wie von überhöhten Erwartungen an die berufliche Karriere oder einem unrealistisch hohen Anspruchsniveau an sich selbst.

Wir haben viele Jahre versucht, Menschen „Systemen" anzupassen. Anpassungsintelligenz gilt als Tugend. Herausgekommen sind Menschen ohne Profil, zu jedem Kompromiss bereit, „Ja-Sager", „Quallen". Was wir aber brauchen sind Menschen, die wieder nach ihrer Überzeugung handeln, die auch unbequem **„Nein"** sagen, die eins sind mit sich selbst, deren Leben im Gleichgewicht ist, die Kreativität und **heitere Gelassenheit** vorleben: Wir brauchen „Schwertfische", **Persönlichkeiten mit Profil**, nicht angepasst, sondern auf der Suche nach Selbstbestimmtheit und Identität.

Das Gleichgewicht zwischen Beruf und Privatleben ist kein statischer Zustand, sondern ein Prozess, der im Lauf des Lebens Korrekturen und Neubewertungen erfordert. Je nach Lebensphase oder aktuellen Ereignissen (z. B. wenn die Kinder das Elternhaus verlassen) können sich die Prioritäten verändern. Gleich bleibt nur das übergeordnete Ziel: Schritt für Schritt aus einer selbstbestimmten Verantwortung heraus mehr Lebensqualität zu erreichen. Dies erfordert viel Geduld mit sich selbst, denn kaum etwas ist schwerer zu verändern als eingeschliffene Verhaltensgewohnheiten und vermeintliche Selbstverständlichkeiten. Gelegentliche Rückfälle in den alten Lebensstil lassen sich kaum vermeiden. Statt zu resignieren sollte man sich an die Lebensweisheit erinnern:

„Gott gebe mir die Gelassenheit, Fremdbestimmtheiten zu ertragen, die Kraft, das zu verändern, was ich verändern kann, und die Weisheit, zwischen beiden zu unterscheiden".

Auf den Punkt gebracht, heißt dies:

„Love it change it or leave it but change yourself!"

Man sollte seine Ziele also häufiger auf Realisierbarkeit und Inhalt überprüfen. **Qualitative Überprüfung** eigener Ziele heißt, wieder zu entdecken, dass es auch andere selbstbestimmte Zielsetzungen und Wünsche gibt, die außerhalb ihres täglichen fremdbestimmten Umfeldes Freude, Erfolg und höhere Stresstoleranz ermöglichen. Für Führungskräfte bestehen Konflikte vor allem zwischen dem Beruf, der Öffentlichkeit und der Familie. Die gleichzeitige Anhäufung von Belastungssituationen in mehreren Bereichen (Arbeitsplatz und Familie) und nicht erfüllte Aufstiegswünsche schaffen hohe psychische Belastungen. Wer sich ständig eingeklemmt fühlt zwischen „oben und unten", wie es zum Beispiel in mittleren Leitungsebenen heute häufig der Fall ist, wird mit der Zeit zermürbt.

Für Führungskräfte ist ein Wertesystem interessant, welches für das traditionelle amerikanische Management kennzeichnend ist. Führung bezieht sich auf folgende vier Lebensprioritäten:
(1) Sich selbst,
(2) die Familie,

(3) die Nachbarschaft,
(4) den Job.

Diese Rangfolge ist aus der Tradition und Entwicklung des amerikanischen Managements zu verstehen: Der Pionier musste lernen, sich selbst zu führen. Die Familie war die Basis seines Erfolges, auf soziale Beziehungen war er angewiesen, sein Job war letzten Endes austauschbar. Die Familie spielt in den USA eine wesentliche Rolle nicht nur in Wahlkämpfen, sondern auch bei Bewerbungen, wo bei Einstellungsgesprächen die Ehefrauen dazu gebeten werden. Ein intaktes Familienleben gilt als stress- und konfliktausgleichend. Die sozialen Beziehungen in Vereinen und Clubs dienen weniger den Statusansprüchen als in Deutschland. Und der Begriff „profession" wird eben nicht nur auf das Berufsleben angewandt. Egal für welche Rangfolge Sie sich in Ihrem Leben entscheiden, die Führung der eigenen Person sollte immer an erster Stelle stehen. Nur so erhalten Sie die Kraft für weitere Lebensprioritäten.

Fragen Sie sich auch: **Vor wem verantworte ich mein Tun?**

Sie sind dann gefährdet, wenn Sie den Job an die erste Stelle setzen. Ich treffe diese in der Stressforschung sog. „A-Typen" mit „Burn-out-Syndromen" häufig in Rehabilitationskliniken wieder.

Wenn man weiß, dass viele Führungskräfte über Jahre hinweg fast 80 % ihrer Zeit und mehr als 70 % ihrer Energie ausschließlich in den Beruf investieren (*Rosch*, 1995), verwundert es nicht, dass gerade dieser Personenkreis vor allem in der zweiten Hälfte des Berufslebens überdurchschnittlich häufig unter dem Gefühl leidet, ausgebrannt und leer zu sein. Diese starke körperliche und geistig-emotionale Erschöpfung trifft man in hohem Maß gerade bei den Führungskräften an, die mit besonders großem Engagement und mit hoher Einsatzbereitschaft, mit großem Idealismus und hohen Erwartungen ins Berufsleben gestartet sind. Führungskräfte mit einer eher „instrumentellen Berufsorientierung" (*Richter/Hacker*, 1998), die sich für ihre künftige Tätigkeit weniger aus idealistischen und mehr aus rationalen Gründen entschieden haben („gute Möglichkeit, viel Geld zu verdienen, bringt Ansehen" etc.), erleben diesen Zustand dagegen vergleichsweise selten.

Ziehen die „Idealisten" nach Jahren Bilanz, müssen sie sich nicht selten eingestehen, dass vieles nicht so gelaufen ist, wie sie es sich vorgestellt haben. Viele sind enttäuscht und frustriert, zweifeln an der Sinnhaftigkeit ihres Engagements; Antriebskraft, Energie und Tatkraft sind aufgebraucht. Sie ergreifen keine Initiative, entwickeln keine eigenen Ideen mehr, reagieren auf Neuerungen negativ oder mit Pessimismus und Misstrauen, Apathie und Gleichgültigkeit. Die Arbeit wird für sie zur Strapaze. Sie fühlen sich nicht nur geistig, sondern auch körperlich überfordert und enden im Stadium der chronischen Ermüdung (Chronic Fatigue Syndrom) oder der totalen psychophysischen Erschöpfung (Burn-out-Syndrom).

5. Inventur des bisherigen Lebens

Die Suche nach einer tragfähigen Work-Life-Balance muss mit einer Selbstreflexion und einer Inventur des bisherigen Lebens beginnen, bei der Prioritäten, Ziele, Werte und Wünsche einer kritischen Prüfung unterzogen werden:
- Was bestimmt mein Tun?
- Was ist mir wirklich wichtig?
- Was kommt zu kurz?

Der erste Schritt: Bilanz ziehen

Eine Bestandaufnahme über den Ist-Zustand beinhaltet folgende Fragen:
- Wie viel Zeit nehme ich mir für mich selbst, für Dinge, die mir wichtig sind?
- Wie viel Zeit und innere Anteilnahme bringe ich für soziale Kontakte innerhalb meiner Familie, im Freundes- und Bekanntenkreis, für ein persönliches, nicht beruflich bedingtes Gespräch mit Kollegen oder Mitarbeitern auf?
- Wie viele Gespräche/Kontakte waren im Grunde nur Pflichterfüllungen?
- Bekommt mein Lebenspartner von mir noch die Aufmerksamkeit, die er und unsere gemeinsame Beziehung verdienen?
- Nehme ich mir genügend Zeit für den Erhalt meiner körperlichen Gesundheit und Fitness? Wie sieht es mit meiner Ernährung, meiner Erholung (Pausen, Schlaf, Urlaub) aus?

- Wie sehen meine beruflichen Pläne aus? Kann ich mich in meiner jetzigen Position persönlich entfalten? Gibt es Bereiche, in denen ich mich unter- oder überfordert fühle?

Der zweite Schritt: Die Bewertung

Im zweiten Schritt geht es darum, die Befunde der Ist-Analyse zu bewerten. Mögliche Fragen:
- Welcher ist für mich gegenwärtig der Lebensbereich, der mich die meiste Kraft und Zeit kostet?
- Ist dies für mich auch gleichzeitig der wichtigste? Wie sehen das die Menschen, die mir wichtig sind/mir nahe stehen?
- Wie beeinflussen sich die Lebensbereiche gegenseitig?
- Was kommt gegenwärtig in meinem Leben zu kurz? Hat sich an der Gewichtung etwas verändert? Wenn ja: Warum?
- Wo liegen die Ursachen für das momentane Ungleichgewicht? Welche Anteile daran sind fremd-, welche selbstbestimmt?
- Was bedeutet es für mich, wenn ich einen oder mehrere Lebensbereiche auf Kosten eines anderen vernachlässige?
- Ist es wirklich unabdingbar notwendig, dass ich für meinen Beruf/meine Karriere weiterhin so viel Zeit und Kraft aufwende?

Die Bewertung dieser Fragen führt unmittelbar zu der Auseinandersetzung mit der **Sinnfrage**:
- Worin liegt für mich der Sinn meines Lebens?
- Was ist mir wirklich wichtig?
- Was bedeuten mir Erfolge und Misserfolge?
- Gibt es Dinge/Bereiche, die ich bisher für wichtiger gehalten habe als sie es mir wirklich sind?
- Was behält für mich auch über den Tag hinaus Gültigkeit?
- Wie zufrieden bin ich mit meinem bisherigen Leben, mit dem was ich bisher erreicht habe?
- Wie möchte ich eigentlich leben?
- Was heißt es für mich ein selbstbestimmtes Leben zu führen, mit mir selbst im Reinen zu sein?

Der dritte Schritt: „Das Hamsterrad anhalten"

Der dritte Schritt ist der Punkt der Veränderung.
- Wie komme ich zu mehr Zeitwohlstand? Was kann und will ich in meinem jetzigen Leben ändern?
- Wie kann ich das Hamsterrad anhalten?
- Gibt es Menschen, die mir dabei helfen können?

„Die Lebensbalance fängt ohne große Veränderungen jeden Tag aufs Neue an. Denn unsere Lebensqualität, da sind sich Motivationspsychologen einig, wird bestimmt durch die Summe unserer täglichen Entscheidungen. So ist es beispielsweise möglich, durch das Reduzieren der so genannten Zeitdiebe viel wertvolle Zeit zu sparen, die man in Tätigkeiten investieren kann, die für die eigene Persönlichkeitsentwicklung wirklich wichtig sind" (*Seiwert/Scholz, 2003*).

Die meisten Führungskräfte werden ein größeres Maß an Zeitwohlstand nur erreichen können, wenn sie konsequent etwas an ihrem beruflichen Alltag verändern und anfangen, sich auf das wirklich Wesentliche zu konzentrieren.

Es geht darum, das Spektrum der beruflichen Tätigkeiten von all dem zu **entrümpeln**, was man nicht oder nicht unbedingt selbst erledigen muss. Dazu gehört z. B.
- Das professionelle **„Nein"** zu kultivieren, „nein" zu sagen, wenn man bereits mit Aufgaben überlastet ist und nur Aufgaben zu übernehmen, die man auch bewältigen kann.
- Nebensächliche Aufgaben, die andere besser erledigen können, konsequent zu **delegieren**.

Der vierte Schritt: Die regelmäßige Überprüfung

Work-Life-Balance ist ein Langzeitprogramm – ein lebenslanger Prozess des Selbstmanagements, ein Prozess mit unterschiedlichen Prioritäten in den einzelnen Lebensabschnitten.

Ähnlich wie bei Computer-Programmen sollte man auch für sein Lebensprogramm regelmäßig ein **Update** vornehmen. Es empfiehlt sich zumindest in der ersten Zeit der Neuorientierung, einmal pro Quartal die Ist-Analyse und die Bewertung zu wiederholen und anschließend zu überprüfen,

- ob der eingeschlagene Weg tauglich ist,
- ob sich die persönlichen Prioritäten in der Zwischenzeit geändert haben,
- ob neue Zielsetzungen erforderlich sind.

Literatur

Badura, B./Schellschmidt, H./Vetter, Chr. (Hrsg.) (2004). Fehlzeitenreport 2003 – Wettbewerbsfaktor WLB, Springer Berlin

Badura, B./Vetter, Chr.(2004). WLB – Herausforderung für die betriebliche Gesundheitspolitik und den Staat, in: *Badura, B./Schellschmidt, H./Vetter, Chr.* (Hrsg.): Fehlzeitenreport 2003 – Wettbewerbsfaktor WLB, Springer Berlin

Bielenski, H. (2000). Erwerbswünsche und Arbeitszeitpräferenzen in Deutschland und Europa, Ergebnisse einer Repräsentativbefragung, in: WSI-Mitteilungen 53/4, S. 228–237,

Hochschulanzeiger *FAZ* (2002). Work-Life-Balance, www.faz/s/

Hunziger, A./Kesting, M. (2004). „Work-Life-Balance" von Führungskräften – Ergebnisse einer internationalen Befragung von Top-Managern 2002/2003, in: *Badura, B./Schellschmidt, H./Vetter, Chr.* (Hrsg.): Fehlzeitenreport 2003 – Wettbewerbsfaktor WLB, Springer Berlin

Markett, J. (o. J.). Forum 2: Arbeiten ohne Ende? Work-Life-Balance – Wem gehört die Zeit?

Oechsle, M. (2002). Keine Zeit – (k)ein deutsches Problem, in: *Hochschild, A. R.*: Keine Zeit, Opladen

Prognos AG (2004). Kurzfassung: Familienfreundliche Maßnahmen im Handwerk – Potenziale, Kosten-Nutzen-Relationen, Best Practices

Pucci, R. (2004). Work Life Harmony: Mythos oder Wirklichkeit, in: Success & Career

Richter, P./Hacker, W. (1998). Belastung und Beanspruchung – Stress, Ermüdung und Burnout im Arbeitsleben, Heidelberg

Rosch, P. (1995). Die Kunst des Müssigganges, in: Psychologie Heute, 10, 1995, S. 29–31

Steiner, M. (2004). Work-Life-Balance als Motor für wirtschaftliches Wachstum, *Prognos* trendletter 1/2004

Seiwert, L./Scholz, H. M. (2003). Das Bumerang Prinzip: Mehr Zeit fürs Glück, München

Stricker, K. (2004). Junge Karriere: Exklusive Absolventenstudie, Pressemitteilungen, Verlagsgruppe Handelsblatt

Titze, M. (2003). Balanceakt auf der Karriereleiter, In: management & training, 11/2003, S. 38–39

4. Teil: Ansätze und Instrumente eines Persönlichkeitsmanagements

XV. Gemeinsam wachsen – Erfolgsfaktor Komplementär-Management

Richard K. Streich

1. Komplementär-Perspektive

Unternehmen florieren – und verlieren plötzlich ihren Wettbewerbsvorsprung in einem unsichtbaren, unaufhaltsamen Prozess. Von den 43 in den frühen 80er Jahren im Buch „In Search of Excellence" (vgl. *Peters/Watermann*, 1982) genannten, herausragenden Unternehmen, konnten einige Jahre später nur noch eine Hand voll als exzellent bezeichnet werden. Was ist nötig, um die Vitalität zu sichern? Wie kann ein Unternehmen seinen Wettbewerbsvorsprung wiedergewinnen?

Pascale, Goss und *Athos* führten schon vor einem Jahrzehnt hierzu aus, dass die damals erfolgreichen Unternehmen wie z.B. *Motorola, British Airways, Honda, Intel* und *Goldman Sachs* das Qualitätsmerkmal „Spannungszustände pflegen und nutzen" i.S.v. aus der Anspannung neue Chancen generieren, aufweisen (*Pascale/Goss/Athos*, 1993). Vielfach können Führungskräfte nicht mit Konflikten, Disputen und gegensätzlichen Auffassungen umgehen. Sie suchen den Mittelweg – und somit ist das Ergebnis automatisch nur mittelmäßig: Organisationen ohne Besonderheit/Klasse und mit fehlender, kreativer innerer Spannung.

Zu geringer konstruktiver Disput forciert eine scheinbare Selbstzufriedenheit im Unternehmen. Daraus entsteht das Dilemma: Zu starke Kohäsion vermehrt den Status quo, zu geringe Kohäsion bringt destruktiven Konflikt und eine undifferenzierte Orientierung des Unternehmens mit sich.

Umfassende Anspannung tendiert dazu, die Unternehmen mit Energie zu versorgen. Der Erfolg liegt darin, die Spannung in der Balance zu halten. Betrachtet man einerseits die seinerzeitige Intel-Unternehmenskultur mit dem Fokus auf individuellem Engagement hinsichtlich Profit und Wachstum und andererseits *Goldman Sach's* Philosophie, die auf Teamwork plus einer fördernden Kultur baut, so stellte man fest, dass beide Unternehmen trotz dieser gegensätzlichen Unternehmenspolitik in der Vergangenheit signifikanten Erfolg hatten. Eines ist ihnen gemeinsam; beide haben kulturell gegensätzliche Fähigkeiten gefördert, um sich selbst vor Selbstgefälligkeit zu schützen.

Der Schlüssel zum Erfolg über den Zeithorizont hinaus ist also, vorsichtig den Gegensatz zu forcieren, so dass niemals eine eindeutige Fokussierung eines Themas (z. B. Teamwork) auf Kosten eines anderen (z. B. individuelle Verantwortung und Leistung) auftritt (vgl. *Gebert/Boerner*, 1995, S. 233 ff.).

Erfolgreiche Veränderungsprogramme identifizieren spezielle Bereiche, in denen mittels konstruktiver Spannung der komparative Wettbewerbsvorteil des Unternehmens gehalten wird bzw. gehalten werden kann. Das Unternehmen sucht spezielle Techniken, die benutzt werden können, um die Organisation zu **angepasster Zufriedenheit** anzuhalten, um weiterbringende Leistung zu garantieren. Das **Management von Unterschieden** wird ein zentraler Erfolgsfaktor (vgl. *Petersen/Witschi*, 2002, S. 16 ff.).

Auf diesen Grundüberlegungen aufbauend wurde vom *INPUT* – Institut für Personal- und Unternehmensmanagement – das **INPUT-Kompakt-Management**™ entwickelt. Es basiert darauf, dass innerhalb eines sozialen Systems, z. B. in einem Unternehmen, jene Organisationen, Teams und Personen personelle, kulturelle, strukturelle und strategische Vorteile gewinnen, die ihr Denken und Handeln an **KOMP**lementären **AKT**ivitäten ausrichten.

Die Erkenntnis hierzu resultierte weiterhin aus den Analysen von

- Biographien erfolgreicher Unternehmensführer und Staatsmänner (z. B. *Iacocca, Mohn, Welch, Brandt, Schmidt, Sokrates*)
- Literaturvergleichen etablierter Mangementbücher (z. B. *Pümpin,*

Malik, v. Rosenstiel, Blake/ Mouton, Waterman, Senge, Doppler/Lauterburg, Königswieser etc.)
- *INPUT*-Beratungserfahrungen im Rahmen von diversen Veränderungsvorhaben in Organisationen (beispielsweise bei *BMW, Ford, BDF, Goldwell, Deutsche Bank, Viterra, Eurowings, E.ON*).

Die Komplementär-Perspektive ist in Abb. 32 schaubildlich dargestellt. Der unten rechts angeführte Kreis veranschaulicht das Potenzial systemischer Erweiterungen, indem der Akteur (das Team, die Organisation) das ihm zugrunde liegende Umfeld in einer komplementären Sicht zu seinen eigenen (defizitären) Fähigkeiten und Fertigkeiten gestaltet. Im Gegensatz hierzu zeigt der unten links dargestellte Kreis, dass der Akteur, der kein komplementäres Aufeinanderzugehen fördert, der Gefahr unterliegt, sein Umfeld ausschließlich innerhalb seines Fähigkeiten- und Fertigkeiten-Kreises zu definieren. Während die unten rechts gezeigte Rosette „aufblüht", degeneriert die links dargestellte.

Die Komplementär-Perspektive stellt, bezogen auf die Führungsrolle, eine Betrachtungs- und Verhaltensweise von vielen möglichen dar: Im Vordergrund steht dabei die **systemische Erweiterung** und **erhöhte Effektivität** eines solchen Vorgehens.

Die Perspektive des **Komplementär-Managements** wird geprägt durch den **Grundgedanken des „sowohl als auch"** anstelle des „ent-

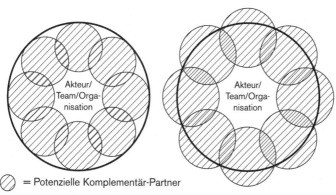

⊘ = Potenzielle Komplementär-Partner

Abb. 32: Komplementär-Perspektive

weder – oder". Schauen wir uns einige Staatsleute aus der Vergangenheit an, so entdecken wir so genannte **„duale Komplementärstrukturen"**. Aus den vorliegenden Informationen über die Politiker *Brandt* und *Wehner* ist erkennbar, dass beide sich ebenso komplementär ergänzten wie die Politiker *Kohl* und *Schäuble*. Jeder hatte seine Kerngebiete, seine Kompetenz. Der Überlappungsbereich war relativ gering. Durch kontinuierlichen aber durchaus auch konfliktären Dialog wurden **gemeinsame Ziele** unter Wahrung der jeweiligen individuellen Kernkompetenz vereinbart und umgesetzt.

Diese gemeinsamen Vorgehensweisen nehmen verschiedene Perspektiven des Denkens und Handelns auf. Jeder der beiden Akteure vergrößert sein individuelles Handlungsspektrum in Komplementarität zu seinem „Mitstreiter".

Populärer in der Betrachtung sind die Komplementärstrukturen im Bereich des Sportlebens. Für die älteren Sportinteressierten werden z. B. die Fußball-Komplementär-Partner *Netzer* und *Wimmer* oder *Beckenbauer* und *Schwarzenbeck* noch im Gedächtnis sein. Das in der Vergangenheit am meisten diskutierte Gespann im Sinne der Komplementarität in der Unternehmensführung war das Paar *Piëch* (Techniker) und *Lopez* (Administrator) bei *VW*. Schon relativ früh hat sich diesem Komplementärgedanken *Lee Iacocca* bei *Chrysler* zugewandt, indem er ausführte, dass er herausragende Aufgaben, die er nicht selbst bewältigen konnte, an die delegierte, von denen er wusste, dass sie diese Kompetenz besaßen, um anschließend von diesen Personen wiederum zu lernen. *Jack Welch* scharte bei *General Electric (GE)* ebenfalls erfolgreich Komplementärpartner um sich (*Welch*, 2001). In einem Artikel der *Forbes* sind zahlreiche weitere Duos, die nach dem Komplementär-Prinzip arbeiten, benannt (vgl. *Kirsch*, 1994).

Neben den hier nur skizzenhaft angeführten Beispielen dualer Komplementarität sind ähnliche Effekte auch auf Gruppenebene zu beobachten. Eine Abteilung, die dadurch gekennzeichnet ist, dass sie in hohem Maße individuelle Fähigkeiten und Fertigkeiten integrieren muss, ist zwangsläufig auf das Prinzip der Komplementarität angewiesen (z. B. im Bereich der EDV-Software-Entwicklung). Demgegenüber stehen Abteilungen mit einem hohen Maß gleichartiger Tätigkeiten, wo eher die Leistungsmenge und das Vollbringen der gleichen Tätigkeiten in kurzen Zeitintervallen als Erfolgskriterien gelten, z. B. im Produktionsbereich. Um der Analogie der Sportwelt weiter nachzugehen, können wir das Bild einer Fußballmannschaft verwenden, wo die einzelnen Positionen jeweils mit anderen Akteuren und diversen Erwartungen vom Umfeld gesteuert werden. Jeder Spieler ist von der Gesamtheit komplementär abhängig. So wie der Mittelstürmer die Flanken seines Verteidigers benötigt, um Tore zu erzielen, so ist der Verteidiger davon abhängig, dass schon im vorderen Mittelfeld gegnerische Aktionen abgeblockt werden, damit er seine originären Aufgaben befriedigend erledigen kann.

Insbesondere ist das Prinzip der Komplementarität bei erfolgreichen Projektteams zu beobachten. Diverse unternehmerische Funktionen werden auf das Projektziel fokussiert. Dabei bedeutsam sind u. a. das Erkennen und der Einsatz unterschiedlicher Rollen im Rahmen der Zielerreichung (vgl. u. a. *Stahl*, 2002, S. 238 f.).

Der Komplementär-Gedanke ist auch das zentrale Element in den Zielsetzungen des **Diversity-Managements**, in dem Andersartigkeit gefördert und effektiv umgesetzt wird.

Erfolgreiche Geschäftsleitungsteams arbeiten nicht nur qua unterschiedlicher Funktionen komplementär zusammen, sondern insbesondere durch die Komplementarität von individuellen Werten, Einstellungen und Verhaltensweisen, gepaart mit einer konstruktiven Streitkultur im Unternehmensinteresse (*Eidenschink*, 2003, S. 6).

Der Komplementärgedanke im Sinne einer systemischen Vernetzung von Kernkompetenzen hat sich in fortschrittlichen Unternehmensberatungen weitestgehend schon durchgesetzt (*Böning/Fritschle*, 1997, S. 239 ff.). Strategieberater integrieren beispielsweise Struktur- und Kulturconsultants (und vice versa) im Rahmen umfangreicher unternehmerischer Veränderungsprozesse in der Rolle als **Systemberater**, um dem Dreiklang der Unternehmensführung von Strategie, Struktur und Kultur effektiv Rechnung zu tragen. Abb. 33 verdeutlicht nochmals die Beratungsebenen.

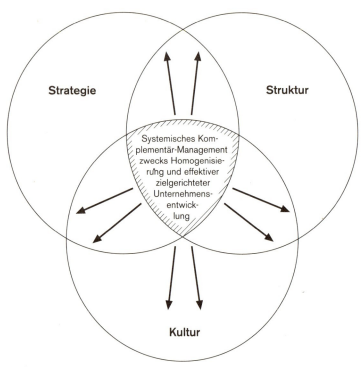

Abb. 33: Beratungsebenen

2. Komplementär-Ebenen

Ausgangspunkt der hier nur kurz vorgetragenen Überlegungen bildet in einer **personalen Sichtweise** die Fähigkeit zur Selbstreflexion, besonders um herauszufinden, was ich als Auftraggeber im Unternehmen **nicht gut kann**, **nicht will** und qua Position/Funktion/Rolle etc. **nicht darf**. Aufgrund dieser **Defizitanalyse** kann ich als Akteur mit einer Komplementär-Perspektive meinen Handlungsrahmen erweitern. Hierbei ist somit der ehrliche Umgang mit sich selbst bzw. die konstante Arbeit am individuellen „blinden Fleck" von ausschlaggebender Bedeutung. Es gilt somit das Motto „Auch im Selbstgespräch ist die Qualität des Gesprächspartners entscheidend". Der innere Dialog bildet den Ausgangspunkt eines **individuellen Komplementär-Managements (Individuale Komplementarität)**.

Diese Sichtweise wurde schon vor über 2000 Jahren von *Sokrates* formuliert, als er ausführte „Der Klügste ist der, der weiß, was er nicht weiß". *Rupert Lay* fomuliert zum Prozesscharakter des Komplementäransatzes: „Die Begegnung mit dem Andersartigen dynamisiert die eigene Art" (vgl. *Lay*, 1989).

Komplementäres Handeln verlangt somit in seiner Basis eine Persönlichkeitsbetrachtung. Des Weiteren ist die Perspektive dahingehend auszuweiten, dass man sein persönliches Umfeld nach komplementären Gesichtspunkten betrachtet, um somit in das Potenzial einer **systemischen Erweiterung** einzutreten (vgl. hierzu nochmals Abb. 32). Dabei ist es wichtig, die Bedürfnisse des Umfeldes wahrzunehmen. *Waterman* führt bspw. aus, dass die Trennung zwischen erfolgreichen und nicht erfolgreichen Unternehmen in der herausragenden Berücksichtigung von Bedürfnissen der Mitarbeiter und Kunden liegt (*Waterman*, 1994). Diesem Gesichtspunkt folgend, sind in erster Linie neben den strukturell-strategischen Merkmalen die **personellen und kulturellen Bedingungen** in einer Organisation für die erfolgreiche Anwendung eines **Komplementär-Managements** ausschlaggebend.

Personell/kulturell ist z. B. bedeutsam:
in welchem Maße Mitarbeiter und Führungskräfte im Sinne ihrer **Werte** und **Einstellungen** betrachtet werden, anstatt lediglich an ihren beobachtbaren Verhaltensweisen,

- in welchem Ausmaß persönliche **Fehler bei Entscheidungen** toleriert werden,
- in welcher Anzahl **Formen der Partizipation** (z. B. MbO, Qualitätszirkel, Selbstbild-Fremdbild-Workshops etc.) etabliert sind,
- in welchem Umfang Mitarbeiter und Führungskräfte Qualifizierungsprozesse erhalten, die **reflektiv neue Verfahrens- und Verhaltensweisen** promoten und Persönlichkeitsmerkmale als **Auswahlgesichtspunkte** bei der Einstellung von neuen Mitarbeitern Berücksichtigung finden sowie
- inwieweit **standardisierte Feedback-Prozesse** (z. B. kontinuierliche Betriebsklimauntersuchungen, 360°-Befragungen etc.) vorhanden sind.

In **strukturell/strategischer** Sicht bedeutsam sind u. a.:
- die Verfolgung einer **Stakeholder-Perspektive** im Rahmen der Strategiefindung und -umsetzung (vgl. u. a. *Wimmer*, 2002),
- die organisatorische Ausrichtung auf die **Kernprozesse** innerhalb der Organisation (z. B. Informationsprozesse, Prozesse der Leistungserstellung),
- der Einsatz von Projektarbeit als Instrument des Veränderungsmanagements,
- die Etablierung einer **organisationalen Lernbereitschaft** (z. B. über Mitarbeiter-Foren, Projektreviews, Zielvereinbarungs- und Kontrollprozesse, Controlling mittels Balanced Score Card, konstanten Dialog mit den externen und internen Interessenvertretern etc.).

Von genereller Bedeutung sind vor der Etablierung des **Komplementär-Managements** die Veränderungserfahrungen der Organisation und der Mitarbeiter und die damit einhergehende Lernkurve im Umgang mit personellem Widerstand. Das Konzept verlangt eher Vertrauen in die Fähigkeiten und Fertigkeiten der Mitarbeiter als eine zu enge Kontrollspanne (**Duale Komplementarität**). Eine solche „**Vertrauensorganisation**" verfügt in der Regel über mehr Informationen als in einer Misstrauensorganisation, um anstehende Entscheidungen zu treffen und vergrößert damit auch die Qualität der Entscheidungsgüte. *Luhmann* formuliert in diesem Zusammenhang: Wer misstraut, verengt die Informationen, auf die zu stützen er sich getraut. Er wird von weniger Informationen stärker abhängig (*Doppler/Lauterburg*, 2002). Zu viel Kontrolle vergrößert dabei die Innensicht, reduziert den Widerspruch bzw. den Widerstand und vergibt somit eine Chance vorwärts orientierter Produktivität. Schon *Goethe* erkannte den Dualismus von Widerspruch und Produktivität, indem er formulierte „Gleichheit bringt Ruhe, der Widerspruch ist es, der uns produktiv macht".

Als Zwischenfazit kann festgehalten werden, dass der Akteur, der den **Erfolgsfaktor Komplementär-Management** anwenden will, wissen muss, was er **nicht kann** (Qualifikation), **nicht will** (Motivation), **nicht darf** (Sozialisation) und **nicht tut** (Realisation) im Hinblick auf die Erreichung der unternehmerischen Ziele. Diese Perspektive eröffnet ihm erst seinen individuellen „**Komplementaritätsspielraum**".

Eine solche **individuelle Defizit-Analyse** stellt den Motor für die Anwendung des Komplementär-Gedankens dar. Die o. g. Fragestellungen auf individueller Ebene können auch auf **Teams in Organisationen** übertragen werden (**Gruppale Komplementarität**). So ist es z. B. wichtig, im Rahmen der Anwendung des Komplementär-Managements innerhalb eines **Projektteams** zu klären, wie die Qualifikation (KÖNNEN), Motivation (WOLLEN) und der Handlungsspielraum (DÜRFEN) zur Aufgabenbewältigung bei dem Projektleiter und den Projektmitarbeitern nach den Fragestellungen der Defizit-Analyse verteilt sind. Weiterhin bedeutsam ist dabei auch der Komplementaritätsgedanke im Wechselspiel der Rollenvielfalt von Projektteams und Linienteams (Ressortteams) und Linienmitarbeiter zwecks Optimierung zentraler Unternehmensprozesse (vgl. *Petersen/Witschi*, 2002, S. 16 ff.). Diese Fragestellungen bilden die Grundlage für sich ergänzende Verfahrens- und Verhaltensweisen im Rahmen der Projekterledigung. Es wird eine **„komplementäre Wirkungskette"** aufgebaut, deren erfolgreiche Handhabung erst die effektive Erreichung der Projektziele unter Einbezug der Kernkompetenzen aller Beteiligten gewährleistet.

Selbst unter **unternehmerischer Sichtweise** sind die oben beschriebenen Fragestellungen der Defizit-Analyse bedeutsam (**Organisationale Komplementarität**). Eine Organisation sollte sich im Rahmen der Strategiefindung auch sehr intensiv damit auseinander setzen, was sie **nicht** kann, um sich – darauf aufbauend – den Kernkompetenzen zuzuwenden. Des Weiteren ist zu klären, was sie **nicht** will, z. B. im Sinne der Produktion/Distribution von Dienstleistungen und Produkten. Weiterhin ist auch bedeutsam aus unternehmerischer Perspektive zu klären, was sie **nicht** darf, um einen Wettbewerbsvorteil zu erhalten (bspw. Mitbewerber durch zerstörerische Konkurrenzkämpfe, z. B. Preisreduktionsprozesse, anzugreifen). Letztgenannter Aspekt ist insbesondere bei oligopolistischen Märkten bedeutsam. Die vorgenannten Fragestellungen sind implizit in der bekannten **SWOT-Analyse** enthalten, die nach den externen Chancen und Risiken und den internen Stärken und Schwächen fragt.

Die bislang indirekt angesprochenen Komplementär-Ebenen
- **Individuelle** Komplementarität
- **Duale** Komplementarität

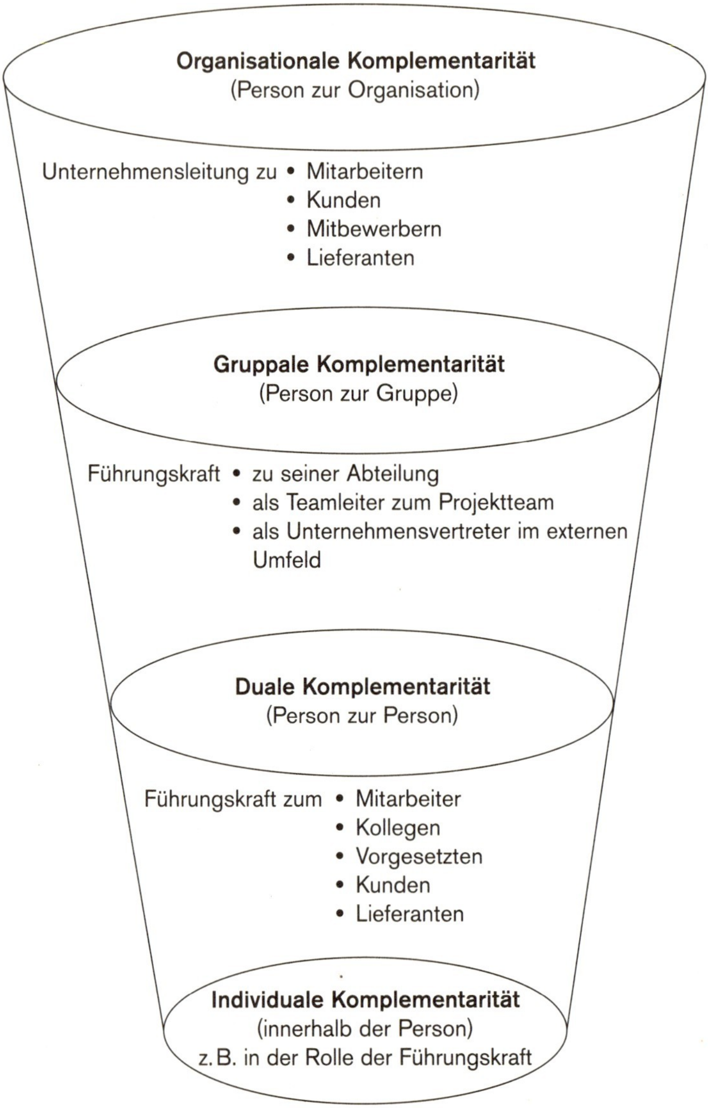

4. Teil: Ansätze und Instrumente eines Persönlichkeitsmanagements

Organisationale Komplementarität
(Person zur Organisation)

Unternehmensleitung zu
- Mitarbeitern
- Kunden
- Mitbewerbern
- Lieferanten

Gruppale Komplementarität
(Person zur Gruppe)

Führungskraft
- zu seiner Abteilung
- als Teamleiter zum Projektteam
- als Unternehmensvertreter im externen Umfeld

Duale Komplementarität
(Person zur Person)

Führungskraft zum
- Mitarbeiter
- Kollegen
- Vorgesetzten
- Kunden
- Lieferanten

Individuale Komplementarität
(innerhalb der Person)
z.B. in der Rolle der Führungskraft

Abb. 34: Komplementär-Ebenen

- **Gruppale** Komplementarität
- **Organisationale** Komplementarität

sind in Abb. 34 schaubildlich zusammengefasst. Zum besseren Verständnis werden nachfolgend noch einige Anwendungsvorteile des Komplementärgedankens personen- und ebenengerecht vorgestellt.

Auf die einzelne Person bezogen – sozusagen innerhalb der Person – kann eine **individuale Komplementarität** vollzogen werden. Basierend auf seinen persönlichen Werten und Einstellungen und den darauf aufbauenden Verhaltensweisen in seinem privaten und beruflichen Umfeld kann sich die Person, z. B. in der Rolle als Führungskraft, komplementär verhalten bezüglich seiner anderen beruflichen Rollen als Mitarbeiter und Kollege oder unter Einbezug der privaten Rollen, z. B. Vater bzw. Mutter/Lebenspartner(in)/ Ehemann/Ehefrau oder Freund/Freundin. Es ist davon auszugehen, dass nicht alle persönlichen Grundwerte, z. B. in der Rolle der Führungskraft, zu realisieren sind (*Streich*, 2002). In diesem Falle hätte die betreffende Person die Möglichkeit einer **Werterealisation** in einer anderen Rolle. *Sokrates* führt in diesem Zusammenhang aus, dass es unmöglich sei, glücklich zu werden, wenn man gegen seine Überzeugung (sprich Werte) handelt.

Eine so genannte „**duale Komplementarität**" ist vorzufinden im Dialog von Personen zu Personen. Dies kann beispielsweise möglich sein in Konstellationen der Führungskraft zum Mitarbeiter, zu Kollegen oder zu seinem Vorgesetzten genau so gut wie die Führungskraft zum Kunden oder zum Lieferanten. **Komplementäre Aktionen** könnten z. B. auf der Dimension Führungskraft zum Mitarbeiter sein, dass er im Rahmen der Mitarbeiterauswahl für seinen Bereich jene Personen bevorzugt, die Fähigkeiten und Fertigkeiten besitzen, die er seinerseits **nicht** in ausreichendem Maße zur Verfügung hat. In diesem Fall wäre nicht die Gleichheit das Einstellungsprinzip („Schmidt" stellt „Schmidtchen" ein), sondern die Andersartigkeit. Eine solche Vorgehensweise verlangt vorab eine individuelle Persönlichkeitsreflexion im Sinne der erwähnten Defizitanalyse. Werden Mitarbeiter um die Führungskraft gruppiert, die jeweils die individuellen Schwächen des jeweils anderen ausgleichen, so vergrößert sich wie aufgeführt der Handlungsspielraum des Gesamtsystems (vgl. Abb. 32). Im direkten Mitarbeiter-Führungskraftdialog werden von Vorgesetztenseite aus weitere Delegationsspielräume relevant. Er delegiert beispielsweise Aufgaben, die er selber nicht so gut erledigen kann. Er tritt nicht mit eigenen Aktionen in das Aktionsfeld des Mitarbeiters und fördert somit die intrinsische Motivation seines Mitarbeiters. Vertrauen und Zutrauen bestimmen also sein Handeln. Sein Führungserfolg wird abhängig von der Koordination von Individualkenntnissen, Fähigkeiten und Motiven. Ein solches Vorgehen reduziert eine mögliche Konkurrenz zwischen Führungskraft und Mitarbeitern, da der Mitarbeiter bspw. nicht im Kompetenzfeld der Führungskraft agiert und vice versa.

Erweitern wir die Perspektive der Komplementär-Ebenen auf die Gruppe, so sprechen wir von so genannter **"gruppaler Komplementarität"**. Eine solche Konstellation ist z. B. im Rahmen der Abteilungsführung als auch im Rahmen der Projektführung in der Praxis relevant (*Streich*, 1996). Gestaltet der Leiter der Abteilung beispielsweise sein gesamtes Umfeld nach dem Prinzip der **Komplementarität** so ist – wie vorhin bei der dualen Komplementarität schon ausgeführt – jeder im Rahmen der Aufgabenerledigung nach seinen spezifischen Fähigkeiten eingesetzt. Die Firma *Gore & Associates*, bekannt für ihre Innovationen im Textilbereich bildet bewusst Teams von 4 bis 7 Mitarbeitern, die nach dem „Amöbenprinzip" komplementäre Eigenschaften auf einer Ebene zusammenfügen. Die Firma *Oticon* (weltweit führender und innovativster Hörgeräte-Hersteller) vollzieht Ähnliches im Rahmen ihrer Projektteams (*Gründler*, 1998, S. 60ff.).

Letztendlich kann auch der Unternehmensleiter in der Führung seiner Gesamtorganisation komplementär wirken. Sein Verhalten zu seinen Wettbewerber, Kunden und Lieferanten unter der Perspektive **organisationaler Komplementarität** gleicht vorhandene Defizite aus und führt zu einer Gesamtoptimierung seiner Bezugspersonen. So hat beispielsweise *BMW* schon Anfang der 90er Jahre (in der Nachfolge bzw. im Gleichschritt auch alle anderen Automobilhersteller) im Rahmen seiner Baureihenorganisation im Dialog mit den internen und externen Zulieferern eine auf dem Komplementär-Prinzip basierende **Systemoptimierung** betrieben.

3. Komplementär-Grenzen

Betrachten wir einige **einschränkende Bedingungen** für den optimalen Einsatz des **Komplementär-Managements**, so sind vornehmlich die folgenden zu nennen:
- zu standardisierte Arbeitsvollzüge verhindern den Komplementär-Effekt,
- zu geringe bzw. extrem unterschiedliche Qualifikationsniveaus des Akteurs (Führungskraft) und der Mitarbeiter,
- fehlende umfassende Gesamtverantwortung des Akteurs,
- zu geringe Motivationsstruktur der Beteiligten/Betroffenen,
- zu oft wechselnde Personenkonstellationen auf Mitarbeiter- oder Führungskraftseite verhindern einen komplementären Aufbau,
- Detailbesessenheit der oberen Hierarchie, so dass jeder Vorgesetzte immer über alles informiert sein muss und somit zum „Obersachbearbeiter" degradiert wird,
- ausschließlich fachbezogene Bildungs- und Beförderungsstruktur mit Vernachlässigung der Management- und Sozialkompetenzen,
- mangelndes sachliches Integrationspotential mit Nachbarbereichen,
- mangelndes Kooperationsbewusstsein der Nachbarbereiche,
- zu geringe „Streitkultur" bzw. zu hohe „Konsenskultur",
- durch zu wenig Projektarbeit verpuffen Komplementär-Potenziale
- unterdurchschnittliche Anwendung von Führungsinstrumenten (MbD, MbO etc.),
- zu geringe Innovationsrate bei Produkten bzw. Dienstleistungen, gepaart mit zentral gesteuerten Prozessen,
- zu wenige organisationale Lernformen, z. B. Qualitätszirkel, KVP-Kreise etc.,
- kaum Ausrichtung auf Geschäftsprozesse und deren Optimierung sondern Linienarbeit im Vordergrund.

Diese und ggf. weitere unternehmensspezifische Hemmnisse müssen vor der effektiven Anwendung des Komplementär-Gedankens eingehend analysiert und in eine Kosten-Nutzen-Betrachtung überführt werden. Da generelle Handlungsanleitungen für unternehmensspezifische Situationen wenig Hilfe bieten, ist hierzu eine professionelle Beratungstätigkeit gefragt (z. B. durch das *INPUT – Institut für Personal- und Unternehmensmanagement* im Rahmen seines **INPUT-Kompakt-Managements**™).

Literatur

Böning, U./Fritschle, B. (1997). Veränderungsmanagement, Freiburg
Doppler, K./Lauterburg, Chr. (2002). Change Management, 10. Aufl., Frankfurt/New York
Eidenschink, K. (2003). Das narzisstisch infizierte Unternehmen, in: Organisations-Entwicklung 01/03, S. 4–15
Gebert,D./Boerner, S. (1995). Manager im Dilemma, Frankfurt/New York
Gründler, E. C. (1998). Erfolg durch radikale Reorganisation, in: Wirtschaft und Weiterbildung, 01/98, S. 60–63
Iacocca, L. (1984). An Autobiography, New York
Kirsch, C. (1994). Die Unzertrennlichen, in: Forbes 9/94, S. 20–25
Königswieser, R./Exner, A. (1999). Systemische Intervention, 2. Aufl., Stuttgart
Lay, R. (1989). Ethik für Manager, Düsseldorf
Malik, F. (2000). Systemisches Management, 2. Aufl., Bern/Stuttgart/Wien
Pascale, R./Goss, T./Athos, A. (1993). The Reinvention Roller Coaster, in: Harvard Business Review, Nov./Dez. 1993
Peters, T. H./Waterman, R. H. (1982). In Search of Excellence, New York
Petersen, D./Witschi, U. (2002). Change-Management von Unterschieden, in: Organisations-Entwicklung 03/02, S. 16–31
Pümpin, C. (1989). Das Dynamik-Prinzip, Düsseldorf/Wien/New York
v. Rosenstiel, L. (1993). Wandel in der Karrieremotivation, in: *v. Rosenstiel, L./Djarrahzadeh, M.,/Einsiedler, H. E./Streich, R. K.* (Hrsg.): Wertewandel, 2. Aufl., Stuttgart, 1993, S. 47–81
Senge, P. M. (1990). Fifth Discipline, New York
Stahl, E. (2002). Dynamik in Gruppen, Weinheim/Basel/Berlin
Streich, R. K./Marquardt, M./Sanden, H. (Hrsg.) (1996). Projektmanagement – Prozesse und Praxisfelder, Stuttgart
Streich, R. K. (2002). Zwischen Qual und Qualität, in: new management, 12/02, S. 21–25
Waterman, R. (1994). Die neue Suche nach Spitzenleistungen, Wien/ New York/Moskau
Welch, J. (2001). Was zählt, München
Wimmer, R. (2002). Aufstieg und Fall des Shareholder-Value-Konzeptes, in: OrganisationsEntwicklung 4/02, Seite 70–83

XVI. Coaching als Element der Persönlichkeitsentwicklung

Richard K. Streich und Werner Büning

1. Einleitung

Die Diskussionen um die zunehmende Bedeutung des Coaching haben in den vergangenen Jahren dazu geführt, dass Coaching als Begriff atomisiert wurde. Die Darstellungen der Bandbreite in dieser Diskussion soll im Folgenden insofern Thema sein, als sie notwendig ist, die Erfahrungen der Autoren zu untermauern, die diese in den letzten Jahren in der praktischen Realisierung von Coachingprozessen gemacht haben. Auf diese Bandbreite weist *Looss* schon 1992 hin.

Looss arbeitet mit Abgrenzungen einerseits zur Psychotherapie, andererseits zur täglichen Führungsarbeit. Er beruft sich ausdrücklich auf die „Zweierbeziehung" zwischen Coach und Manager bzw. Managerin, also auf das Einzelcoaching. Dabei kommt es, wie Abb. 35 zeigt, in den unteren und oberen Bereichen zu Vermischungen zwischen dem Coaching und der Führungsarbeit bzw. der Psychotherapie. Hieraus wird schon die Unschärfe des Coachingbegriffs erkennbar.

In der folgenden Abhandlung sollen einige weitere neue Gedanken einfließen, die es Führungskräften erleichtern, in Zukunft mit diesem „Begleitmodell" der Entwicklung von Persönlichkeiten ziel- und ergebnisorientiert umzugehen. Dabei gehen wir davon aus, dass Coaching nicht als Allheilmittel angewandt wird, sondern appellieren an einen verantwortlichen Umgang mit diesem Instrumentarium. Coaching kann nicht für alle Defizite in der Persönlichkeitsentwicklung von Führungskräften bzw. Führungsnachwuchskräften als „Medizin" eingesetzt werden. Es wird, wie Abb. 36 zeigt, als unterstützende Maßnahme zur Entwicklung der professionellen Rolle im Spannungsfeld zwischen beruflichen und

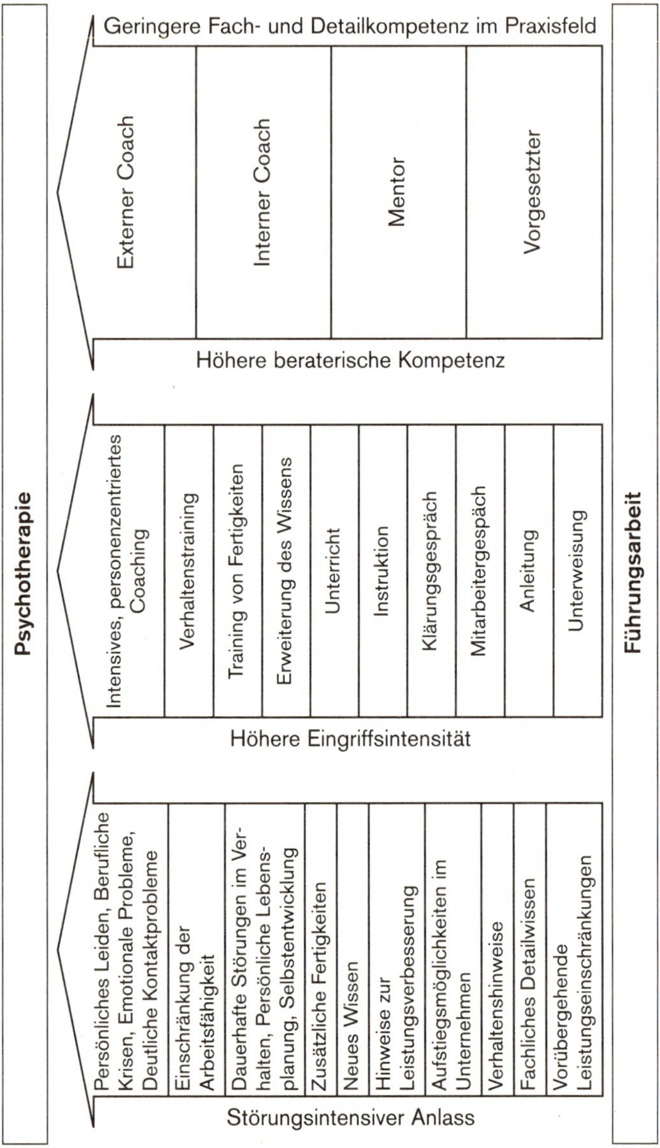

4. Teil: Ansätze und Instrumente eines Persönlichkeitsmanagements

Psychotherapie

Geringere Fach- und Detailkompetenz im Praxisfeld
- Externer Coach
- Interner Coach
- Mentor
- Vorgesetzter

Höhere beraterische Kompetenz

- Intensives, personenzentriertes Coaching
- Verhaltenstraining
- Training von Fertigkeiten
- Erweiterung des Wissens
- Unterricht
- Instruktion
- Klärungsgespräch
- Mitarbeitergespäch
- Anleitung
- Unterweisung

Höhere Eingriffsintensität

- Persönliches Leiden, Berufliche Krisen, Emotionale Probleme, Deutliche Kontaktprobleme
- Einschränkung der Arbeitsfähigkeit
- Dauerhafte Störungen im Verhalten, Persönliche Lebensplanung, Selbstentwicklung
- Zusätzliche Fertigkeiten
- Neues Wissen
- Hinweise zur Leistungsverbesserung
- Aufstiegsmöglichkeiten im Unternehmen
- Verhaltenshinweise
- Fachliches Detailwissen
- Vorübergehende Leistungseinschränkungen

Störungsintensiver Anlass

Führungsarbeit

Abb. 35: Coaching-Spannweite (Quelle: Looss, 1992, S. 148)

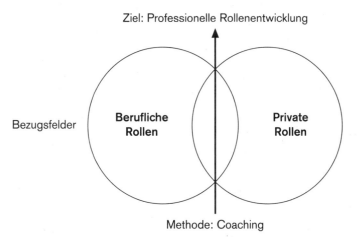

Abb. 36: Coaching-Einordnungen

privaten Rollen gesehen (vgl. zur Rollenproblematik *Streich*, 1994 und 1995).

2. Coaching-Ausgangslagen

Der rasche Wandel in Gesellschaft, Märkten und Technik stellt ständig neue Anforderungen an das Management. Da die Zukunft eines Unternehmens maßgeblich durch seine Führungskräfte und den Führungsnachwuchs bestimmt wird, muss dessen Fähigkeitspotenzial schon heute auf die Erfordernisse von morgen ausgerichtet werden. Dies setzt ein Qualifizierungskonzept zur Führungspersönlichkeit voraus (vgl. *Streich*, 1998).

Mit dem Wandel der Organisationen geht ein Wandel im Rollenverständnis, aber auch in den Rollenerwartungen des Managements einher. *Zahn* (1996) skizziert dies in der folgenden Tabelle auf Seite 260:

Der Wechsel in diesem Rollenverständnis, die extrem gestiegenen Anforderungen an die Flexibilität, die stark verunsichernde Situation im Wettbewerb sowohl intern als auch extern, lösen bei vielen Führungskräften starke Dissonanzen aus. Diese führen, ins-

4. Teil: Ansätze und Instrumente eines Persönlichkeitsmanagements

Führungsebenen	Altes Modell der Organisationen	Neues Modell der Organisationen
Top-Management	Unternehmer, Ressourcenverteiler, Architekt, Konfliktlöser	Visionär und Kritiker
Mittel-Management	Administrativer Controller, vertikaler Informationsbroker	Horizontaler Informationsverteiler und Fähigkeitenintegrator
Frontlinien-Management	Umsetzer, Initiator, Problemlöser	Unternehmer und Leistungstreiber

Rollen und Aufgaben der Führungskräfte (Quelle: Zahn, 1996, S. 279 ff.)

besondere bei jungen Führungskräften, zu vermehrter Nachfrage für Unterstützungsmaßnahmen, die verstärkt im Bereich der Persönlichkeitsentwicklung liegen (vgl. *Hofmann/Linneweh/Streich*, 1997).

Die gängigen Instrumentarien der Führungskräfteentwicklung wie Kommunikationstrainings, Schulungen von Managementtechniken (z. B. Management by Delegation, Management by Objectives und Projektmanagement) sowie die eher fachbezogenen Themen sind als Grundlagenwissen nach wie vor unentbehrlich. Zur „Übersetzung" dieser Management-Verfahrensweisen in optimale Führungsverhalten bedarf es jedoch zunehmend einer geeigneten persönlichen Begleitung.

Mittlerweile hat sich die Erkenntnis durchgesetzt, dass Organisationen keine mechanistischen, sondern lebende Systeme sind, die auf gleiche Impulse manchmal unterschiedlich reagieren, so dass eine reine technologische Vermittlung im Führungsgeschehen dem komplexen Verständnis von der Funktion Management widerspricht (vgl. *Looss*, 1992, S. 18).

Aus unserer Erfahrung ist es eine der wesentlichen Schwierigkeiten und Problemstellungen von Führungskräften, die Dilemmata, in denen sie sich permanent bewegen, auszuhalten und nicht sofort, wie es dem bis dato erfolgreichen Manager auszeichnete, handlungsorientiert zu reagieren (vgl. zu Manager-Dilemmata *Gebert/Boerner*, 1995).

Diesbezügliche Erfahrungen aus den Coachingprozessen der Autoren liegen vor allem in folgenden beruflichen Problemstellungen:
- Eine starke zeitliche und inhaltliche Beanspruchung
- Oft hochkomplexe Problemstellungen in der Tätigkeit
- Fehlende bzw. oft wechselnde Vorbilder in den Unternehmen
- Die z. T. ständigen Veränderungen in der Unternehmenskultur, -struktur und -strategie
- Die damit einhergehende Verunsicherung bzgl. der eigenen beruflichen Entwicklung
- Starke Ängste auch schon bei jungen Führungskräften bezogen auf die Sicherheit des Arbeitsplatzes
- Keine Zeit zum Hineinwachsen in die Führungsrolle
- Fehlende Feedback-Kultur in den Unternehmen etc.

Diese individuellen „Situationsskizzen" gehen einher mit systemimmanenten Rollendilemmata, wie Abb. 37 zeigt.

Führungskräfte benötigen zur Lösung und Reflexion dieser Anforderungen unterschiedlichste Fähigkeiten, die bei vielen durch Wahrnehmungsblockaden beeinträchtigt oder aber durch Verdrängungsmechanismen in den Hintergrund gelangt sind. Coaching im richtig verstandenen Sinne ist hier sicher ein geeignetes Mittel, Rollensicherheiten zu erlangen, bzw. die Persönlichkeitsentwicklung zu unterstützen und die Fähigkeit im Sinne der „Hilfe zur Selbsthilfe" zu aktivieren. Dies kann aber nicht erst im Top-Management ansetzen, sondern muss zwecks individueller und unternehmerischer Effektivitätssteigerung schon auf den unteren und mittleren Managementebenen gewährleistet sein.

3. Coaching-Bezugsebenen

Im Folgenden sollen zunächst einige Definitionen und Ausführungen zum Coaching dargestellt werden, die unsere Arbeit wesentlich beeinflussen. Hier ist insbesondere der Ansatz von *Looss* zu nennen, der Coaching als eine rollenbezogene Individualberatung im Management versteht. Dabei ist ein Coach ein „vorzugsweise externer Einzelberater für die personenzentrierte Arbeit mit Führungskräften in Bezug auf die Frage, wie die Mana-

4. Teil: Ansätze und Instrumente eines Persönlichkeitsmanagements

Mittel	⇔	Zweck
Gleichbehandlung aller	⇔	Eingehen auf den Einzelfall
Distanz	⇔	Nähe
Fremdbestimmung	⇔	Selbstbestimmung
Spezialisierung	⇔	Generalisierung
Gesamtverantwortung	⇔	Einzelverantwortung
Bewahrung	⇔	Veränderung
Konkurrenz	⇔	Kooperation
Aktivierung	⇔	Zurückhaltung
Innenorientierung	⇔	Außenorientierung
Zielorientierung	⇔	Verfahrensorientierung
Belohnungsorientierung	⇔	Wertorientierung
Selbstorientierung	⇔	Gruppenorientierung

Abb. 37: Rollendilemmata in der Führung (Quelle: Neuberger, 1994, S. 91 ff.)

gerrolle von der Person bewältigt werden kann" (*Looss*, 1992, S. 46).

Der Coach arbeitet mit seinem Klienten an so generellen Dimensionen, wie beispielsweise (vgl. *Looss*, 1992, S. 42).

- Wahrnehmung
- Bewusstheit
- Interpretation
- Verhaltensverfestigungen
- Kommunikationsmuster
- Einstellungen
- Emotionen

Dabei ergänzt Coaching das Instrumentarium der klassischen Methoden der Weiterbildung, des Führungskräftetrainings und der Organisationsentwicklung um eine wesentlich persönlichkeitsorientiertere Tiefendimension. Schwerpunkt bilden die individuellen Gespräche und die daraus folgenden konkreten persönlichen Maßnahmen für die einzelne Führungskraft. Insgesamt beschreibt Coaching somit ein Beziehungsgeschehen besonderer Art mit einer einigermaßen abgrenzbaren Bezugsgruppe (z. B. Top-Führungskräfte) und einer speziell abgrenzbaren Thematik (*Looss,* 1992, S. 15 ff.).

Looss geht für den Coachingprozess von einem Einzelberater aus, der mit seinem Klienten bzw. Klientin an grundlegenden Dimensionen seiner Person arbeitet.

Böning (1990) erweitert das Klientel in seinem Ansatz über den Top-Manager hinaus auf die psychologische Beratung von Führungskräften und sonstigen Mitarbeitern. Er bringt außerdem eine wesentliche Komponente des Coaching zum Ausdruck, nämlich die schon angeführte „Hilfe zur Selbsthilfe". Der Beratungsprozess selbst hat die Dimension der

- „leistungsbezogenen Performance,
- persönlichen Entwicklung und
- Funktionsfähigkeit des Systems (Abteilung, Sparte, Unternehmen)"

zum Inhalt (*Böning,* 1990, S. 23).

Neben der Bezugsgruppenerweiterung beschreibt *Böning* hier auch einen weiteren inhaltlichen Aspekt, nämlich den Einbezug des Systems. Folgerichtig entwickelt er zum Einzelcoaching den Ansatz des System-Coaching, welcher im Folgenden näher beschrieben wird.

Begriffe und Akteure

Zu den Fähigkeiten des Coaches führt *Butzko* (1993) aus, dass er „neben geschulter Wahrnehmungsfähigkeit und psychologischen Wissen und Geschick" auch „Erfahrungen im Umgang mit dieser speziellen Zielgruppe" haben sollte. Besonders wertvoll sind unserer Erfahrung nach eine gewisse „Feldkompetenz", mindestens aber Kenntnisse über die Bedingungen und die „klimatischen" Verhältnisse in den zu begleitenden Wirtschaftsunternehmen. Neben dem Grundwissen über Wahrnehmung, Gesprächsführung, Kommunikation, Führung etc. muss ein Coach Wissen besitzen über „menschliches Erleben, Denken, Fühlen, Wollen und Handeln." (*Butzko,* 1993, S. 49)

Ein besonderer Vorteil ist unserer Erfahrung nach ein Vorwissen aus therapeutischen Handlungsfeldern, gepaart mit der Fähigkeit,

Trennschärfe zwischen therapeutischem Handeln und beruflichen Unterstützungen im Sinne eines Coachingprozesses zu bewahren.

Formen und Prozesse

Der Coachingprozess kann sich einerseits fokussieren auf Einzelpersonen, andererseits auf Gruppen innerhalb der Organisation. Coaching als Beratungsprozess für Gruppen verliert natürlich auf der einen Seite an Exklusivität, die Intimität der Zweierbeziehung zwischen Coach und Führungskraft ist aufgehoben, die Rollen im Beratungsprozess müssen neu definiert werden etc. Andererseits entstehen durch die Teilnahme mehrerer ähnlich betroffener Personen Effekte, die ein Wachsen der Personen im Kontext der Gruppe erst ermöglichen.

Böning (1990) beschreibt in seinen Ausführungen ein System-Coaching, in dem mehrere Personen in der Regel aus einem Unternehmen an unterschiedlichen Fragestellungen mit Hilfe eines externen Coaches oder eines Coachingteams arbeiten. Themen und Ziele könnten dabei sein (*Böning,* 1990, S. 23).

- „Optimierung eines gesamten Vorstandes, einer Geschäftsführung oder einer hochrangigen Spezialistengruppe in einem Unternehmen bezüglich ihres Führungs- und Leistungsverhaltens im Unternehmen,
- Klärung von zwischenmenschlichen Konflikten innerhalb dieser hochrangigen Gruppe,
- Beratung einer hochrangigen Gruppe bei der Umsetzung von Strategiemaßnahmen oder Umorganisationen und den damit verbundenen menschlichen und zwischenmenschlichen Reibungsverlusten im Unternehmen,
- Beratung bei Fusionen oder Integration neuer „Firmen-Teile" in bestehende Organisationsstrukturen,
- Zusammenführung einer neugebildeten Gruppe: Optimierung der Zusammenarbeit, vertieftes Kennenlernen und konstruktive Entwicklung von Spielregeln,
- Weiterentwicklung des Führungsstiles einer Führungskraft in Verbindung mit der gesamten Mannschaft nach der Übernahme einer neuen Aufgabe."

XVI. Coaching als Element der Persönlichkeitsentwicklung

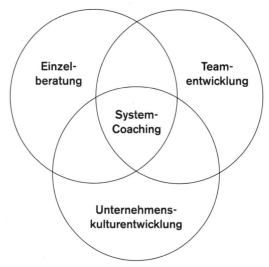

Abb. 38: System-Coaching

System-Coaching liegt somit im Schnittpunkt zwischen Einzelberatung, Teamentwicklung und Unternehmenskulturentwicklung (s. Abb. 38).

Dabei bedarf es nach *Böning* besonderer Notwendigkeiten im System-Coaching (*Böning* 1990, S. 24).

- Oftmals gleichzeitiges Handeln auf individuellen, interaktionalen, system- und umfeldbezogenen Ebenen.
- Die gleichzeitige Betrachtung und Berücksichtigung verschiedener Ebenen wie
  - psychologische und organisatorisch-strukturelle Ebene
  - wirtschaftliche und soziologische Ebene
  - politische und ethische Ebene
  - unternehmenskulturelle Ebene
  - juristische Ebene
- Erkennen und Erarbeiten der unterschiedlichen Interessen im Prozess:
  - Offenes Umgehen mit verschiedenen Werten und Einstellung versus „politisches" Umgehen,

– Persönliche Interessen von Führungskräften versus Sach- und Unternehemensinteressen,
– Persönliche Ziele einzelner Führungskräfte versus Ziele von bestimmten Interessengruppen im Unternehmen etc.

Dieses Erkennen und Erarbeiten verschiedener Interessen und das Umgehen damit erfordern große Erfahrung beim Coach und sind insbesondere in großen Unternehmen, die ja häufig vielfältig verschachtelt sind, vielfältigste kulturelle Werte beheimaten, ständig sich im Umbruch befinden etc., von großer Bedeutung.

Eine ähnliche Vorstellung vom modernen Coaching im Rahmen der lernenden Organisation haben *Egger-List* (1993): „Management-Coaching muss heute Wegbereiter der lernenden Organisation sein. Das geschieht aber nur, wenn durch das Coachen von ganzen Führungsteams unternehmensinterne Veränderungsprozesse in Gang gesetzt werden. Die moderne Konzeption von Management-Coaching ist eine neuartige, facettenreiche, ganzheitliche und prozessorientierte Form des Lernens mittels gezielter Förderung und Herausforderung von Führungsteams und Führungspersönlichkeiten" (*Egger-List*, 1993, S. 80).

Die Anforderungen an den Coach im System-Coaching sind nicht gekennzeichnet durch „Omnipotenz", sondern durch Realitätssinn, psychologisches, betriebswirtschaftliches und führungsbezogenes Know-how, welches mit Augenmaß eingesetzt wird. Verlangt wird nicht besserwisserische Beratung (*Böning*, 1990, S. 24).

Diese Anforderungen kann oftmals nur ein Beraterteam erfüllen, das sich in ihren Aufgaben, ihrem Wissen, ihrer Ausbildung und ihren Persönlichkeiten komplementär ergänzt. Eine diesbezügliche Struktur ist in dem später zu skizzierenden Praxisbeispiel der Autoren vorzufinden.

Das im vorgenannten beschriebene System-Coaching fokussiert den Betrachtungsschwerpunkt auf Gruppen in Organisationen. Die Unternehmensrealität und die darin abgebildeten individuellen Fragestellungen verlangen jedoch ebenso berechtigterweise einen Coachingprozess in Form einer Einzelberatung.

Looss begründet den Sinn des Einzelcoachings u. a. mit der Angst vor der Öffentlichkeit, die im Gruppencoaching obligatorisch ist. Er führt aus, dass das Lernen im Einzelcoaching auch die sichtbare Feststellung bedeutet, dass jemand nicht mehr weiter weiß. Dies ist eine Aussage, die überhaupt nicht in das Selbstbild des Managers passt. Er bzw. sie muss zudem vermuten, dass die Umwelt, die das Lernen wahrnimmt, davon ausgeht, dass sein Handlungspotenzial offenbar eingeschränkt ist (*Looss*, 1992, S. 21).

Neben der stark inhaltlich fachlichen Begründung (emotionale Intensität, herrschaftsfreier Raum, offene Feedbacksituation etc.) wird für ein Einzelcoaching vor allem auf zwei Ebenen argumentiert:

Persönliche Ebene

Die persönlichen Defizite sollen weder ins Unternehmen noch nach außen kommuniziert werden, um das Bild des „allwissenden" und „kompletten" Managers nicht ins Wanken zu bringen. Es herrscht die Meinung, bei Zugeben von Defiziten im persönlichen und fachlichen Bereich werden in Zukunft häufiger von jenen Personen Managemententscheidungen hinterfragt und die Kompetenz in Frage gestellt, Unsicherheiten übertragen sich auf die Mitarbeiter, das Kollegium, das Unternehmen usw. Diese vorgenannten Argumente gewinnen an Bedeutung unter Hinzuziehung mikropolitischer Problemstellungen in Organisationen (vgl. hierzu u. a. *Neuberger*, 1995).

Unternehmerische Ebene

Die Konkurrenz- und Wettbewerbssituation zwingt dazu, bestimmte Informationen nicht „dem Markt" preiszugeben, um keine Nachteile zu erleiden. Das Bekanntwerden eines Coaching z. B. des Top-Managements im Sinne eines System-Coaching würden für diese am Markt nachteilig sein, sofern dies bekannt würde. Dies würde sich letztlich auch auf das Unternehmensergebnis negativ auswirken können.

In der Literatur werden einige Modelle beschrieben, die ein erfolgreiches Coaching in Gruppensituationen beschreiben. Hier wird jedoch der Beratungsprozess mit Klientel der mittleren und unteren Führungsebenen (z. B. Meistercoaching) sowie in Entwicklungsprogrammen für Führungskräfte der oberen Ebenen beschrieben.

Grün/Dorando beschreiben beispielsweise sehr detailliert unterschiedliche Coachingprozesse mit Meistern, deren Ziele vor allem sind, die veränderten Rollenanforderungen bewusst aufzunehmen und mitzugestalten. Hier wird Coaching verstanden als eine konkrete Hilfe in schwierigen betrieblichen und persönlichen Übergangssituationen (*Grün/Dorando*, 1994, S. 69–72).

Wir können aufgrund unserer Praxiserfahrung mit gutem Gewissen beide Ansätze – sowohl das Einzel- als auch das Gruppencoaching – als praktikable Ansätze der Persönlichkeits- und Teamentwicklung vertreten. In vielen Bereichen scheint es sinnvoll, Einzelberatungsprozesse zu präferieren, dies vor allem im Top-Management, einer Gruppe also, die im Rahmen allgemeiner Management-Entwicklungs-Programme nicht mehr vorzufinden sind.

Wir konzentrieren uns im Nachfolgenden auf die Beschreibung eines Coachingprozesses im Rahmen eines Management-Entwicklungs-Programms (MEP), welches zukünftigen Top-Führungskräften die Möglichkeit gibt, ihre Person in den Vordergrund zu stellen und mit Hilfe reflexiver Prozesse ihre Persönlichkeit zu entwickeln. Diese Coachingarbeit geschieht sowohl in Kleinstgruppen, den so genannten Homegroups als auch in Einzelkontakten. Somit geschieht eine integrative Betrachtung von Individual- und Gruppenprozessen zwecks Entwicklung der eigenen Persönlichkeit.

4. Coaching-Praxisbeispiel

Das nachfolgende Praxisbeispiel ist im Rahmen eines breit angelegten Management-Entwicklungs-Programms für einen international tätigen Konzern durch das *INPUT – Institut für Personal- und Unternehmensmanagement* entwickelt worden. Die beiden Autoren arbeiten seit Anbeginn innerhalb dieses Programms, das nunmehr seit sechs Jahren erfolgreich auf dem Markt platziert ist (*Streich*, 1998, S. 35 ff.).

Ausgangslage

Ausgangspunkt unserer Überlegungen ist u. a. die Überzeugung, dass über bestimmte Aspekte in der Persönlichkeitsentwicklung von Führungskräften, z. B. den Schwierigkeiten im Aushalten der Dilemmata, durchaus in einem begrenzten öffentlichen Rahmen gearbeitet werden kann. Gerade die Entwicklung einer reifen Persönlichkeit geschieht ja im Kontext mit dem Gegenüber, möglichst mit mehreren Gegenüber. Auch wenn der Vergleich mit dem therapeutischen Geschehen an vielen Stellen „hinkt" (vgl. Abb. 35), im Bereich der Entwicklung von Personen kann er jedoch durchaus gezogen werden Beispiele aus dem therapeutischen Geschehen:

- Abhängigkeitskranke bekommen ihren eigentlichen Gesundungsschub erst, wenn sie ihre Probleme (Defizite) in begrenztem Rahmen veröffentlichen
- Wichtige Gesundungsfaktoren sind in der Therapie die Unterstützung der „Mitleidenden"
- „Co-Abhängige" können durch eine Veröffentlichung zu positiven Unterstützern des Gesundungsprozesses werden.

Nach unseren Erfahrungen gibt es einige Gründe, die einen Coachingprozess in kleineren Gruppen (von uns Homegroups genannt) unterstützen, z. B.:

- Erweiterte Feedback-Prozesse (nicht nur Coach, sondern alle Teilnehmer sind eingebunden im Sinne eines internen Beratungsprozesses)
- Emotionale Entlastung in schwierigen Situationen durch die Unterstützung anderer Teilnehmer
- Unterstützung und Klarheit in der Führungsrolle über Identifikationen
- Handlungssicherheit durch die Bestätigung anderer
- Ergebniskontrolle und soziale Kontrolle durch die anderen Teilnehmer
- Gemeinsames Lernen im gemeinsamen kulturellen Kontext.

Für die Beratung heißt das, dass der Rahmen sehr genau festgelegt werden muss. So sind beispielsweise die Homegroups hierarchiefrei und innerhalb eines Konzernverbundes durch unterschiedliche Unternehmensbereiche repräsentiert. Der Coachingprozess muss für beide Seiten, dem Coach und den Gecoachten absolut verbindlich und zuverlässig eingehalten werden. Ein dementsprechender Kontrakt ist für den Coachingprozess unerlässlich.

Ebenen

Die Unternehmensrealität ist in vielen Fällen dadurch gekennzeichnet, dass Führungskräfte, insbesondere bei der Übernahme der ersten Führungsverantwortung, für ihre spezifische neuartige Managementtätigkeit keine hinreichende Ausbildung erhalten. In der Regel werden jene „Vorgesetzte", die sich als beste Fachleute des entsprechenden Gebietes in der Vergangenheit erwiesen haben.

Legen wir die üblichen Kompetenzebenen[1] Fachkompetenz, Methodenkompetenz und Sozialkompetenz als Coachingebenen zugrunde, so ist im betrieblichen Alltag die Fach- und Methodenkompetenz noch am ehesten ausgeprägt, während die Sozialkompetenz oftmals dazu nicht im richtigen Verhältnis steht.

Neben ihrer Fachaufgabe haben Manager Verantwortung für Menschen. Manager sind auf die Beziehung zu diesen Menschen in einem sehr spezifischen Sinne angewiesen, sollen aber dennoch über genügend Distanz verfügen. Dies ist nur mit einer hohen Ausprägung der sozialen Kompetenz möglich. Es gilt also in einem Management-Entwicklungs-Programm neben der Vermittlung der Fach- und Methodenkompetenz ganz wesentlich, die Teilnehmer in ihrer Persönlichkeitsentwicklung zu unterstützen.

Diese Unterstützung hat das Ziel einer dauerhaften Umsetzung und ist demzufolge in einem prozessorientierten Ansatz wie dem Coaching sinnvoll durchzuführen. Dabei muss berücksichtigt werden, dass die Prozessberatung ein zusätzliches Angstpotenzial auslöst dadurch, dass das Ergebnis des Prozesses nicht verbindlich vorausgesagt werden kann.

Looss beschreibt, dass es bei der Prozessberatung vorwiegend um die Situationen geht, „in denen der Betroffene sich angesichts der Erstmaligkeit eines Problems oder einer Aufgabe auf den Weg macht, unter Begleitung sein eigenes Potenzial zu nutzen, um die anstehende Aufgabe zu lösen.... Er muss auf schnelle Lösungen verzichten, er muss sich auf unsichere Prozesse einlassen, Unwäg-

---

1 Siehe hierzu auch den Beitrag II. „Die Herausforderung: Führung als personale Autorität" in diesem Band.

barkeiten aushalten, die Situation des „noch nicht Wissens" schätzen lernen und darauf vertrauen, dass aus dem „Chaos" die für ihn passende Lösung entstehen wird." (*Looss*, 1992, S. 33).

Aus der Prozessorientierung und der Erfahrung, dass Führungskräfte und Führungsnachwuchs-Manager Unterstützung in der Persönlichkeitsentwicklung benötigen, um mit den schwierigen Anforderungen der Zukunft umgehen zu können, entstand das nachfolgend näher beschriebene Management-Entwicklungs-Programm (MEP), dessen wesentliche Methode ein integratives Team- und Individual-Coaching ist.

Prozess

Die Lernprozesse im MEP finden innerhalb von sechs zeitlich versetzten Modulen mit maximal 15 Teilnehmern über ein Zeitraum von ca. 2 Jahren statt. Innerhalb eines jeden Moduls und eines jeden Programmtages findet Lernen in fünf „Lernorten" statt (s. Abb. 39).

Das **Plenum** ist der wesentliche Raum für die kognitive Arbeit der Teilnehmer. Die zentralen Themen variieren von Modul zu Modul. Startpunkt ist z. B. die Thematik Persönlichkeitsmanagement. Darauf aufbauend Führungsmanagement, Operatives Management, Strategisches Management und Komplexitätsmanagement. Abgerundet wird das gesamte Programm durch Follow-up-Tage (in Summe somit sechs Module).

In den **Kleingruppen** gibt es entlang kognitiver Problemlösungen Gelegenheit zur Wahrnehmung unterschiedlicher formeller Rollen, z. B. im Rahmen von Fallstudienarbeiten und Gruppenarbeiten in der Wahrnehmung z. B. des Prozessmoderators für die Kleingruppe. Im dynamischen Gruppenprozess der Kleingruppenarbeit werden die unterschiedlichen sozialen Rollen, die angewendeten Verfahrens- und beobachtbaren Verhaltensweisen durch Interaktionen oder in Form teilnehmender Beobachtung durch externe Teambegleiter reflektiert.

Innerhalb dieser Konfiguration werden somit integrativ und systemisch drei Lernebenen angesprochen: Inhalte, Verfahren und Verhalten.

4. Teil: Ansätze und Instrumente eines Persönlichkeitsmanagements

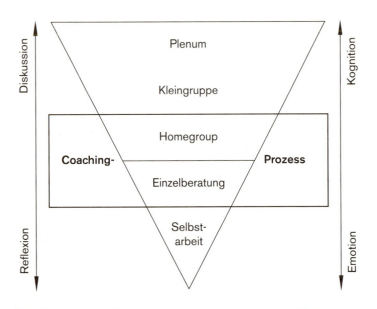

Abb. 39: Lernorte im Management-Entwicklungs-Programm (MEP)

Der eigentliche Coachingprozess findet in den **Homegroups** (max. fünf Teilnehmer pro Coach), die über den gesamten Management-Entwicklungs-Zeitraum ebenso konstant bleiben wie der externe Coach, sowie in den **Einzelkontakten** mit den Teilnehmern statt. Die Homegroups sind, je nach Modullänge, zwischen zwei Tagen bis zu einer Woche mit ihrem konstanten Coach verbunden.

Die Zusammensetzung der Homegroup muss ebenso wie der Coach über den gesamten Zeitraum des Entwicklungs-Programms konstant bleiben, um Vertrauen aufzubauen und gemeinsame Entwicklungsprozesse im Ablauf der Zeit zu reflektieren. Die Teilnehmerzusammensetzung reflektiert unterschiedliche Unternehmensteile des Konzerns. Ebenso haben die Teilnehmer unterschiedliche Funktionen inne. Als verbindendes Element ist die Führungserfahrung hervorzuheben.

In der Homegroup werden die unterschiedlichen Lern- und Rollenerfahrungen im Seminar und die Erfahrungen aus den seminargeleiteten betrieblichen und privaten Aktionsfeldern zu einem persönlichen Veränderungsprozess des jeweiligen Teilnehmers integriert. Das im Seminar beobachtbare bzw. aus den betrieblichen Aktionsfeldern berichtete Verhalten des Teilnehmers, z. T. über zwischen den Modulen durchgeführte Selbstbild-/Fremdbildaufnahmen im Berufsfeld, ist in der Homegroup permanenter Gegenstand selbstreflexiver Prozesse.

Als wesentliches Mittel hierzu dienen die Konfrontation mit anderen Verhaltensweisen und die Verhaltensrückmeldungen, die den Teilnehmern zu ihrem Selbstbild-/Fremdbildvergleichen genannt wurden. Die Verhaltensweisen der Teilnehmer mit den dahinter stehenden Einstellungen und Werten der Persönlichkeit werden in einem ganzheitlichen Sinne gewürdigt. Dies geschieht

- vor dem Hintergrund seiner vergangenen Lebens- und Berufserfahrung,
- bezogen auf seine aktuelle Arbeitsplatz- und Lebenssituation und
- vor dem Hintergrund seiner zukünftigen Berufs- und Lebensziele.

Die individuelle Biographie, aktuelle persönliche Situation und perspektivische Ziele werden im Verlauf der Sitzungen soweit verdichtet, dass sie von jedem Teilnehmer in ein Veränderungsprojekt im beruflichen Aktionsfeld (und ggf. erweiternd auch im privaten Bereich) überführt werden. Dieses Veränderungsprojekt stellt den Ausgangspunkt für die Coachingprozesse beim nächsten Modultreffen dar.

Die Verknüpfung kognitiven Lernens, emotionalen Erlebens und sozialer Kontrolle in der Homegroup ermöglicht die Entfaltung einer hohen Handlungskompetenz. Das externe Coachingteam (bei 15 Teilnehmern in der Regel drei externe Coachs) ist komplementär zusammengestellt. Innerhalb dieses 3er-Teams sind unterschiedliche Qualifikationen vorhanden, z. B. Psychologie, Pädagogik, Supervision, Organisationsentwicklung, Betriebswirtschaft. Gemeinsamer Bezugspunkt dieses Coachingteams ist, dass alle über Führungserfahrungen in unterschiedlichen Organisationen verfügen. Die Absicherung der einzelnen Vorgehensweisen der Homegroups erfolgt durch einen Supervisionsprozess des externen Coachingteams.

4. Teil: Ansätze und Instrumente eines Persönlichkeitsmanagements

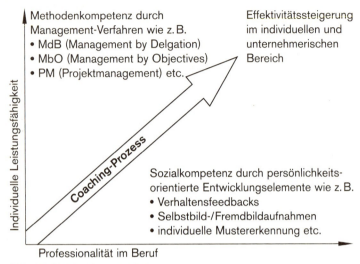

Abb. 40: Effektivität in der Führungsrolle

Coaching dient im vorgenannten Setting vorrangig als Methode, um den Transfer zwischen den einzelnen Elementen der Fortbildung im beruflichen Rahmen und der Entwicklung der Persönlichkeit zu ermöglichen. Beide Elemente, also die individuelle Leistungsfähigkeit, die durch eher „technokratische" Managementmethoden (Methodenkompetenz) gesteigert wird, sowie die Professionalität in der beruflichen Rolle, die u. a. auch durch persönlichkeitsorientierte Verfahren (Sozialkompetenz) unterstützt wird, sind notwendig zur Erreichung einer individuellen und unternehmerischen Effizienz (Abb. 40).

Der gesamte Coachingprozess validiert dabei operational die vermittelten Inhalte des Management-Entwicklungs-Programms, die vermittelten Methodentechniken zur Steuerung von Unternehmen, Teams und Individuen und die sich daraus ergebenden Verhaltensimplikationen im privaten und beruflichen Umfeld der Teilnehmer. Die Teilnehmer unterziehen sich dabei im ersten Modul einem Individualtest zur Führungseffektivität mit einer daran anschließenden individuellen Standortbestimmung. Darauf aufbauend werden

Soll-Ziele für den gesamten Zeitraum des Management-Entwicklungs-Programms formuliert. Innerhalb der nachfolgenden Module erfolgt eine permanente Soll-/Ist-Fortschreibung durch den begleitenden Coachingprozess.

Die bisherigen Erfahrungen zeigen, dass der beschriebene Ansatz äußerst erfolgreich ist. Nach nunmehr mehrjähriger Durchführung und dem kompletten Durchlauf von vier Gruppen über alle sechs Module kann, bezogen auf den Eingangstest, der zum Programmabschluss nochmals individuell erhoben wurde, in drei Viertel aller Fälle die definierten Soll-Ziele als vollständig erreicht klassifiziert werden. Bezogen auf die drei Lernebenen Inhalt, Verfahren und Verhalten hat sich insbesondere das Erkennen und Erlernen neuer Verhaltensweisen im Coachingprozess als Erfolgsfaktor herauskristallisiert.

5. Fazit

Das Professionalisierungselement „Coaching" kann bei seriöser Anwendung ein Königsweg zur persönlichen Entwicklung von Führungskräften sein. Entscheidend sind u. a.:
- die Qualifikation der Coachs,
- die Klarheit des Kontraktes zwischen allen Beteiligten,
- die Reflexionsbereitschaft der/des Gecoachten,
- die Kontinuität in der Beziehung zwischen den Beteiligten über einen längeren Zeitraum (bspw. im Rahmen des Einzelcoachings achtmaliges Treffen innerhalb von 12 Monaten),
- die Integration des Coachingprozesses in den beruflichen Alltag durch individuelle Veränderungsaktionen auf Verfahrens- und Verhaltensebene,
- die umfassende Erarbeitung der individuellen Ist-Situation und der stringenten Bearbeitung persönlicher Soll-Ziele.

Neben den vorgenannten Erfolgsfaktoren hat das in dieser Abhandlung dargestellte Beispiel von Coachingprozessen innerhalb von Management-Entwicklungs-Programmen seine Bedeutung. Die dabei aufgezeigten Vorgehensweisen dokumentieren, dass Coachingelemente in betrieblichen Entwicklungsprogrammen sowohl individuelle als auch unternehmerische Effektivitätssteigerungen folgern lassen.

Literatur

Böning, U. (1990). Hilfe zur Selbsthilfe – System-Coaching contra Einzel-Coaching, Gablers Magazin 4/1990, S. 22–25

Butzko, H. G. (1993). Coaching ist eigentlich der falsche Begriff, in: Wirtschaft und Weiterbildung 6/93, S. 48–50

Egger-List, M. u. P. (1993). Mit Management-Coaching zur lernenden Organisation, in: Management-Zeitschrift 62, 1993, Zürich, S. 79–82

Grün, J./Dorando, M. (1994). In der Werkstatt: Meistercoaching, in: Management-Zeitschrift 63, 1994, Zürich, S. 69–72

Gebert, D./Boerner, S. (1995). Manager im Dilemma – Abschied von der offenen Gesellschaft, Frankfurt/ M.

Hofmann, L. M./Linneweh, K./Streich, R., K. (1997). Erfolgsfaktor Persönlichkeit, München

Looss, W. (1992). Coaching für Manager – Problembewältigung unter 4 Augen, Landsberg

Neuberger, O. (1994). Führen und geführt werden, 4. Aufl., Stuttgart

Neuberger, O. (1995). Mikropolitik, in: *Rosenstiel, L./Regnet, E./Domsch, M.* (Hrsg.): Führung von Mitarbeitern, 3. Aufl., Stuttgart, S. 35–42

Streich, R. K. (1994). Managerleben – Im Spannungsfeld von Arbeit, Freizeit und Familie, München

Streich, R. K. (1995). Rollenprobleme von Führungskräften in der Berufs- und Privatsphäre, in: *Rosenstiel, L./Regnet, E./Domsch, M.* (Hrsg.): Führung von Mitarbeitern, 3. Aufl., Stuttgart, S. 83–89

Streich, R. K. (1998). Management-Entwicklungs-Programm (MEP) zur Führungspersönlichkeit, in: WWP Verlag GmbH, Niederkassel; Der Karriereberater 5/98, S. 35–42

Zahn, E. (1996). Führungskonzepte im Wandel, in: *Bullinger u. a.*: Neue Organisationsformen in Unternehmen, Berlin, S. 279–296

XVII. Förderung der persönlichen Handlungskompetenz im Rahmen von Führungskräftetrainings – das Beispiel „Schmitz Cargobull"

Wolfgang Thiem

Menschen machen den Unterschied und entscheiden den Wettbewerb. Gerade in Veränderungsprozessen kommt es auf eine gestärkte Handlungskompenz der Führungskräfte an. Die Handlungskompetenz resultiert aus erlernten Wissensinhalten, Verfahrens-Know-how, vor allem aber aus der Herausbildung eines situativ anpassbaren, professionellen Verhaltensrepertoires. Die Entwicklung von Handlungskompetenzen muss durch Personalentwicklungsmaßnahmen gefördert und im Unternehmen verankert und vernetzt werden. Die *Schmitz Cargobull (SCB)* AG hat mit den verschiedenen Programmen der Managemententwicklung ein effektives Instrumentarium geschaffen, um die Handlungskompetenz seiner Führungs- und Führungsnachwuchskräfte zu stärken und die Unternehmensentwicklung nachhaltig zu unterstützen.

1. Die Handlungsebenen der Führungskräfteentwicklung

Führungskräfteentwicklung ist Teil der Entwicklung des gesamten Unternehmenssystems. Sie zielt auf die personelle Komponente des Managements, die es zu befähigen und zu aktivieren gilt. Es werden Bedingungen geschaffen, damit die Führungskräfte und Potenzialträger sich für die aktuellen, insbesondere aber höheren Aufgaben im Unternehmen qualifizieren und diese kompetent wahrnehmen können.

Die Aktionsfelder der Führungskräfteentwicklung beziehen sich auf verschiedene Ebenen der Handlungskompetenz, die klassischerweise in Fachkompetenz, Methodenkompetenz und Sozialkompetenz unterschieden werden können. Im Rahmen der Führungskräfteentwicklung der *Schmitz Cargobull* AG wird eine differenzierte Darstellungsform gewählt. Maßnahmen der Führungskräfteentwicklung beziehen sich auf die Vermittlung von Wissensinhalten, Verfahrens-Know-how und Verhaltenskompetenz. Das einfache Modell der drei Handlungsebenen lässt sich auf konkrete Handlungssituationen beziehen und fördert die Transparenz von Lern- und Transferphasen. Wir unterscheiden also hinsichtlich der Handlungskompetenz die drei Ebenen: Inhalte, Verfahren und Verhalten.

In Abhängigkeit von der Verweildauer und der hierarchischen Position im Unternehmen steigt die Bedeutung der Förderung von Verfahrenskompetenz und Verhaltenskompetenz der Führungskräfte. Die Führungskräfteentwicklung in Unternehmen versucht diesem Sachverhalt im Allgemeinen durch das Angebot an entsprechenden Weiterbildungsinhalten gerecht zu werden. Im Rahmen der Führungskräfteentwicklung der *Schmitz Cargobull* AG wird über die Bereitstellung der richtigen Lerninhalte hinaus ein maßgebliches Gewicht darauf gelegt, die Stärkung der Verfahrens- und insbesondere Verhaltenskompetenz als die maßgeblichen Felder der Handlungskompetenz durch entsprechende Programm-Methodik sowie geeignete Vernetzung in den Unternehmensalltag zu unterstützen.

2. Die Anforderungen an die Handlungskompetenzen von Führungskräften

Für die *Schmitz Cargobull* AG hat die Qualifizierung von Führungskräften und Nachwuchskräften eine besondere Relevanz. Der **Mittelständler** aus dem Münsterland ist Europas umsatzstärkster Hersteller von Sattelaufliegern. Starkes Umsatzwachstum – Verdoppelung alleine in den letzten fünf Jahren – und eine hohe Veränderungsvielfalt und -geschwindigkeit kennzeichnen den Konzern. In einem strenger werdenden Wettbewerb hat das Unternehmen erkannt, dass sein Managementpotenzial der entscheidende Erfolgsfaktor ist, um die erfolgreiche Entwicklung des Unternehmens zu sichern und weiter auszubauen.

Die Ausprägung der Handlungskompetenz ist in Veränderungsprozessen besonders niedrig. Mitarbeiter und Führungskräfte beschreiten neue Wege und können sich nicht mehr ausschließlich auf

XVII. Entwicklung und Stärkung der persönlichen Handlungskompetenz

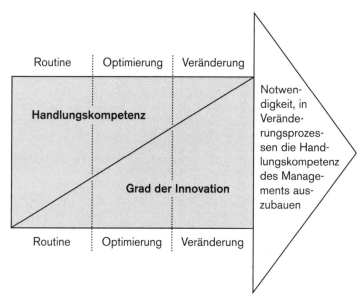

Abb. 41: Die Ausprägung der Handlungskompetenz in Veränderungsprozessen

ihre Erfahrungen verlassen. Das bisherige Handlungsrepertoire muss in veränderten Arbeitssituationen durch neues Know-how sowie neue Verfahrensweisen und Verhaltensweisen ersetzt werden. Die Situation ist gekennzeichnet durch Unsicherheit und den Bedarf des Erlernens neuer Kompetenzen (Abb. 41).

Im Mittelpunkt der Managementanforderungen stehen der Erwerb neuen Fach-Know-hows oder neuer Tools. Eine Kernkompetenz und damit im Fokus von Förderaktivitäten ist aber vor allem die Fähigkeit, den Wandel im Rahmen der Interaktion mit anderen Akteuren zu gestalten. Erfolgreiche (Veränderungs-)Manager sind gekennzeichnet durch eine hohe Ausprägung an Kooperationsvermögen, Unternehmertum, Innovationskraft, Kunden- und Qualitätsorientierung sowie Selbstmanagementkompetenz. All diese Kompetenzmerkmale sind Bestandteil einer effektiven Verhaltenskompetenz. Diese Kompetenzfelder machen den Großteil des Kompetenzmodells der *Schmitz Cargobull* AG aus (Abb. 42).

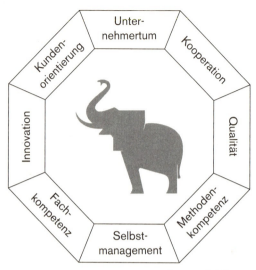

Abb. 42: Das Kompetenzmodell der *Schmitz Cargobull* AG

3. Die Schmitz Cargobull Managemententwicklung

Das 1998 ins Leben gerufene *Schmitz Cargobull* Managemententwicklungsprogramm (MEP) ermöglicht es, die Handlungskompetenz der Führungskräfte und Führungsnachwuchskräfte zu entwickeln und zu stabilisieren.

Im Allgemeinen werden mit dem Managemententwicklungsprogramm folgende Zielsetzungen verfolgt:

- Ausbau der Leistungsfähigkeit, -bereitschaft und -möglichkeit der Programmteilnehmer hinsichtlich der aktuellen und zukünftigen Aufgabenstellungen im Unternehmen
- Vergrößerung des Potenzials interner Kandidaten für
  - das Unternehmenswachstum
  - Laufbahnstrukturen
  - anspruchsvolle Projektaufgaben
  - Job-Rotation
  - Nachfolgeregelungen

XVII. Entwicklung und Stärkung der persönlichen Handlungskompetenz

- Systematische Entwicklung von Potenzial- und Leistungsträgern durch gezieltes Training der *Schmitz*-Schlüsselkompetenzen
- Steigerung des Unternehmenswertes und des persönlichen Wertes.

Das Management-Entwicklungs-Programm bei *Schmitz Cargobull* besteht aus fünf miteinander vernetzten Teilprogrammen, die sich mit unterschiedlichen Zielsetzungen auf unterschiedliche Zielgruppen ausrichten (Abb. 43).

Das **Potenzial-Entwicklungs-Programm PEP** richtet sich als Nachwuchsförderprogramm an ausgewählte Fachkräfte mit erkennbarem Potenzial für eine weitere Entwicklung im Unternehmen. Im Fokus steht auf der einen Seite die Vermittlung von Methodenkompetenzen wie Kommunikation, Moderation, Problemlösung und Projektmanagement. Auf der anderen Seite geht es auch um die Stärkung der Kompetenzfelder Selbstmanagement und Kooperation im Team. In einem ca. halbjährigen Transferprojekt können die Teilnehmer erlernte Verfahrens- und Verhaltensweisen anwenden und reflektieren. Mit der Programmteilnahme erhalten die Mitarbeiter die Gelegenheit, andere Geschäftsprozesse und Ressorts kennen zu lernen und ihr persönliches Netzwerk im Unternehmen auszubauen. Mit der Möglichkeit, während des Programmdurchlaufes im Unternehmen auf sich aufmerksam zu machen, wird der interne Arbeitsmarkt belebt und die Karrierechancen der Potenzialträger erhöhen sich.

Die Teilnehmer des **Führungskräfte-Entwicklungs-Programms FEP** sind erkannte Potenzialträger des Mittelmanagements mit Führungsverantwortung in Ressorts, Prozessen oder Projekten. Ziel ist die Verbesserung des eigenen Verhaltens in den entscheidenden Kompetenzfeldern der Führungsaufgabe (insbesondere Kooperation, Innovation, Unternehmertum und Selbstmanagement). Die Führungssituation wird bezogen auf das Führen von Mitarbeitern, das Führen von Teams, das Führen von und in Veränderungsprozessen sowie auf das Führen der eigenen Person.

Für besonders förderungswürdige Potenzialträger aus dem PEP und FEP wird eine zusätzliche Teilnahme am **Paten-Programm** vorgesehen. Diese bedeutet zum einen eine besondere Betreuung und

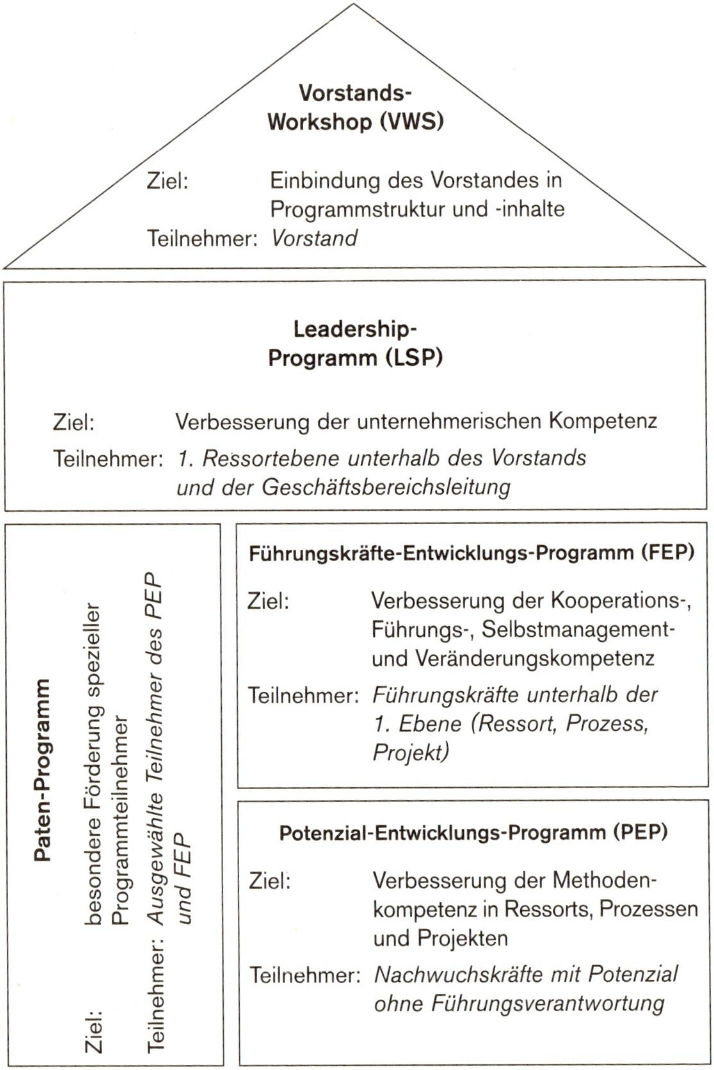

4. Teil: Ansätze und Instrumente eines Persönlichkeitsmanagements

Vorstands-Workshop (VWS)

Ziel: Einbindung des Vorstandes in Programmstruktur und -inhalte
Teilnehmer: *Vorstand*

Leadership-Programm (LSP)

Ziel: Verbesserung der unternehmerischen Kompetenz
Teilnehmer: *1. Ressortebene unterhalb des Vorstands und der Geschäftsbereichsleitung*

Paten-Programm

Ziel: besondere Förderung spezieller Programmteilnehmer
Teilnehmer: *Ausgewählte Teilnehmer des PEP und FEP*

Führungskräfte-Entwicklungs-Programm (FEP)

Ziel: Verbesserung der Kooperations-, Führungs-, Selbstmanagement- und Veränderungskompetenz
Teilnehmer: *Führungskräfte unterhalb der 1. Ebene (Ressort, Prozess, Projekt)*

Potenzial-Entwicklungs-Programm (PEP)

Ziel: Verbesserung der Methodenkompetenz in Ressorts, Prozessen und Projekten
Teilnehmer: *Nachwuchskräfte mit Potenzial ohne Führungsverantwortung*

Abb. 43: Das Management-Entwicklungs-Programm

Förderung durch einen Vorstand oder Geschäftsbereichsleiter. Zum anderen finden jährlich drei Patenprogramm-Workshops statt, bei denen ein Vorstand als Gastgeber wesentliche, aktuelle Themenstellungen diskutiert und die Teilnehmer als Multiplikatoren einsetzt. Der intensive Erfahrungsaustausch in den Workshops über Hierarchieebenen und Geschäftsprozesse hinweg verstärkt die Bildung eines internen Netzwerkes der Führungsmannschaft von morgen.

Das **Leadership-Programm LSP** richtet sich an alle Führungskräfte der ersten Berichtsebene unterhalb des Vorstandes bzw. der Geschäftsbereichsleitung. Ziel ist die unternehmensweite Integration dieser Führungsebene inklusive der wesentlichen Leitungsfunktionen der europäischen Tochtergesellschaften in den Prozess der Managemententwicklung. Im Rahmen einer aktiven Beschäftigung mit den Zusammenhängen zwischen den wirtschaftlichen und sozialen Dimensionen der Wahrnehmung der eigenen Führungsaufgabe wird ein unternehmensweit gültiges, einheitliches Managementverständnis etabliert. Ferner bietet das Programm die Möglichkeit zur Verbesserung der ressort- und standortübergreifenden Zusammenarbeit sowie der Kooperation im Rahmen der unternehmerischen Kernprozesse.

Das „Dach" des Gesamtgebäudes Managemententwicklungsprogramm bildet der **Vorstandsworkshop VWS**. Der Vorstand wird in die Managemententwicklung integriert und steuert die Veränderungsprozesse, die durch die anderen Teilprogramme initiiert und unterstützt werden. Im Rahmen einer aktiven Bearbeitung von Frage- und Aufgabenstellungen, die aus den Programmen – insbesondere dem Leadership-Programm – resultieren, werden auch eigene Lernprozesse der Vorstandsmitglieder bzw. des Vorstands-Teams initiiert und die Rolle als Vorbild in der Organisation verstärkt.

Die Teilprogramme Potenzial-Entwicklungs-Programm, Führungskräfte-Entwicklungs-Programm und Leadership-Programm laufen über einen Zeitraum von ca. 12 Monaten. Sie beinhalten 3- bis 4-tägige Schulungsmodule, die durch intensive Transferphasen verbunden werden. Die Veranstaltungen des Patenprogramms und des Vorstandsworkshops laufen kontinuierlich und haben keinen fixen Programm-Abschluss.

4. Die Förderung der persönlichen Handlungskompetenz am Beispiel des SCB-Führungskräfte-Entwicklungs-Programms (FEP)

Dem Führungskräfte-Entwicklungs-Programm – wie auch den anderen Teilprogrammen – liegen methodische und didaktische Verfahren zugrunde, die geeignet sind, die auf die Stärkung der Handlungskompetenz fokussierten Lernziele zu verwirklichen. Die Programmmethodik und -didaktik aller Entwicklungsprogramme basiert auf einem Konzept des *INPUT – Institut für Personal und Unternehmensmanagement*™, Paderborn, das auch die Programmaktivitäten für die *Schmitz Cargobull* AG durchführt (Abb. 44).

In den Trainingssequenzen der Programm-Module wird stets auf die drei Ebenen der Handlungskompetenz Inhalte, Verfahren und Verhalten Bezug genommen. Bei den *Inhalten* geht es um die Vermittlung von relevantem und aktuellem Wissen, seine Bedeutung für die eigene Aufgabe und Rolle und um seine Verknüpfung zu anderen Themenfeldern. Mit der zweiten Lernebene *Verfahren* werden Methoden trainiert, die für die Umsetzung der jeweiligen Inhalte in die Praxis relevant sind und deren Anwendung im Arbeitsalltag Erfolg verspricht. Im Rahmen der dritten Lerndimension *Verhalten* bekommen die Programmteilnehmer eine Rückmeldung gezeigter Verhaltensweisen in Trainingssequenzen durch den Trainer und durch andere Programmteilnehmer sowie individuelle Verhaltensreflexionen zu aktuellen Transferfragen und -möglichkeiten (Abb. 45).

In den Trainingsmodulen werden die Programmteilnehmer von zwei Trainern betreut. Dabei nehmen die Trainer in den konkreten Trainingssequenzen unterschiedliche Rollen ein. In Kurzreferaten werden die wesentlichen Lerninhalte (Wissensinhalte, Verfahrens-Know-how, Verhaltensweisen) vermittelt. Ein Trainer nimmt dabei die Rolle des Inhaltstreibers ein. In Übungssequenzen gibt der jeweilige Inhaltstreiber die notwendigen Informationen und moderiert die Durchführung der Aufgabe. Der zweite Trainer beobachtet die gezeigten Verfahrens- und Verhaltensweisen und gibt der Gruppe bzw. den einzelnen Teilnehmern eine diesbezügliche Rückmeldung in der Rolle eines Prozesstreibers.

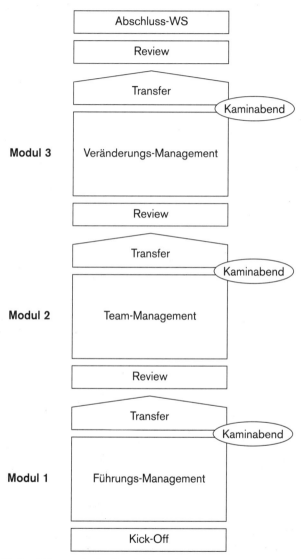

Abb. 44: Das Führungskräfte-Entwicklungs-Programm

4. Teil: Ansätze und Instrumente eines Persönlichkeitsmanagements

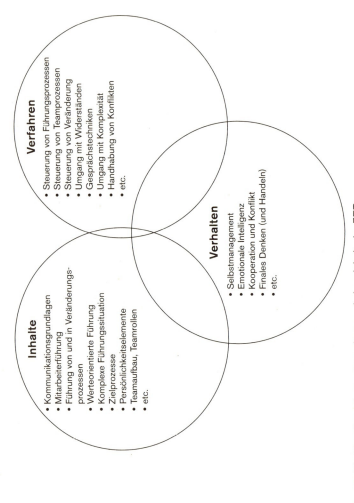

Abb. 45: Die Handlungskompetenzebenen als Lerninhalte im FEP

XVII. Entwicklung und Stärkung der persönlichen Handlungskompetenz

Die Reflexion des Lernstoffs auf den eigenen Arbeitsalltag und die Ableitung von individuellen Transfermöglichkeiten geschehen innerhalb fest definierter Kleingruppen, die als Lerngemeinschaften über den Programmdurchlauf – gegebenenfalls auch danach – bestehen bleiben. Diese „Homegroups" werden jeweils von einem festgelegten Trainer betreut.

Weitere Lernorte sind neben diesen Lerngemeinschaften die Plenumsarbeit, die Durchführung von Übungen in variierenden Kleingruppen sowie die Einzelberatung von Teilnehmern durch einen Trainer. Im Rahmen von Selbstarbeit werden Trainingssequenzen reflektiert sowie der Transfer in die Arbeitspraxis vorbereitet. Die eigentliche und letztendlich einzig wertschöpfende Arbeit geschieht aber außerhalb der Trainingsmodule im Unternehmen, wo der Praxistransfer die Managementqualität und damit die Effektivität der Arbeitsprozesse zu steigern vermag.

Mit der Fokussierung auf das Management-Verhalten erhält die Methodik des Verhaltens-Feedback durch Trainer und andere Programmteilnehmer einen besonderen Stellenwert. Viele Manager über- bzw. unterschätzen ihre Führungseigenschaften, so dass ein Abgleich von Selbst- und Fremdbild einen ersten Schritt im Lernprozess darstellt. Die Durchführung von Verhaltens-Feedbacks erfordert ein besonderes Maß von Offenheit und Vertrauen bei den Beteiligten. Die Vereinbarung von Spielregeln hilft, hierfür eine Grundlage zu schaffen. Ein sinnvoller Einstieg kann auch die Durchführung eines Tests (Fragebogen) zur Erfassung eines einfachen Persönlichkeitsprofils sein. Mit dem MBTI (*Myers-Briggs* Typenindikator) wird eine solche Vorgehensweise im Führungskräfte-Entwicklungs-Programm gewählt. Auf Grundlage des Ergebnisses können typische, völlig wertneutrale Verhaltensmuster und Neigungen diskutiert werden, die den privaten und beruflichen Bereich beeinflussen.

5. Der Lerntransfer der erworbenen Handlungskompetenzen in der Praxis

Lernprozesse sind die Grundlage für die Innovationsfähigkeit von Unternehmen. Wissen wird erneuert und in das Unternehmen integriert und kombiniert, so dass die Kompetenzen der Mitarbeiter und des Unternehmens ausgebaut werden. Lässt sich aus den Kompetenzen ein Nutzen für neue Verfahren oder Produkte ableiten, so entstehen Innovationen, die für das Unternehmen Wettbewerbsvorteile erbringen können (Abb. 46).

Mit Fortschreiten auf der Kette des Lernprozesses nimmt die Bedeutung der Einbindung des Arbeitsumfeldes des Lernenden in den Lernprozess zu. In isolierten Trainingsmodulen kann das Können (Qualifikation) und auch das Wollen (Motivation) von Mitarbeitern und Führungskräften erreicht werden. Fehlt aber das Dürfen, das Gelernte auch tatsächlich einzubringen und umzusetzen, läuft die Qualifikation und Motivation ins Leere und die Lernkette bricht ab, bevor es zu einem wertschöpfenden Tun kommt (Abb. 46).

Die erfolgreiche Umsetzung der erlernten Handlungskompetenz in die Arbeitspraxis setzt die Integration aller drei Handlungsebenen

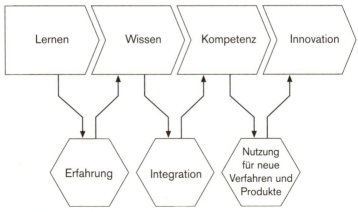

Abb. 46: Der Lernprozess

XVII. Entwicklung und Stärkung der persönlichen Handlungskompetenz

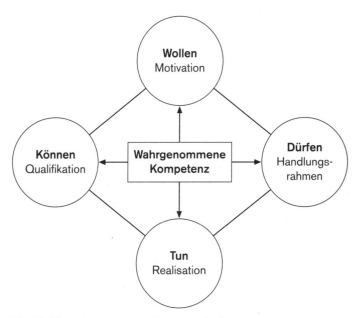

Abb. 47: Die wahrgenommene Kompetenz im Lernprozess

– Inhalte, Verfahren und Verhalten – voraus. In Form strukturierter Veränderungsvorhaben der Teilnehmer werden konkrete Transferleistungen formuliert. Sie verknüpfen das Erlernte bzw. Erlebte des Trainingsmoduls mit den Bedingungen und Handlungsbedarfen der Praxis und zielen auf eine nachhaltige Implementierung konkreter Veränderungsinhalte sowie geeigneter Verfahrens- und Verhaltensweisen ab. Die Reflexion des Veränderungsprozesses wird durch Erfahrungsaustausch und Feedback mit Trainern und Kollegen in den Homegrouptreffen unterstützt.

Die Stärkung der Handlungskompetenz resultiert also aus der Kombination der drei Handlungsebenen. Bei *Schmitz Cargobull* ist dieses Modell etabliert. Es lässt eine gemeinsame Sprache im Unternehmen entstehen und verhilft zur Fokussierung auf die maßgeblichen Kompetenzfelder der Führungskräfte.

XVIII. Zeitmanagement

Hermann Rühle

1. Die Spitze des Eisbergs

Auf den ersten Blick: Zeitprobleme

Darin gleichen sich prominente und weniger prominente Zeitgenossen: Sie haben Probleme mit der Zeit! Der normale Manager klagt über Zeitdruck, Hetze und Hektik. Weiß tagsüber vor lauter Arbeit nicht mehr, wo ihm der Kopf steht. Fragt sich abends: Was habe ich heute eigentlich geschafft? Er hat zwar viel getan, nur das nicht, was er sich morgens vorgenommen hatte. Auf dem Grabmal des unbekannten Managers könnte stehen: Er war unersetzlich und hatte zu viel zu tun und zu wenig Zeit.

Selbstdarstellungen von Prominenten verraten Defizite in der Abteilung „Zeit" ihres Persönlichkeitsmanagements. So ist von einem Politiker der Spruch überliefert: „Ich habe keine Zeit mehr, ich habe nur noch Termine." Ein bekannter Unternehmensberater bilanziert: „Ich habe mich vielleicht zu stark für die Arbeit entschieden, und ich muss mir eingestehen, dass ich privat vieles versäumt habe."

Der legendäre FAZ-Fragebogen war eine Fundgrube für die Zeitnöte wichtiger Menschen. Dort lautete der Traum vom Glück: „Ein Achtundvierzigstundentag zur freien Verfügung", „Beliebig viel Zeit zu haben", „Meinen Tagesablauf in bester Kondition allein zu bestimmen", „Aufgeräumter Schreibtisch und Platz im Terminkalender". Der größte Fehler: „Der Umgang mit der Zeit", „Überschätzung meiner Arbeitskraft". Das größte Unglück: „Mangel an Zeit, um alles zu tun, was getan werden muss" und „Zu wenig Zeit für meine Familie zu haben". Das vollkommene irdische Glück: „Genug Zeit" und „Die Zeit zwischen Aufstehen und Schlafengehen allein zu definieren".

Symptomkosmetik oder Ursachenanalyse

Warum haben so viele Leute Probleme mit der Zeit? Warum greifen manche Lösungsansätze (PDAs, Zeitplanbücher, Zeitmanagement-Seminare, Coaching-Angebote) nicht? Weil Zeitprobleme vielschichtige Ursachen haben. Weil das Erkennen der wahren Ursache schwierig ist. Weil Lösungshilfen, die nicht auf einer fundierten Ursachenanalyse basieren, Symptomkosmetik sind.

Das **Schichtenmodell** (Abb. 48) zeigt die hierarchische Struktur der Problem- und Lösungsebenen und ist der Leitfaden für die Optimierung des persönlichen Zeitmanagements.

An den meisten Zeitkonflikten sind mehrere Ebenen beteiligt. Die Problemdiagnose sollte bei Ebene 1 beginnen und von den einfachen, organisatorischen Aspekten zu den schwierigen, verhaltens- und persönlichkeitsbezogenen Gegebenheiten vordringen. Die Lösungsansätze auf den oberen Ebenen umfassen die klassischen Zeitmanagement-Erkenntnisse. Bei den tieferen Ebenen geht es um Verhaltensänderung und Persönlichkeitsentwicklung. Hier stoßen Trainingsaktivitäten nicht selten an Grenzen und müssen durch therapeutische Interventionen ersetzt werden.

2. Wer will meine Zeit?

Fremdsteuerung

Die erste Ursache für Zeitmangel: Sie unterwerfen sich unreflektiert der Steuerung durch andere und lassen sich zu viel Zeit stehlen. Fünf Hauptstörfaktoren führen zu einem zerstückelten Arbeitstag, drängen eine reaktive Arbeitsweise auf und lassen die zusammenhängende, konzentrierte Beschäftigung mit selbstgewählten Problemstellungen während des normalen Arbeitstages kaum zu:

Das **Telefon** ist Störfaktor Nummer eins. Es platzt in die laufende Arbeit oder in ein Gespräch. Nach dem Auflegen muss der rote Faden wieder gesucht werden. Viele Anrufe bringen Folgewirkungen, erfordern ein unmittelbares Tätigwerden in einer neuen Sache. Für die unterbrochenen Aufgaben kostet dies neue Rüstzeiten. Auch die selbstinitiierten Anrufe sind gestört, wenn der dringend benötigte Gesprächspartner nicht erreicht wird.

4. Teil: Ansätze und Instrumente eines Persönlichkeitsmanagements

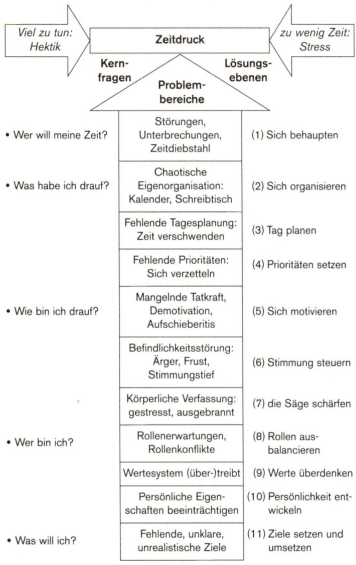

Abb. 48: Zeitprobleme als Spitze des Eisbergs

Zu den Aufgaben gehören Gespräche mit internen und externen Besuchern. **Besucher** stören, wenn sie unangemeldet hereinplatzen oder wenn Gespräche zu lang dauern, weil der Gesprächspartner nicht vorbereitet ist oder zu viel Zeit hat.

Die **Mitarbeiter** können für den Chef zur Belastung werden, wenn sie unselbständig arbeiten, wegen jeder Kleinigkeit rückfragen, sich bei ihm rückversichern oder an ihn rückdelegieren wollen.

Auch der Kontakt mit dem eigenen Vorgesetzten enthält Störpotenzial. Der **Chef** hat dringende Rückfragen, bringt neue Aufgabenstellungen, ändert Prioritäten, setzt kurzfristig Besprechungen an.

Besprechungen müssen sein. Sie werden problematisch, wenn sie überhand nehmen, schlecht organisiert und vorbereitet sind, ineffizient ablaufen und zu lange dauern. Oder wenn Ergebnisse nicht umgesetzt werden und zur gleichen Sache neue Besprechungen stattfinden.

Sich behaupten (Ebene 1)

Man kann und soll sich nicht allen Fremdeinflüssen entziehen. In Störungen liegen Chancen: ein störender Anruf, der mich aus meiner Arbeit herausreißt, bringt mir einen neuen Kunden; ein Mitarbeiter, der mich zum unpassenden Zeitpunkt mit einer Rückfrage nervt, macht mich auf einen Missstand aufmerksam, ich kann korrigierend eingreifen und eine mögliche Krise meistern, indem ich ihr zuvorkomme. Manche Störungen und Unterbrechungen dienen einem höheren Zweck: sie erlauben eine willkommene Arbeitspause, fördern zwischenmenschliche Kontakte und dienen dem Informationsaustausch.

Erfolgreiche Manager sehen deshalb in Störungen nicht nur Probleme, die durch ein konsequenteres Störungsmanagement zu beseitigen sind, sondern Gelegenheiten, die es zu nutzen gilt, um an „weiche" Informationen heranzukommen, um Beziehungen zu klären und zu festigen. Erfolgreiche Manager entwickeln aber auch Strategien für den sinnvollen Umgang mit Fremdeinflüssen und minimieren sinnlose Zeitverluste.

Abschirmen

Sie sollten sich für die konzentrierte Beschäftigung mit wichtigen Aufgaben, die permanente Störungen nur schwer vertragen, sowie für Gespräche und Besprechungen durch Einsatz eines Sekretariats oder per Kommunikationstechnik (Sprachspeicher) ungestörte Zeitblöcke schaffen. In einer ungestörten Stunde erledigen Sie das Doppelte von dem, was Sie in einer gestörten Stunde zuwege bringen. Ungestörte Stunden sollten Sie in günstige Zeiträume (z. B. Randzeiten) der normalen Arbeitszeit einbauen und nicht in der routinemäßigen Überstunde oder in der vollen Aktentasche, die Sie am Wochenende mit nach Hause nehmen, realisieren.

Lassen Sie sich auch nicht durch jedes E-Mail aus der aktuellen Arbeit herausreißen. Deaktivieren Sie die Benachrichtigungsfunktion und bearbeiten Sie Mails gebündelt dreimal täglich.

Bündeln

Manche Kontaktwünsche können Sie ohne negative Auswirkungen aufschieben und zusammengefasst erledigen. Manchmal ist es sogar besser, wenn Sie zurückrufen (als wenn Sie direkt erreicht worden wären und unüberlegte Auskünfte gegeben hätten). Ein vereinbartes Gespräch mit vorbereiteten Teilnehmern bringt meist mehr als eine Ad-hoc-Besprechung. Der Vorwurf „Sie kann man ja nie ereichen" kann Sie nicht treffen, wenn Sie bei Abwesenheit Zeiten hinterlassen, zu denen Sie wieder erreichbar sind. Solche Telefon-Fenster sind das sinnvolle Gegenstück zum ungestörten Zeitblock.

Gesprächsverhalten

Störungen durch Telefon und Besucher lassen sich durch das eigene Gesprächsverhalten steuern und abkürzen: Wer fragt führt! Durch Varianten der Gesprächseröffnung (muss es immer „Wie geht's" sein?) und des Gesprächsabschlusses („Darf ich zusammenfassen") können Sie die Dauer mancher Unterbrechung beeinflussen. Vielleicht sollten Sie sich in der Kunst des Neinsagens üben, eine übertriebene Hilfsbereitschaft abbauen und einsehen, dass Sie es nicht allen Leuten recht machen können.

Führungsverhalten

Einige Ursachen übermäßiger Störungen durch Mitarbeiter können beim Vorgesetzten selbst liegen. Vielleicht haben Mitarbeiter zu wenig Entscheidungsfreiraum und Verantwortung übertragen bekommen oder Kompetenzen sind nicht klar abgesteckt. Möglicherweise ist Ihre Delegationsfähigkeit verbesserungswürdig. Wenn Sie unklare Aufgaben stellen und mit den Mitarbeitern keine Ziele, Rahmenbedingungen und Erledigungs-Endtermine absprechen, sind Rückfragen, Probleme und nicht eingehaltene Termine vorprogrammiert. Mit der Aufforderung „Bringen Sie mir bitte keine Fragen sondern Antworten, keine Probleme sondern Lösungen!" lassen sich Rückdelegations-Versuche abblocken. Auch das „Prinzip der offenen Tür" kann problematisch werden. Für die Mitarbeiter ist es positiv, wenn der Chef jederzeit ansprechbar ist. Nur er selbst wird dabei zu kurz kommen. Es sollte Ausnahmen vom löblichen Prinzip geben: Die Tür eines Vorgesetzten sollte zu sein, wenn er ein Gespräch führen oder konzentriert arbeiten will.

Führung nach oben

Ihrem überspontanen Chef sollten Sie Ihren eigenen Arbeitsplan, Ihre eigene Konzeption entgegenhalten, ihm Auswahlfragen stellen und Konsequenzen geänderter Prioritäten aufzeigen.

Besprechungen

Sie können sich über die weit verbreitete Zeitverschwendung in Besprechungen aufregen oder zumindest die von Ihnen angesetzten und moderierten Besprechungen sinnvoll vorbereiten und durchführen und die vereinbarten Ergebnisse konsequent umsetzen. Bei Besprechungen, an denen Sie teilnehmen müssen (müssen Sie überhaupt?), können Sie zu Beginn auch einmal die Zeitfrage stellen (wenn in der Einladung nur der Beginn, nicht aber das geplante Besprechungsende angegeben war). Oder Sie können darum bitten, den Sie betreffenden Tagesordnungspunkt vorzuziehen, damit Sie nicht die gesamte Zeit teilnehmen müssen. Oder warten in „Rufbereitschaft" den Sie betreffenden Besprechungspunkt ab und erledigen in der Zwischenzeit andere Arbeiten, falls Besprechungsort und Ihr Arbeitsplatz nicht zu weit auseinander liegen. Auch Zweiergespräche lassen sich abkürzen, wenn Sie mit dem Gesprächspartner bei Gesprächsbeginn eine Vereinbarung über die zu besprechenden Punkte und die dafür erforderliche Zeit treffen.

3. Was habe ich drauf?

Organisation und Konzeption

Manche Zeitprobleme sind selbstverschuldet, manche Hektik ist „hausgemacht": Das Termin- und Merksystem funktioniert nicht, Termine und Zusagen werden vergessen. Der Schreibtisch gleicht einem Wühltisch, umfangreiche Suchzeiten sind erforderlich. Das Motto „Mal sehen, was der Tag Schönes für mich bringt" ersetzt die Tagesplanung, das Lustprinzip die Prioritätensetzung.

Sich organisieren (Ebene 2)

Das persönliche Termin- und Merksystem ist die Basis für ein funktionierendes Selbstmanagement. Vergessene Termine, Kollisionen zwischen beruflichen und privaten Terminen oder Ärger wegen gegebener aber nicht gehaltener Zusagen müssen nicht sein. Sie sollten sich ein für Ihr Aufgabengebiet geeignetes und zu Ihrem persönlichen Arbeitsstil passendes System maßschneidern. Die aus Handy und PDA zusammengewachsenen „Alleskönner", wie z.B. Blackberry oder Sidekick, können geeignete Tools sein.

Drei Ratschläge helfen bei der Aufgabenbewältigung, egal ob das persönliche Merksystem elektronisch oder papiergestützt organisiert ist:

- **Alles notieren:** Der Kopf ist zum Denken da, nicht zum Merken! Nutzen Sie das „Prinzip der Schriftlichkeit". Sie vergessen nichts, sind konzentriert, entlasten Ihren Kopf und halten ihn frei für das Wesentliche und das Kreative. Und behalten den Überblick über das Arbeitspensum und den Auslastungsgrad.
- **Die Erledigung kontrollieren:** Das Erledigte abhaken und sich Erfolgserlebnisse verschaffen.
- **Den Tag und/oder die Woche abschließen:** Das Unerledigte übertragen. Wer zu viel Unerledigtes übertragen muss, hatte sich zu viel vorgenommen und/oder zu wenig getan.

Wenn Sie mit einem Sekretariat zusammenarbeiten, ist die Frage der „Terminhoheit" zu regeln. Wenn Chef und Sekretariat unkoordiniert Termine vergeben, sind Doppelbuchungen und Terminkollisionen programmiert. Terminabstimmungen sind oft sehr zeitaufwändig. Ein Chef sollte deshalb die Terminhoheit grundsätzlich dem Sekretariat übertragen, ergänzt durch Absprachen, welche Termine zu seinem Aufgabenbereich gehören (d. h. selbständig zugesagt werden können), welche Pufferzeiten und terminfreie Räume reserviert bleiben, und bei welchen sensiblen Terminen eine vorherige Rückkopplung erfolgen soll.

Für Ihre Konzentration ist es besser, wenn auf Ihrem Schreibtisch nur der Vorgang liegt, an dem Sie gerade arbeiten. Viele Aufgaben lassen sich nicht sofort erledigen. Man ist auf Zuarbeit angewiesen, wartet auf Informationen, auf einen Rückruf. Solche laufenden, unerledigten Vorgänge sollten nicht einfach auf dem Schreibtisch liegen bleiben. Sie gehören in einen griffbereiten Arbeitsspeicher, der mit Hängemappen und/oder Sichthüllen organisiert werden kann.

Den Tag planen (Ebene 3)

Gestalten Sie unaufwändig Ihren Tag

Hier gilt: In den letzten 15 Minuten der Arbeitszeit den absolvierten Tag bilanzieren. Sich über abgehakte, erledigte Aufgaben freuen. Unerledigtes auf den Folgetag übertragen, an dem man die Aufgabe mit hoher Wahrscheinlichkeit erledigen kann. Den nächsten Tag vorbereiten. Aufgaben und Termine auflisten und nach Wichtigkeit und Dringlichkeit ordnen. Den zeitlichen Umfang abschätzen (Vorsicht: Für eine Arbeit brauchen Sie meist länger als Sie gedacht haben!). Bei zu großem Arbeitsumfang für den nächsten Tag überlegen:

- Was kann ich streichen?
- Was kann ich auf später verschieben?
- Was kann ich ganz oder teilweise auf wen delegieren?
- Was kann ich mit weniger Aufwand und damit in kürzerer Zeit erledigen?

Oft wird Ihnen nichts anderes übrig bleiben, als Aufgaben zu verschieben. Sie sollten aber bedenken, dass aufgeschobene Aufgaben

Sie später umso härter treffen können, alle anderen Versionen der Reduzierung eines zu großen Arbeitspensums besser sind.

Halten Sie Pufferzeiten frei

Hier gelten die Regeln: Nur den halben Tag verplanen, höchstens zwei Drittel. Den Rest freihalten für Unvorhergesehenes. Pufferzeiten zwischen Terminen haben Anti-Hektik-Wirkung. Und Pausen sollten Sie sich gönnen!

Schaffen Sie sich ungestörte Zeitblöcke

Steigern Sie Ihre persönliche Effektivität, blenden Sie sich ab und zu für eine Stunde aus dem Tagesgeschäft aus und arbeiten Sie zusammenhängend und konzentriert an wichtigen Aufgaben. Auch Besucher und Mitarbeiter danken es Ihnen, wenn Gespräche nicht permanent durch Telefon oder weitere Besucher gestört werden.

Öffnen Sie Kommunikations-Fenster

Wenn Sie sich nicht dem „Sie kann man ja nie erreichen"-Vorwurf aussetzen wollen, müssen Sie Kommunikations- und Telefon-Fenster öffnen: Definieren Sie routinemäßig Zeiten der „Offenen Tür" für Mitarbeiterkontakte, vereinbaren Sie regelmäßig Rücksprachetermine mit wichtigen Mitarbeitern und hinterlassen Sie bei Abwesenheit Zeiten, zu denen Sie telefonisch wieder erreichbar sind.

Eine kluge Sekretärin hat ihrem Chef folgendes Schild an seine Tür-Innenseite gehängt:

Haben Sie mir gesagt...
- ... dass Sie gehen?
- ... wohin Sie gehen?
- ... wann Sie wieder da sind?
- ... wann Sie das nächste Mal am Telefon erreichbar sind?

Die richtigen Prioritäten setzen (Ebene 4)

Sind Sie ein Q3- oder ein Q1-Manager?

Aufgaben und Tätigkeiten lassen sich vier Quadranten (modifiziert nach *Covey*, 2000) zuordnen (Abb. 49).

XVIII. Zeitmanagement

Tätigkeiten:	Wie handhaben?	Tätigkeiten:	Wie handhaben?
• Strategie • Innovation • Langfristige Projekte • Mitarbeiterentwicklung • Fachliteratur • die Säge schärfen	• Wichtiges dringend machen • Krisenplanung • Mitarbeiter entwickeln (damit sie Q3-Aufgaben selbständig bewältigen können) Q1	• Notfall, Krise, Katastrophe • Manche Störungen (Kunde, Produktion, EDV) • End-Termin-Hektik	• Sofort tun • Nach Krisenplan vorgehen • Pufferzeiten freihalten Q2
Tätigkeiten:	**Wie handhaben?**	**Tätigkeiten:**	**Wie handhaben?**
• Fluchtziele • Lieblingstätigkeiten • Gefälligkeiten • Teile der Informationsflut	• Es sich gönnen • Zu sich und anderen „nein" sagen • Papierkorb Q4	• Viele Störungen (Telefon, Mitarbeiter, Besucher, Chef) • Manche Besprechungen • Tagesgeschäft • Kalenderkomplex	• Störungsmanagement • Nein sagen • Delegieren • Gut ist gut genug Q3

wichtig ←——— **Wichtigkeit** ———→ nicht wichtig

nicht dringend ←——— **Dringlichkeit** ———→ dringend

Abb. 49: Die Wichtigkeits-Dringlichkeits-Matrix

- **Quadrant 1** umfasst den zentralen Bereich der eigentlichen Führungsaufgaben, zusätzlich Aktivitäten zur Erhaltung der persönlichen Leistungsfähigkeit, der persönlichen und fachlichen Weiterentwicklung, des Networking und der eigenen Lebens- und Karriereplanung. Die Perspektive ist langfristig-strategisch, Q1-Aktivitäten haben keine Tagesaktualität und unterliegen keiner Fremdsteuerung. Und hier liegt das Problem: Weil Q1-Aktivitäten wichtig, aber nicht dringend sind, und ihre Inangriffnahme eines eigenen Anstoßes bedarf, kommen sie oft zu kurz, werden sie häufig vernachlässigt.
- **Quadrant 2** fordert den Krisenmanager. Plötzliche wichtige Ereignisse und unvorhergesehene Notfälle zwingen zum sofortigen Reagieren. Alles andere wird zweitrangig und bleibt liegen. Nicht alle Q2-Ereignisse sind schicksalhaft-unvorhersehbar. Manches wichtige Problem wird – weil wichtig aber noch nicht dringend – auf Sparflamme oder überhaupt nicht bearbeitet. Bis das Wichtige dringend wird, von Q1 nach Q2 „rutscht" und in einer selbstverschuldeten End-Termin-Hektik gerettet werden muss. Der selbst ernannte Krisenmanager kann zur persönlichen Hochform auflaufen. Allerdings wäre das krisenhafte Reagieren durch rechtzeitiges Agieren vermeidbar gewesen.
- **Quadrant 3**, hier findet der „Spezialist für das Dringende" sein Betätigungsfeld. Sein Erkennungszeichen ist das „Handy". Er wird vom Tagesgeschäft vereinnahmt, empfängt gleichzeitig dringende Anrufe und unangemeldete Besucher, beantwortet nebenbei Fragen von Mitarbeitern, reagiert auf Wünsche des Chefs und hetzt zu spontan einberufenen Besprechungen. Der Q3-Manager lässt sich von der Dringlichkeit überrollen und realisiert nicht, dass Störungen und Unterbrechungen immer dringend, aber nicht immer wichtig sind. Ab und zu verlässt er notgedrungen seine Q3-Arena und bewältigt Q2-Krisen, von denen er einige selbst verursacht, andere nicht verhindert oder durch Vorbeuge- und Alternativmaßnahmen abgemildert hat. Dazu wären rechtzeitige Q1-Aktivitäten erforderlich gewesen, für die der Q3-Manager keine Zeit gehabt hat.
- **Quadrant 4** ist unproblematisch, wenn die dafür eingesetzte Zeitanteile im Rahmen bleiben. Manchmal ist der Quadrant 4 das

Fluchtziel für den gestressten Krisenmanager (Q2) bzw. Pseudo-Krisenmanager (Q3), man gönnt sich zur Regeneration angenehme Q4-Aktivitäten.

Aus der Wichtigkeits-Dringlichkeits-Matrix leiten sich zwingende **Konsequenzen** für ein verbessertes Zeitmanagement ab:

(a) Ihr Zeitbudget muss hohe Q1-Anteile enthalten, wenn Sie auf Dauer erfolgreich sein wollen.

(b) Die dafür benötigte Zeit kann zunächst nur aus dem Quadranten 3 kommen, da die Bewältigung von Q2-Problemen mit zu den Aufgaben eines Managers gehört und nicht ignoriert werden kann.

(c) Längerfristig werden bei intensiverer Wahrnehmung von Q1-Aufgaben auch die Zeitanteile für Q2 geringer, zumindest um den Anteil selbstverschuldeter Krisen: Verhütete Brände muss man nicht löschen.

Leiden Sie unter einem „Kalenderkomplex"?

Managen heißt: Ziele definieren und realisieren. In der Praxis sieht das oft anders aus. Mancher Manager ist nicht ziel-, sondern termingesteuert. Er nimmt Termine wahr. Bezieht seine Selbstbestätigung aus dem vollen Terminkalender. Hat sozusagen einen „Kalenderkomplex"! Hetzt von einer Besprechung zur nächsten, geht auf Dienstreise, empfängt Besucher, arbeitet den Kalender ab und verliert darüber das Ziel aus den Augen. Neben dem vollen Kalender gibt es eine Liste wichtiger Aufgaben. Diese Liste wird immer länger, weil der volle Terminkalender keine Zeit zum Abarbeiten lässt.

Was ist zu tun?

(a) Das Wahrnehmen von Terminen gehört zu meinen Aufgaben, aber nicht jeder Terminwunsch muss ich unreflektiert akzeptieren und manche Termine kann ich an Mitarbeiter delegieren.

(b) Damit meine wichtigen Q1-Aufgaben nicht „untergehen", muss ich sie dringend machen, als Eigentermine in meinen Kalender schreiben und sie genauso ernst nehmen wie Fremdtermine.

Sind Sie ein „End-Termin-Hektiker"?

Neben dem „Kalenderkomplex" lassen sich manche Manager durch die zweite Pseudo-Priorität „End-Termin-Hektik" steuern: Eine langfristige, wichtige Aufgabe bleibt aus Zeitgründen liegen, weil sie „nur" wichtig, aber noch nicht dringend ist. Irgendwann wird sie dringend, lassen drohende negative Rückstellwirkungen ein weiteres Schieben nicht mehr zu. Die End-Termin-Hektik ist da. Die Aufgabe ist von Q1 nach Q2 „gerutscht" und muss unter Druck erledigt werden.

Wie damit umgehen?

(a) Liegenlassen führt nicht zwangsläufig zur End-Termin-Hektik. Manches erledigt sich von selbst, wenn man nur lange genug wartet. Manchmal ändern sich Rahmenbedingungen. Wichtiges wird gegenstandslos und ich habe mir Arbeit gespart, weil ich noch gar nicht angefangen hatte. Merke: Wer zu früh anfängt, den bestraft die gecancelte Aufgabe!

(b) Manche laufen in der End-Termin-Hektik zur persönlichen Hochform auf und bringen in kurzer Zeit Ergebnisse zustande, die sich sehen lassen können. Für sie ersetzt die End-Termin-Hektik die mangelnde Selbstmotivation. Andere sehen die erfolgreiche Meisterung enger Terminsituationen als willkommene Gelegenheit zum Üben der eigenen Improvisationsfähigkeit und zum Training der persönlichen Überraschungskompetenz. Näheres dazu siehe bei *Rühle* (2004).

(c) Aber nur selten erledigt sich Wichtiges von selbst, meist wird Liegenlassen durch gravierende negative Rückstellwirkungen bestraft. Und manchmal führt massiver Termindruck zur persönlichen Denkblockade. Deshalb ist auch hier die Strategie: Das Wichtige rechtzeitig dringend machen, die große Aufgabe in Teilschritte herunterbrechen und Zwischentermine definieren und abarbeiten.

4. Wie bin ich drauf?

Tatkraft, Stimmung, Verfassung

Tagesplanung und Prioritätensetzung sind wichtige Voraussetzungen für ein effektives Zeitmanagement. Es nützt aber nichts, wenn die Pläne nicht realisiert und die gesetzten Prioritäten nicht umgesetzt werden.

Statt unangenehme Aufgaben tatkräftig anzupacken, flüchten wir in Lieblingsbeschäftigungen oder Alibitätigkeiten und laufen beim Erfinden von Ausreden zur kreativen Hochform auf. Beruflicher Ärger oder negative emotionale Überläufe aus privaten Konflikten bringen uns stimmungsmäßig (und damit motivationsmäßig) auf null.

Sich motivieren (Ebene 5)

Manchmal hat das Vor-sich-Herschieben schwieriger oder unangenehmer Aufgaben einfache Ursachen: Ich finde den Einstieg nicht, bin durch eine Art „Anfangsscheu" blockiert oder werde von der zielstrebigen Erledigung durch eine erhöhte Ablenkungsbereitschaft abgehalten.

Vielleicht gelingt die Deblockierung mit der **Start-Technik**: Versuchen Sie den Anfang spielerisch (mit einer Randaktivität, einem Nebenaspekt) oder willkürlich (fangen Sie einfach irgendwo an). Ähnlich funktioniert die **10-Minuten-Technik**: Sie reservieren die nächsten 10 Minuten für die aufgeschobene Aufgabe. Manchmal kommt der Appetit mit dem Essen. Sie sind plötzlich mitten drin in der Aufgabe und verstehen überhaupt nicht mehr, warum Sie sich so lange vor der Erledigung gedrückt hatten.

Durch eine gezielte Aufmerksamkeits-Steuerung sollten Sie sich Fluchtwege abschneiden. Ein voller Schreibtisch bietet willkommene Ablenkungen. Auf dem Schreibtisch darf deshalb nur die ungeliebte Aufgabe liegen. Noch besser: Sie gehen in Klausur, in ein leeres Besprechungszimmer, und arbeiten dort ablenkungsfrei am Problem. Oder markieren die fragliche Aufgabe auffällig im Kalender: Sie geht nicht mehr aus den Augen und nicht mehr aus dem Sinn, bis sie erledigt ist.

Helfen kann auch eine **Verpflichtungs-Technik**: Sie versprechen einen Ablieferungstermin, schließen eine Wette ab, gehen einen Vertrag mit sich oder anderen ein.

Stimmung steuern (Ebene 6)

Nicht immer haben Blockaden oder Arbeitshemmungen einfache Ursachen, die sich durch Tricks überwinden lassen. Die Probleme können tiefer liegen: Wenn ich stimmungsmäßig am Boden bin, werde ich zu keinem motivationalen Höhenflug abheben. Andauernde Stimmungsbeeinträchtigungen durch beruflichen Frust oder privates Konfliktpotenzial müssen per systematischer Ursachenanalyse und darauf aufbauende Problembewältigung aufgelöst werden.

Manchmal lässt sich die aktuelle Arbeitslaune durch stimmungsfördernde Maßnahmen heben:
- Die Arbeitsumgebung muss stimmen. In meinem Büro, an meinem Schreibtisch sollte ich mich wohl fühlen und mich deshalb entsprechend „einrichten".
- Ein positiver Arbeitsbeginn gehört dazu. Ich kann mir morgens zwei oder drei kleine Aufgaben vornehmen und mir durch deren rasche Erledigung Erfolgserlebnisse verschaffen.
- Für die Bewältigung unangenehmer oder schwieriger Aufgaben ist das persönliche Leistungshoch geeignet.
- Ich kann mir für die erfolgreiche Erledigung eine Belohnung aussetzen.
- Mich im positiven Denken üben. Mindestens einen positiven Aspekt hat jede unangenehme Aufgabe: Das befreiende Gefühl, wenn sie endlich erledigt ist.

Die Säge schärfen (Ebene 7)

Sie kennen das Bild vom Waldarbeiter, der sich mit seiner stumpfen Säge abmüht und auf die Anregung, er solle sie doch schärfen, antwortet: „Dazu habe ich keine Zeit!" Wenn die Arbeit alles andere erdrückt und keine Zeit bleibt für Regeneration, Familie, Hobby, Sport, Spaß und Faulenzen, werden längerfristig Gefühle des Überdrusses und die Gefahr des Ausbrennens resultieren und sich negativ auf Arbeitskraft und Arbeitslust auswirken.

Die Sängerin *Jessye Norman* bringt es auf den Punkt (*Süddeutsche Zeitung* vom 20. 8. 1988): „Singen ist meine Arbeit, mein professional life. Aber um überhaupt interessant zu sein auf der Bühne, muss man doch ein volles Leben haben: Freunde, Familie, Bücher lesen, ins Museum gehen oder nur dasitzen und schauen. Man muss etwas bekommen, damit etwas rauskommen kann. Man kann nicht aufstehen und singen. Man muss nachfüllen."

Diese Rekreation soll in den täglichen und wöchentlichen Zeitplan eingebaut sein, darf sich nicht nur auf Urlaubszeiten beschränken. Überhaupt darf der Arbeitstag
- **Pufferzeiten** zwischen den Terminen aufweisen,
- unverplante **Freiräume für Spontanes** lassen und
- **kleine Fluchten** zulassen (Museumsbesuch oder Stadtbummel in eine Dienstreise integrieren).

5. Wer bin ich?

Rollen, Werte, Persönlichkeit

Wie ich mit Arbeit und Zeit umgehe, hat etwas mit meiner Person zu tun. Ich selbst bin die Ursache für manche Zeitprobleme. Und besitze damit auch den Lösungsschlüssel. Vielleicht habe ich nie genug Zeit, weil ich mit den vielfältigen, an meine Person adressierten Rollenerwartungen nicht klarkomme und unter **Rollenkonflikten**[1] leide. Möglicherweise lasse ich mich durch mein inneres **Wertsystem** in eine permanente Überlastung treiben. Oder bestimmte Persönlichkeitseigenschaften dominieren die Art und Weise, wie ich mit der Arbeit, der Zeit, der Delegation, der Hilfsbereitschaft, dem Neinsagen, dem Stress zurechtkomme.

Erste Ansätze, wie die unterschiedlichen Rollenanforderungen ausbalanciert werden können (Ebene 8), finden sich im dritten Teil dieses Buchs. Wenn der Privatbereich im bisherigen Zeitmanagement nur als Restgröße oder Manövriermasse vorkam, können

---

[1] Siehe hierzu auch den Beitrag IX. von Streich „Work-Life-Balance – Elemente im Persönlichkeitsmanagement".

die folgenden Ratschläge zu einer befriedigenderen Balance beitragen:
- Familien- und Privatzeit bewusst einplanen (aber nicht das Privatleben minutiös verplanen).
- Berufliche und private Termine in einem Kalender führen und so Terminkollisionen vermeiden.
- Dadurch eine private Termintreue sicherstellen.
- Durch Grundsätze und bewusste Entscheidungen die Privatsphäre schützen (keine berufliche „Heimarbeit" am Wochenende, keine private Telefonnummer auf der beruflichen Visitenkarte).
- Bei beruflicher Abwesenheit und Dienstreisen die telefonische Erreichbarkeit für die Familie sicherstellen.

Werte überdenken (Ebene 9)

Unser Verhalten wird durch unser inneres Wertsystem gesteuert. Werte haben Wertungscharakter über Ideales oder Wünschenswertes, Negatives oder Abzulehnendes. Die Transaktionsanalyse liefert mit den so genannten „**Antreibern**" eine pragmatische Konkretisierung zeit- und arbeitsbezogener Werteausprägungen.

Der „**Beeil-dich**"-Antreiber dominiert unseren Umgang mit der Zeit, setzt uns unter Zeitdruck, treibt uns voran. Lässt uns schneller gehen, sprechen und handeln. Veranlasst uns, mehrere Dinge gleichzeitig zu tun. Wir zeigen Ungeduld, verbreiten Unruhe, produzieren Hektik und machen unsere Mitmenschen nervös.

Der „**Sei-perfekt**"-Antreiber legt die Messlatte für die Beurteilung von Arbeitsergebnissen und für die Akzeptanz eigener Leistungen sehr hoch. Ich will die an mich gerichteten Erwartungen nicht nur erfüllen sondern übertreffen. Und erwarte das Gleiche kompromisslose Perfektionsstreben auch von meinen Mitmenschen. Habe als Perfektionist meine Probleme mit dem Delegieren. Ich selbst kann es am besten. Muss die Ergebnisse meiner Mitarbeiter nachbessern und mach es deshalb lieber gleich selbst.

Für den „**Streng-dich-an**"-Antreiber ist die aufgewandte Mühe wichtiger als das erzielte Ergebnis. Leben ist Mühe und Plage!

Der „**Sei-stark**"-Antreiber fordert Heldentum: Auf die Zähne beißen, Haltung bewahren, Vorbild sein, sich keine Blöße geben, keine Gefühle zeigen (könnte als Schwäche ausgelegt werden).

Unter dem **„Mach's-anderen-recht"-Antreiber** will ich herausfinden, was andere von mir erwarten, damit ich mich erwartungsgemäß verhalten kann. Eigene Wünsche verdränge ich. Ich will von den anderen anerkannt und geliebt werden, bin deshalb aufopfernd, zeige eine übertriebene Hilfsbereitschaft und gebe dafür meine Eigenständigkeit auf.

Die von den Antreibern gesteuerten Verhaltenstendenzen sind in unserer Leistungsgesellschaft bis zu einem bestimmten Grad wünschenswert und karrierefördernd. Wenn sie mich aber in einen zu starken Zeit-, Leistungs- oder Anpassungsdruck treiben, kann ich mit so genannten **„Erlaubern"** gegensteuern:

„Du darfst Dir **Zeit** lassen", musst Dich nicht immer beeilen, darfst auch den Augenblick genießen, auch einmal trödeln und dadurch innere Ruhe gewinnen. Besser eine halbe Stunde umsonst gedacht, als einen halben Tag umsonst gearbeitet!

„Du darfst auch **Fehler** machen", Dir ausdrücklich erlauben, was ohnehin passiert. Alles perfekt machen wollen ist wirklichkeitsfremd. Gut ist manchmal gut genug. Brauchbar ist oft besser als perfekt, weil es nicht so lange dauert.

„Du darfst es **gelassener** tun", musst Dich nicht immer enorm anstrengen, darfst auch mal eine Pause machen und schaffst es trotzdem. Um Probleme zu lösen, muss man sich manchmal vom Problem lösen.

„Du darfst **offen** sein", auch Schwächen und Gefühle zeigen, das macht Dich menschlich.

„Du darfst es **auch Dir** recht machen". Man kann es ohnehin nicht allen Leuten recht machen, muss deshalb nicht immer ja sagen. Unser persönlicher Wert hängt nicht nur vom Urteil anderer Menschen ab.

Persönlichkeit entwickeln (Ebene 10)

Bestimmte Persönlichkeitseigenschaften bedingen das persönliche Zeitmanagement positiv oder negativ (*Oldham & Morris*, 1992):

Der **gewissenhafte Typ** arbeitet methodisch, zielstrebig und effektiv, er ist ordentlich und perfekt, liebt den Plan, die Routine und ist vorsichtig. Übersteigerungen können zu nicht mehr realitätsangepasstem Verhalten führen, wie Überperfektionismus (nicht delegieren können, alles selber machen wollen), Zwanghaftigkeit (nichts aus der Hand geben wollen, alles nachbessern müssen) und Arbeitssucht (sich permanent überlasten).

Der **lässige Typ** ist gelassen, lässt sich nicht ausnützen, kann nein sagen, hat keine Angst vor Autoritäten, handelt nach dem Motto „Gut ist gut genug". Der überlässige nervt andere, weil er zu locker, zu bequem, zu widerspenstig ist und manches vergisst, was er zugesagt hat.

Der **aufopfernde Typ** ist geschätzt als hilfsbereiter, rücksichtsvoller, bescheidener, geduldiger, toleranter Mitmensch. Wenn er nicht aufpasst, wird seine übertriebene Hilfsbereitschaft ausgenutzt, wird ihm Arbeit „angedreht", fällt er als Chef auf Rückdelegation herein.

Der **gewissenhafte Typ** hat eine gewisse Nähe zur **Typ-A-Persönlichkeit** aus der Stressforschung.[2]

Untersuchungen beschäftigen sich mit dem **überambitionierten Manager** (*Kaplan*, 1991, zitiert nach *Stiefel*, 1992). Er ist gekennzeichnet durch extremen Ehrgeiz und überzogene Leistungsmotivation:

- Hat einen ständigen Drang zu gewinnen, die Nummer eins zu werden.
- Zeigt ständig einen außerordentlichen Arbeitseinsatz, vernachlässigt sein privates Leben und seine Familie, ist in Gefahr auszubrennen.
- Das rationale Bewältigen von Situationen dominiert. Eigene und fremde Gefühle werden verdrängt und übergangen.
- Durch seinen unerschütterlichen Glauben an sich selbst und seine eigene Sicht der Dinge wirkt er auf andere arrogant.
- Er hat ein starkes Bedürfnis nach Anerkennung seiner Fähigkeiten, seiner erreichten Erfolge und seiner besonderen Stellung im Unternehmen.
- Er wehrt sich gegen Kritik, reagiert darauf mit Rückzug. Gesteht keine Fehler ein. Zeigt wenig Einsicht und lernt nicht aus Erfahrungen.

---

2 Siehe hierzu auch den Beitrag VIII. „Risikofaktoren im Lebens- und Arbeitsstil".

6. Was will ich?

Orientierung

Die Zeit ist vorgegeben. Jeder von uns hat gleichviel Zeit: 168 Stunden pro Woche, 24 Stunden am Tag. Mehr Zeit gibt es nicht. Also reduzieren sich die beklagten Zeitprobleme oft auf Zielprobleme.

Wenn ich kein Ziel habe, nicht weiß was ich will, ist alles richtig, was ich tue, kann ich mich überall engagieren, jedem meine Zeit geben. Wenn mein Ziel unrealistisch hoch ist, wird meine Zeit nie reichen. Wenn ich als Überperfektionist oder überambitionierter Manager mit meinen Zielvorstellungen außer Kontrolle geraten bin, wird meine gestörte Bilanz zwischen Anspruch und Leistung immer Zeitnot produzieren. Letztlich kann auch meine Prioritätensetzung nicht funktionieren, wenn mir die dahinterliegenden Ziele nicht klar sind. Übrigens wird mir erst dann das Neinsagen richtig gelingen, wenn ich zu einem Ziel ja gesagt habe.

Ebene 11 hat als eine Art Meta- oder Steuerungsebene zwei Zielrichtungen: Erstens sollen die auf den Vorebenen diagnostizierten Schwachstellen minimiert werden. Zweitens mag es manchmal angebracht sein, dem Leben eine neue Richtung zu geben.

Ziele setzen und umsetzen (Ebene 11)

Zeitmanagement optimieren

Wenn Sie Ihr Zeitmanagement verbessern wollen, sollten Sie bei der Formulierung Ihrer Vorsätze einige Ratschläge beachten:

Ziele sollen **realistisch** sein, nicht **utopisch**: Das Ziel „Ich will ab sofort keine Zeitprobleme mehr haben" werden Sie nie erreichen. Kleine, realistische Vorhaben („Ich werde mir in der nächsten Woche eine Hängeregistratur für die laufenden Vorgänge einrichten und will künftig nur noch den Vorgang auf dem Schreibtisch haben, an dem ich gerade arbeite") bringen Ihnen schnelle Erfolgserlebnisse und motivieren Sie zu weiteren Taten.

Spezielle Ziele sind besser als generelle:

Nicht „Ich will meine Fitness verbessern", sondern „Ich absolviere jede Woche zwei einstündige Waldläufe".

Ziele sollen **ausführungsorientiert** formuliert werden, nicht **wunschhaft**: „Es wäre schön, mehr Zeit für die Familie zu haben" ist zu ersetzen durch: „Ich nehme am Wochenende keine Arbeit mit nach Hause".

Die Zielerreichung muss offen liegen, **überprüfbar** sein, darf nicht nur **vage** umschrieben werden: Also nicht „Ich möchte Überstunden abbauen", sondern „Ich werde im nächsten Monat maximal 10 Überstunden machen".

Lebensplanung

Ein Meta-Aspekt des Zeitmanagements ist die Auseinandersetzung mit dem eigenen Lebensweg.[3] Sie sollten routinemäßig Zeit in Life-Styling-Überlegungen investieren und unter Einbeziehung der Erkenntnisse aus den besprochenen Ebenen mit den folgenden Überlegungen Ihr Leben immer wieder neu gewinnen:

(a) Situationsanalyse:
Wer bin ich? Meine Stärken? Meine Schwächen? Wo stehe ich? Wie geht es mir? Welche Chancen und Risiken gibt es für mich?

(b) Zielsetzung:
Was will ich? Wo will ich hin? Welche Visionen, Hoffnungen, Wünsche, Ziele möchte ich realisieren?

(c) Zielumsetzung:
Wie komme ich dort hin, wo ich hin will? Was muss ich dafür tun? Wer und was kann mir dabei helfen?

(d) Alternativen:
Habe ich einen Plan B? Was wäre, wenn meine jetzige Karriere (Plan A) blockiert würde? Welchen potenziellen Problemen muss ich vorbeugen?

---

3 Siehe hierzu auch den Beitrag „Selbstbestimmte und aktive Lebensplanung".

Literatur

Covey, S. R. (2000). Die sieben Wege zur Effektivität, München
Kaplan, R. E. (1991). Beyond ambition, San Francisco
Oldham, J. M. & Morris, C. B. (1992): Ihr Persönlichkeitsportrait, Hamburg
Rühle, H. (2004). Die Kunst der Improvisation, Paderborn
Stiefel, R. T. (1992). Wenn Stärke zu einer Schwäche werden kann, MAO-Brief Nr. 2/1992

XIX. Entspannung: Muße, Maß und Meditation

Klaus Linneweh

1. Spannung und Entspannung

Muße war früher ein Statussymbol. Wer heute etwas gilt, hat keine Zeit zum Nachdenken. Muße ist ein Makel geworden. Interessanterweise gehören die Begriffe **Muße**, **Maßhalten** und **Meditation** zu einer Wortfamilie und meinen den Zeitraum, den man sich nimmt, um nachzudenken – nachzudenken über das, was wir täglich tun, ob es Sinn, Spaß und zufrieden macht. Selbstbesinnung und das Zurückfinden zu sich selbst sind notwendige Voraussetzungen für ein erfolgreiches Persönlichkeitsmanagement. Spannung und Entspannung sind Gegenpole unseres Befindens. Ein ausgewogenes Verhältnis von Spannung und Entspannung ist die Voraussetzung für ein gesundes körperliches und geistiges Wohlbefinden. Im adäquaten Umgang mit Stress[1] ist die Fähigkeit zu körperlicher und psychischer Entspannung ein wichtiger Baustein, um das hochgeschaukelte Erregungsniveau frühzeitig wieder abzubauen. Aktive und passive Entspannung führen überhöhte Spannungszustände auf ein Normalmaß zurück. Sie stabilisieren das psychosomatische Gleichgewicht, erkennbar an einem deutlichen Nachlassen von Ängsten, Gereiztheit und Nervosität. Alarmsignale, die von anhaltenden Stresssituationen ausgehen, werden besser wahrgenommen. Sich zu entspannen heißt nicht Rückzug aus dem aktiven Leben oder Flucht vor der Realität, sondern bedeutet die Fähigkeit zu **Gelöstheit** und **schöpferischer Ruhe**, **Gelassenheit** und **aktiver Erholung**.

Unsere Gesellschaft ist mit Unrast „imprägniert". Die protestantisch-calvinistische Pflichtauffassung, die den Müßiggang als aller Laster Anfang bezeichnet, ist bis heute prägend. Die Kunst der

---

[1] Siehe hierzu den Beitrag „Stresskompetenz" in diesem Band.

XIX. Entspannung: Muße, Maß und Meditation

Muße, die die großen Denker der Antike wie *Sokrates*, *Aristoteles* und *Cicero*, für „den schönsten Besitz von allen" hielten, ist eher suspekt. Daher sind innere Ruhe, Ausgeglichenheit, Muße und Entspannung Kompetenzen, die wir wieder lernen müssen. Diese „Erholungs- und Entspannungskompetenz" (*Allmer*, 1996) ist eine der wichtigsten persönlichen Ressourcen eines erfolgreichen Stressmanagements. Dazu gehören:

- die Erholungsintention, die **Bereitschaft**, sich zu einem bestimmten Zeitpunkt erholen und entspannen zu wollen,
- erholungsbezogene **Überzeugungen** („Wenn ich mir jetzt die Zeit intensiver Erholung oder Entspannung nehme, werde ich anschließend wieder genügend Energien haben, um weiteren Anforderungen problemlos gewachsen zu sein") und
- adäquate **Entspannungstechniken** und Erholungsmaßnahmen, mit denen sich die angestrebten Entspannungseffekte auch tatsächlich erzielen lassen.

Das Umschalten von der Spannungs- auf die Entspannungsphase kann **passiv** ablaufen (z. B. während des Schlafes oder während wir auf der Couch liegend fernsehen) oder auch **aktiv** gesteuert werden. Fast jeder Jogger kennt die euphorischen Gefühle des vollkommenen Wohlbefindens, die nach einem Ausdauerlauf entstehen können. Subjektive Empfindungen, die während der Entspannung auftreten können, sind Gefühle der Leichtigkeit, der wohl tuenden Schwere und Wärme, der inneren Ruhe und Gelassenheit.

Auch wenn man nicht zu den beneidenswerten Menschen gehört, die sich relativ schnell entspannen können, kann man diese Fähigkeit erlernen und trainieren.

Für welche Entspannungs- oder Erholungsform man sich entscheidet, hängt von persönlichen Vorlieben ab und auch von der Intensität der Ermüdung und Erschöpfung. Aktive und passive Erholung können z. B. sein:

- **Pausen im Alltag:** Regelmäßige und rechtzeitige Pausen während der Arbeitszeit verhindern, dass sich das Erholungsdefizit im Laufe des Tages so weit aufschaukelt, dass die am Feierabend und in der Nacht verbleibende freie Zeit irgendwann nicht mehr ausreicht, um es auszugleichen. Die Erholungsphasen müssen nicht besonders lang sein. Der Organismus hat sich bereits nach wenigen Minuten Pause so weit erholt, dass die anschließende Arbeitsleistung insgesamt größer ist als ohne Pause. Wichtig ist es, während dieser Auszeit wirklich abzuschalten und körperlich und geistig zu den gerade anstehenden Problemen auf Distanz zu gehen (ein kurzer Spaziergang an der frischen Luft, einige Atem-, Dehnungs- oder Entspannungsübungen am geöffneten Bürofenster, ein paar Minuten die Füße hochlegen). Die kurzen Pausen vergeuden keine wertvolle Arbeitszeit; ohne diese Pausen nimmt sich das Gehirn alle 90 Minuten eine „Auszeit", auch wenn Leistungstiefs durch erhöhten Kaffee- oder Zigarettenkonsum überspielt werden. (*Lugger u. a.*, 2001).

- **Anregende Freizeitaktivitäten:** Wer im Arbeitsalltag körperlich und/oder geistig über- oder unterfordert ist, wer sich ausgebrannt fühlt (Burn-out), braucht vor allem Abwechslung und die Aktivierung brachliegender Kräfte und Fähigkeiten. Alle Aktivitäten, die eine Loslösung von Alltagsroutine, Tagesaufgaben und belastendem Stress durch „Bindung der Bewusstseinskapazität an andere Inhalte unterstützen" (*Richter/Hacker*, 1998) sind geeignet. Dazu gehören Urlaubsreisen in fremde Länder, anregende Theater-, Konzert- oder Kinobesuche oder sportliche Aktivitäten und Hobbys, die eine körperliche und/oder intellektuelle Herausforderung bedeuten.

- **Entspannende Freizeitaktivitäten:** Erschöpfung und Ermüdung im Gefolge von anhaltendem psychischem Stress sprechen optimal auf Spaziergänge, Wanderungen in der Natur, leistungsfreie sportliche Aktivitäten, Lesen oder Musikhören an. Geeignet sind alle Unternehmungen, die selbstbestimmt und mit Freude ausgeübt werden, die mit positiven Erlebnissen, Gedanken und Empfindungen verknüpft sind und die innerlich von belastenden Situationen ablenken. Auch viele Klöster bieten die Möglichkeit an, für ein Wochenende Abstand vom Alltag zu nehmen und Ruhe in entspannter Kontemplation zu finden.

2. Entspannungsmethoden

Die Fähigkeit, sich auch in den schwierigsten Lebenssituationen schnell und effektiv zu entspannen kann man lernen und trainieren. Methoden zur systematischen Entspannung sind die Progressive Muskelentspannung, das Autogene Training, Yoga oder Meditation. Die Entscheidung, welche der im Folgenden kurz beschriebenen Methoden in Frage kommt, ist eine Frage der Mentalität und der Lebensgewohnheiten. Der **Stresstest** (siehe folgendes Kapitel dieses Beitrags) zeigt die jeweils typischen Stressreaktionen auf und leitet daraus ab, welche Entspannungsmethode am besten zur individuellen Stressprophylaxe und -therapie geeignet ist.

Theoretisch lässt sich jede Entspannungstechnik im Selbstverfahren erlernen. Das Angebot in der Literatur und an Hörkassetten ist groß. Dennoch empfiehlt es sich, die Technik unter Anleitung eines ausgebildeten Trainers einzuüben, nicht nur um Fehler zu vermeiden, sondern auch um sich selbst nicht zu überfordern. Auch von Krankenkassen oder Volkshochschulen werden entsprechende Kurse angeboten.

Progressive Muskelentspannung

Das Verfahren wurde um 1930 von dem Amerikaner *Edmund Jacobsen* (*Jacobsen*, 1938) entwickelt. Es ist ein einfaches Verfahren, um die Muskulatur durch systematisches bewusstes und intensives Anspannen schnell und effektiv zu entspannen. Dabei ist mit der Abnahme der muskulären Spannung eine gleichzeitige Abnahme des Erregungsniveaus des gesamten Organismus verbunden.

Die Technik ist einfach zu erlernen, erfordert wenig zeitlichen Aufwand und kann praktisch überall, auch am Arbeitsplatz, durchgeführt werden. Progressiv, d. h. fortschreitend von einer Muskelgruppe zur andern, werden nacheinander die wichtigsten Muskelgruppen des Körpers bewusst angespannt und anschließend entspannt. Bei regelmäßiger Übung erreicht man auf diese Art und Weise einen Zustand der inneren Ruhe und Entspanntheit.

Technik der Progressiven Muskelentspannung:
Machen Sie eine Faust und drücken Sie die Faust immer fester zusammen. Die Spannung sollte so intensiv wie möglich 5–10 Sekunden gehalten und dann schlagartig losgelassen werden.

Die Übung beginnt mit den Händen, es folgen die Unterarme, die Oberarme, der Schulter-Nacken-Bereich, das Gesicht, der Rücken, Bauch, Brust und Gesäß und schließlich die Beine, bis hinein in die Zehenspitzen.

Beispiel: Entspannung des Gesichts
- Stirn: Ziehen Sie die Augenbrauen hoch und legen Sie die Stirn langsam immer intensiver in Falten. Kneifen Sie die Augen zusammen und lassen Sie immer stärkere Steilfalten entstehen.
- Augen: Reißen Sie zuerst die Augen weit auf, schließen Sie dann die Augen und pressen Sie dabei die Lider immer stärker zusammen, bis beide Augen zugekniffen sind.
- Nase: Ziehen Sie Ihre Nase so kraus wie möglich.
- Mund: Pressen Sie bei gespitztem Mund die Lippen fest aufeinander (sprechen Sie ein spitzes Ü). Pressen Sie anschließend die Lippen mit nach außen gezogenen Mundwinkeln fest aufeinander (sprechen Sie ein breites E).
- Kiefer: Pressen Sie zunächst die Backenzähne aufeinander. Pressen Sie die Zunge gegen den Gaumen.

Führen Sie sämtliche Übungen zunächst einzeln und dann zusammen durch. Entspannen Sie so das ganze Gesicht auf einmal. Wiederholen Sie die Übungen so oft, bis sich zuverlässig ein intensives Entspannungsgefühl einstellt (ca. 3- bis 4-mal).

Autogenes Training

Der Begriff „Autogenes Training" kommt aus dem Griechischen und bedeutet „Aus dem Selbst entstehendes Üben". Das Verfahren wurde um 1930 von dem Berliner Psychiater *Johannes H. Schultz* (*Schultz*, 1982) entwickelt. Es beruht im Wesentlichen auf der Autosuggestion, einer der Hypnose verwandten Technik.

Mit Hilfe bestimmter, sich immer wiederholender Formeln („Mein rechter Arm ist ganz schwer", „Meine Beine sind ganz schwer und warm") und durch passive, nicht bewertende Beobachtung der Veränderungen, die während dieser Selbsthypnose stattfinden („Ich merke, wie mein rechter Arm allmählich wärmer und viel schwerer als vorher ist"), wird ein Zustand entspannter Ruhe erreicht, der wiederum ausgleichend auf das vegetative Nervensystem wirkt. Die Übungen sind so aufeinander abgestimmt, dass vom Blutkreislauf über die Atmung bis hin zum Verdauungssystem nach und nach alle inneren Organe auf Ruhe umgestellt werden und so eine Erholung des gesamten Organismus erreicht wird.

Wegen der tief greifenden vegetativen Veränderungen, die während des Autogenen Trainings auftreten können, sollte dieses Verfahren nicht ohne Anleitung und Kontrolle ausgeübt werden. Die Wirksamkeit des autogenen Trainings beruht auf den beiden Grundprinzipien Konzentration und Passivität. Die **Konzentration** soll durch das beständige Wiederholen von immer gleichen Vorstellungsinhalten („Mein rechter Arm ist ganz schwer", „Meine Beine sind ganz schwer und warm") erreicht werden. **Passivität** bedeutet, dass der Übende bewusst nicht in den Entspannungsprozess eingreift, sondern die Dinge mit sich geschehen lässt und sich darauf beschränkt, die stattfindenden Veränderungen zu registrieren, ohne sie zu bewerten („Ich merke, wie mein rechter Arm allmählich wärmer und schwerer als vorher ist"). Es gibt kein „Falsch" oder „Richtig".

Vor allem das Gebot der Passivität einzuhalten, fällt den meisten Anfängern sehr schwer. Gerade in der Anfangsphase ist man noch besonders ungeduldig, möchte das Gefühl der Wärme oder der Schwere unbedingt spüren und ist häufig enttäuscht, wenn dies nicht gelingt.

Das Standardprogramm des **Autogenen Trainings**, von Schultz als „Grundstufe" bezeichnet, umfasst sechs Übungen, die regelmäßig nacheinander ausgeführt werden:
- die Schwereübung
- die Wärmeübung
- die Atemübung
- die Herzübung
- die Sonnengeflechtsübung
- die Stirnkühleübung.

Bei jeder einzelnen Übung wird mit Hilfsformeln zunächst nur für einen und dann für mehrere Organe bzw. Systeme ein Zustand der Schwere und Wärme, der mit Entspannung einhergeht, herbeigeführt.

Oberstufenübungen: Nach Beherrschung der sechs Grundübungen kann das Programm um formelhafte Vorstellungen erweitert werden: Im Zustand der ganzheitlichen Entspannung werden konkrete Imaginationen zur Lösung spezieller Probleme eingesetzt wie beispielsweise „Der Konflikt mit meinem Kollegen ist lösbar".

Die Themen der formelhaften Vorsätze richten sich nach persönlichen Wünschen und Bedürfnissen. Hat man eine für sich persönlich wichtige Formel gefunden, sollte sie über mehrere Wochen hinweg täglich angewendet werden. Insgesamt sollte man darauf achten nicht zu viele Formeln gleichzeitig zu benutzen, und sich auch nicht unter Druck setzen, möglichst viele Vorsätze in einem möglichst kurzen Zeitraum zu verwirklichen.

Meditation

Der Begriff Meditation leitet sich aus dem Lateinischen „meditari" ab und meint nachdenken, nachsinnen, überdenken. In der europäischen Kultur hat die Meditation eine jahrhundertlange Tradition und wird vor allem in Klöstern gepflegt. Von den asiatischen Meditationsformen sind Yoga und Zen die bekanntesten.

Meditation ist die gleichzeitige Erfahrung tiefer körperlicher Entspannung und ruhevoller geistiger Wachheit. Diese geistige Wachheit ist das Gegenteil der Stressreaktion; die körperlichen Veränderungen sind das Gegenteil der Kampf- oder Fluchtreaktion. Während der Meditation sinkt der Blutdruck, die Atmung wird flacher, das Herz schlägt langsamer, der Sauerstoffverbrauch sinkt im Vergleich zum Schlaf um das Doppelte. Die Konzentration der Stresshormone Adrenalin und Noradrenalin nimmt ab, das Immunsystem wird gestärkt. Neurologische Untersuchungen zeigten, dass im Gehirn vor allem die Regionen im Frontallappen aktiviert werden, die mit positiven Gefühlen in Zusammenhang stehen (*Miketta*, 2003). Außerdem kommt es zu einer verbesserten Kohärenz der unterschiedlichen Gehirnbereiche – ein Zustand, den der Orga-

XIX. Entspannung: Muße, Maß und Meditation

nismus nicht einmal während des Schlafs erreicht. Der Körper erfährt eine tiefe Ruhe und Entspannung, während der Geist gleichzeitig wach aber nicht aktiv ist. Regelmäßig Meditierenden fällt es leichter, gesundheitsschädliche Gewohnheiten wie Rauchen, übermäßigen Alkoholgenuss oder den Konsum von Drogen aufzugeben.

Jenseits ihrer unterschiedlichen philosophischen und religiösen Wurzeln weisen alle Meditationsschulen große Gemeinsamkeiten auf. Alle haben sowohl „Techniken der Betrachtung" und „Techniken der so genannten Tiefenmeditation" entwickelt.

Bei der Betrachtungstechnik konzentriert sich der Meditierende auf ein bestimmtes „Meditationsobjekt". Dies kann ein beliebiger, möglichst einfacher Gegenstand sein, wie z. B. eine Blume, ein Stein, eine brennende Kerze, ein Musikstück, ein Wort, ein Gedicht, eine abstrakte geometrische Figur (Mandala), der eigene Atem oder auch eine „rätselhafte" Aussage, die rational nicht interpretiert werden kann (Koân). Die Aufgabe für den Meditierenden besteht darin, diesem Objekt seine konzentrierte Aufmerksamkeit zuzuwenden, sich über eine längere Zeit völlig der Betrachtung hinzugeben, möglichst an nichts anderes zu denken, und so nach und nach seinen Geist von allen belastenden und ablenkenden Gedanken frei zu machen.

Welche Form der Meditation einem selbst am besten liegt, sollte man ausprobieren. Der Zeitaufwand von ein- oder zweimal 20 Minuten täglich reicht aus, um eine höhere Gelassenheit, mehr Kreativität und Energie zu gewinnen.

Atemmeditation: Setzen Sie sich in einen Raum, in dem Sie nicht gestört werden können.

Atmen Sie langsam durch die Nase und denken Sie dabei die Silbe O.

Atmen Sie langsam durch die Nase aus und denken Sie dabei an die Silbe REM.

Atmen Sie in der beschriebenen Weise weiter und wiederholen in Gedanken beim Ein- und Ausatmen O-REM.

Wenn Ihre Aufmerksamkeit durch Gedanken, Geräusche aus der Umgebung oder körperliche Empfindungen abgelenkt werden sollte, kehren Sie zwanglos zum Atmen und zurück und wiederholen in Gedanken O-REM.

Meditieren Sie etwa 20 Minuten ohne Anstrengung.

Bleiben Sie noch einige Minuten mit geschlossenen Augen sitzen und kehren dann in den Alltag zurück.

Yoga

Yoga ist das älteste überlieferte Übungssystem für eine bewusste Entwicklung des menschlichen Körpers, des Geistes und der Gefühle, das sich mit dem Menschen in seiner Ganzheit befasst. Es wurde vor ca. 5000 Jahren in Indien entwickelt; die älteste schriftliche Zusammenfassung der Regeln und Übungen entstand vor 2500 Jahren. Seitdem wurde es vor allem im asiatischen Kulturraum praktiziert und weiterentwickelt. Die ersten europäischen Yoga-Schulen entstanden in der ersten Hälfte des vorigen Jahrhunderts. Heute wird Yoga bereits von mehr als 3 Millionen Deutschen regelmäßig praktiziert.

Die Yoga-Lehre lässt sich in zwei Gruppen einteilen:
- Das Hatha-Yoga, bei dem der Weg zur entspannten Einheit von Körper, Seele und Geist über bestimmte Körperstellungen, die sog. Asanas, führt. Es ist vor allem für Europäer geeignet, für alle diejenigen, die Entspannung und innere Ausgeglichenheit bei Hektik und Stress suchen.
- Das Yoga der Meditation, bei dem das gleiche Ziel der ganzheitlichen Harmonie auf rein kontemplativem Weg angestrebt wird.

Das Hatha-Yoga basiert auf der Grundannahme, dass allein der Zustand des Geistes das tägliche Handeln bestimmt. Ein unruhiger, vom Wesentlichen abgelenkter Geist verschwendet im Grunde kostbare Energie und lässt den Menschen sein Dasein als unglücklich und sinnentleert erleben. Geist und Seele können aber erst dann ruhig, ausgeglichen und frei von Belastungen sein, wenn man den Körper beherrscht. Eine Versenkung in sich selbst und damit Entspannung kann nur gelingen, wenn keine gestörten Körperfunktionen oder Schmerzen die Konzentration ablenken. So wie man die Schönheit einer Landschaft bei großem Lärm nicht richtig wahrnehmen kann, kann man auch seine Gedanken nicht konzentrieren, wenn z. B. der Rücken schmerzt (*Zebroff*, 1995).

Der Weg zur Körperbeherrschung und von da zur ganzheitlichen Harmonie und Entspannung führt über zahlreiche Übungen, bei denen – nach dem Vorbild der Raubkatzen – einzelne Muskelgruppen langsam, bedächtig und anstrengungslos nach bestimmten Regeln gestreckt werden. Es gibt spezielle Übungen z. B. gegen Rückenschmerzen, Bandscheibenschäden, Schlaflosigkeit, Kreislaufbeschwerden, zum Abbau von Verspannungen und Schmerzen aller Art.

Regelmäßiges, halbstündiges Üben, bei dem man nichts zu erzwingen versucht und sich vor allem nicht mit anderen vergleicht, sondern nur den persönlichen Fortschritt registriert, kräftigt bereits nach kurzer Zeit die gesamte Muskulatur. Körperliche Schmerzen werden gelindert, Funktionsstörungen des Organismus beseitigt, Verspannungen abgebaut. Der Übende findet zu innerer Ruhe und Ausgeglichenheit. Er fühlt sich verjüngt und voller neuer Energien, erlebt ein intensives Körpergefühl und eine neue äußere und innere Leichtigkeit (*Sachse*, 2004). Er fühlt sich den Anforderungen des Alltags wieder gewachsen.

Die Yoga Übung „Sonnengruß" Der Sonnengruß, ein Zyklus aus zwölf Yoga-Stellungen, ist eine Abfolge aus ausgewogenen Bewegungen, die Gelenkigkeit, Muskelkraft und sogar die Sauerstoffaufnahmekapazität erhöhen können. Beginnen Sie langsam und bauen Sie immer weiter auf bis zu 6 Wiederholungen. Lassen Sie sich für jede Stellung 5 Sekunden Zeit. Wenn Sie anfangen müde zu werden oder außer Atem gelangen, ruhen Sie für einige Minuten.

(1) **Grußstellung:** Sie stehen aufrecht mit geschlossenen Füßen und vor der Brust aneinander gelegten Handflächen. Entspannen Sie sich und beginnen Sie einzuatmen.

(2) **Armheben:** Weiter Einatmen: Heben Sie die Arme, strecken Sie sie leicht über den Kopf, während Sie den Rücken ein wenig durchdrücken.

(3) **Fußfassen:** Ausatmen: Beugen Sie sich nach vorn und berühren Sie mit den Handflächen den Boden vor sich. Halten Sie die Knie gerade und lassen Sie den Kopf entspannt hängen.

(4) **Reiterstellung:** Einatmen: Bewegen Sie das rechte Bein zurück, wobei das Knie den Boden berührt. Strecken Sie dieses Bein so weit zurück wie möglich. Lassen Sie die Hände und das linke Bein am selben Platz, während sich das linke Bein durch die Bewegung beugt. Lehnen Sie den Kopf zurück und sehen Sie hoch an den Punkt zwischen Ihren Augenbrauen.

(5) **Bergstellung:** Ausatmen: Stellen Sie das linke Bein ebenfalls zurück, neben das rechte, indem Sie Ihr Gesäß zu einer Dreiecksform hochdrücken und den Kopf entspannt hängen lassen. Atmen Sie vollkommen aus.

(6) **Liegestütz:** Atem ruhen lassen: Legen Sie Ihren Körper auf den Boden, so dass Knie, Brust, Füße und Hände ihn berühren, während Gesäß, Hüften und Bauch angehoben bleiben.

Die folgenden fünf Übungen **wiederholen** die Stellungen 1–5 in **umgekehrter Reihenfolge.**

- **Kobrastellung:** Einatmen. Entspannen Sie den unteren Körper, während Sie den oberen hochbiegen und den Kopf nach hinten strecken, bis Ihre Arme gestreckt sind.
- **Bergstellung:** Ausatmen. Formen Sie wieder ein Dreieck, indem Sie Ihr Gesäß hochdrücken.
- **Reiterstellung:** Einatmen: Bewegen Sie das linke Bein vorwärts, bis der linke Fuß zwischen Ihren Händen aufliegt. Strecken Sie das rechte Bein zurück und lehnen Sie den Kopf wie in Position 4 zurück.
- **Fußfassen:** Ausatmen: Holen Sie das rechte Bein ebenfalls nach vorn; lassen Sie den Kopf bei gestreckten Beinen hängen wie bei Position 3.
- **Armheben:** Einatmen: Stehen Sie auf, strecken Sie die Arme über den Kopf zurück und überstrecken Sie den Rücken ein wenig.
- **Grußstellung:** Ausatmen: Bringen Sie die Arme vor Ihre Brust zurück und entspannen Sie sich.

3. Stresstest

Jeder Mensch reagiert in Stress-Situationen anders: Der eine mit Kopfschmerzen oder Verspannungen im Nacken, der andere mit Magenbeschwerden, Ängsten oder Unsicherheit. Stress attackiert immer die schwächsten Punkte von Körper und Seele.

Der Stress-Test sagt Ihnen nicht, ob Sie stressanfälliger sind als andere Menschen. Der Test gibt Ihnen Hinweise auf Ihre typischen Stressreaktionen und zeigt Ihnen, welche Methode für Ihre persönliche Stressprophylaxe und -therapie angemessen ist.

XIX. Entspannung: Muße, Maß und Meditation

Durchführung
- Prüfen Sie bei jeder Aussage, inwieweit diese für Sie persönlich zutrifft.
- Kreuzen Sie das entsprechende Kästchen an.
- Gehen Sie zügig vor, halten Sie sich nicht zu lange bei einzelnen Aussagen auf.
- Seien Sie sich selbst gegenüber ehrlich und aufrichtig.

	6–oft	4–häufiger	2–ab und zu	0–nie
(1) Ich bin innerlich unruhig und nervös	☐	☐	☐	☐
(2) Morgens wache ich völlig zerschlagen auf	☐	☐	☐	☐
(3) Ich leide unter Appetitlosigkeit	☐	☐	☐	☐
(4) Mich quälen düstere Gedanken und ich bin ängstlich gestimmt	☐	☐	☐	☐
(5) Ich leide unter Kurzatmigkeit	☐	☐	☐	☐
(6) Mich plagen Nacken- und Schulterschmerzen (bzw. Kreuz- und Rückenschmerzen)	☐	☐	☐	☐
(7) Ich bin physisch schnell erschöpft	☐	☐	☐	☐
(8) Ich ertappe mich dabei, unaufmerksam und vergesslich zu sein	☐	☐	☐	☐
(9) Magen- bzw. Verdauungsbeschwerden kommen bei mir vor	☐	☐	☐	☐
(10) Es fällt mir schwer, mich auf eine Sache zu konzentrieren	☐	☐	☐	☐
(11) Ich spüre ein Ziehen oder Schmerzen in der Brust	☐	☐	☐	☐
(12) Ich schlafe schlecht	☐	☐	☐	☐
(13) Ich habe das Gefühl, einfach die Übersicht zu verlieren	☐	☐	☐	☐

4. Teil: Ansätze und Instrumente eines Persönlichkeitsmanagements

(14) Herzklopfen oder Herzstechen treten unvermittelt auf □ □ □ □

(15) Es fällt mir schwer, mich so richtig zu entspannen □ □ □ □

(16) Ich leide unter kalten Händen oder Füßen □ □ □ □

(17) Ich habe Sodbrennen □ □ □ □

(18) Während der Arbeit hänge ich gedankenverloren irgendwelchen Wunschträumen nach □ □ □ □

(19) Ich fühle mich körperlich verspannt □ □ □ □

(20) Wenn ich etwas Schweres hebe, zittern mir Arme und Beine □ □ □ □

(21) Ich schwitze übermäßig □ □ □ □

(22) Es gibt Tage, an denen habe ich Schwierigkeiten mit meinem Gedächtnis □ □ □ □

(23) Es kommt vor, dass Muskeln einfach zucken oder sich verkrampfen □ □ □ □

(24) Es gibt Tage, an denen mir einfach keine guten Ideen oder Einfälle kommen □ □ □ □

Auswertung: Tragen Sie nun in jedem der drei Blöcke unter die Nummer der jeweiligen Aussage den Wert ein, bei dem Sie Ihr Kreuz gesetzt haben.

A	B	C
(1) ☐	(3) ☐	(2) ☐
(4) ☐	(5) ☐	(6) ☐
(8) ☐	(9) ☐	(7) ☐
(10) ☐	(12) ☐	(11) ☐
(13) ☐	(14) ☐	(15) ☐
(18) ☐	(16) ☐	(19) ☐
(22) ☐	(17) ☐	(20) ☐
(24) ☐	(21) ☐	(23) ☐
A ☐	**B** ☐	**C** ☐

XIX. Entspannung: Muße, Maß und Meditation

Bilden Sie nun für jeden Block die Summe über die eingetragenen Werte. Die eingeschätzten Stresssymptome lassen sich drei Bereichen zuordnen: motorisch, vegetativ und kognitiv

_____ **Summe in Block A: Kognitive Ebene**
_____ **Summe in Block B: Vegetative Ebene**
_____ **Summe in Block C: Motorische Ebene**

Der Block mit dem höchsten Summenwert weist auf diejenige Reaktionsebene hin, auf der Ihre Stressanfälligkeit am höchsten ist.

Gegen Stress auf der **motorischen** Ebene hilft **progressive Muskelentspannung**;

auf der **vegetativen** Ebene hilft **autogenes Training**;

auf der **kognitiven** Ebene hilft **Meditation**.

Wenn alle drei Summen in den Blöcken A, B und C etwa gleich sind, empfiehlt sich **Yoga** als ganzheitliche Entspannung.

4. Erholsamer Schlaf

Wenn Stressreaktionen nicht in einer Erholungsphase enden, hinterlassen sie tief greifende Spuren. Der Organismus verbleibt in einer Art Daueralarm, den er nur über einen begrenzten Zeitraum ohne Schaden aushalten kann. Ständige Müdigkeit, Gereiztheit und Nervosität sind deutliche Symptome. Häufig kommt es trotz großer Müdigkeit zu Einschlaf- und Durchschlafstörungen, weil die Gedanken ständig um unerledigte Probleme kreisen. Eine der häufigsten Ursachen dafür, dass unsere Nachtruhe nicht die erhoffte Erholung bringt, sind falsche eigene Erwartungen und abendliche Aktivitäten.

Im Gegensatz zur bewussten Ernährung und der körperlichen Bewegung können wir erholsamen Schlaf nicht willentlich beeinflussen oder sogar erzwingen. Wir können lediglich die Voraussetzungen und Rahmenbedingungen dafür schaffen. Wenn man nicht gerade eine Phase starker psychischer Belastungen durchlebt, kann man sich bei gelegentlichen Schlafstörungen im Allgemeinen darauf verlassen, dass sich unser Körper auch ohne äußere Hilfsmittel wie Schlaftabletten oder Alkohol spätestens nach einigen Tagen selbst zu seinem Recht auf Schlaf verhelfen wird. Schlafmittel verhindern zwar das Wachliegen, sie beseitigen aber nicht die Ursachen der Schlafstörung. Der durch sie hervorgerufene Schlaf gleicht eher einem Betäubungszustand. Das normale Schlafmuster ist gestört, die für die Erholung unverzichtbaren REM-Phasen sind deutlich verkürzt, und man wacht meistens kaum erholt auf. Schlafmittel sollten deshalb nur bei akuten oder chronischen Erschöpfungszuständen (Chronique Fatigue Syndrom) und auch dann nur über wenige Tage hinweg eingenommen werden. Die natürliche Regenerationsfähigkeit unseres Organismus ist so groß, dass schon eine einzige Nacht ausreichen kann, das Schlafdefizit einer ganzen Woche wieder auszugleichen. Auch kurze Ruhepausen während des Tages können, vor allem wenn sie mit umfassenden Entspannungsübungen verbunden werden, nächtlichen Schlafmangel zumindest teilweise kompensieren.

Nicht selten werden Schlafstörungen auch durch falsche eigene Erwartungen verursacht: Man hat tagsüber intensiv körperlich gearbeitet, fühlt sich todmüde und erwartet, nun bestimmt und ohne Probleme sofort einschlafen zu können. Man weiß, dass am kommenden Tag wichtige Entscheidungen bevorstehen, für die man topfit sein muss, und wartet nun darauf, endlich einzuschlafen, schaut ständig auf die Uhr und befiehlt sich immer wieder, nun doch endlich einzuschlafen. Solche Erwartungen und Selbstgespräche führen nicht zum erhofften Ziel. Sie erzeugen im Gegenteil eine innere Anspannung. Sie aktivieren den Organismus – und gerade dies macht ein Einschlafen unmöglich. Erfolgversprechender wäre es, sich ganz bewusst zu entspannen und Entspannungsübungen (z. B. autogenes Training und Meditation) durchzuführen. Man kann zusätzlich die Formel „Es macht gar nichts, wenn ich jetzt nicht einschlafe. Das entspannte Gefühl tut mir ebenso gut." verwenden. Einschlafen wird so zur Spontanreaktion des Organismus, die im entspannten Zustand gelingt.

Die ersten Schritte auf dem Weg zum erholsamen Schlaf können wie folgt aussehen:
- Finden Sie zunächst einmal heraus, wie viele Stunden Schlaf Sie wirklich pro Tag benötigen, um am nächsten Morgen ausgeschlafen und erholt zu sein. Dieses Quantum sollten Sie auf längere Sicht weder über- noch unterschreiten.

XIX. Entspannung: Muße, Maß und Meditation

- Nutzen Sie jede Möglichkeit zu körperlicher Bewegung, um einen möglichen Affektstau (Stresshormone) abzubauen. Vermeiden Sie aber zu späte sportliche Aktivitäten (Hallentennis nach 21.00 Uhr).
- Machen Sie es sich zur Regel, Belastungen und Probleme des Tages grundsätzlich nicht im Bett zu überdenken. Reservieren Sie hierfür einen Zeitraum, der einige Stunden vor Ihrer Schlafenszeit liegt. Halten Sie die Abendstunden möglichst von Aufregungen frei. Beschäftigen Sie sich in dieser Zeit mit Dingen, die Ihnen Freude machen, die Sie entspannen und beruhigen. Lassen Sie den Tag bewusst ausklingen. Führen Sie ein Tagebuch.
- Richten Sie Ihr Schlafzimmer so ein, dass Sie sich darin wohl fühlen. Sorgen Sie dafür, dass es weder zu warm noch zu kalt ist. Sorgen Sie für ausreichend frische Luft und dafür, dass Sie möglichst wenig durch Licht und Geräusche von außen gestört werden.
- Gehen Sie ins Bett, wenn Sie sich wirklich müde fühlen. Wenn Sie mögen, lesen Sie noch einige Seiten oder hören Sie noch ein paar Minuten entspannende Musik. Lassen Sie aber den Fernseher ausgeschaltet und gewöhnen Sie sich ab, im Bett noch zu arbeiten oder schnell ein Telefongespräch zu erledigen. Ihr Handy sollte jetzt grundsätzlich ausgeschaltet sein und nicht neben dem Bett liegen.
- Gewöhnen Sie sich nicht an Schlafmittel. Auch Alkohol ist keine erholungsfördernde Einschlafhilfe. Bevorzugen Sie stattdessen die alten Hausmittel wie ein Glas warme Milch, einen beruhigenden Tee oder ein warmes Bad.
- Sobald Sie das Licht ausgeschaltet haben, schließen Sie die Augen. Konzentrieren Sie sich auf Ihren Körper. Lassen Sie Ihre Aufmerksamkeit zwanglos durch ihn schweifen. Beobachten Sie einfach, wie Sie ruhig und gleichmäßig ein- und ausatmen. Ärgern Sie sich nicht darüber, dass Sie immer noch nicht eingeschlafen sind. Versuchen Sie, an etwas Angenehmes zu denken.
- Falls Sie nicht einschlafen können, sollten Sie wieder aufstehen. Probieren Sie einmal aus, sich mit einer warmen Decke gemütlich in einen Sessel zu kuscheln. Schauen Sie aus dem Fenster, betrachten Sie den Nachthimmel, machen Sie sich leise Musik an,

schreiben Sie Ihre Gedanken auf. Gehen Sie erst dann wieder zurück in Ihr Bett, wenn Sie müde sind.
- Wenn das alles nichts nützt, versuchen Sie, einmal eine ganze Nacht lang wach zu bleiben und auch am folgenden Tag nicht zu schlafen. Am nächsten Abend werden Sie dann so müde sein, dass Sie sofort einschlafen. Haben Sie Vertrauen zu Ihrem Körper. Er holt sich den Schlaf, den er braucht.

Ergänzend zum nächtlichen Schlaf sind der Mittagsschlaf, das sog. „Nickerchen" oder eine 15-minütige Entspannungsübung wichtige Erholungsmaßnahmen. Langzeituntersuchungen haben gezeigt, dass bereits wenige Minuten Schlaf in den Tiefphasen des Biorhythmus nicht nur das Herzinfarktrisiko um 30 % senken sondern auch die Arbeitsleistung und Leistungsmotivation deutlich verbessern. Firmen wie SAP und Siemens haben deshalb Ruhezonen für ihre Mitarbeiter eingerichtet, die individuell genutzt werden können. Führungskräfte, in deren Unternehmen solche Möglichkeiten noch nicht existieren, sollten keine Scheu haben, am Schreibtisch oder in einem bequemen Sessel für wenige Minuten zu schlafen. Wichtig ist, dass man den richtigen Einschlafzeitpunkt herausfindet und den Organismus dann an eine gewisse Regelmäßigkeit gewöhnt.

5. Urlaub

Während der Schlaf eine passive Maßnahme zur passiven psychophysischen Regeneration ist, ist der Urlaub die wichtigste aktive Erholungsmaßnahme. Urlaub und Erholung sind keineswegs identisch, denn die dem Urlaub zugeschriebene Erholungsfunktion stellt sich nicht automatisch ein. Urlaub ist nur dann erholsam,
- wenn die dafür vorgesehene Zeit frei von Hektik, Stress und belastenden Anforderungen ist,
- wenn die Leistungsorientierung, die den beruflichen Alltag bestimmt, abgelegt wird.

Der Urlaub ist die einzige Zeit im Jahr, die frei von Fremdbestimmtheiten, frei von sozialen Zwängen und frei von der Hektik des Alltags gestaltet werden kann. Meist ist das Gegenteil der Fall: Ferien- und Freizeitindustrie oder die Feriengewohnheiten anderer

XIX. Entspannung: Muße, Maß und Meditation

bestimmen über die „schönste Zeit des Jahres". Wichtiger als das „Was" ist das „Wie". Urlaub ist dann die wirksamste Antistress-Maßnahme, wenn ein möglichst großes Maß an Selbstentfaltung und positiver Selbstbestätigung möglich ist. Erholung und Entspannung stellen sich immer dann ein, wenn man das tut, was Freude macht. Erholung und Entspannung helfen, Abstand von den Problemen und Anforderungen des Alltags zu gewinnen. Jeder Urlaub sollte dazu beitragen, ein neues Gleichgewicht und eine gelassenere Einstellung zu sich selbst zu finden.

Die Möglichkeiten einer individuellen aktiven Urlaubsgestaltung sind so vielfältig wie die menschlichen Neigungen, Interessen und Bedürfnisse. Im Urlaub ausschlafen zu können, die Belastungen des Alltags zu vergessen, sich den Tag frei einteilen zu können, selbstbestimmt und frei von äußeren Zwängen spontan das tun zu können, wozu man gerade Lust hat – und all dies in einer Umgebung mit blauem Himmel und angenehmen Temperaturen – sind die am häufigsten genannten Urlaubswünsche. Ob Sie im Winter oder im Sommer, in der näheren Umgebung oder in einem fernen Land Urlaub machen, ob Sie Sport treiben, im Hochgebirge wandern, auf einem Segelboot kreuzen, interessante Städte, Landschaften und Kulturen erkunden, Museen besichtigen, am Strand oder im Wald spazieren gehen, malen, fotografieren, oder einfach nur ausgiebig faulenzen, ist allein Ihre Entscheidung.

Man unterscheidet grundsätzlich drei Urlaubsarten:
- Den **Konsum-Urlaub**: Er erschöpft sich im Faulenzen und Amüsieren, im Konsumieren des Angebotes am Urlaubsort.
- Den **Ausruh-Urlaub**: Eine Möglichkeit, auszuspannen, abzuschalten, Zwiesprache zu halten auch mit seinen Angehörigen, um wieder eins zu werden mit sich und der Umwelt.
- Den **Erholungs-Urlaub** für körperliche und seelische Erschöpfungszustände: Der Erholungsurlaub sollte mindestens 21 Tage dauern.

Physiologisch gibt es zwei Risikofaktoren, die man bei der Urlaubsgestaltung beachten sollte: das Klima und der Umstellungsrhythmus. Das **Klima** kann zum ausgesprochenen Reiz- und Stressfaktor werden. Der Aufenthalt im Hochgebirge mit Bergtouren in die oberen Höhenlagen fordert vom Organismus eine starke Anpassungsleistung. Es ist vorwiegend ein Reiz, der von dem veränderten Sauerstoffangebot ausgeht. Der Körper muss sich auf eine neue Situation einstellen, die ihm – z.B. bei Bergwanderungen – höhere Leistungen abverlangt, aber gleichzeitig weniger Treibstoff für die Verbrennungstätigkeit in Muskeln und Gehirn zur Verfügung stellt. Für Menschen mit Hang zu Bewegung und Sport ist der Urlaub am Meer mit starker Reizstufe besonders geeignet. Andere dagegen werden leicht überreizt und reagieren mit Schlaflosigkeit und Nervosität. Urlaub im Mittelgebirge sorgt für beruhigenden Ausgleich – sinnvoll für Menschen mit hohem Blutdruck. Winterurlaub ist ein Reizklima besonderer Art. Dabei übt nicht nur das Gebirgsklima Einfluss auf den Organismus aus, sondern auch das helle Licht, das von den Schneeflächen reflektiert wird. Dies wirkt sich besonders günstig bei niedrigem Blutdruck aus.

Auch der **Umstellungsrhythmus** sollte berücksichtigt werden:

Wer im Berufsalltag ständig von Termin zu Termin hetzt, bei dem kann die plötzliche Ruhe zu gesundheitlichen Störungen und Depressionen führen. Immer öfter sprechen Ärzte vom sog. **Feriensyndrom**. Oft fühlt man sich nach dem Urlaub erschöpft, hat ein erhöhtes Schlafbedürfnis und Angstgefühle. Jeder 4. Urlauber kommt „unerholt" an seinen Arbeitsplatz zurück. Daher ist es wichtig, seine persönlichen und gesundheitlichen Bedürfnisse zu erkennen und danach seinen Urlaub bewusst zu planen.

Die **Urlaubsforschung** rät deshalb:
- Mehr als drei Wochen Urlaub hintereinander bringen relativ geringe zusätzliche Erholung. Besser ist es, zweimal im Jahr zu verreisen.
- Im Urlaub sollte man sich zunächst langsam an die veränderten Bedingungen gewöhnen. Man unterscheidet drei Urlaubsphasen: Die erste beginnt drei Stunden nach dem Arbeitsende, man wird sich bewusst, dass der Druck der Arbeit weg ist. Der nächste Erholungsabschnitt – die Eingewöhnungsphase – beginnt am dritten Urlaubstag. Der Eingewöhnungsprozess geht dann in die dritte, die Entspannungsphase, über.
- Auch die Neuregulierung der Körperfunktion verläuft in einem 7-Tage-Rhythmus, den die Wissenschaftler im menschlichen und

tierischen Leben, ja sogar bei Zellkulturen immer wieder gefunden haben. Es handelt sich hier offenbar um eine angeborene innere Periodik. So verschlechtert sich meist das Befinden um den 7., den 14. und 21. Urlaubstag.
- Alles, was Sie im Urlaub unternehmen, sollte Ihnen Freude machen. Orientieren Sie sich nicht allzu sehr am Urlaubsverhalten anderer. Versuchen Sie, diese wenigen Wochen im Jahr so selbstbestimmt wie irgend möglich zu leben.
- Denken Sie daran: Der erholsamste Urlaub ist wirkungslos, wenn Sie am letzten Urlaubstag viele hundert Kilometer mit dem Auto nach Hause eilen, um gleich am nächsten Morgen an Ihrem Arbeitsplatz zu sitzen. Nach der Rückkehr sollte man noch drei Tage zum Wiedereinleben einplanen.
- Versuchen Sie, positive Erfahrungen, die Sie im Urlaub mit sich selbst gemacht haben, auch bei der Gestaltung Ihrer täglichen Freizeit mit zu berücksichtigen, damit Sie sich die Erholungswirkung möglichst lange erhalten.

6. Kreatives Nichtstun

Immer mehr Menschen äußern in Befragungen zu ihren Urlaubs- und Freizeiterwartungen, dass sie im Grunde von einem „Urlaub der Muße" träumen. Die wohltuendste Wirkung scheinen Mußestunden zu haben, in denen man ungestört mit sich allein ist und in Ruhe die Natur genießen kann. Muße ist das Gegenteil von „Muss": Muße ist selbstbestimmtes, entspanntes, zweckfreies Tun. Muße heißt, sich treiben zu lassen, das Hier und Jetzt zu genießen. Muße und Genießen sind untrennbar miteinander verbunden. Muße ist nicht aller Laster Anfang, sondern die unverzichtbare Voraussetzung dafür, zu sich selbst zurückzufinden.

Es gibt höchst unterschiedliche Formen der Muße und des schöpferischen Nichtstuns: das Liegen in der Badewanne oder der Hängematte, am Strand ins Wasser schauen und einfach die Gedanken schweifen lassen, aus dem Fenster in einen blühenden Garten blicken, Musik hören, malen, musizieren, mit Genuss ein Buch lesen. So paradox es klingt, das Nichtstun ist eine Tätigkeit, denn, auch wer nichts tut, beobachtet seine Umgebung, lässt seine Gedanken schweifen – meditiert. Gemeinsam ist allen Formen des genussvollen Müßiggangs und des kreativen Nichtstuns, dass sie unspektakulär und frei von prestigeträchtigem Aktionismus sind.

Anregungen zu kreativem Nichtstun

- **Die Natur erleben:** Machen Sie einen längeren Spaziergang, am besten allein. Lassen Sie sich Zeit und durchstreifen Sie die Landschaft – ohne festes Ziel und ohne zeitliche Begrenzung. Lassen Sie alles, was Sie sehen, hören, riechen oder fühlen auf sich einwirken. Lassen Sie Ihre Gedanken schweifen.
- **Die Umgebung genießen:** Legen Sie sich an einem warmen Sommertag entspannt in einen Liegestuhl. Genießen Sie die umgebende Natur – die Wolkenbilder, die unterschiedlichen Düfte der Blumen, das Zusammenspiel der Farben, den Gesang der Vögel, Licht und Schatten. Lassen Sie Ihren Gedanken freien Lauf.
- **Angeln:** Stundenlanges Warten am Wasser ohne Gewissheit auf Erfolg macht ruhig, gelassen und geduldig. Daneben erleben Sie die Ruhe der Natur und die Freiheit und Schwerelosigkeit Ihrer Gedanken.
- **Unterwegs mit dem Hausboot:** Hausboote, die man mieten kann, tuckern so gemächlich durch Fluss- oder Seenlandschaften, dass sich während der Fahrt Denken, Wahrnehmen und Handeln ganz von selbst entschleunigen. Wichtig ist nicht die zurückgelegte Entfernung, sondern das Unterwegssein.
- **Slow-Food:** Die Gegenbewegung zu Fastfood inspiriert zu genussvollem Essen und Trinken sowie zu einer kreativen Zubereitung des Essens aus hochwertigen Nahrungsmitteln.
- **Schaufensterbummel:** Ein Schaufensterbummel ohne Kaufzwang, das Beobachten anderer Menschen, das genussvolle Zeitungslesen in einem Straßencafé, sind ein echtes „Muss" für gemütliche Mußestunden.

Je selbstverständlicher Muße ein fester Bestandteil des Lebens ist, desto mehr wird sich unsere gesamte Lebenseinstellung, unser Lebensstil verändern. Unser Alltag wird immer weniger von Fremdbestimmtheiten geprägt werden. Zunehmend mehr werden wir erleben, wie wir die Autonomie über unser Leben zurückgewinnen. Damit werden wir nicht nur weniger anfällig gegenüber negativen Stresseinwirkungen, wir werden auch unsere Lebenszufriedenheit und unsere Lebensfreude zurückgewinnen.

Muße oder Müßiggang sind nichts Suspektes, das mit dem heutigen Leben nicht vereinbar ist, sondern ein selbstverständlicher Bestandteil einer ausgewogenen selbstbestimmten Lebensgestaltung. Medizinische Untersuchungen zeigen eindeutig, dass regelmäßige Mußestunden Krankheiten vorbeugen und den vorzeitigen Verschleiß des Körpers verhindern: „Wer auch einfach einmal herumhängen kann, lebt vielleicht sogar länger" (*Lugger u. a.*, 2001).

Erholung und Entspannung erhöhen nicht nur die Stressstabilität, sondern schärfen auch die Sensibilität, das Wesentliche vom Unwesentlichen zu unterscheiden. Veränderte Prioritäten werden das Denken und Handeln bestimmen. Nicht mehr der randvolle Terminkalender, das ständig klingelnde Handy, die 60–70-Stunden-Woche als Statussymbol entscheiden, was gut und wichtig ist, sondern **sinnvolle** Tätigkeiten, die **Freude** und **Zufriedenheit** ermöglichen.

Für Menschen, die sich nach Muße sehnen, aber meinen, sie hätten dafür keine Zeit, empfehlen sich folgende Tipps (*Geißler*, 2001), um den Alltag zu „entschleunigen":

- **Seien Sie bewusst langsam:** Führen Sie bestimmte Tätigkeiten, die Sie regelmäßig tun, einmal bewusst langsam aus. Das Schnelle ist nicht notwendigerweise produktiver als das Langsame. Finden Sie heraus, wo in Ihrem Leben Langsamkeit produktiver ist.
- **Warten Sie ab:** Warten ist nicht immer verlorene Zeit; häufig spart es Kosten und Energie, auf den richtigen Augenblick zu warten.
- **Gehen Sie Umwege:** Nicht nur auf Ihren täglichen Wegen, sondern auch in Ihren Gedanken. Der Umweg ist der Königsweg zu Kreativität und Innovation. Sie können dabei Neues entdecken und produktivere Wege zum Ziel finden.
- **Leben Sie rhythmisch:** Rhythmus entlastet von der Tyrannei eines permanenten Entscheidungsdrucks, verringert Aufwand und Energie und schafft Freiräume.
- **Vergessen Sie die Uhrzeit:** Versuchen Sie, beispielsweise ohne Armbanduhr auszukommen, zunächst am Feierabend, am Wochenende, im Urlaub, später auch im beruflichen Alltag.

Literatur

Allmer, H. (1996). Erholung und Gesundheit, Grundlagen, Ergebnisse und Maßnahmen, Göttingen

Geißler, K. A. (2001). Wart mal schnell

Jacobsen, E. (1938). Progressive Relaxation, Chicago

Lugger, B./Miketta, G./Wegner, J. (2001). Entspannung durch kreatives Nichtstun, in: Focus 31/2001, S. 87–96

Miketta, G. (2003). Wie die Seele den Körper heilt, in: Focus 38/2003, S. 94–104

Richter, P./Hacker, W. (1998). Belastung und Beanspruchung – Stress, Ermüdung und Burnout im Arbeitsleben, Heidelberg

Sachse, K. (2004). Fitness für die Seele, FOCUS 6/2004, S. 115–124

Schultz, J. H. (1982). Das Autogene Training, Stuttgart

Zebroff, K. (1995). Yoga, Übungen für jeden Tag, Frankfurt/Main

XX. Kraftstrom Kreativität

Jörg Reckhenrich

> „Kreativität ist als etwas zu verstehen,
> das für die Einsicht die Augen öffnet,
> dass wir uns nicht auf ein Ziel hin bewegen.
> Wir befinden uns am Ziel und ändern uns mit ihm".
> John Cage

1. Einleitung

Im Zusammenhang mit Führungsfragen in Organisationen wurde in den letzten Jahren viel über Kreativität geschrieben (*Bittelmeyer*, 2002). Kreativität, häufig nicht weiter definiert, soll Lösungen für tendenziell immer komplexer werdende Zusammenhänge schaffen. Wo strukturelle Methoden nicht mehr greifen, scheint Kreativität die Ressource der Zukunft zu sein. Der Begriff wird jedoch oft diffus verwendet.

Über den praktischen Umgang mit Kreativität in Unternehmen gibt es wenig Erfahrungsberichte oder gar methodische Ansatzpunkte. Auch hier bleibt die Beschreibung eher wage. Auf der einen Seite soll Kreativität die Qualität einer Führungskraft auszeichnen. Auf der anderen Seite deutet beispielsweise ein „kreativer Führungsstil" auf eine unorganisierte und chaotische Form von Arbeit. Geht es um strategische Entscheidungen, so scheinen allein harte Fakten zu zählen. Führungsaufgaben, komplexe Fragestellungen und Problemlösungen in Organisationen lassen sich jedoch nicht ohne weiteres funktional steuern und brauchen ein hohes Maß an Kreativität. Wie, so fragt man sich, zeigt sich Kreativität in Organisationen und wie lässt sich diese Ressource erschließen?

Für die Qualifizierung von Führungskräften wird Kreativität immer wieder als Anforderung genannt. Wenn Führungskräfte dafür bezahlt werden, dass sie Kreativität im Unternehmen entfalten, stellt sich die Frage: wie können Sie Ihren eigenen Zugang zur Kreativität entwickeln und im Arbeitsalltag einer Organisation passend einsetzen?

Unsere Überlegungen beginnen zunächst mit der Annahme, dass Kreativität eine grundsätzliche Konstante menschlicher Existenz ist. Kreativität ist die Fähigkeit, Dinge und Situationen zu gestalten und in Ergebnisse umzusetzen. Diese Fähigkeit steht grundsätzlich jedem Menschen zur Verfügung. Somit gilt, in diesem Sinne, dass Kreativität auch in Organisationen ihren Raum finden kann.

Kreativität ist sicherlich schwer planbar – für Organisationen ein nicht leicht anzuerkennender Tatbestand – da sie anderen Voraussetzungen unterliegt als einer logisch-rationalen Vorgehensweise. Um Kreativität muss quasi geworben werden – sie ist ein flüchtiger Zustand und lässt sich keinesfalls erzwingen.

Begibt man sich auf die Suche nach Beschreibungen kreativer Verfahren, so finden sich diese am ehesten in künstlerischen Biografien. Dort wird offensichtlich, wie sehr Kreativität eine Frage der Persönlichkeit ist. So verband beispielsweise der Künstler *Paul Klee* sein musisches mit seinem malerischen Talent und erarbeitete ganz systematisch eine Reihe von Bildern, die Musik in differenzierte Farbabstufungen umsetzt. Aus dem Beispiel können wir erkennen, welche Voraussetzungen Künstler mitbringen und welche kreativen Strategien sie entwickeln. Sie organisieren mit ihrer Erfahrung und persönlicher Haltung, ihrer künstlerischen Vision und Arbeitskonzeption, den Zugang zum kreativen Prozess. Sie lassen sich aus einer anfänglichen Idee leiten, um ein vollendetes Werk zu schaffen.

Gleich einem Künstler, der Materialien im Kunstwerk neu zusammensetzt, können Führungskräfte, indem sie ihren individuellen Zugang zur Kreativität entdecken, kreative Strategien entwickeln und gezielt für Führungsaufgaben und Problemlösungen einsetzten.

Zunächst stellen wir 12 Thesen zur Kreativität auf und beschreiben im Anschluss persönliche Haltungen, die Kreativität fördern. Im Weiteren werden Strategien zur Umsetzung der eigenen Kreativität und Entfaltung von Kreativität in der Teamarbeit dargestellt. Abgerundet wird der Artikel mit einer Reihe praktischer Übungen.

2. Zwölf Thesen zur Kreativität

(1) Kreativität ist eine Fähigkeit, über die jeder Mensch verfügt. Sie ist eine praktische Größe menschlichen Handelns und ein Prinzip der Lebensgestaltung.

(2) Jeder Mensch hat unterschiedliche kreative Fähigkeiten. Der kreative Schwerpunkt, das eigene Potenzial, hängt mit der Sozialisation und der mentalen Ausrichtung zusammen.

(3) Um kreativ zu werden, um die eigenen kreativen Stärken zu erkennen, bedarf es der Auseinandersetzung mit sich selbst. Kreativität kann durch Übung gefördert werden.

(4) Kreativität arbeitet mit allen psychischen Schichten des Menschen. Die bewusste, unbewusste, intuitive und rationale Ebene spielen je nach Stadium des kreativen Prozesses eine stärkere Rolle.

(5) Kreatives Denken organisiert sich zwischen einem spielerischen und einem strukturierenden Pol (Abb. 50). Das gute Zusammenspiel und die Balance der beiden Pole ist wichtig für den kreativen Prozess.

(6) Kreativität verknüpft bekannte Erfahrungen und Wissen zu neuen Lösungsansätzen.

(7) Denken, Fühlen und Handeln strukturieren den kreativen Prozess und bauen aufeinander auf.

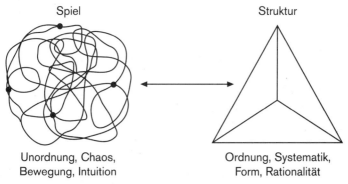

Abb. 50: Spielerischer und strukturierter Pol

(8) Kreatives Denken ist durch die drei Schritte Intuition, Inspiration und Imagination gekennzeichnet.
(9) Um kreativ zu denken, bedarf es einer Frage- oder Problemstellung. Gleichzeitig braucht es ein soziales Klima, das assoziierendes Denken zulässt und offen für andersartige und ungewohnte Lösungen ist.
(10) Kreativität ist eine Strategie zur Entwicklung und Umsetzung von Ideen.
(11) Kreativität ist eine Kulturtechnik und dient zur Aneignung von Umwelt. Sie geht weit über die Grenzen des Künstlerisch-Ästhetischen hinaus.
(12) Ein erweiterter Begriff von Kreativität bezieht sich auf wirtschaftliche, soziale und politische Fragestellungen und gestaltet soziale Räume.

Diese meinerseits aufgestellten Thesen sollen ein Anstoß sein, dass Sie Ihre eigenen Voraussetzungen und Erfahrungen in Bezug auf Kreativität überprüfen. Wo gibt es Übereinstimmungen und wo gibt es Unterschiede?

Fragen Sie sich: Wo und wann erleben Sie sich als kreativer Mensch? Welche Situationen fallen Ihnen ein, in der Sie eine kreative Lösung gefunden haben? Wie sah diese Situation aus? Wie haben Sie sich verhalten und den Moment erlebt, in dem Ihnen die richtige bzw. passende Lösung einfiel? Wie beschreiben Sie jetzt Ihre Kreativität und wie verändert sich Ihre Haltung zu dieser Frage?

Im Weiteren wollen wir Ansätze für Verhaltensweisen und Haltungen beschreiben, die Kreativität fördern. Wir gehen von der Annahme aus, dass solche Haltungen geübt werden können. Man sammelt Erfahrungen, und für Kreativität gilt alle Mal eins: Der Weg ist das Ziel!

3. Haltungen

Für Kreativität sind zwei Faktoren wesentlich: das **Individuum** und das **soziale Umfeld**. Die persönlichen Voraussetzungen eines Menschen, seine Erfahrungen, Sozialisation, sein Wissen und die

XX. Kraftstrom Kreativität

mentale Einstellung, aber auch das aktuelle Arbeitsumfeld, sind der Schlüssel zur Kreativität. Darüber hinaus gilt: Kreativität gedeiht dann, wenn man in der Lage ist, sich wahrnehmend, vorurteilsfrei und offen auf Situationen einzulassen, und wenn eine Situation für solch eine Offenheit vorhanden ist.

Der kreative Mensch ist ein Initiator. Er ist von sich und seinen Ideen überzeugt und kann andere Menschen begeistern und überzeugen. Er spürt, ahnt und sieht die Lösung einer Problemstellung und ist in der Lage diese Lösung zu vermitteln. Kreativität ist jedoch keine einsame Veranstaltung, Kreativität entsteht in der Beziehung. Es braucht die „Mitspieler", nicht nur um Ideen zu entwickeln, sondern auch im Dialog zu überprüfen.

Die folgenden Punkte beschreiben innere Haltungen oder Einstellungen, die ihr kreatives Potenzial verstärken können.

Unvoreingenommenheit

Versetzen wir uns für einen Augenblick in die Lage eines kleinen Kindes, wie es die Welt erfährt und sich aneignet. Unzählige Versuche sind notwendig, um einfachste Bewegungen zu erlernen. Ein Kind erobert spielerisch und experimentell seine Umwelt und baut auf seinen Erfahrungen auf. Es prüft Varianten, erprobt Zwischenschritte und lässt selbstverständlich Fehlschläge zu, ohne sie zu bewerten. Der Irrtum ist wesentlicher Bestandteil der Lernerfahrung. Wahrlich, eine hoch kreative Einstellung! Ohne diese grundsätzlich kreative Disposition wäre ein Kind außerstande, neue Erfahrungen zu machen und seinen Lebensraum zu erobern.

Leider geht diese natürliche Form der Kreativität mit zunehmender Erfahrung und der Notwendigkeit, als erwachsener Mensch Bewertungen vorzunehmen, verloren. Den Zugang zur Kreativität erneut zu erlernen, bedeutet eine unvoreingenommene Haltung einzunehmen. Um Kreativität zu entfalten, müssen die bisherigen Lebenserfahrungen und Bewertungsmuster für einen Moment außer Kraft gesetzt werden. Man versucht seine Umwelt noch einmal neu wahrzunehmen, gleichsam mit den neugierigen Augen eines Kindes.

Kreative Spannung

Viele Menschen denken, Kreativität könne sich nur dann entfalten, wenn ein Raum vorhanden ist, der gänzlich frei von zeitlichen und sachlichen Anforderungen ist. In der Tat braucht Kreativität Freiräume. Sie gedeiht jedoch nicht ohne jegliche Anforderungen. Um kreative Energie freizusetzen, braucht man eine Zielsetzung. Aus der Anforderung muss eine Herausforderung werden, um die Lust an der Lösung einer Aufgabenstellung zu stimulieren.

Aus der Diskrepanz zwischen gegenwärtiger Realität und Zielsetzung entsteht eine Lücke, die man überwinden will – man sucht nach einer Lösung. Ohne diese Lücke, ohne den Druck etwas verändern zu wollen, besteht keinerlei Anlass kreativ zu werden. Ein zu gut ausgestattetes Umfeld oder eine Situation, in der es nichts wirklich zu erreichen gibt, sind kontraproduktiv, wenn Kreativität freigesetzt werden soll. Die Lücke zwischen Realität und Ziel ist die Quelle der kreativen Energie. Man bezeichnet sie als kreative Spannung die dafür sorgt, dass wir uns auf den Weg machen, die Realität mit der Zielsetzung zu verbinden.

Wahrnehmung

Wahrnehmung ist die Voraussetzung für kreative Prozesse. Doch häufig wird sie von Bewertungen überlagert. Wie wir spontan Bewertungen unmittelbar mit Wahrnehmungen verknüpfen, kann man als Phänomen bei der Betrachtung von Bildern vielfach beobachten. Man stelle sich folgende Situation vor: In einer Übung werden die Teilnehmer eines Führungskräftetrainings aufgefordert, das Plakat (Abb. 51) zu beschreiben (*Hartkemeyer/Dhority*, 1999, S. 88–89).

Meistens wird die Situation von den Teilnehmern sofort interpretiert. Es wird von einer Verfolgungsjagd eines Polizisten gesprochen. Lediglich wenige Teilnehmer sprechen einfach nur von zwei rennenden Personen. Sie äußern sich, dass Sie weitere Einschätzungen nicht vornehmen können. Es wird darauf hingewiesen, dass nicht zu sehen ist, was außerhalb des Bildes passiert und wichtige Informationen für eine genauere Interpretation der Situation fehlen. Der Hintergrund der Veröffentlichung diese Photos weist präzise auf die

XX. Kraftstrom Kreativität

Abb. 51: Englische Plakatanzeige

Diskrepanz von Wahrnehmung und Beurteilung hin und zeigt, wie leicht Vorurteile entstehen.

Bei dem Bild handelt es sich um eine Plakatanzeige der englischen Polizei, die bewusst mit dem Konflikt bestehender Wahrnehmungsmustern und Beobachtung spielt. Bei der abgebildeten Situation handelt es sich um zwei Polizisten, einer in Zivil und einer in Uniform. Beide verfolgen einen Verdächtigen. Fast alle Teilnehmer dieser Übung haben vorschnell geurteilt, statt zunächst einfach wahrzunehmen und beobachtbare Fakten zu schildern.

Wahrnehmung zu üben bedeutet ebenfalls ein Gespür für Atmosphären von Situationen zu entwickeln. In einer weiteren Übung versuchen die Teilnehmer der Stimmung der dargestellten Situation eines anderen Bildes nachzuspüren. Bei dem Bild handelt es sich um ein Selbstportrait des Malers *Max Beckmann* (Abb. 52). Gefragt nach der Wirkung der abgebildeten Person beschreiben die Teilnehmer der Übung den Künstler ganz unterschiedlich, mal als selbstbewusst, mal als entschlossen, mal als unnahbar oder auch als distanziert. Es wird in dieser Übung deutlich, dass alle Beschrei-

4. Teil: Ansätze und Instrumente eines Persönlichkeitsmanagements

Abb. 52: Max Beckmann, Selbstportrait 1927

bungen stimmig sind und zusammen genommen eine Differenzierung bedeuten. Sie sind eine Bereicherung für die weitere Interpretation.

Die Erfahrungen der Bildbetrachtungen zeigen, dass Wahrnehmung ein Prozess ist, bei dem die Bestandsaufnahme der sichtbaren Faktoren und die Beschreibung der Wirkung am Anfang stehen. Für viele Teilnehmer ist das ein neuer und ungewöhnlicher Schritt. Sie lernen die Reichhaltigkeit und Differenzierung von Beobachtung kennen, wenn anfänglich bewusst die Bewertung hinausgeschoben wird.

Beachten von Perspektiven

Der Künstler *Paul Klee* sprach in seinen Vorlesungen 1920 am *Dessauer Bauhaus* vom Vorgang des Sehens, als dem bildnerischen Denken: „Ein Punkt geht spazieren und zieht eine Linie" (Abb. 53, *Spiller*, 1981).

Macht man sich den Vorgang des Sehens, wie *Paul Klee* ihn beschreibt, bewusst, beginnt man die Form und Struktur des wahrzunehmenden Gegenstandes präzise zu beschreiben und zu erkennen. *Klee* bezeichnet dieses Sehen als eine Form des Denkens. Für die Betrachtung eines Bild, wie etwa das Gemälde von *Beckmann*, bedeutet das: Es wird von **einem Standort** aus beobachtet. Diese Situation, für Bilder sehr stimmig, da sie zweidimensional sind, ent-

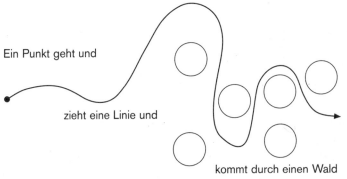

Abb. 53: Zeichnung „Punkt geht spazieren"

spricht jedoch auch einem interessanten Phänomen und häufigen anzutreffenden Wahrnehmungsmuster: Dinge, Menschen und Situationen werden oft nur aus *einer* Perspektive betrachtet. Das zweidimensionale Sehen oder bildnerische Denken gerät hier an Grenzen. Es braucht eine mehrdimensionale Erweiterung, um andere Perspektiven erschließen zu können.

Der Künstler *Joseph Beuys* entwickelte deshalb in den 70er Jahren einen weiterführenden Ansatz. Im Unterschied zu *Klee* spricht er vom „plastischen" Denken (*Harlan*, 1986). Was kann man sich darunter vorstellen? Denken Sie an eine Skulptur, z. B. *Michelangelos* David. Um einen vollständigen Eindruck der Figur zu bekommen, um das Kunstwerk als Ganzes zu erfassen, müssen Sie aus verschiedenen Perspektiven schauen. Gehen Sie um die Skulptur herum und „sammeln" die verschiedenen Perspektiven ein und verbinden Sie die unterschiedlichen Eindrücke zu einem Gesamteindruck.

Eine einfache **Übung** verdeutlicht das plastische Denken und zeigt deutlich die Auswirkungen dieser Haltung. Stellen Sie sich vor, Sie sitzen mit drei anderen Menschen um einen Tisch herum. In der Mitte liegt ein Schuhkarton. An einer kurzen Seite des Kartons liegt ein Tennisball (Abb. 54). Versetzen Sie sich nacheinander in die Lage jeder einzelnen Person und versuchen Sie möglichst exakt zu beschreiben, was Sie wirklich sehen. Mal sehen Sie den Ball links der Kiste, mal rechts, mal davor und einmal möglicherweise gar nicht. Welche Perspektive ist nun die Richtige?

Es gibt keine eindeutige Lösung; alle Perspektiven sind richtig. Es kommt eben darauf an, was man sieht oder wo man steht. Diese Übung zeigt, welches Potenzial die Haltung des plastischen Denkens in sich birgt. Plastisches Denken bedeutet nicht nur zu erkennen, dass eine andere Perspektive andere Eindrücke vermittelt, es bedeutet auch, sich bewusst in andere Perspektiven hinein zu versetzen. In Führungssituationen kann es deshalb von Vorteil sein, sich für andere Sichtweisen, Meinungen und Ideen, möglichst lange offen zu halten und miteinander zu verbinden. Auf diese Weise können Situationen unvoreingenommener wahrgenommen, genauer eingeschätzt und differenzierter beurteilt werden. Die Haltung des plastischen Denkens sensibilisiert auch dafür, dass das, was wir für wirklich und sicher halten, immer die **eigene Konstruktion der**

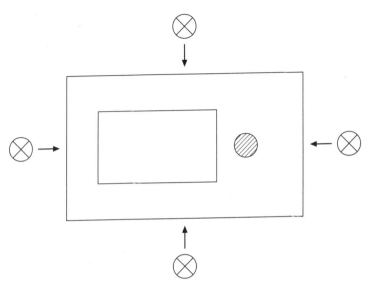

Abb. 54: Das perspektivische Sehen

Wirklichkeit ist und eine zutreffende Beschreibung einer Situation der Überprüfung durch andere Perspektiven bedarf.

Die Leiter der Schlussfolgerung

Ist die Wahrnehmung und eine unvoreingenommene Haltung das Tor zur Umwelt und zu neuen Informationen, so stellt sich die Frage, wie man die gesammelten Informationen in die eigene Erfahrungswelt integrieren kann. Wahrnehmungen müssen bewertet werden, um handeln zu können. Wie aber soll das gehen, wenn man gleichzeitig die eigenen Wahrnehmungsmuster erneuern soll?

Dafür eignet sich ein Modell, das schrittweise Wahrnehmungen in Schlussfolgerungen überführt (*Harlan*, 1986).

Stellen wir uns für einen Moment eine Leiter vor und entwickeln ganz stufenweise Schlussfolgerungen, die auf genauen Wahrnehmungen beruhen. Wir greifen dabei auf das Beispiel der englischen Plakatanzeige der Polizei zurück.

1. Stufe: Wahrnehmung von Fakten

Nehmen Sie eine möglichst objektive und nüchterne Haltung ein und sammeln Sie die Fakten: Ein Plakat, auf dem zwei Personen abgebildet sind. Eine Person in Uniform, eine in Zivil gekleidet rennen die Straße entlang, die Situation wirkt bedrohlich, rasant, unsicher...

2. Stufe: Interpretation des Beobachteten

Bilden Sie Hypothesen, was zu sehen ist. Hier findet der erste Abgleich mit den eigenen Erfahrungen statt: Ein Wettrennen, eine Verfolgungsjagd, Flucht...

3. Stufe: Hinzufügungen von Bedeutungen

Ermitteln Sie verschiedene Bedeutungsmöglichkeiten und überprüfen Sie diese auf Stichhaltigkeit. Ein Polizist verfolgt einen Straftäter. Beide Personen rennen vor etwas davon. Beide Personen rennen auf etwas zu...

4. Stufe: Schlussfolgerungen

Entscheiden Sie sich für eine der vorhergehenden Bedeutungen. Geben Sie eine Bewertung ab. Die Bewertung ist ohne weitere Informationen nicht eindeutig möglich.

5. Handlung/Umsetzung

Wie verhalten Sie sich gegenüber dieser Situation? Welche Entscheidung treffen Sie? Ich überprüfe meine Schlussfolgerungen auf Richtigkeit in dem Wissen, dass es alternative Lösungen gibt. Ich ziehe weitere Erkundigungen über die Plakatkampagne ein.

Die Stufen der Leiter der Schlussfolgerung (Abb. 55) laufen normalerweise sehr schnell hintereinander ab oder gehen fließend ineinander über. Die Kunst besteht darin, den Wahrnehmungsprozess zu verlangsamen und bewusst zu beobachten, wie Schritt für Schritt Schlussfolgerungen und Bewertungen entstehen. Der Unterschied zwischen den Teilnehmern der Übung aus dem ersten Beispiel, die eine sofortige Einschätzung der Situation vorgenommen haben und der soeben angestellten Überlegung besteht darin,

XX. Kraftstrom Kreativität

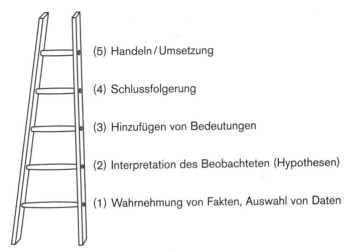

(5) Handeln / Umsetzung

(4) Schlussfolgerung

(3) Hinzufügen von Bedeutungen

(2) Interpretation des Beobachteten (Hypothesen)

(1) Wahrnehmung von Fakten, Auswahl von Daten

Abb. 55: Leiter der Schlussfolgerung

dass wir uns nun bewusst sind, dass unsere Schlussfolgerung nur eine von verschiedenen möglichen Alternativen ist. Eine mögliche Handlungsentscheidung kann in diesem Fall z. B. darin bestehen, weitere Erkundigungen über die Plakatkampagne ein zu ziehen.

Kreatives Denken

Kreativität beginnt mit einem Einfall – einer Idee, die auf einmal, ganz plötzlich – als „Geistesblitz", greifbar nahe erscheint. Inspiration, Intuition und Imagination sind die drei Schritte des kreativen Denkens. Stellen Sie sich diese Schritte vor:
- **Inspiration:** Versuchen Sie sich an einen Moment zu erinnern, in dem Sie eine besondere Idee hatten. Wie haben Sie diesen Moment erlebt? Wie haben Sie eine Lösung erahnt?
  Inspiration ist die Fähigkeit, einem unmittelbaren Einfall, dem „Geistesblitz" Beachtung zu schenken.
- **Intuition:** Denken Sie noch einmal an die gleiche Idee. Wie wurde sie konkreter und wie stellte sich das Gefühl ein, dass diese Idee Kraft hat?

Intuition bezeichnet die Fähigkeit, Einfällen aus dem „Bauch" heraus nachzuspüren, sich leiten zu lassen und ein Gespür für Situationen zu entwickeln.
- **Imagination:** Erinnern Sie sich daran, wie Sie Ihre Idee – die sich stimmig anfühlte – immer mehr konkretisierten und sie Gestalt bekam. Wann hatten Sie ein genaues Bild?
Imagination ist die Fähigkeit, einen momentanen Einfall zu einem greifbaren Bild zu verdichten.

Wer sich die Schritte Inspiration, Intuition und Imagination bewusst macht, lernt, den kreativen Augenblick zu beobachten. Aus vagen ersten Impulsen und Ideen verdichtet sich dann eine Lösung. Kreative Menschen verfügen über die Fähigkeit, Inspirationen wahrzunehmen, sich durch Intuition leiten zu lassen und klare Bilder für Lösungen zu entwickeln. Die anschließende Umsetzung einer Idee bedarf dann weiterer kreativer Strategien oder einer Architektur des kreativen Prozesses.

4. Die Architektur des kreativen Prozesses

Was trägt zur erfolgreichen Umsetzung von Kreativität bei? Wie lässt sich eine Fülle von Ideen systematisch in Lösungen überführen und Kreativität fruchtbar machen? Wir wollen zwei Ansätze, der eine in Bezug auf die persönliche Strategien, der andere in Bezug auf Teamarbeit, darstellen.

Persönliche Strategien

Wir haben bereits darüber gesprochen, dass der Motor für Kreativität der Drang ist, Ideen umzusetzen. Auf dem Weg vom Einfall zur Umsetzung kann man drei Bausteine identifizieren. Das Denken, das Fühlen und das Handeln. Diese drei Bausteine wollen wir uns im Rahmen eines Gedankenexperiments klar machen.

1. Baustein „Denken": Begeben Sie sich in Gedanken in eine Arbeitsklausur und betreten bildlich gesprochen einen Raum. In diesem Raum existiert nur eine bestimmte Frage, mit der Sie sich auseinander setzen wollen und dafür eine Lösung suchen. Die Aspekte des kreativen Denkens, wie sie gerade beschrieben wurden, helfen Ihnen, Ihre Ideen zu klären und Lösungsansätze zu entwickeln. Halten Sie diesen gedanklichen Raum solange offen, bis Sie ein klares Bild oder einen Weg sehen, der zur Lösung führen kann.

2. **Baustein „Fühlen"**: Überprüfen Sie die Lösungsansätze. Gleichen Sie die Lösungsansätze mit Ihren Erfahrungen und in Bezug auf Ihr internes Wertesystem ab. Schauen Sie, welche Resonanzen sich zu den angedachten Lösungen einstellen. Wie fühlt sich diese Lösung an? Ist sie glaubwürdig und kraftvoll? Wenn Sie von der Lösung überzeugt und begeistert sind und dafür einstehen, überzeugen Sie auch andere Menschen.

3. **Baustein „Handeln"**: Wenn Sie eine Lösung gefunden haben, die glaubwürdig und stimmig ist, entwickeln Sie einen Plan, wie Sie diese Lösung umsetzen können. Was wird gebraucht an Ressourcen und Zeit, und wie organisieren Sie die nächsten Schritte. Jetzt können Sie Ihren gedanklichen Raum wieder verlassen. Die anfänglich möglicherweise vage Idee ist zu einer konkreten Lösung mit Handlungsempfehlungen gereift.

Selbstverständlich spielen die drei Stadien ineinander und lassen sich nicht immer klar voneinander abgrenzen. Um den kreativen Prozess für Einfälle und Varianten offen zu halten, empfiehlt es sich, den drei Stadien genaue Beachtung zu schenken. Wer eine flüchtig gefundene Idee zu schnell umsetzen will und Reflexionsschleifen übergeht, verpasst die Chance, seine Idee reifen zu lassen, bis sie tragfähig wird und Überzeugungskraft bekommt. Wer die Stadien Denken, Fühlen und Handeln verinnerlicht hat, kann jederzeit bestimmen, an welcher Stelle des kreativen Prozesses er sich gerade befindet (Abb. 56).

Kreativität in Teams

Bis hierhin haben wir über Kreativität als persönlichen Prozess gesprochen. Wie aber wirkt sich Kreativität in der Zusammenarbeit mit anderen Menschen aus? Wie gelingt der Sprung von der eigenen Kreativität zur Kreativität in Gruppen?

Kreativität in Teams zu entwickeln und den kreativen Prozess zu leiten, ist eine Herausforderung. Ist man in der Lage, diese Prozesse für sich selbst zu beobachten, so lassen sich die Prinzipien mit et-

4. Teil: Ansätze und Instrumente eines Persönlichkeitsmanagements

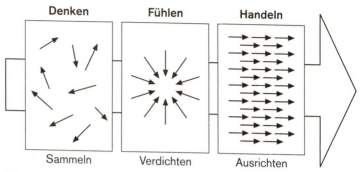

Abb. 56: Drei Bausteine

was Übung auch auf Teams übertragen. Im Wesentlichen geht es darum, den Prozess der Kreativität im Team zu beobachten und anzuleiten – ganz vergleichbar einem Dirigenten, der die Stärken und Schwächen seines Orchesters kennt und in der Lage ist, das Zusammenspiel optimal zu koordinieren. So ergeben die Qualitäten der einzelnen Mitspieler eine Gesamtleistung. Das wird besonders deutlich, wenn die Lösung einer Aufgabe als gemeinsamer Erfolg des Teams erlebt und als solcher auch von der Führungskraft bekräftigt wird.

Um als Führungskraft Kreativität in Teams zu initiieren und zu steuern, ist es entscheidend, die Phasen des kreativen Prozesses genau zu erkennen. Der Schlüssel zum Erfolg besteht darin wahrzunehmen, an welcher Stelle des kreativen Prozesses man sich befindet. Dabei haben die drei beschriebenen Bausteine Denken, Fühlen und Handeln, auch im Team Gültigkeit und beschreiben die grundsätzliche Richtung. Die drei Bausteine lauten hier: Lösungsentwicklung, Überprüfungsschleifen und Umsetzung. Um die Kreativität im Fluss zu halten, muss die Führungskraft ein Gespür entwickeln, wann spielerischer Einfallsreichtum, wann strukturiertes Vorgehen oder konstruktives Infragestellen vonnöten sind, um den Prozess entweder erneut in Schwung zu bringen oder Vielfalt zu kanalisieren.

Kreativität im Team braucht grundsätzlich ein positives Umfeld. Sie bedarf der Initiative der Führungskraft genauso, wie der Initiative der Mitarbeiter selbst. Menschen, die eine kreative Haltung ausstrahlen, sind wie Kristallisationspunkte. Sie verknüpfen spielerisch die Phasen des kreativen Prozesses und fügen Erfahrungen und Ideen zu neuen Kombinationen zusammen. Kreative Menschen lassen sich an ihrer offenen und fragenden Haltung erkennen, aber auch daran, dass Sie in der Lage sind, durch Prozesse hindurchzuführen und konstruktive Problemlösungen zu finden.

5. Übungen: Persönliche Meisterschaft – von Innen nach Außen

Sie wollen kreativ sein, so beginnen Sie mit sich selbst! Dabei führt Sie Ihr Weg von innen nach außen. Schauen Sie zunächst einmal, in welcher Situation Sie kreativ waren. Wie kam diese Situation zustande? Welche Faktoren waren wichtig, in welcher Rolle haben Sie sich befunden und wie hat sich die Situation für Sie angefühlt? Diese Erfahrungen sind die Basis, auf der Sie aufbauen können.

Unabhängig von der Beobachtung, wann und wie Sie kreativ geworden sind, können Sie Kreativität gezielt üben. Es empfiehlt sich, zunächst die Aufmerksamkeit auf **eine** Übung zu lenken. Fangen Sie mit der Übung an, die Sie am meisten anzieht und beginnen Sie zu experimentieren.

Nehmen Sie also für eine gewisse Zeit beispielsweise die unvoreingenommene Haltung vor. Um den Umgang mit Kreativität zu lernen brauchen Sie Selbstbeobachtungsgabe, Übung und etwas Atem. Wenn Sie die Fähigkeit im Umgang mit Kreativität erprobt haben, können Sie dann dazu übergehen, Ihre Erfahrungen auch in Gruppen anzuwenden und Kreativität bewusst einzusetzen.

Die folgenden Übungen bauen nicht systematisch aufeinander auf. Sie sind Schritte auf Ihrem Trainingsweg und helfen Ihnen, Ihr kreatives Potenzial zu erweitern und Ihre Meisterschaft, Ihren persönlichen Umgang mit Kreativität, zu entwickeln.

Entschleunigung

Im Arbeitsalltag verlangen viele Situationen häufig nach schnellen Entscheidungen. Leicht gerät man unter Druck und verliert die Möglichkeit, wirklich eine eigene Position zur Entscheidung zu finden.

Denken Sie an eine Situation, die Sie deutlich als Stresssituation erleben. Treten Sie innerlich ein Stück zurück und schauen Sie sich diese Situation wie ein Theaterstück an, an dem Sie selbst beteiligt sind. Versuchen Sie die Situation bewusst langsamer ablaufen zu lassen. Beobachten Sie wie anders Sie jetzt beteiligt sind und versuchen Sie Ihr Handeln wieder aus sich selbst heraus zu gestalten. Werden Sie Ihr eigener Theaterregisseur.

Sehen wie die Kinder

Lernen Sie das Staunen! Mit dieser Übung, die Sie mit viel Spaß auch mit Freunden machen können, üben Sie eine unvoreingenommene Haltung.

Stellen Sie sich vor, Sie werden neu geboren und wachen in einem Ihnen völlig unbekannten Land auf. Beginnen Sie, die Gegenstände um sich herum, das Glas, den Tisch, die Lampe... zu erforschen, als ob Sie nie in Ihrem Leben zuvor so etwas gesehen hätten. Üben Sie das Staunen, was Sie von kleinen Kindern sicherlich kennen, und erforschen Sie mit neugierigen Augen Ihre Umwelt. Was sehen Sie, was riechen Sie, was fühlen Sie? Beobachten Sie wie Offenheit, Intensität und Sympathie entstehen. Beginnen Sie unvoreingenommen auf Situationen in Ihrem Alltag zuzugehen. Bewahren Sie sich Ihre Neugierde!

Die Wahrnehmung üben

Um Wahrnehmung zu üben, eignet sich die Betrachtung von Kunstwerken besonders. Über die Wahrnehmung lernen Sie sich auch Kunstwerken zu nähern, deren Sinn sich häufig nicht unmittelbar erschließt. Fordern Sie sich und ein Kunstwerk heraus und wagen die Begegnung!

Gehen Sie mit einigen Freunden ins Museum. Suchen Sie ein Bild heraus, welches Sie spontan anspricht. Es muss nicht unmittelbar verständlich sein und lesen Sie auf keinen Fall die Bildunterschrift. Bitten Sie jeden Ihrer Freunde darum, sich seinen eigenen Standort vor dem Bild zu suchen und möglichst nüchtern zu schildern, was zu sehen ist. Treffen Sie im nächsten Schritt eine Vereinbarung darüber, von welchem Standort Sie eine gemeinsame Betrachtung weiter fortsetzen wollen. Veranlassen Sie jetzt jeden, zunächst die Wirkungen zu schildern, die das Bild ausübt und wie es empfunden wird. Streng genommen endet hier die reine Wahrnehmung. Gehen Sie jedoch einen Schritt weiter und fangen an, aus dem, was Sie gesehen und empfunden haben, Deutungen zu ziehen. Jetzt befinden Sie sich schon auf der Leiter der Schlussfolgerung. Ziehen Sie Schlüsse, was das Bild bedeuten kann und beurteilen Sie, welchen Wert das Kunstwerk für Sie persönlich hat. Prüfen Sie, ob sich Ihre Beurteilung durch den anfänglichen Schritt der bewussten Wahrnehmung im Vergleich zu einer möglicherweise am Anfang spontan abgegebenen Beurteilung geändert hat.

Machen Sie die Übung zweimal. Zunächst mit einem Kunstwerk, welches Sie mögen und dann mit einem Kunstwerk, welches spontan auf Ihr Unverständnis stößt.

Der Beobachterblick

Versuchen Sie, in dieser Übung einen Beobachterstandpunkt einzunehmen und sich selbst bei einer Tätigkeit zuzusehen.

Suchen Sie sich zu Anfang dieser Übung eine einfache Situation aus, beispielsweise eine handwerkliche Tätigkeit oder eine Routinearbeit. Führen sie die Arbeit weiter aus. Jetzt beginnen Sie quasi aus sich selbst herauszutreten und schauen sich selbst bei Ihrer Tätigkeit zu. Spielen Sie damit, von welchem Ort Sie sich am besten zuschauen können. Vielleicht sehen Sie sich über die eigene Schulter oder Ihr Beobachter sitzt neben Ihnen. In einer komplexeren Situation, beispielsweise einer Besprechung, ermöglicht Ihnen der Beobachterblick gleichzeitig das Gespräch zu führen und dennoch ein „Auge" für Erfordernisse der Situation, sich selbst und dem Gesprächspartner zu haben und diese auch zu steuern.

4. Teil: Ansätze und Instrumente eines Persönlichkeitsmanagements

Agieren statt Reagieren

Häufig greift man in schwierigen Situationen, in denen man sich schnell entscheiden muss, auf alte Entscheidungsmuster zurück, obwohl ein umsichtiger Umgang geeigneter wäre. Wie kann man aber genau dann aktiv handeln?

Stellen Sie sich eine Situation vor, in der Sie nicht genau wissen, wie Sie sich entscheiden sollen. Treten Sie für einen Moment zurück und warten Sie. Stellen Sie sich weiter einen Kreis vor, der aus vier Positionen besteht: Verantwortung, Wahl, Weitblick und Handlung.[1]

Betreten Sie nun gedanklich den Kreis und betrachten die Situation mit Hilfe der vier Begriffe.

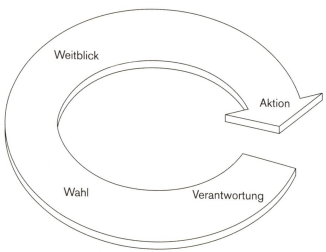

Abb. 57: Der Kreis des aktiven Handelns

- **Verantwortung:** Sie haben die Möglichkeit, verantwortlich mit der Situation umzugehen – Sie entschließen sich auf die Situation eine Antwort zu geben.

---

1 Instrument: Ring of Power, by *Ehama Institut*.

- **Wahl:** Jede Situation bietet Wahlmöglichkeiten. Spielen Sie diese durch, gleichgültig welche Konsequenzen sie nach sich ziehen.
- **Weitblick:** Prüfen Sie die einzelnen Möglichkeiten, die Sie entwickelt haben, daraufhin, was sie – weitsichtig gedacht – für Konsequenzen beinhaltet, und was die Situation aus einer weitsichtigen/umsichtigen Perspektive verlangt.
- **Handlung:** Entscheiden Sie sich für eine der Möglichkeiten, die Sie in Betracht gezogen und abgewogen haben und setzen Sie diese um. Jetzt haben Sie aktiv und bewusst eine Lösung entwickelt und können Ihr Handeln begründen, anstatt sich nur reaktiv leiten zu lassen.

Verinnerlichen Sie die Grafik und beginnen Sie diese als mentale Karte für Entscheidungen zu nutzen.

Eine Frage verinnerlichen

Wenn Sie eine Antwort auf eine komplexe Frage suchen und diese nicht gleich finden können, hilft Ihnen diese Übung weiter.

Formulieren Sie Ihre Frage möglichst genau und verinnerlichen Sie sie. Suchen Sie nicht bewusst nach einer Antwort, haben Sie Geduld und stellen Sie Ihre Aufmerksamkeit darauf ein, dass Ihnen eine Antwort entgegen kommt, und öffnen Sie sich für diesen Moment. Sammeln Sie Hinweise, die zur Beantwortung oder gar Lösung führen.[2]

Sie können sich ein Handbuch für Ideen zulegen und Ihre Fragen notieren. Sammeln oder skizzieren Sie, ganz ähnlich einem Künstler, der sein Skizzenbuch für die Vorbereitung neuer Arbeiten nutzt, alle Hinweise, die für Ihre Fragestellung von Bedeutung sind.

Das kreative Atelier

Wollen Sie sich bewusst einer Aufgabenstellung widmen, so begeben Sie sich in Ihr eigenes mentales Atelier und ziehen sich für einen Zeitraum zurück.

---

2 Instrument: Hold a Question, by *Ehama Institut*.

Greifen Sie die drei Bausteine **Denken**, **Fühlen** und **Handeln** auf und zeichnen Sie diese als drei Felder auf einem Blatt Papier auf. Lassen Sie im ersten Feld, dem Denken, Ihren Gedanken freien Lauf und sammeln, was Ihnen zu der Aufgabenstellung einfällt. Unterstreichen Sie die für Sie wichtigsten Ideen. Im zweiten Feld, dem Fühlen, versuchen Sie dem nachzuspüren, wie sich Ihre Ergebnisse aus dem ersten Schritt anfühlen. Stellen Sie eine Verbindung zu der Aufgabenstellung her, an der Sie wirklich innerlich beteiligt sind: Was packt Sie? Was begeistert Sie an der Aufgabenstellung? Wo sehen Sie eine Herausforderung? Im dritten Feld, dem Handeln, entwickeln Sie Lösungsmöglichkeiten und Handlungsmodelle. Jetzt haben Sie – ähnlich wie ein Künstler – ein Werk erstellt, nur dass Sie anstelle eines Bildes eine überzeugende Idee und eine spannende Lösung geschaffen haben.

Sicherlich werden Sie Überschneidungen in den Übungen feststellen. Diese sind so ineinander verzahnt, dass Sie sich gegenseitig ergänzen. Ich wünsche Ihnen viel Spaß und Erfolg beim Experimentieren und etwas Geduld, um den Atem nicht zu verlieren. Der Weg der Kreativität lohnt sich!

Literatur

Bittelmeyer, A. (2002). Kunst in der Personal Entwicklung, in: Managerseminare, Heft 58, Juli/August 2002

Blanke, T. (2002). Unternehmen nutzen Kunst – Neue Potentiale für die Unternehmens- und Personalentwicklung, Stuttgart

Grosz, A./Delhaes, D. (1999). Die Kultur AG – neue Allianzen zwischen Kunst und Kultur, Stuttgart

Harlan, V. (1986). Was ist Kunst – Werkstattgespräch mit Beuys, Urachhaus 1986

Hartkemeyer, M. & J. F./Dhority, L. F. (1999). Miteinander Denken – Das Geheimnis des Dialogs, Stuttgart

Spiller, J. (1981). Paul Klee – Das bildnerische Denken, Basel/Stuttgart

XXI. Selbstbestimmte und aktive Lebensplanung

Klaus Linneweh

Die Analyse des Stressgeschehens[1] hat gezeigt, dass Stress und Überforderung ihre Ursachen nicht nur in der tatsächlich gegebenen alltäglichen und beruflichen Belastung haben, sondern immer auch nachhaltig geprägt werden durch die Persönlichkeit des Einzelnen und seine individuelle Lebensperspektive. Ein bestimmtes Ereignis ist nicht von vornherein und für jeden Menschen in gleicher Weise belastend, sondern wird es erst aufgrund der subjektiven Wahrnehmungen, der persönlichen Einstellungen, Überzeugungen, Gedanken, Empfindungen und Bewertungen desjenigen, der dieses Ereignis erlebt (*Lazarus*, 1984).

Die **Ziele** des Persönlichkeitsmanagements lassen sich daher nur zu einem Teil über

- ein die psycho-physische Belastbarkeit stärkendes Fitnesstraining,
- das allgemeine Erregungsniveau dämpfende Entspannungstechniken,
- Techniken zu rationeller Arbeitsorganisation und effektivem Zeitmanagement,
- die Ausschöpfung aller verfügbaren Möglichkeiten sozialer Unterstützung,
- und die Stärkung und Erweiterung der persönlichen Kompetenzen

verwirklichen. Vielmehr stellt sich stets die Frage, welche **Lebenshintergründe**, welche **Lebenseinstellungen** und **Lebensziele** der Einzelne hat. Erst wenn man sich über seine eigenen Ziele, Möglichkeiten und Grenzen Klarheit verschafft hat und sich von irrationalen Zwängen, übernommenen Denk- und Verhaltenssstereotypen, Vorurteilen, Ängsten und Voreingenommenheiten frei gemacht hat,

---

[1] Siehe den Beitrag V. „Stresskompetenz" in diesem Band.

kann man sein Leben im Sinne eines selbstbestimmten Persönlichkeitsmanagements arrangieren.

Allgemeine Ratschläge und Techniken des Stressmanagements aber reichen nicht mehr aus, wenn es darum geht, für sich selbst Antworten zu finden auf die Frage nach dem **Sinn des eigenen Lebens**, nach der individuellen Lebensperspektive. Das eigene Selbst zu finden, um sich dann innerhalb der gegebenen Rahmenbedingungen aktiv „verwirklichen" zu können, ist nur individuell durch Kontemplation und Selbstreflexion der eigenen Möglichkeiten, Chancen und Grenzen sowie Sensibilität gegenüber den eigenen inneren Überzeugungen, Hoffnungen, Wünschen, Bedürfnissen und Befürchtungen erreichbar.

Die Fragen
- Wer bin ich?
- Wo komme ich her?
- Wo stehe ich?
- Was erwarte ich von meinem Leben?
- Was ist mir wirklich wichtig?
- Was möchte ich in meinem Leben erreichen?
- Wie möchte ich am Ende meines Lebens gelebt haben/gewesen sein?

sind **Grundfragen des Menschseins**, auf die wohl jeder im Verlauf seines Persönlichkeitsmanagements irgendwann einmal stoßen wird.

Wie bereits gesagt, gibt es nicht den einen Weg der **Sinnsuche** und nicht die eine für alle Menschen gleichermaßen befriedigende Antwort auf diese Fragen. Die für sich persönlich zutreffende Antwort zu finden, ist eine Aufgabe, die einem niemand abnehmen kann. Das eigene Leben, die eigene Entwicklung gehören zu den wenigen Dingen, für die sich die Verantwortung nicht delegieren lässt. Dazu gehören Offenheit und Gelassenheit im Umgang mit sich selbst, sowie die Bereitschaft, einen ehrlichen Dialog mit sich selbst zu führen, sich selbst und sein Leben in den persönlich relevanten Bezügen aus einer ganzheitlichen Sichtweise zu betrachten und zu überdenken. Man sollte die Beschäftigung mit den persönlichen Lebensperspektiven deshalb **nicht zu einem Pflichtpunkt** seines persönlichen Managementkonzeptes machen, sondern sich ihr dann

XXI. Selbstbestimmte und aktive Lebensplanung

stellen, wenn die Sinnfrage von selbst auftaucht. Dabei geht es nicht um hypochondrische Selbstbeobachtung und Egomanie, sondern darum, aus einer anstrengungslosen inneren Haltung und einer positiven Einstellung zu sich selbst heraus, wieder offen zu werden für die Chancen der in jedem Abschnitt des Lebens vorhandenen Entwicklungs- und Veränderungsmöglichkeiten der eigenen Persönlichkeit. Im Grunde ist dies eine Aufgabe, die niemals vollständig abgeschlossen werden kann und bei der bereits das **Sich-auf-den-Weg-Begeben** Teil des Zieles ist.

„Wenn wir nicht wissen, wohin wir wollen, ist es gleichgültig, welchen Weg wir gehen."(Chinesische Weisheit).

Ohne ein Ziel ist im Grunde genommen alles, was man plant und anschließend tun will, sinn- und zwecklos. **Sinnvolles Leben** ist ein Verwirklichen von Zielen. Jede intensive Beschäftigung mit dem eigenen Leben, mit der eigenen Vergangenheit, der Zukunft und der momentanen Situation wird irgendwann in die Frage nach dem Sinn des Lebens münden. Indem der Mensch sich selbst entdeckt, seinen Ängsten, aber auch seinen Hoffnungen begegnet, indem er bereit ist, nicht nur die eigenen Stärken, sondern auch die eigenen Schwächen anzunehmen, öffnet er sich zugleich Wege, zu neuen Möglichkeiten der **Selbstverwirklichung** zu kommen und, „in neuer Weise sehend", sein Leben zu leben. Erst wenn er akzeptiert, dass jeder Mensch nur ein begrenztes Leben hat, dass man Pläne, Hoffnungen und Wünsche nicht dauernd aufschieben kann, weil es ein „Zu spät" gibt, und dass es immer Aufgaben geben wird, die als unerledigt an die nachkommende Generation weitergegeben werden müssen, kann der Resignation etwas entgegengesetzt werden.

Wer sich einmal auf diesen Weg begeben hat, wird dabei mit Sicherheit nicht nur Mühsal, Anstrengung und eventuell sogar Frust erleben, sondern vor allem Sinnhaftigkeit, Freude, Selbsterfüllung, Ansporn und Zufriedenheit. Seine emotionale Befindlichkeit ähnelt eher der des *Sisyphus*, von dem der französische Dichter *Albert Camus* einmal geschrieben hat, dass wir ihn uns als einen glücklichen Menschen vorstellen müssten.

1. Die positiv-realistische Einstellung zu sich selbst

Es sind vor allem zwei – gerade unter Führungskräften häufig anzutreffende – **Persönlichkeitseigenschaften**, die letztlich für das Übermaß an Stresserleben verantwortlich sind:
* eigene überhöhte Zielsetzungen
* und eine weit verbreitete Neigung zu **negativem Denken**.

Wer seine Stresstoleranz durch aktive Lebensgestaltung erhöhen will, sollte deshalb bei allem, was er in dieser Hinsicht plant und unternimmt, vor allem darauf achten, dass er realistisch bleibt, sich nicht selbst überhöhte Ansprüche auferlegt und sich nicht selbst das Leben durch unbegründeten Pessimismus unnötig erschwert. Jeder Mensch braucht in seinem Leben Herausforderungen, braucht Diskrepanzen zwischen IST und SOLL, braucht Ansporn und Erfolgserlebnisse, um motiviert, kreativ und engagiert zu bleiben. Das Streben nach Erfolgserlebnissen kann allerdings seinerseits zu einem starken Stressor werden. Denn jeder Erfolg erhöht automatisch das persönliche Anspruchsniveau. Das Erreichte wird schnell zur Selbstverständlichkeit, die Zielsetzungen und Erwartungen werden immer höher geschraubt, häufig so weit, dass eine Zielerreichung praktisch nicht mehr im Bereich des Möglichen liegt. Nicht jeder kann Chef seines Unternehmens, Vorsitzender seines Berufsverbandes oder gar Bundespräsident werden. Menschen, die von sich selbst praktisch Unmögliches erwarten, verbringen einen großen Teil ihres Berufslebens in einem Zustand permanenter Anspannung und selbstgesetzter Überforderung. Die Folge überhöhter Ansprüche an sich selbst sind nicht selten Enttäuschung, Frustration, Verbitterung oder Selbstunzufriedenheit. Ein solcher Mensch steht so lang unter **Erfolgszwang**, bis er anerkennt, dass die Anforderungen, die er selbst an sich stellt, unerfüllbar bleiben müssen. Voraussetzung für eine realistische, den eigenen Fähigkeiten und Möglichkeiten angemessene aktive Lebensgestaltung ist, sich selbst und die **eigenen Grenzen** zu erkennen und anzuerkennen und sich selbst in seinem Streben rechtzeitig Einhalt zu gebieten.

Dies beginnt mit einer Überprüfung der eigenen Zielsetzungen. Übersteigerte, überhöhte, wirklichkeitsferne eigene Erwartungen und Ansprüche, für die es keine objektiven Erfüllungsmöglichkeiten gibt, sollten aufgegeben und durch realisierbare Ziele ersetzt werden.

Gleichermaßen wichtig ist, dass gerade Menschen, die sich permanent hohen Anforderungen und Belastungen gegenüber sehen, wieder lernen, auch kleine Erfolge zu genießen, Freude an alltäglichen Dingen zu empfinden.

2. Lebensfreude ist die wirkungsvollste psychische Stressprophylaxe

Vielen von uns ist die Fähigkeit, sich über etwas zu freuen, mit etwas zufrieden zu sein, im Laufe des Lebens verloren gegangen. Und dies trägt nicht unwesentlich dazu bei, dass wir unsere Erfolge nicht mehr als solche erleben und genießen können. Nicht nur Kinder, auch ein Sammler, ein Hobbykoch, ein Rosenzüchter, ein Schachspieler können sich über besonders gelungene Ergebnisse und erfüllte Ziele freuen. Sie alle haben ein selbstgestecktes konkretes Ziel, mit dem sie Freude, Erfolg und Zufriedenheit verbinden. Warum sollte dies nicht auch im Alltag, in zwischenmenschlichen Beziehungen, im Berufsleben gelingen können?

Das **positive Denken** ist der wichtigste Schlüssel für einen erfolgreichen Umgang mit der eigenen Person. Menschen, die Freude an ihrer Arbeit haben, leiden kaum oder gar nicht unter Stress und Überforderung. Freude an der Arbeit – dies ist eine Sache, die jeder selbst in der Hand hat. Bei allem, was man tut oder erlebt, kann man seine Aufmerksamkeit entweder auf die Schattenseiten oder auf die Sonnenseiten konzentrieren. Je nach Betrachtungsweise ist das Weinglas entweder „noch halb voll" oder „schon halb leer". Diesen kleinen Unterschied der Sichtweise kann man auch auf den eigenen Alltag, die eigene Arbeit übertragen.

Hierzu einige **Empfehlungen**:
- Beginnen Sie jeden Tag mit etwas, das Ihnen selbst Freude macht! (Wachen Sie mit Musik auf; singen Sie unter der Dusche oder beim Autofahren; frühstücken Sie mit jemandem, den Sie mögen!),
- Verwöhnen Sie auch einmal sich selbst!

- Unternehmen Sie immer wieder einmal etwas, dass Sie sich schon lange gewünscht haben – auch wenn es verrückt klingen mag!
- Sehen Sie das Leben nicht als eine überwiegend ernste, schwerwiegende Sache an, sondern freuen Sie sich so oft als möglich an den kleinen Dingen, die Sie bisher vielleicht übersehen haben!
- Entwickeln Sie Sinn für Humor; lachen Sie ruhig auch einmal über sich selbst!
- Versuchen Sie, in allen negativen Erfahrungen auch etwas Gutes zu finden!
- Nehmen Sie Rückschläge und Misserfolge mit mehr Gelassenheit hin, versuchen Sie, aus ihnen zu lernen!
- Beunruhigen Sie sich nicht schon im Voraus über mögliche Stresssituationen, sondern stellen Sie bedrohlichen Ereignissen lohnende Ziele und positive Ereignisse gegenüber!
- Nehmen Sie sich abends Zeit, die gesamte Leistung des Tages noch einmal zu überblicken und prägen Sie sich Ihre Erfolge gut ein!
- Machen Sie es sich zur Regel, erst dann über ein negatives Ereignis weiter nachzudenken, wenn Sie ihm in Gedanken drei positive Ereignisse gegenübergestellt haben!

3. Die Überwindung irrationaler Glaubenssätze

Der amerikanische Psychologe *Albert Ellis* (1975) hat darauf hingewiesen, dass vor allem in den westlichen Gesellschaften viele Menschen ein ganzes Bündel höchst irrationaler Vorstellungen und **Glaubenssätze** mit sich herumschleppen, die dazu führen,
- dass man Katastrophen sieht, wo keine sind,
- sich völlig grundlos als nutzlos und unwürdig empfindet,
- und sich immer wieder selbst bestraft.

Diese Glaubenssätze sind mit einer perfektionistischen und stark wertenden Sichtweise gekoppelt. Sie führen bei denen, die sich in ihrem Denken und Verhalten daran orientieren, zu unrealistischen Erwartungen an andere und an sich selbst und damit häufig zu selbstauferlegten Enttäuschungen, Frustration, Misserfolgserlebnissen, Ärger und Schuldgefühlen. Sie sind damit eine ständig aktivierbare Quelle für Stresserlebnisse.

XXI. Selbstbestimmte und aktive Lebensplanung

Solche rational nicht begründbaren Überzeugungen, Voreingenommenheiten, „fixe Ideen", übernommene Stereotype sind zum Beispiel:
- Die Vorstellung, es komme einer Katastrophe gleich, wenn man nicht von allen Menschen geliebt oder anerkannt werde;
- die Überzeugung, man sei nur dann ein wertvoller Mensch, wenn man in möglichst vielen Bereichen kompetent und erfolgreich ist;
- die Überzeugung, Personen, die einem selbst Unrecht zufügen, seien schlecht und böse und müssten bestraft werden;
- die Überzeugung, dass die Folgen früherer Ereignisse nicht überwunden werden könnten;
- die Überzeugung, man könne sein Leben nicht aktiv gestalten und sollte sich deshalb immer nach anderen, Mächtigen, richten.

Wohl jeder Mensch hat die eine oder andere Überzeugung, die in solch einen irrationalen Glaubenssatz einmündet: Wenn man selbst oder wenn andere Fehler machen, wenn die anderen einem nicht die erwartete Liebe oder Anerkennung entgegenbringen, wenn nicht alles gleich so gut geht, wie man erwartet, neigt man dazu, dies als Katastrophe, als **„Schicksalsschlag"** zu empfinden und sich entsprechend betroffen, enttäuscht, niedergeschlagen, entmutigt, ärgerlich oder resignativ zu fühlen. Blickt man im Abstand von einigen Tagen oder Wochen auf diese Katastrophen zurück, erscheinen sie meistens als relativ harmlos. Wirkliche Katastrophen ereignen sich glücklicherweise höchst selten. Den meisten so genannten Schicksalsschlägen lässt sich im Nachhinein sogar noch etwas Positives abgewinnen.

Versuchen Sie, solche irrationalen Glaubenssätze aus Ihrem Denken und Handeln zu verbannen. Ersetzen Sie sie durch Überzeugungen, die sich auf Ihr eigenes Erleben und Empfinden positiv auswirken!

Beobachten Sie sich selbst: Sind nicht auch bei Ihnen gelegentlich solche irrationalen Glaubenssätze letztlich der Grund dafür, dass Sie bestimmte Ereignisse als besonders schlimm und dramatisch erleben (z. B. wenn Sie besonders ärgerlich, emotional besonders stark betroffen oder nach einem Fehler tief deprimiert sind)?

- Schreiben Sie Ihre Glaubenssätze auf!
- Halten Sie Gegenargumente schriftlich fest, und tragen Sie diese Liste griffbereit bei sich.
- Versuchen Sie, an diese Gegenargumente zu denken, wenn die nächste „Katastrophe" droht. Versuchen Sie, den dann ablaufenden inneren Dialog in neue Bahnen zu lenken.
- Trainieren Sie beharrlich Ihre neuen Sichtweisen, bis diese für Sie ebenso selbstverständlich und überzeugend sind, wie es früher Katastrophenvorstellungen waren.

4. Leitfaden zur Lebensplanung

In der folgenden Übung (vgl. *Haeberlin/Linneweh*, 1986) sollten Sie alle Aspekte, die für die Gestaltung Ihres zukünftigen Lebens wichtig sind, anhand bestimmter Fragen noch einmal aufgreifen und zu Ihrer eigenen Situation in Beziehung bringen. Erst wenn Sie das Allgemeine auf Ihre persönlichen Lebensumstände beziehen, können Sie konkrete Entscheidungen treffen und realisierbare Ziele formulieren.

Der Leitfaden soll Ihnen helfen, mehr Klarheit über sich zu gewinnen, über das, was hinter Ihnen liegt, darüber, wo Sie jetzt stehen und wohin Sie in den nächsten Jahren gehen möchten. Er soll Ihnen Wege aufzeigen, ihr zukünftiges Leben so zu planen und zu gestalten, dass es Ihnen persönlich ein möglichst hohes Maß an Zufriedenheit und Sinnhaftigkeit vermittelt.

- Nehmen Sie sich bei der Erarbeitung dieses Leitfadens ausreichend Zeit!
- Wählen Sie zum Beispiel einen ruhigen, von Störungen freien Nachmittag dafür aus, an dem Sie sich ohne Zeitdruck auch in den Abend hinein dieser Sache widmen können.
- Sollte diese Zeit nicht ausreichen, setzen Sie Ihre Überlegungen bitte am folgenden Tag fort.

Teil 1: Ist-Situation

Das Bild, das wir von uns selbst haben hängt ganz wesentlich von der Bestätigung und Zustimmung ab, die uns von den für uns

XXI. Selbstbestimmte und aktive Lebensplanung

persönlich wichtigen Bezugspersonen zuteil wird. Jeder von uns braucht immer wieder ein gewisses Maß an **Anerkennung** und **Selbstbestätigung**.

In unserer Gesellschaft, die vor allem eine Leistungsgesellschaft ist, erhalten wir diese Anerkennung zu einem wesentlichen Teil für unsere **Leistungen**. Wir werden von frühester Jugend daraufhin erzogen, etwas zu leisten, und dies vor allem so gut wie möglich. Für gute Leistungen erhalten wir Anerkennung und Lob, für schlechte Leistungen oder für Versagen werden wir in aller Regel bestraft.

Wir wachsen allmählich immer fester in das **Normensystem** unserer Gesellschaft hinein. Die Hoffnung auf Erfolge, die Furcht vor Misserfolgen und die Suche nach Möglichkeiten, diese zu vermeiden, bestimmen in weiten Bereichen unser Verhalten.

Dabei sind wir immer wieder bestrebt, unsere Leistung vor allem in den Bereichen zu steigern oder aufrechtzuerhalten, die nicht nur von uns selbst, sondern auch von der Gesellschaft als wertvoll erachtet werden. Dies trifft nun für die allermeisten von uns in erster Linie für den Bereich ihrer beruflichen Tätigkeit zu: Leistung wird in einer industriellen Gesellschaft wie der unsrigen weitgehend mit der beruflichen Leistung gleichgesetzt. So entsteht die für unsere Gesellschaft typische enge Beziehung zwischen beruflicher Tätigkeit und sozialem Status. Der Beruf erhält zentrale Bedeutung für die soziale Platzierung des Einzelnen. Er entscheidet in hohem Maße über die Verteilung von Lebenschancen und Lebensqualität sowie über die Zuordnung von **Sozialprestige**. Unsere beruflichen Leistungen entscheiden in erster Linie über das uns zuteil werdende Ausmaß an finanzieller und sozialer Anerkennung.

Wo befinde ich mich jetzt?

A. Der erste Schritt beim Beantworten dieser Frage besteht darin, ein Diagramm oder eine Lebenslinie zu zeichnen (etwa so wie eine Umsatzkurve, die gerade oder bogenförmig sein kann), die Vergangenheit, Gegenwart und Zukunft Ihres **sozialen Ansehens** (in Beruf, in der Öffentlichkeit, bei Nachbarn) beschreibt. Tragen Sie das Auf und Ab dieser Kurve nur bis zum heutigen Datum ein.

4. Teil: Ansätze und Instrumente eines Persönlichkeitsmanagements

Ⓐ
Hohes Ansehen

10
9
8
7
6
5
4
3
2
1

Geringes Ansehen

Geburt — Heutiges Datum — Zukunft → Zeit

Erläutern Sie kurz den Entwicklungsverlauf, und stellen Sie Hoch- und Tiefpunkte heraus:

_____

_____

_____

_____

B. Denken Sie nun in gleicher Weise über Ihr Privatleben nach. Zeichnen Sie eine Lebenslinie, die das Auf und Ab Ihrer **persönlichen Bindungen** (in der Familie, der Partnerschaft, zu Freunden) im Verlauf Ihres bisherigen Lebens wiedergibt.

C. Im dritten Verfahren stellen Sie in einer Lebenslinie den Verlauf Ihrer ganz **persönlichen Erfüllung** dar. Erforschen Sie dabei Ihre innere Welt, und fragen Sie sich, wann und wie intensiv Sie jeweils ganz im Einklang mit sich selbst waren.

XXI. Selbstbestimmte und aktive Lebensplanung

Ⓑ
Enge Bindungen

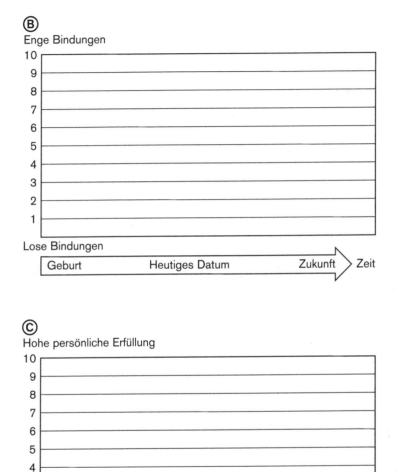

Lose Bindungen

Geburt — Heutiges Datum — Zukunft — Zeit

Ⓒ
Hohe persönliche Erfüllung

Geringe persönliche Erfüllung

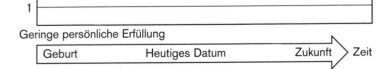

Geburt — Heutiges Datum — Zukunft — Zeit

4. Teil: Ansätze und Instrumente eines Persönlichkeitsmanagements

Erläutern Sie das Auf und Ab und geben Sie dann eine kurze Beschreibung Ihrer Hoch- und Tiefpunkte:

_____

_____

_____

_____

D Wie wird es – wie soll es weitergehen?
Die bisherige Analyse hat Ihnen eine gewisse Vorstellung davon vermittelt, was hinter Ihnen liegt und wo Sie heute stehen. Denken Sie nun einmal über Ihre **Zukunft** nach. Führen Sie dann in jedem der drei Bereiche Ihre Lebenslinie über die Gegenwart hinaus in die Zukunft fort. Tragen Sie dabei jeweils **zwei** Linien ein:
(a) die **Erwartungslinie E** (wie **wird** mein Leben in diesem Bereich weitergehen?),
b) die **Hoffnungslinie H** (wie **soll** mein Leben in diesem Bereich weitergehen?).

Für den Fall, dass sich die E-Linie von der H-Linie unterscheidet, erläutern Sie dies dann näher:

Im Bereich **soziales Ansehen** unterscheiden sich E- und H-Linie, weil:

_____

_____

_____

Im Bereich **persönliche Bindungen** unterscheiden sich E- und H-Linie, weil:

_____

_____

_____

Im Bereich **persönliche Erfüllung** unterscheiden sich E- und H-Linie, weil:

_____

_____

_____

XXI. Selbstbestimmte und aktive Lebensplanung

Teil 2: Wer bin ich?

A. Zur Persönlichkeitsfindung ist es wichtig, eigene **Stärken** und **Schwächen** zu erkennen. Eine Stärkung des Selbstwertbewusstseins gelingt durch Ausbau Ihrer Vorzüge und durch das bewusste Umgehen mit den eigenen Schwächen. Da wir selbst nur ein subjektives **Selbstbild** haben, versuchen Sie sich vorzustellen, wie Sie wohl von anderen Menschen gesehen werden bzw. wurden. Dabei kommt es nur auf Personen an, die für Sie besonders wichtig sind oder waren. Überlegen Sie, welche drei besonderen Vorzüge (Stärken) und welche drei wichtigen Schwächen (Nachteile/Eigenschaften) diese Menschen bei Ihnen feststellen würden. Wählen Sie mindestens **vier** Personen aus.

Aus Sicht: von/vom:	Meine wichtigsten Vorzüge	Meine wichtigsten Schwächen:
Vater		
Mutter		
Schwester/Bruder		
Ehepartner		
Tochter/Sohn		
beste/r Freund/in		
Lieblingslehrer		
nahen Kollegen		
Vorgesetzten		
anderen Personen		

Welche Vorzüge und welche Schwächen haben Sie am häufigsten eingetragen?
Die drei häufigsten **Vorzüge**: Die drei häufigsten **Schwächen**:

(1) _____ (1) _____

(2) _____ (2) _____

(3) _____ (3) _____

B. Kehren Sie nun noch einmal in Gedanken zu Ihrer Lebenslinie zurück, und erinnern Sie sich an einzelne Phasen Ihres Lebens. Gehen Sie nun bitte folgenden Fragen nach:

4. Teil: Ansätze und Instrumente eines Persönlichkeitsmanagements

Welche Vorzüge habe ich im Laufe meines bisherigen Lebens verloren?
___

Welche Schwächen bin ich losgeworden?
___

Was habe ich an Vorzügen gewonnen?
___

Wo habe ich Nachteiliges angenommen?
___

Was freut mich dabei?
___

C. Psychogramm: Im Nachdenken über sich selbst haben Sie sich bedeutsame Lebensereignisse und wichtige persönliche Eigenschaften vergegenwärtigt. Halten Sie nun in der Art eines Steckbriefes markante **Wesenszüge** Ihrer eigenen Person fest. Skizzieren Sie dabei möglichst ausführlich und treffend das, was Sie im Positiven wie im Negativen kennzeichnet. Entwerfen Sie also in kurzen Sätzen, etwa im Umfang einer DIN A4-Seite, ein Bild, das prägnant und unverwechselbar Sie ganz persönlich darstellt.
___

Beschlussfassung

Gleichgültig, ob Sie mit dem Ergebnis Ihres Steckbriefs zufrieden sind oder nicht, es liegt ganz allein an Ihnen, wie Sie in den kommenden Jahren sein werden. Denken Sie daher gründlich über Ihr Selbstbild nach, und überlegen Sie, welche Ihrer Wesenszüge Sie sich unbedingt erhalten sollten, welche Sie künftig verstärken möchten und welche Eigenschaften abgeschwächt oder gar abgelegt werden sollten. Fassen Sie das Ergebnis in einer Beschlussfassung zusammen. Nehmen Sie sich diese Liste in nächster Zeit immer wieder vor, bis Sie sie auswendig wissen.

Ich will an mir erhalten: _____

Ich will an mir verstärken: _____

Ich will an mir abschwächen: _____

Ich will ablegen: _____

Teil 3: Zielfindung

Für ein sinnvolles Leben ist es wichtig, Ziele zu finden, die es Ihnen erlauben, mit sich selbst möglichst im Einklang zu sein. Dies erfordert zunächst eine rechtzeitige Planung und dann immer wieder erneut ein Ausfüllen und bewusstes Gestalten des Alltags. Dieser Teil des Leitfadens soll Ihnen helfen, dafür einige Perspektiven zu entwickeln.

A. Lebenstraumanalyse: Viele Interessen und Wunschträume sind im Laufe des Lebens zu kurz gekommen. Versuchen Sie, sich mit den folgenden Fragen Ihre verschütteten Wünsche und Bedürfnisse bewusst zu machen.

(1) Was habe ich...? Was habe ich gerne getan? Was hat mir Freude gemacht? Lassen Sie wieder einige Phasen Ihres Lebens in Gedanken an sich vorüberziehen, und halten Sie fest, was Sie damals besonders gerne getan haben:
- In der Kindheit: _____
- In der Schul- und Ausbildungszeit: _____
- Vor 20 Jahren: _____
- Vor 10 Jahren: _____

(2) Was hätte ich...? Was hätte ich gerne getan? Was hätte mich interessiert? Worüber hätte ich gerne etwas erfahren? Wovon habe ich geträumt? Notieren Sie nun für die gleichen Zeiträume, was bei Ihnen an Wünschen unerfüllt geblieben ist:
- In der Kindheit: _____
- In der Schul- und Ausbildungszeit: _____
- Vor 20 Jahren: _____
- Vor 10 Jahren: _____

3) Was ist...? Beantworten Sie sich die folgenden Fragen: Was hat in den letzten Jahren mein Interesse auf sich gezogen, was hat mich neugierig gemacht?

4. Teil: Ansätze und Instrumente eines Persönlichkeitsmanagements

_____

_____

(4) Zu was bin ich in den letzten Jahren nicht gekommen, obwohl ich es gerne getan hätte? Was ist zu kurz gekommen?

_____

_____

B. Idealziele: Lesen Sie noch einmal das Ergebnis der vorangegangenen Fragenbereiche, also Ihre bevorzugten Tätigkeiten, Ihre Interessen und Wunschträume und das Zukurzgekommene, durch. Lassen Sie dabei ganz bewusst Ihrer Phantasie freien Lauf. Suchen Sie ungezwungen und spielerisch auch nach ungewöhnlichen und unüblichen Einfällen und Lösungen.
Ein Manager hat zum Beispiel als Hauptziel erkannt: „Ich will andere steuern und überwachen; ich will Macht." Er hat an Tätigkeiten in verschiedenen Lebensbereichen gedacht:
- beruflich: Beförderung anstreben, Vorstandsvorsitzender werden, den Beruf aufgeben, in die Politik gehen,
- persönliche Weiterentwicklung: Hochschulabschluss nachholen, will mehr Kinder haben, will sich mit den Werken Machiavellis befassen,
- in der Familie: sich als Ehemann und Vater bessern.

Wir möchten Sie jedoch an zwei unerfreuliche, aber wahre Tatsachen erinnern:
- Es gibt nie genügend Zeit. Sie können nie alles schaffen.
- Das Leben besteht aus mindestens drei Teilen: Arbeitsleben, Familienleben, eigenes Leben. Alle konkurrieren miteinander um Ihre Aufmerksamkeit. Einfach gesagt: Immer alles gleichzeitig geht nicht.

Ziele: **„Karriere"** (soziales Ansehen, z.B. „Ich möchte Erster Vorsitzender eines angesehenen Clubs werden" oder „Ich möchte Direktor eines Unternehmens werden"):

_____

_____

Ziele: **„Privatleben"** (z.B. „Ich möchte in der Lage sein, neue Freunde zu gewinnen" oder „Ich möchte mehr Zeit für Gespräche mit meiner Familie haben"):

_____

_____

XXI. Selbstbestimmte und aktive Lebensplanung

Ziele: **„Persönliche Erfüllung"** (z.B. „Ich möchte lernen, mich wieder an Alltäglichkeiten zu freuen" oder „Ich möchte meine Angst vor bestimmten Ereignissen in den Griff bekommen"):

_____

_____

Was ist für Sie am wichtigsten?

(1) Wofür würden Sie sich entscheiden, wenn Sie zwischen Familie und Karriere wählen müssten? Versetzen Sie sich in eine Situation, in der Sie sich tatsächlich zwischen Ihrer Familie – Frau und Kindern – und Ihrer Karriere entscheiden müssen. Stellen Sie sich beispielsweise vor, Sie werden nach Südafrika versetzt. Auch wenn die Wahl schwer fällt, Sie müssen sie vollziehen: Familie oder Karriere.

(2) Wie würden Sie sich entscheiden, wenn Sie zwischen Karriere und nichtberufsbezogener persönlicher Erfüllung wählen müssten? Würden Sie auf Segeln, Golf, Sport überhaupt, Lesen, Freizeit verzichten, um Ihre Karriereziele zu erreichen? Würden Sie Ihre Karriereziele wenigstens zum Teil aufgeben, um die Ziele in der persönlichen Erfüllung zu erreichen?

(3) Wie würden Sie sich entscheiden, wenn Sie zwischen persönlicher Erfüllung und Familie wählen müssten? Würden Sie die sonntäglichen Familienausflüge aufgeben, keine Konzerte mehr besuchen, sich keine Gedanken mehr darüber machen, ob Sie ein guter Vater sind, um sicherzustellen, dass Sie einige Ziele der persönlichen Erfüllung verwirklichen?

(4) Welchem Bereich weisen Sie höchste (a) Priorität zu?

(a) _____

(b) _____

(c) _____

C. Aktionspläne: Versuchen Sie nun, Ihre Zielsetzungen in konkrete Arbeitspläne umzusetzen. Entwickeln Sie ein Programm, wie die wichtigsten Ziele zu erreichen sind. Um neuen Stress zu vermeiden, sollten die Pläne realistisch und zeitlich überschaubar sein.

Bis wann will ich welche Ziele wie/mit wem realisiert haben?

(1) _____

(2) _____

(3) _____

(4) _____

4. Teil: Ansätze und Instrumente eines Persönlichkeitsmanagements

Um diese Vorsätze auch wirklich umzusetzen, versprechen Sie sich mit Ihrer Unterschrift, diese Aktionspläne einzuhalten.

Ihre eigene Unterschrift

Vorteilhafter wäre es, wenn Sie einen Partner mit unterschreiben lassen und mit ihm einen Kontrolltermin vereinbaren, wann Sie Ihre Pläne überprüfen wollen.

Partnerunterschrift Kontrolltermin

Fertigen Sie nach dem abgebildeten Muster einen **Protokollbogen** an, und tragen Sie dort Ihre ganz persönlichen, verbindlich getroffenen Entscheidungen hinsichtlich Ihrer wichtigsten Ziele ein. Zum Umgang mit dem Protokollbogen:

- Tragen Sie den Protokollbogen möglichst immer bei sich.
- Prüfen Sie bei Alltagsentscheidungen, inwieweit diese Ihren wichtigsten Zielen dienlich oder hinderlich sind.
- Überprüfen Sie einmal im Jahr, wie wichtig jeder der getroffenen Beschlüsse noch für Sie ist.
- Halten Sie dann an jedem Beschluss, den Sie für wichtig halten, mit Entschiedenheit weiter fest.
- Ersetzen Sie aber unwichtig gewordene Beschlüsse durch neue, und verfolgen Sie diese nachdrücklich.
- Wiederholen Sie den Leitfaden zur Lebensplanung, wenn Ihnen danach zumute ist.
- Wenn Sie nicht allein leben, sollten Sie Ihr Beschlussprotokoll zur Grundlage eine Gesprächs mit Ihrem Lebensgefährten/Ihrer Lebensgefährtin machen, in dem Sie auch nach wichtigen gemeinsamen Beschlüssen suchen.

Autorenverzeichnis

Büning, Werner, Dipl.-Soz.-Päd., Supervisor, Organisationsberater, Geschäftsführer Büning und Partner, Management- und Organisationsberatung, Recklinghausen

Domsch, Michel E., Prof. Dr. rer. oec., Univ.-Professor für Betriebswirtschaftslehre an der Helmut-Schmidt-Universität/Universität der Bundeswehr Hamburg

Flasnoecker, Monika, Dr. med., Partnerin des Instituts für Systematische Innovation Prof. Linneweh, Hannover, Schwerpunkte: Gesundheitscoaching, Stressbewältigung, Ernährung

Hofmann, Laila Maija, Prof. Dr. rer. pol., Professorin für Allgemeine Betriebswirtschaftslehre mit Schwerpunkt Personalmanagement an der Fachhochschule für Wirtschaft Berlin, Arbeitsschwerpunkte: Personalentwicklung, Internationales Personalmanagement, Begleitung von Veränderungsprozessen, Führung von Mitarbeitern, Persönlichkeitsmanagement

Laws-Hofmann, Johannes, Dipl.-Sportlehrer, Referent für Gesundheitsförderung bei der AOK Bayern – Zentrale, Freie Trainertätigkeit im Bereich „Gesundheitssteuerung" für Fach- und Führungskräfte und betriebliche Gesundheitsförderung, Arbeitsschwerpunkte: Koordination der Gesundheitsförderung, Weiterqualifizierung von Fachkräften im Bereich „Bewegung", Konzeption zielgruppenspezifischer Programme zur Gesundheitsförderung

Linneweh, Klaus, Prof. Dr. disc. pol., Professor für angewandte Sozialpsychologie, Tätigkeitsschwerpunkte: Stress und Stressbewältigung, Kreativität und Problemlöseverhalten, Führung und Führungsverhalten

Ostermann, Ariane, Dr. rer. pol., Promotion im Fach Betriebswirtschaft/Personalwirtschaft, Arbeitsschwerpunkte: Doppelkarrierepaare/Dual Career Couples (DCCs), Systemtheorie nach Luhmann

Regnet, Erika, Prof. Dr. rer. pol., Professorin für Personalwirtschaft und Allgemeine BWL an der FH Würzburg-Schweinfurt, Arbeitsschwerpunkte: Lehre, Forschung und Beratungstätigkeit in den Bereichen Personalentwicklung, Führungsverhalten, Konfliktmanagement, weibliche Fach- und Führungskräfte, Karriereentwicklung 40+

Reckhenrich, Jörg, Künstler, Abschluss Diplom, Systemischer Berater, freier Trainer und Berater, Schwerpunkt: Teamentwicklung, Einführung und Umsetzung von Werten in Organisationen

Rühle, Hermann, Dr. psych., Freiberufliche Praxis für Management-Psychologie in Augsburg, Schwerpunkt: Training und Coaching im Bereich Zeitmanagement

Streich, Richard K., Prof. Dr. rer. pol., Professor für Wirtschafts- und Verhaltenswissenschaften, FHDW Paderborn, Berater für Persönlichkeits-, Team- und Organisationsentwicklung

Thiem, Wolfgang, Dipl.-Oec., Leiter der Führungskräfteentwicklung am Standort Horstmar (Konzernzentrale) Schmitz Cargobull AG, Horstmar

Buchanzeigen

BERUF UND SOZIALES · Bescheid wissen ist wichtig

Hugo-Becker
Der Test zur Berufswahl

Meine Motive, Vorlieben und Stärken.
Der Test zeigt, wo Stärken, Schwächen und Vorlieben liegen. Die Ergebnisse helfen, Fehler bei der Berufswahl zu vermeiden.

1. Aufl. 2005. 250 S.
€ 9,50. dtv 50884

Göpfert
Aktiv bewerben

Tipps für die Stellensuche, Bewerbung und Vorstellung. Anschauliche Beschreibungen und Beispiele, Formulierungsvorschläge und praxisnahe Tipps helfen, ein individuelles Bewerbungskonzept zu entwickeln und in allen Phasen der Bewerbung überzeugend zu argumentieren.

1. Aufl. 2006. 185 S.
€ 9,50. dtv 50896
Neu im September 2006

Hell
Assessment Center

Souverän agieren – gekonnt überzeugen.
Der Band beantwortet alle Fragen rund um ein Assessment Center: Erwartungen, Abläufe, mögliche und auch »inoffizielle« Übungen, Beurteilung.
Mit praktischen Tipps und Übungsbeispielen.

1. Aufl. 2006. 181 S.
€ 9,50. dtv 50892
Neu im April 2006

Nasemann
Richtig bewerben

Praktische Hinweise für die Stellensuche, Inhalt und Form der Bewerbung, alle Rechtsfragen zu Vorstellungsgespräch und Einstellungstest.

5. Aufl. 2003. 129 S. §
€ 7,–. dtv 50608 →

Der Start in den Beruf

Reinker
Das Job-Lexikon

Erste Hilfe für den Berufsstart.
Eine Fülle von Informationen, praktischen Tipps und Denkanstößen, garniert mit witzigen Beispielen aus dem Berufsalltag.

1. Aufl. 2004. 768 S.   €
€ 19,50. dtv 50878

Aus den Pressestimmen:
»Die wichtigsten Finten und fiesesten Fettnäpfchen für Berufseinsteiger.«
SPIEGEL online

»Besonders schön: der Mix aus seriöser Information und witzigen Beispielen aus dem Berufsalltag.«
Young Miss

»750 Seiten voller Tipps, Infos und Denkanstöße – was soll da noch passieren.«
Berliner Morgenpost

Beruf und Karriere

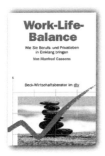

Cassens
Work-Life-Balance

Wie Sie Ihr Berufs- und Privatleben in Einklang bringen. Möglichkeiten für ein System zur erfolgreichen Bewältigung Ihrer individuellen Aufgaben und zur Vermeidung von Zivilisationskrankheiten.

1. Aufl. 2003. 214 S.   €
€ 9,50. dtv 50872

Hofmann/Linneweh/Streich
Erfolgsfaktor Persönlichkeit

Managementerfolg durch Leistungsfähigkeit und Motivation.
Positiver Umgang mit Anforderungen im beruflichen und privaten Umfeld, Selbstreflexion, Möglichkeiten zur Bewältigung von als stresshaft erlebten Situationen – hier finden Führungskräfte einen fundierten Überblick über Ansatzmöglichkeiten zur Erreichung einer befriedigenden Work-Life-Balance.

1. Aufl. 2006. 387 S.   €
€ 14,50. dtv 50904
Neu im Oktober 2006

Knieß
Kreativitätstechniken

Methoden und Übungen.
Kreativität ist der Schlüssel zum Erfolg. Neben einem Überblick über Methoden und Einsatz gibt es in einem umfangreichen Praxisteil Beispiele und Übungsaufgaben, die konkret helfen, das kreative Verhalten zu fördern.

1. Aufl. 2006. 268 S.   €
€ 9,50. dtv 50906
Neu im August 2006

Hugo-Becker/Becker
Motivation

Neue Wege zum Erfolg.

1. Aufl. 1997. 419 S.   €
€ 10,17. dtv 5896

Beruf und Karriere

Haug
Erfolgreich im Team

Praxisnahe Anregungen für effiziente Team- und Projektarbeit.
Mit Diagnose von Erfolgsfaktoren und konkreten Hilfestellungen.

3. Aufl. 2003. 187 S. €
€ 9,–. dtv 5842

Bender
Teamentwicklung

Der effektive Weg zum »Wir«.
Systematische Führung durch die Phasen der Teamentwicklung mit Anleitung für effiziente Teamleitung.

1. Aufl. 2002. 284 S. €
€ 12,50. dtv 50858

Fuchs-Brüninghoff/Gröner
Zusammenarbeit erfolgreich gestalten

Eine Anleitung mit Praxisbeispielen.

1. Aufl. 1999. 203 S. €
€ 9,15. dtv 50834

Zander/Femppel
Praxis der Personalführung

Was Sie tun und lassen sollten. Das Was und Wie der Personalführung, 99 Tipps, Fallbeispiele, Führungsgrundsätze.

1. Aufl. 2001. 129 S. €
€ 8,50. dtv 50841

Hugo-Becker/Becker
Psychologisches Konfliktmanagement

Menschenkenntnis – Konfliktfähigkeit – Kooperation.

4. Aufl. 2004. 418 S. €
€ 13,–. dtv 5829

Stender-Monhemius
Schlüsselqualifikationen

Zielplanung, Zeitmanagement, Kommunikation, Kreativität.

1. Aufl. 2006. 163 S. €
€ 9,50. dtv 50910
Neu im Oktober 2006 →

Mentzel
Personalentwicklung

Erfolgreich motivieren, fördern und weiterbilden. Bedarfsfeststellung, Planung und Durchführung der Förder- und Bildungsmaßnahmen, Kosten- und Erfolgskontrolle.

2. Aufl. 2005. 318 S. €
€ 10,–. dtv 50854

Drzyzga
Personalgespräche richtig führen

Ein Kommunikationsleitfaden. Der rasche Überblick über die fachlichen und psychologischen Faktoren des Gesprächs mit Mitarbeitern.

1. Aufl. 2000. 148 S. €
€ 8,64. dtv 50840

Weisbach
Professionelle Gesprächsführung

Ein praxisnahes Lese- und Übungsbuch.
Wie das Gespräch als Mittel der Führung zweckmäßig, zielorientiert und rationell genutzt werden kann.

6. Aufl. 2003. 494 S. €
€ 12,–. dtv 5845

Weisbach/Sonne-Neubacher
Leadership in Professional Conversation

Translation of »Professionelle Gesprächsführung«

1. Aufl. 2005. 420 S. €
€ 14,–. dtv 50879

Neuhäuser-Metternich
Kommunikation im Berufsalltag

Verstehen und verstanden werden.

1. Aufl. 1994. 300 S. €
€ 8,64. dtv 5869

Zander/Femppel
Praxis der Mitarbeiter-Information

Effektiv integrieren und motivieren. Motivation von Mitarbeitern mit gezielter und empfängerorientierter Information.

1. Aufl. 2002. 103 S. €
€ 8,50. dtv 50860

Bühring-Uhle/Eidenmüller/Nelle
Verhandlungsmanagement

Intuition - Strategie - Effektivität.
Agieren Sie zielgerichtet und erfolgreich.

1. Aufl. 2006. Rd. 250 S.
Ca. € 13,50. dtv 50640
In Vorbereitung für Sommer 2006

Mentzel
Rhetorik

Sicher und erfolgreich sprechen.
Bausteinsystem für die Vorbereitung und Durchführung eines Vortrags. Zahlreiche Übungen, um die vorgestellten Regeln und Empfehlungen im Einzel- oder Gruppentraining zu vertiefen.

1. Aufl. 2000. 228 S. €
€ 8,44. dtv 50845

Weisbach
Gekonnt kontern

Wie Sie verbale Angriffe souverän entschärfen.
Gewußt wie: Gekonnt kontern ist weniger eine Frage der Spontaneität als vielmehr der Ausdruck guter Vorbereitung. Die wichtigsten Tipps finden Sie hier.

1. Aufl. 2004. 197 S. €
€ 9,–. dtv 50885

Jeske
Erfolgreich verhandeln

Grundlagen der Verhandlungsführung.

1. Aufl. 1998. 238 S. €
€ 8,64. dtv 50824

Beruf und Karriere

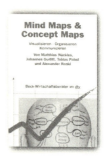

Nückles/Gurlitt/Pabst/Renkl
Mind Maps und Concept Maps

Visualisieren, Organisieren, Kommunizieren.
Mit Lern- und Arbeitstechniken das individuelle und kooperative Wissensmanagement auf einfache wie effektive Weise unterstützen.

1. Aufl. 2004. 162 S. €
€ 9,50. dtv 50877

Breger/Grob
Präsentieren und Visualisieren

... mit und ohne Multimedia.

1. Aufl. 2003. 265 S. €
€ 11,–. dtv 50855

Klotzki
Wie halte ich eine gute Rede?

In 7 Schritten zum Publikumserfolg.

1. Aufl. 2004. 116 S. €
€ 8,–. dtv 50873

Haberzettl/Birkhahn
Moderation und Training

Ein praxisorientiertes Handbuch.
Das Buch zeigt eine Auswahl hocheffektiver Methoden des NLP und anderer Verfahren so, dass sie unmittelbar anwendbar und sofort umsetzbar sind.

1. Aufl. 2004. 288 S. €
€ 12,50. dtv 50866

Barth
Telefonieren mit Erfolg

Die Kunst des richtigen Telefonmarketing.
Dieser Berater betrachtet Telefonmarketing als Wirtschaftsfaktor und Marketing-Instrument und führt in die Grundlagen der Kommunikation ein.
Bewährte Methoden und Tricks werden ebenso vorgestellt wie kluge Fragetechniken.

2. Aufl. 2005. 137 S. €
€ 7,50. dtv 50846

Briese-Neumann
Optimale Sekretariatsarbeit

Büroorganisation und Arbeitserfolg.
Ein Leitfaden für Chefs und Sekretariatsmitarbeiter.
Mit Checklisten, Tipps und Beispielen.

1. Aufl. 1998. 308 S. €
€ 10,17. dtv 50804

Briese-Neumann
Erfolgreiche Geschäftskorrespondenz

Perfektion in Form und Stil. Dieser Ratgeber liefert das Handwerkszeug für professionelle Korrespondenz und für das Texten generell.

2. Aufl. 2001. 303 S. €
€ 10,–. dtv 5878

Assig
Frauen in Führungspositionen

Die besten Erfolgskonzepte aus der Praxis.

»Warum Frauen in der Wirtschaft zunehmend gefragt sind – nein, besser: wären? Dorothea Assigs Buch führt eine ganze Reihe von Argumenten auf – nicht aus der Hüfte geschossen, sondern wissenschaftlich fundiert.«
    Süddeutsche Zeitung

1. Aufl. 2001. 252 S. €
€ 10,–. dtv 50849

Arbeitsrecht

ArbG · Arbeitsgesetze

mit den wichtigsten Bestimmungen zum Arbeitsverhältnis, KündigungsR, ArbeitsschutzR, BerufsbildungsR, TarifR, BetriebsverfassungsR, MitbestimmungsR und VerfahrensR.
Stand: 1.1.2006.

Textausgabe.
68. Aufl. 2006. 860 S.
€ 7,–. dtv 5006

Baumert
Professionell texten

Tipps und Techniken für den Berufsalltag.

1. Aufl. 2003. 222 S. €
€ 10,–. dtv 50868

Schäfer
Business English

Wirtschaftswörterbuch Englisch – Deutsch / Deutsch – Englisch.
Mit rd. 36000 Stichwörtern alle wichtigen grundlegenden Begriffe der englischen und deutschen Wirtschaftssprache.

1. Aufl. 2006. 859 S. €
€ 19,50. dtv 50893
Neu im Juni 2006

EU-ArbR · EU-Arbeitsrecht

Richtlinien und Verordnungen der Europäischen Union dominieren in zunehmendem Maße das nationale Arbeitsrecht. Dieser Band enthält alle einschlägigen Vorschriften mit Querverweisen auf die Textausgabe »ArbG«, dtv 5006 (siehe oben).

Textausgabe.
2. Aufl. 2004. 467 S.
€ 11,–. dtv 5751

FINANZEN, VERMÖGEN, ALTERSVORSORGE
Geld gezielt einsetzen

Verbraucherschutz

Niebling
Geschäftsbedingungen von A–Z
Neues Schuldrecht – Neue AGB.

5. Aufl. 2002. 474 S. §
€ 13,50. dtv 5066

Sangenstedt/Metzler
Meine Rechte als Verbraucher
Warenkauf, Haustürgeschäfte, Verbraucherkredite, Kleingedrucktes. Wer seine Rechte wahrnehmen will, findet hier die ideale Informationsquelle.

3. Aufl. 2005. 267 S. §
€ 12,50. dtv 5220

Müller-Piepenkötter
Auto kaufen und verkaufen
Neuwagen, Gebrauchtwagen, Importfahrzeuge, Leasing. Umfassendes Know-how für Käufer und Verkäufer von der Vorbereitung über Vertragsabschluss und -durchführung bis zur Rechtsdurchsetzung.

1. Aufl. 2006. 195 S. §
€ 10,–. dtv 50634
Neu im Mai 2006

Wagener
Produkthaftung Deutschland · USA von A–Z
Rund 380 Stichwörter für den internationalen Geschäftsverkehr und den Verbraucherschutz.
Die wichtigsten Rechtstermini der deutschen und englischen Fachsprache zum Produkthaftungspflichtrecht.

1. Aufl. 2005. 169 S. §
€ 10,–. dtv 50632

Zimmermann
Das Recht des Schuldners von A–Z
Verbraucher- und Schuldnerschutz.

3. Aufl. 2007. Rd. 320 S. §
Ca. € 12,–. dtv 5657
In Vorbereitung

Messner/Hofmeister
Endlich schuldenfrei
Ratgeber für Selbständige und Verbraucher.

3. Aufl. 2006. Rd. 380 S. §
Ca. € 12,–. dtv 5667
In Vorbereitung für Sommer 2006

Geldanlage und Banken

BankR · Bankrecht
KreditwesenG, GeldwäscheG, BörsenG, BörsenzulassungsVO, WertpapierhandelsG, PfandbriefG, WertpapierprospektG, AGB-Banken/Sparkassen, FinDAG, InvestmentG, Bedingungen für Wertpapier- und Termingeschäfte sowie für den Überweisungsverkehr.

Textausgabe. 33. Aufl. 2005.
904 S. € 10,–. dtv 5021

FINANZEN, VERMÖGEN, ALTERSVORSORGE · Geld gezielt einsetzen

Schäfer
Financial Dictionary

Fachwörterbuch Finanzen, Banken, Börse.
Englisch – Deutsch / Deutsch – Englisch.
Das bewährte Nachschlagewerk für Studium, Ausbildung und Praxis – jetzt mit 30 000 Stichwörtern in einem Band.

4. Aufl. 2004. 895 S. €
€ 22,–. dtv 50886

Bestmann
Finanz- und Börsenlexikon

Über 3500 Begriffe für Studium und Praxis.

4. Aufl. 2000. 1001 S. €
€ 17,64. dtv 5803

Gerke/Kölbl
Alles über Bankgeschäfte

Mehr Kompetenz im Umgang mit Kreditinstituten. Ein schneller und sachkundiger Einblick in die Grundlagen des Bankgeschäfts.

3. Aufl. 2004. 399 S. €
€ 12,50. dtv 5825

Wimmer
So rechnen Banken

Entscheidungshilfen für Geldanlage und Kreditaufnahme.

1. Aufl. 2000. 343 S. €
€ 12,53. dtv 50822

Eller/Riechert
Geld verdienen mit kalkuliertem Risiko

Alles über innovative Geldanlagen.
Optionen, Futures, Equivity-Linked-Bonds, Index-Zertifikate. Wie funktionieren diese Anlageprodukte und wann ist ihr Einsatz sinnvoll?

2. Aufl. 2000. 344 S. €
€ 10,99. dtv 5874

Brost/Rohwetter
Das große Unvermögen

Warum wir beim Reichwerden immer wieder scheitern.
Niemand gibt zu, vom Umgang mit Geld nichts zu verstehen, dabei scheitern wir regelmäßig: an der Börse, bei der Auswahl der richtigen Versicherung usw.
Das Werk macht das Unwissen über Geld zum Thema und vermittelt die nötige finanzielle Allgemeinbildung, die gerade in wirtschaftlich kritischen Zeiten wichtiger denn je ist.

1. Aufl. 2005. 197 S.
€ 9,50. dtv 50889

Kiehling
Kursstürze am Aktienmarkt

Crashs in der Vergangenheit und was wir daraus lernen können.

2. Aufl. 2000. 304 S. €
€ 12,53. dtv 5826

Siebers/Siebers
Anleihen

Geld verdienen mit festverzinslichen Wertpapieren. Das Buch gibt einen Überblick über die Vielfalt der festverzinslichen Wertpapiere, erklärt Zusammenhänge und zeigt, wie eine möglichst hohe und sichere Rendite erzielt werden kann.

2. Aufl. 2004. 229 S. €
€ 11,–. dtv 5824

Aehling
Investmentfonds

Klug und sinnvoll anlegen. Anleger, die selbständig in Fonds investieren wollen, finden hier neben einem Überblick auch konkrete Hilfestellung für eine sinnvolle und individuell passende Investmentanlage.

1. Aufl. 2004. 334 S. €
€ 13,–. dtv 50865

Beike/Potthoff
Optionsscheine

Grundlagen für den gezielten Einsatz an der Börse.

3. Aufl. 2000. 281 S. €
€ 9,97. dtv 50812

Pilz
Zertifikate

Indexzertifikate, Discount- und Strategiezertifikate, Zins-, Rohstoff- und Hebelzertifikate.
Das gesamte Spektrum der Zertifikate mit Daten aus der Finanzmarktforschung, Anlagestrategien und Praxiswissen für die Altersvorsorge mit Zertifikaten.

1. Aufl. 2006. 367 S. €
€ 10,–. dtv 50903
Neu im Juli 2006

Uszczapowski
Optionen und Futures verstehen

Grundlagen und neue Entwicklungen.
Der Band bietet einen schnellen und leichten Zugang zu der komplexen Materie.

5. Aufl. 2005. 382 S. €
€ 12,50. dtv 5808

Aschoff
Aktienanalyse für jedermann

Praktische Tipps für Ihre Anlageentscheidungen. Mit konkreten Beispielen aus der Praxis.

1. Aufl. 2005. 296 S. €
€ 12,50. dtv 50880

Bergdolt
Meine Rechte als Aktionär

Praktisches Know-how für Neu- und Kleinaktionäre. Das Buch erläutert leicht verständlich alle Vorgänge vom Aktienkauf bis zum -verkauf.

1. Aufl. 2002. 252 S. §
€ 9,50. dtv 5619

Ottmar Schneck
Lexikon der Betriebswirtschaft
Über 3400 Begriffe
mit allen wichtigen Wirtschaftsgesetzen
Version 3.0

Über 3.400 Begriffe mit allen wichtigen Wirtschaftsgesetzen Herausgegeben von Prof. Dr. Ottmar Schneck, Reutlingen. Mit Beiträgen von Prof. Dr. Ottmar Schneck, Prof. Dr. Klaus Hahn, Prof. Dr. Uwe Schramm und Dr. Matthias Stelzer
Version 3.0/2004.
CD-ROM in Jewelbox € 22,–
ISBN 3-8006-2694-2

Was ist Strategische Planung, welche Steueränderungen gibt es, was versteht man unter Break-Even-Analyse, Cashflow, Prozesskostenrechnung oder Balanced Scorecard und wo liegen die Besonderheiten der Konzernrechnungslegung?

Über 3.400 Stichwörter und mehr als 200 Abbildungen erklären kompetent, präzise und verständlich das Wichtigste aus

- Personal-/Unternehmensführung
- Investition und Finanzierung
- Marketing
- Produktion
- Beschaffung und Logistik
- Kostenrechnung und Controlling
- Rechnungslegung und Wirtschaftsprüfung
- Steuern
- Informationswirtschaft.

Alle wichtigen Wirtschaftsgesetze (AktG, AO, BetrVG, BGB, EStG, GenG, GewStG, GmbHG, GWB, HGB, KStG, KWG, PublG, UStG) sind über zahlreiche Verweise mit dem Lexikon verknüpft und schaffen damit eine einzigartige Wirtschaftsdatenbank für Studium und Beruf.

Hard-/Softwarevoraussetzungen: IBM-kompatibler PC mit CD-ROM-Laufwerk, 16 MB Hauptspeicher (32 MB empfohlen für Windows Me, XP, NT u. 2000), Windows 95/98/Me/2000/XP oder Windows NT ab Version 4.0.

VERLAG VAHLEN
80791 MÜNCHEN
Fax: (089) 3 81 89-402
Internet: www.vahlen.de
E-Mail: bestellung@vahlen.de

Von Prof. Dr. Michael Hohlstein, Dr. Barbara Pflugmann-Hohlstein,
Prof. Dr. Herbert Sperber und Prof. Dr. Joachim Sprink
Version 1.0. CD-ROM in Jewelbox € 25,–
ISBN 3-8006-2952-6

Jeder gesellschaftlich und politisch Interessierte stößt regelmäßig auf ökonomische Begriffe. Bei Arbeitslosigkeit, Steuerreform, Globalisierung oder internationalen Währungsfragen – man verständigt sich mit Fachbegriffen aus der Volkswirtschaftslehre.

Dieses aktuelle Lexikon mit über 2.200 Begriffen und vielen Abbildungen erklärt kompetent, präzise und verständlich das Wichtigste aus

- Geld- und Fiskalpolitik
- Ordnungs- und Wettbewerbspolitik
- Steuer- und Arbeitsmarktpolitik
- Außenwirtschafts- und Entwicklungspolitik
- Sozialpolitik
- Empirische Wirtschaftsforschung

Wichtige Wirtschaftsgesetze sind über zahlreiche Verweise mit dem Lexikon verknüpft und schaffen damit eine komfortable Wirtschaftsdatenbank für Studium und Beruf.